国家哲学社会科学成果文库

NATIONAL ACHIEVEMENTS LIBRARY
OF PHILOSOPHY AND SOCIAL SCIENCES

循环经济发展的机制与政策研究

郗永勤　等著

社会科学文献出版社
SOCIAL SCIENCES ACADEMIC PRESS (CHINA)

作者简介

郗永勤 陕西西安人,毕业于上海复旦大学,管理科学专业,理学硕士。现任福建省高校人文社会科学研究基地循环经济研究中心主任,福州大学经济与管理学院教授、博士生导师,中国生态经济学会工业生态经济与技术专业委员会常务理事,中国社会科学院中国循环经济与环境评估预测研究中心理事,第六届中国科技政策与管理学会理事。从事循环经济理论与实践、政府经济管理等领域的研究工作。先后承担国家、福建省"支持循环经济发展的机制与政策研究""福建省战略性新兴产业技术创新实证研究""福建省人口与资源环境承载力问题研究""建设节约型社会指标体系和评价体系研究""福建省人力资本积累与经济增长的相关性研究"等重大研究课题20多项;主持完成"福建省'十一五'循环经济发展专项规划""福建省'十二五'节能和循环经济发展专项规划"和福州、泉州、莆田、宁德、晋江、南安等市县循环经济发展规划以及部分园区、企业循环经济发展的实施方案;在《中国行政管理》《华东经济管理》《工业技术经济》等学术刊物上发表研究论文80余篇。

《国家哲学社会科学成果文库》
出版说明

　　为充分发挥哲学社会科学研究优秀成果和优秀人才的示范带动作用，促进我国哲学社会科学繁荣发展，全国哲学社会科学规划领导小组决定自2010年始，设立《国家哲学社会科学成果文库》，每年评审一次。入选成果经过了同行专家严格评审，代表当前相关领域学术研究的前沿水平，体现我国哲学社会科学界的学术创造力，按照"统一标识、统一封面、统一版式、统一标准"的总体要求组织出版。

全国哲学社会科学规划办公室

2011 年 3 月

序

　　循环经济的思想源远流长，我国唐代就已经出现了"桑基鱼塘"的循环型农业模式，这种模式的本质是通过"废弃物变原料"，提高自然资源的利用效率，减少废弃物排放，实现经济、资源、环境的协调发展。基于农业的原始"循环经济"是以大自然"生态食物链"的稳定延续和自净能力为前提的。随着工业化的快速发展，自然"生态食物链"被打破，污染物的排放量已经大大超过了大自然自净的能力。在这种情况下，只有转变传统的工业化资源利用与废弃物处理方式，重新构建基于工业生态学的新型工业化模式，及资源共享、物质闭路循环、能量梯级利用的生态产业网络，才能有效减少工业污染，而这种共生产业网络的基础便是循环经济。

　　20 世纪 90 年代以来，随着工业化和城市化的快速推进，我国的资源环境问题日益突出，增长与转型的压力逐步加大。在这种背景下，21 世纪初以来，我国兴起了循环经济理论研究和实践探索的热潮，涌现出了一批富有理论创新和应用价值的成果。由福州大学郗永勤教授主持完成的《循环经济发展的机制与政策研究》便是当前众多循环经济论著中颇具特色和创新的成果之一。全书由理论基础、发展评价、机制设计和政策构建四大部分组成，形成了前后连贯、颇具特色的研究框架和理论体系。学习该书以后，感觉该书具有如下特点。

　　一是内容丰富、体系完整。本书不仅有系统的理论综述和经验总结，还对资源环境承载力和循环经济发展水平进行了评价，从而为后续研究提供了坚实的理论基础；不仅从宏观层面对循环经济发展机制和政策进行了设计，还从中观和微观层面进行了设计，构建了全方位、多角度的研究框架。

　　二是视角开阔、观点新颖。本书注重用系统化的观点，从不同视角对处于不同经济发展阶段的循环经济的特征进行研究，探讨了不同领域、不同层次的循环经济发展问题，实现了多维度、宽视野研究范式的应用。同时，针对不同省市的循环经济发展特点和不同领域的循环经济发展情况提出了差异化、个性化的政策思路。

　　三是案例丰富、图文并茂。全书着眼于不同层面循环经济发展的实际操作，强调理论与实践、全局与重点的有机结合。重视个案分析在循环经济发展实践中的价值。全书采用的典型案例共计 23 个，涉及宏观、中观、微观等各个层面，同时采用结构图、流图、地图、统计表等形式予以展现，图文并茂，使研究成果更直观、更具说服力。

　　四是实用价值高、推广前景广。本书将循环经济系统划分为不同层次，分别从区域、产业、集群、园区、企业、公众、中介等角度分析发展循环经济亟须解决的问题，针对这些问题有针对性地提出发展方向、重点、机制和政策体系，不仅能够为政府部门制定政策提供理论依据，而且能够为其他参与主体的决策提供有价值的参考。

　　总而言之，该书论证较为严密，条理较为清晰，内容丰富，深入浅出，是一本具有较高学术水平和应用价值的学术专著。相信该书的出版将有助于丰富循环经济理论的内容、有助于循环经济实践的深入开展。

　　大力发展循环经济是建设生态文明、建设美丽中国、打造中国经济升级版的必然选择。期待广大读者通过阅读本书受到启发，激发发展循环经济的积极性，更好地为促进循环经济发展做出贡献。

齐建国

2013 年 10 月

于北京

前　　言

　　循环经济是按照自然生态系统物质循环和能量流动规律对经济系统的重构。作为一种新型的经济形态，循环经济的发展必然要在一定的经济机制和政策体系条件下运行，其运行过程不仅受到市场经济规律的制约，同时也受到政府行为的影响。党的十八大报告提出，要"把生态文明建设放在突出地位"，"着力推进绿色发展、循环发展、低碳发展"。2013年1月国务院印发的《循环经济发展战略及近期行动计划》提出"发展循环经济是我国的一项重大战略决策，是落实党的十八大推进生态文明建设战略部署的重大举措，是加快转变经济发展方式，建设资源节约型、环境友好型社会，实现可持续发展的必然选择"。这将循环经济提升到国家战略高度，充分肯定了循环经济的地位和作用。

　　"十二五"时期是我国加快转变经济发展方式、建设资源节约型和环境友好型社会的关键时期，也是循环经济由示范试点向全面推进转变的重要阶段。随着我国资源环境的约束强化、经济结构的战略性调整步伐加快以及全社会节能环保意识的普遍增强，发展循环经济已上升到国家战略高度。研究"循环经济发展的机制与政策"这一问题具有十分重要的理论价值和现实意义。

　　本书是在国家社科基金项目"支持发展循环经济的机制与政策研究"（项目编号：09BJY042）的成果基础上，整理和完善形成的。全书分为四大部分、共十一章，分别解决"什么是循环经济以及为什么要发展循环经济"、"我国循环经济发展现状如何"、"怎样完善循环经济发展机制"及"政策层面如何支持发展循环经济"这四个层面的问题。

第一篇，理论基础与经验借鉴。该部分是全书的理论基础。一方面，解释"什么是循环经济"这一关键问题，具体剖析循环经济的起源、发展、概念、特征和原则，并从生态学、经济学和社会学的角度，阐述循环经济的学理基础，为更深入地理解、研究循环经济奠定理论基础；另一方面，分析在循环经济机制建设与政策构建方面具有代表性的先进国家的具体实践，从而总结具有借鉴价值的成功经验。

第二篇，循环经济发展评价和制约因素分析。近年来，我国循环经济发展成效如何，还存在哪些问题，导致这些问题的原因何在？回答这些问题，需要对我国各省市循环经济发展的基本状况和循环经济发展水平进行科学评价。首先，引入系统动力学仿真模型，结合我国当前经济、社会、资源和环境状况，选取经济子系统、社会子系统、资源子系统和环境子系统中有代表性的评价指标，分析当前我国的资源环境承载力状况，根据评价结果梳理出提升资源环境承载力的主要制约因素。然后，引入全局主成分分析方法，评价我国2005—2009年的循环经济发展趋势，并根据各省市（区）评价结果，将我国各地区循环经济发展区域分为领先型、挑战型、追赶型、后进型四类。同时，运用上述评估结果，从宏观、中观、微观三个层面归纳出我国发展循环经济所存在的主要问题，并从机制和政策两个角度提炼出主要制约因素，进而明确循环经济研究所要解决的重点问题，为进一步深入开展循环经济研究指明方向。

第三篇，循环经济发展的机制研究。循环经济是一种新形态的经济发展模式，需要设计一套新的发展机制，以推进循环经济实践健康、稳定、协调运行。循环经济发展的机制是由推动循环经济发展的经济机理以及维持或改善这种作用机理的各种经济关系、组织制度等所构成的系统。本部分将支持循环经济发展的机制划分为一般机制和具体机制。一般机制主要解决规律性的问题，探讨循环经济发展的动力机制、运行机制以及推进模式，这些都是循环经济发展的共性规律，适用于不同地区、不同产业以及不同组织。具体机制则是循环经济发展的程序或过程，往往具有个性特征，会因实施范围、产业类型、行为主体的不同而不同。因此，在具体机制方面，首先将循环经济发展划分为三个层面，即宏观、中观和微观，然后对这三个层面进一步细分，分别研究不同细分领域循环经济发展的具体机制。宏观层面从地区和产业两个维度展开，中观层面从工业园区、产业集群以及城市社区三个维度展开，而微观层面则从政府、企业、中介、公众四个行为主体展开。

第四篇，循环经济发展的政策研究。目前，在我国循环经济发展过程中，市场失灵和政府失灵现象较为普遍。因此，需要引进政府干预，并明确政府所承担的角色以及政策功能。我们遵循上述研究思路，从宏观、中观、微观三个层面构建支持发展循环经济的政策体系。在宏观上，将国家层面的政策体系划分为基础性政策、关键性政策和辅助性政策；根据领先型、挑战型、追赶型、后进型区域的发展特色和发展重点，提出有针对性的循环经济政策；针对我国产业布局和发展情况，分别探讨农业、工业、第三产业发展循环经济和培育静脉产业的政策。在中观上，就制定合理政策有效促进产业集群、工业园区和社区发展循环经济进行研究，着力破除绿色发展体制、生态产业链条、技术人才支撑、信息网络服务平台等方面的制约。在微观上，按照"政府表率、企业主导、公众参与、中介协调"的定位与思路，科学界定各微观主体的角色和职责，并以充分调动政府、企业、公众和中介等微观主体的积极性为目的，分别提出相应的政策安排。

在整个研究过程中，本书遵循"问题—原因—解决"的研究思路，力求突出三个结合：一是理论研究与实际个案相结合，既重视理论分析以得出一般规律，又强调实际个案的截面解剖和佐证解释；二是定性分析与定量分析相结合，既采用定性的逻辑理性对循环经济基本问题进行抽象性描述，又采取定量模型对循环经济发展水平进行科学评价；三是系统分析与单元分析相结合，既强调系统的整体研究，又突出不同细分单元的独特性分析。全书由理论基础、发展评价、机制设计和政策构建四大部分组成，其中理论基础是"根"，发展评价是"干"，机制设计是"枝"，政策构建是"叶"，由此构建起前后连贯、颇具特色的研究框架和理论体系。

本书是作者在该研究领域的初步探索，在全书的思路厘定、撰写、统稿和修改过程中，由于作者的学识有限，书中错漏难以避免，敬请国内外同行批评指正。

郗永勤

2013 年 10 月

目　　录

第三篇　循环经济发展的机制研究

第四篇　循环经济发展的政策研究

Contents

Part 3　Research on the Mechanisms of Circular Economy Development

Part 4   Research on the Policies for Supporting the Development of Circular Economy

绪　论

　　循环经济理念是在世界各国逐步实施可持续发展战略的背景下产生的。随着西方工业文明的不断发展，以高消耗、高污染、低效益为特征的传统经济增长方式占据主导地位，资源能源消耗和浪费大幅增加，生态环境持续恶化，给人类的生存和发展带来严峻挑战。1987 年，世界环境与发展委员会出版了研究报告《我们共同的未来》，提出"可持续发展"的概念。1992年联合国环境与发展大会通过《21 世纪议程》，可持续发展逐步成为世界各国共同追求的战略。随后，美国、日本、德国等发达国家将发展循环经济作为实现可持续发展的重要途径，同时根据各国实际制定推动循环经济的政策措施，并付诸实践，取得了显著成效。

　　21 世纪以来，随着我国工业化和城镇化进程的不断加快，大量消耗原材料资源、大量排放废弃物的传统经济增长方式的不可持续性问题越发严重，突出表现在几个方面。

　　第一，资源能源约束日益强化。近年来，随着我国经济总量的不断扩大，能源、淡水、土地、矿产等战略性资源不足的矛盾越来越尖锐，长期以来形成的高投入、高污染、低产出、低效益的状况仍未从根本上得到改变，经济发展所面临的资源环境约束在不断加剧。我国能源资源总量虽然丰富，但人均占有量低，且分布不均衡。以水资源为例，我国人口占世界的 22%，而水资源只有世界的 8%，人均水资源占有量为 2300 立方米，仅相当于世界人均水资源占有量的 1/4，位列世界第 121 位，是联合国认定的"水资源紧缺国家"。除资源性缺水之外，结构性和水质性缺水又进一步加剧了问题的严重性。我国水体污染日益严重，全国每年污水排放量高达 600 亿吨（其中，工业废水约占 66%，生活污水约占 34%）。除 70% 的工业废水和不到 30% 的生活污水经处理排放外，其余污水未经处理直接排入江河湖海。全国 700 余条大、中河流 40% 受到污染，86% 的城市河流受到了不同程度的污染，78% 的城市河流不宜做饮用水源，50% 的城市地下水已受到污染，80% 的湖泊遇到富营养化问题。资源能源约束强化这一严峻问题，已成为制约我国经济社会持续健康发展的重要因素。

第二，环境污染问题日趋严重。目前我国面临的环境问题主要包括：大气污染、水环境污染、土地荒漠化和沙灾、水土流失、旱灾和水灾、生物多样性破坏、持久性有机物污染等。从总体来看，近几年我国生态环境的恶化趋势并没有得到根本扭转，一些地方生态环境承载能力已接近极限，水、大气、土壤等污染严重，固体废弃物、汽车尾气、持久性有机物、重金属等污染持续增加，"垃圾围城"现象较为普遍，重大环境事件时有发生，给人民群众的身体健康带来严重危害。全国有近 3 亿农村人口喝不上安全的水，有 5900 多万城镇居民的饮用水源水质不合格。2011 年 11 月，世界卫生组织公布了首个空气质量数据库，在全球 91 个国家和地区人口超过 10 万的近 1100 个城市中，中国空气质量最好的城市是海口，排名 830 位，北京排名 1053 位。实际上，目前全国有近 80% 的草原出现不同程度的退化，水土流失面积占国土总面积的 37%，沙化土地面积占国土总面积的 18%。2013 年以来，北京、哈尔滨等地发生的雾霾事件，更充分暴露出我国环境污染日趋严重的问题。

第三，应对气候变化的压力逐步加大。在中国政府先后提出科学发展观、循环经济的理念之后，时任总理温家宝在哥本哈根大会中明确表示，中国计划将减排目标作为约束性指标纳入国民经济和社会发展的中长期规划之中，并承诺到 2020 年，我国单位 GDP 二氧化碳排放量比 2005 年下降 40%—45%，低碳和减排将逐步成为未来一段时期国民经济和社会发展的主要方向。发展低碳经济并不是单纯地进行节能减排，它要求转变粗放的经济发展方式，通过对自然资源的投资来恢复和扩大资源存量，同时运用生态学原理设计工艺与产业流程来提高资源效率，创造绿色 GDP。在此背景下，开展循环经济的机制与政策研究刻不容缓。

在资源环境问题充分暴露的情况下，党的十八大科学把握我国经济社会发展的阶段性特征，将生态文明建设纳入中国特色社会主义事业的总体框架，首次将经济、政治、文化、社会和生态文明五大建设并列，提出了"五位一体"的总体布局。2013年国务院印发的《循环经济发展战略及近期行动计划》提出"发展循环经济是我国的一项重大战略决策，是落实党的十八大推进生态文明建设战略部署的重大举措，是加快转变经济发展方式，建设资源节约型、环境友好型社会，实现可持续发展的必然选择"。行动计划将循环经济提升到国家战略高度，对循环经济的地位和作用给予了充分肯定。在党中央、国务院高度重视循环经济的背景下，开展循环经济发展的机制与政策研究具有重要的意义：一方面，有利于贯彻生态文明理念、落实《中华人民共和国循环经济促进法》、完善循环经济理论体系，从而探索适合我国国情的促进循环经济发展的机制与政策；另一方面，可以为缓解我国资源环境压力、促进经济发展方式转变、全面推进生态文明建设提出切实可行的对策。

循环经济研究是一项复杂的系统工程，包含大循环、中循环、小循环等多个层次，涉及机制设计、模式构建、技术创新、平台服务、政策支撑等多个方面。为全面、深入地了解循环经济发展的机制与政策问题，本书建立了以规范分析为主导，系统分析为主线，融比较分析、个案分析和实证分析为一体的研究范式，形成了包含逻辑理性主义和经验实证主义的研究思路。

第一，系统分析思维贯穿始终。我们将其运用于具体问题的研究过程中，包括循环经济发展机制与政策的系统构成、循环经济发展的动力系统结构、政策体系架构、循环经济发展的动力机制与运行机制等。第二，比较分析法贯穿全书。不少结论和观点都是从国内和国外、历史和现今的比较中得出的。第三，采用系统动力学方法对我国资源环境承载力状况进行分析，探析了制约承载力提升的关键因素，为循环经济研究提供了现实依据。第四，采用全局主成分分析方法对我国省域循环经济发展水平进行评价，探讨省域循环经济发展的空间特征，从而为制定差异化、有针对性的循环经济发展机制与政策提供了实证基础。第五，采用个案分析方法为理论研究提供佐证，为制定完善循环经济发展机制与政策体系奠定基础。

第一篇

理论基础与经验借鉴

随着我国工业化和城镇化步伐的加快，经济社会发展与资源环境之间的矛盾日益尖锐，大力发展循环经济已成为我国加快建设资源节约型、环境友好型社会的必然选择。《中华人民共和国国民经济和社会发展第十二个五年规划纲要》第六篇——"绿色发展，建设资源节约型、环境友好型社会"着重强调"要健全激励与约束机制，加快构建资源节约、环境友好的生产和消费模式"，"大力发展循环经济，加强规划指导、财税金融等政策支持，完善法律法规和标准"。近年来，我国陆续建立了一系列强化节能减排、推进资源综合利用等与发展循环经济相关的机制与政策体系，宏观规划指导效果日益凸显，园区与企业的积极性不断提高，公众思想观念逐步转化，但与绿色发展和构建"两型社会"的要求仍存在一定差距，进一步加强循环经济发展的机制与政策研究具有十分重要的理论价值和现实意义。

本篇是研究的理论基础。首先，阐述"什么是循环经济"这一关键问题，具体剖析循环经济的起源、发展、概念、特征、原则和国内外研究基础；其次，从生态学、经济学和社会学的角度，阐述循环经济的学理基础，为更深入地理解、研究循环经济奠定理论基础；最后，分析在循环经济机制建设与政策构建方面具有代表性的先进国家的具体实践，总结其成功经验。

第　一　章

循环经济理论基础

第一节　循环经济的内涵

一　循环经济的由来与发展

循环经济是经济学家与生态学家环境与发展问题之争的产物，是为应对生态危机与经济发展的矛盾而产生的全新理念，它是以 20 世纪 60 年代美国经济学家肯尼思·E. 鲍尔丁（Boulding, Kenneth Ewart）提出的"宇宙飞船经济理论"为基础发展起来的。

人类对人与自然关系的第一次深入思考，是从 1962 年美国生物学家蕾切尔·卡逊出版的《寂静的春天》开始的，该书的问世唤醒了当代人的生态意识和环保观念，从而开创了以树立地球伦理道德为宗旨充满生机与活力的生态时代。1966 年鲍尔丁发表了《未来宇宙飞船地球经济学》（*The Economics of the Coming Spaceship Earth*）一文，他认为地球如同一艘在太空中飞行的宇宙飞船，是一个独立的系统，人类对资源的不断使用，只会导致现有的资源不断减少，如果不对现有的资源加以循环利用，它们在不久的将来就会被消耗完，宇宙飞船将不能再飞行，地球也将灭亡。这一理论将经济系统与自然生态系统的物质循环巧妙地结合起来，建立了新的经济形态——循环经济——的雏形。1968 年，罗马俱乐部诞生，并陆续发布了《增长的极限》和《人类处于转折点》等报告，促使人们对高消耗、高排放的经济发展模式进行反思。1972 年，在斯德哥尔摩召开了联合国人类环境会议发布了《人类环境宣言》，环境保护理念获得了全

世界的认同，绿色和平运动进入官方的议程。1987 年，联合国颁布报告
《我们共同的未来》，被称为"可持续发展的第一个国际性宣言"和"可
持续发展的路标"，自此各国政府开始把生态环境保护作为一项重要的施
政内容，循环经济理念逐渐被世界不同民族和不同意识形态的国家所接
受与认同。1992 年联合国环境与发展大会通过了《里约宣言》，将环境与
发展协调问题提到前所未有的高度，以《里约宣言》为标志，一种尊重
自然、实现人与自然和谐发展的可持续发展战略正式确立，循环经济的
发展模式得到世界各国的认可，建设循环型社会、实现环境与经济的协
调发展成为全世界的共识，循环经济的理论与实践在世界各国如火如荼
地发展起来。

二 循环经济的定义及特征

（一）循环经济的定义

循环经济是在倡导保护环境、应对经济发展与生态环境危机的情况下发
展起来的一门科学，以生态学、经济学、社会学为理论基础。因此，自循环
经济理论诞生以来，各国学者就从各自的研究领域对其进行了角度不同的定
义。从生态学的角度来说，学者们将研究的重点放在资源综合利用与环境保
护上，认为循环经济是一种具有时代意义的环境保护发展模式，它注重对废
旧物资的回收和对资源的综合利用；从经济学的角度来说，学者们将研究的
重点放在对经济增长方式的探讨上，在这里，循环经济被看作一种新的生产
方式，即一种对人类生产关系进行重新调整、追求可持续发展的经济发展方
式；从社会学的角度来说，学者们强调循环经济应是人与自然协调发展的经
济，是构建环保型社会的重要途径，其目标是实现全体社会成员生活福利的
最大化。

《中华人民共和国循环经济促进法》将循环经济定义为"循环经济是指
在生产、流通和消费等过程中进行的减量化、再利用、资源化活动的总
称"。我们采用国家发展和改革委员会环境和资源综合利用司提出的定义：
循环经济指通过资源的循环利用和节约，实现以最小的资源消耗、最小的污
染获取最大的发展效益的经济增长模式；其原则是"减量化、再利用、资
源化"；其核心是资源的循环利用和节约，最大限度地提高资源的利用效

率；其结果是节约资源，提高效益，减少环境污染。①

从国家发改委的定义中可以看出，循环经济虽然具有生态学、经济学、社会学的理论基础，但它本质上应是一种经济发展模式，侧重于在保护生态系统与维系人与自然良好关系的前提下，将研究的重点放在探索新型经济发展方式上，以实现经济效益、社会效益、生态效益的协调统一。

（二）循环经济的特征

循环经济的特征在与传统经济的比较中得以凸现，循环经济走出传统经济的"资源—产品—污染排放"物质单向流动的局限，被纳入由自然资源与经济生产共同组成的生态系统中。循环经济在考虑人与自然和谐相处的基础上，从经济效益、社会效益与环境效益出发，探索新的经济发展模式，实现了从高能源资源投入、低经济产出、高污染排放向低能源资源投入、高经济产出、低污染排放的转变。具体而言，循环经济的特征主要体现在以下几个方面。

观念上，循环经济遵循可持续发展的理念，摒弃传统的价值观、经济观、生产观、消费观，从"以人类为中心"转向"以生态为中心"，运用生态学规律来指导经济活动，摆脱经济利益最大化的经济人思想，在生产的过程中，充分考虑自然生态系统的承载能力，尽可能节约和高效地使用资源，适度和理性地消费。

技术上，循环经济通过使用污染治理技术、废弃物利用技术、清洁生产技术等先进的技术手段，实现生产与消费过程中"资源—产品—消费—再生资源"的封闭的物质循环，实现环境治理由外部处理向内部消化的转变。

目标上，循环经济追求经济的内涵式发展，用绿色核算体系取代传统的评价指标（GDP、GNP、人均消费等）。循环经济在强调保持生态平衡的同时，也追求自身生产的效率，只是这种效率是一种更为理性的生态效率，即在以可持续发展为保证的前提下，在经济最大化与环境保护最大化之间实现最佳的协调，既保证满足现代人对经济与社会发展的需求，又不损害后代人满足需求的权利。

---

① 《中华人民共和国循环经济促进法》，十一届全国人民代表大会常务委员会，2008。

三　发展循环经济的主要原则

自我国引入循环经济相关理论以来，学术界对制定适合我国国情的循环经济发展原则的探讨就从未停止过。在初期的理论探讨、理念倡导阶段，学术界普遍以"减量化（Reduce）、再利用（Reuse）、再循环（Recycle）"作为我国循环经济发展的主要原则，简称为"3R"原则。随着我国循环经济的试点与推广，研究者对循环经济有了更深的认识，通过理论与实践的不断探索，除"3R"原则外，学者们又补充了"再思考""再修复""再组织""再制造""无害化""资源化"等原则。这些原则对传统的"3R"原则进行了有益的补充，对我国循环经济的发展起到了积极的作用。

"减量化、再利用、再循环"贯穿于生产、生活和消费的全过程。减量化原则要求从物质流的输入端开始控制，在不影响产品质量、安全的前提下，利用生态设计和先进的管理方式，尽可能降低输入产品生产系统中的物质和能量，减少排入自然生态系统的污染物；在消费过程中，倡导节约、适度消费的理念，控制对商品的过度需求。再利用原则要求从物质流过程的各个环节进行控制，在物质的生命周期范围内尽可能地多次重复使用产品或包装物品，比如生产质量好、技术高的设施设备以延长固定资产的使用年限，或重复使用包装袋等，避免其过早成为垃圾。再循环原则要求对物质流的输出端进行控制，一方面对生产系统内部产生的废弃物进行综合利用，使之最大限度地成为另一生产系统所需的原材料；另一方面对消费后形成的废旧物品进行资源化处理，使之成为再生资源，形成再生产品。然而，"3R"原则更多地是从资源节约与利用的角度出发，规范循环经济的发展。随着低碳经济时代的到来，人们对环境保护的重视上升到一个新的高度，不仅要求循环经济是循环利用的经济，而且要求它在循环利用的过程中应该是"零排放"或是尽可能地接近零排放的经济。因此，我们赞同将"无害化排放"补充为循环经济的主要原则之一，这样的补充，实现了循环经济原则从节约资源向环境保护的转变。

四　国内外循环经济研究基础

循环经济思想自20世纪60年代由美国经济学家鲍尔丁提出后，国内外各机构、组织、研究者争相进行循环经济理论研究，一度掀起研究的热潮。但在 20 世纪 90 年代之前，循环经济的相关研究成果主要见于生态经济、产业生态学等领域的著作或文章当中；而 20 世纪 90 年代以后，随着世界各国面临的资源环境形势的日益严峻，发展循环经济逐步被许多国家提上议事日程，有关循环经济研究的专著和文章也日益增多。

（一）国外循环经济研究现状

国外学者对循环经济的研究主要集中在两个方面：一是循环经济理论自身的发展；二是循环经济的实现途径，即循环经济如何为经济社会的发展贡献力量。

循环经济的理论研究：1966 年美国经济学家鲍尔丁率先提出"宇宙飞船理论"，开了循环经济理论研究的先河。1972 年罗马俱乐部发表著名报告《增长的极限》，提出了"零增长"的结论，此后，越来越多的学者将关注的焦点放到了循环经济上。20 世纪 80 年代，比尔·麦克提出了全球变暖的"反馈循环圈"观点，将环境与资源容量的问题落实到理论研究的操作层面，并使高效地利用资源成为各国学者思考的重点。1987 年联合国大会报告《我们共同的未来》发布，它将可持续发展定义为"既能满足当代人的需要，又不对后代人满足其需要的能力构成危害的发展"，引起了人们对可持续发展的深入思考。循环经济作为实现可持续发展的重要途径，在国际上掀起了研究的热潮，其理论体系也逐渐完善起来。同时，与循环经济密切相关的生态学、环境经济学、生态经济学、资源经济学、可持续发展经济学、环境社会学、经济社会学、系统科学等学科均取得了长足进步，与循环经济理论相互促进、互为补充。

循环经济的实现途径：学者们探索研究了多种发展循环经济的途径。D. W. Pearce、R. K. Turner、Sujit Das、A. Lans Bovenberg（1990）等学者认为，应该从资源和产品循环利用的角度发展循环经济，可以通过各种税收手段、市场价格手段以及必要的行政手段等，提高资源的循环利用率[①]。2000 年，L. Reijinders 在《可持续利用资源的选择与回收的标准化策略》一文中，

---

① D. W. Pearce, R. K. Turner. *Economics of Natural Resources and the Environment.* Harvester Wheat Sheaf. London, 1990.

研究了稳态经济系统的特点，认为通过产品的合理设计以延长产品的使用年限，可以防止污染物的形成或累积，能够促进资源的可持续和重复利用[①]。除此之外，学者们也从源头预防污染物产生、产品的生态化设计、建立生态工业园区、科技创新等角度研究循环经济的实现途径，这些研究都对循环经济的实践起到了积极的指导作用。同时，由于各国的实际情况不同，国外专家学者与国内学者的研究范畴不尽相同。日本的专家学者侧重于"静脉"产业研究，主要有废旧家电、废旧汽车、建筑废弃物等的资源化利用；德国学者以生活和工业废弃物的再利用和处置为重点开展研究；美国、加拿大等国的专家学者则侧重于探讨循环型企业和生态工业园区的建立及运转，主要涉及生物能源的开发和废弃物处理、清洁工业、可再生能源的开发利用以及电力、水泥、化工等重点产业。代表人物主要有 John E. Tilton、Hirohiso Kishino、Yasuo Kondo、Sujit Das、S. Spatari、Stuart Koss 等，他们分别对金属、纸张、电冰箱、汽车、金属铜、塑料包装材料等废弃物的循环利用提出了有针对性的思路和实现途径。当然，发展循环经济，政府的推动作用也是不容忽视的，因此许多学者分别发表研究文章或出版专著探讨政府在发展循环经济过程中所扮演的角色以及所应用的手段。

（二）国内循环经济研究现状

我国学术界对循环经济的关注始于 1997 年，以闵毅梅在《环境导报》上发表的《德国的〈循环经济法〉》一文为标志。随后，学者吴季松于 2003 年 4 月出版著作《循环经济》，成为我国第一位对循环经济的理论内容进行系统论述的学者。2005 年，国务院先后下发了《国务院关于做好建设节约型社会近期重点工作的通知》和《国务院关于加快发展循环经济的若干意见》等一系列文件，掀起了理论界、政界研究循环经济的热潮。我国学者更多地是从我国实际出发，探讨发展循环经济的动力、阻力和适合我国国情的模式，并据此提出了发展循环经济的对策建议。

我国学者普遍将循环经济发展的动力分为内在动力和外在动力两个方面。赵涛、徐凤军、李东升等认为，循环经济发展的内在动力，包括企业追

---

① L. Reijinders. "Quantification of the Environmental Impact of Different Dietary Protein Choices". Am J Clin Nutr. 2003 Sep: 664 – 668.

求循环经济的经济效益目标以及政府、企业、居民追求循环经济的资源、环境等社会效益目标；外在动力包括政策支持、法律保障、技术支撑等，为发展循环经济提供支持和保障[①]。李云燕认为，循环经济发展的内力是指市场机制，而外力则是指政府行为[②]。肖华茂、彭剑认为，循环经济发展的内在动力是企业所表现出来的竞争优势和战略机遇，主要包括利润、技术、规模经济、社会责任、新的机遇五种力量，这五种力量构成了经济系统从传统经济方式向循环经济方式转移的拉力。外在动力包括政府宏观战略、绿色理念、资源约束、国家政策法规、社会公众的呼吁五种力量[③]。

学术界关于我国循环经济发展的阻力研究，主要涉及观念阻力、管理阻力、制度阻力和技术阻力等方面。观念阻力主要表现为：受传统的资源和环境观念影响，人们对当前发展循环经济的战略意义和紧迫性认识不足，对循环经济理论的理解不够准确、深入，认为发展循环经济只是政府的责任，把对经济效益的追求置于环境保护之上等。管理阻力主要表现为：各级政府各自为政，没有形成有效的自上而下的推动循环经济发展的管理方式，管理手段也多以行政手段为主，创新不足。制度阻力主要表现为：现有的法律缺乏协调配合以及一些促进循环经济发展的专项法律缺失；资源产权制度、税收制度、财政制度、金融制度、国民经济核算制度等改革长期滞后，没有形成循环经济发展的有效制度支撑。技术阻力主要表现为：我国循环经济发展的技术研发与国际先进水平相比差距较大，企业自主创新能力薄弱，节能减排、节约用水、资源综合利用等关键技术尚未取得突破，循环经济发展中的许多技术问题一直难以破解。

循环经济的发展模式。随着我国循环经济的发展，我国学者先后提出了多种发展循环经济的模式。第一种是 C 模式，该模式由诸大建等人提出，他们运用生态效率的概念揭示循环经济的减物质化本质，通过对生态效率进行情景分析，给予我国 GDP 增长一个 15—20 年的缓冲阶段，并希望经过

---

① 赵涛、徐凤君编著《循环经济概论》，天津大学出版社 2008 年版。

② 李云燕：《论市场机制与政府行为在循环经济发展中的地位与作用》，《中央财经大学学报》2006 年第 1 期，第 64 页。

③ 肖华茂、彭剑：《区域循环经济发展的动力机制研究》，《统计与决策》2008 年第 13 期，第 130 页。

15—20 年的经济增长方式调整，最终达到相对的减物质化目标①。第二种是区域循环经济发展模式，由肖华茂提出。该模式认为推行循环经济模式要因地制宜、循序渐进，并结合我国区域发展的特点以及循环经济发展的趋势，设计了工业生态园整合模式、虚拟仿生循环模式、企业内部的清洁生产模式、工农业融合模式、农户群的共生网络模式、以可再生资源利用为核心的区域循环经济模式、商业化专业化的回收处理模式等发展区域循环经济的特色模式②。第三种是"2＋4"模式，这种模式由王延荣提出，他将我国循环经济的发展模式总结为两个重点领域和四个重点产业体系，它们在城市基础设施体系和生态系统支撑下实现有机组合和共生③。第四种是"3"层次模式，"3"是指循环经济实践中的三种不同层次的循环模式，即企业层面的小循环、区域层面的中循环、社会层面的大循环。第五种是"3＋1"模式，这种模式由我国政府提出并得到了理论界的广泛认可，它在"3"层次模式提出"小循环、中循环和大循环"的基础上，加入废弃物处置和再生产业层次。"3＋1"模式提出后，学者刘贵富在此基础上，加入了家庭经济的微循环和国际社会的大循环，形成了"5＋1"模式④。

发展循环经济的政策。国内学者根据我国循环经济发展的特点和供需情况，提出了许多建设性意见。解振华提出发展循环经济的主要对策是加快制定促进循环经济发展的政策和法律法规、加强政府引导和市场推进、调整经济结构、建立绿色国民经济核算制度等⑤，从根本上明确了政府政策的重要性和作用的关键点。齐建国认为应当将发展循环经济的政策纳入国家宏观经济调控政策体系之中，使之与其他政策相配套⑥。张鹏从政府、公众、中介、技术等角度出发，分析了构建大连循环经济发展模式的保障措施，包括加快建立法规、规章体系，制定优惠政策，加大公众宣传教育力度，健全社会中介组织，建立信息交换平台，研究开发先进

---

① 诸大建、朱远：《循环经济与自然资本稀缺条件下的中国发展》，《毛泽东邓小平理论研究》2008 年第 4 期，第 38 页。

② 肖华茂：《基于循环经济的区域生态化发展模式研究》，电子科技大学出版社 2009 年版。

③ 王延荣：《循环经济的发展模式研究》，《技术经济》2006 年第 2 期，第 7—10 页。

④ 刘贵富：《循环经济的循环模式及结构模型研究》，《工业技术经济》2005 年第 4 期，第 11 页。

⑤ 解振华：《大力发展循环经济》，《求是》2003 年第 13 期，第 58 页。

⑥ 齐建国：《关于循环经济理论与政策的思考》，《经济纵横》2004 年第 2 期，第 27 页。

适用技术，加强国际合作等①。其他学者也从不同角度提出构建支持循环经济发展的政策体系的方法，研究涉及循环经济发展的财税政策、绿色消费政策、产业政策、法律法规等。

第二节　相关理论

迄今为止，循环经济仍未形成一个较为全面、完整的理论体系，仍然是与多学科、多种理论相互交叉的"边缘"理论。发展循环经济的最终目的是实现生态效益、经济效益和社会效益的有机统一。因此，本研究从生态学、经济学、社会学的理论出发，探析这三种与循环经济相关的理论，并讨论它们与循环经济的关系。

一　生态学理论基础

生态学的概念由德国生物学家恩斯特·海克尔于1866年首次提出。生态，最早是指生物之间以及生物与环境之间的相互关系与存在状态，亦即自然生态。自然生态有着自在自为的发展规律，它也是传统生态学研究的主要内容。随着生态学的发展，学者逐渐走出自然生态的研究局限，认识到人、自然和社会是有机复合的系统整体，将人类与社会系统作为研究对象，将研究的重点扩展到人与环境的关系上。

（一）生态学的基本原理

生态学的基本原理主要包括物质循环转化原理、食物链原理、整体效应原理、互惠共生原理、生态位原理、边缘效应原理、生物与环境协同进化原理、地域性原理、群落演替原理、效益协调原理等。这些原理都对循环经济的发展起到积极的作用，其中物质循环转化原理、食物链原理、整体效应原理、互惠共生原理更是直接指导了循环经济的发展。

1. 物质循环转化原理

生态学中的物质循环转化原理是指生态系统从大气、水体和土壤等环境中获得营养物质，通过绿色植物吸收进入生态系统，被其他生物重复利用，

---

① 张鹏：《大连市循环经济发展模式与对策研究》，硕士学位论文，辽宁师范大学，2007。

最后再归于环境中。也就是说，所有进入生态系统的物质都能在循环中运动、转化和再生，使系统保持恒量或资源完成更新，而不排放任何有害的废弃物①。该原理对循环经济这一新型的生产与消费方式起到了重要的启发作用，循环经济在将科技与经济的发展引入生态系统的同时，强调这种引入应以生态系统代谢功能的正常运行为保证，在生产中只能因势利导，合理开发生态资源；此外，循环经济理论认为人类的进入生态系统会导致有害物质的排放，因此在开发的同时，还应治理因人类行为造成的环境污染，保证生态系统和生物圈的降解和自净能力。

2. 食物链原理

食物链是指在生态系统中，生产者所固有的能量和物质，通过一系列的取食和被食的关系而在生态系统中传递，各种生物按其取食和被食的关系而排列的链状顺序。生态系统中的食物链彼此交错连接，形成一个网状结构，即食物网。多样性的生物通过食物链形成了内在平衡的生态系统，不仅增强了系统的稳定性，而且会大幅减少资源浪费。循环经济中的生产模式、产业链、产业集群，就是"食物链"原理灵活运用的例子：企业将上游生产过程中产生的废弃物变为下游生产的原料，变废为宝；以人才、技术、资金、项目为依托，围绕主导产业开发新产品，发展产业集群，壮大产业规模；利用产业间的关联配套，形成看似松散却紧密相连的"食物链"，有机地将各产业联系起来。

3. 整体效应原理

生态学的整体效应原理从系统论的角度出发，认为生态系统是一个复杂庞大的网络状系统，在这个系统内，能量流、物质流、信息流、价值流进行着转运、连接、交换和补偿，各分组间进行着反馈、负反馈联系。整体效应原理告诉我们，第一，生态系统内各种生物的生存有自己的范围和限度，因此，人类的经济发展必须遵从生态系统的整体制约机制，注重生态系统的整体平稳；第二，要在遵循经济与生态协同发展这一规律的前提下，使系统内的能量流、物质流、信息流、价值流达到最佳的循环状态，从而提高整个系统的总体生产率。

---

① 曹凑贵主编《生态学概论》（第 2 版），高等教育出版社 2002 年版。

4. 互惠共生原理

互惠共生是指两物种（多物种）建立互相有利的共居关系，彼此间有直接的营养物质的交流，互相依赖、互相依存、双方（多方）获利。循环经济根据这一原理，在经济生产活动中将几种相互促进的生产活动组合在一个系统内，以实现生产的互惠互利，最终实现整个系统的良性循环①。

（二）工业生态学理论

工业生态学理论的主要研究者拉登·阿伦比（Braden R. Allenby）对工业与自然资源、生态环境的关系进行了详细的描述，认为工业生态系统是自然生态系统的重要组成部分，与自然生态系统一样，工业生态系统经历了漫长的进化过程，可分为一级生态系统、二级生态系统和三级生态系统。工业生态系统经历从简单到复杂的进化后，最终在系统内部通过多种渠道的流动，形成物质与能量的闭路循环，达到充分利用自然资源和零污染、零排放的一种理想状态②。

1. 一级生态系统

在一级生态系统中，人类刚进入工业文明时代，工业发展仅处于初级阶段。由于当时工业体系较为简单，自然界完全有能力为工业发展提供所需的原材料，自然资源呈现出易开采、廉价、取之不尽的特性。在此情况下，工业生产部门只注重追求高额的经济利益，较少发生物质和能量的交换，保护生态环境的观念薄弱，不断向自然界排放大量废弃物、污染物。同时，在工业文明初期，自然生态系统较为完整，吸纳污染物的能力较强，环境容量足够大，生态环境问题并不突出，工业生态系统呈现线性流动模式（见图1-1）。但随着工业化进程的不断推进，资源紧张和生态环境恶化等问题逐步凸显。

2. 二级生态系统

在经历了过度消耗资源、无限排放废弃物的初级工业发展阶段后，自然资源的稀缺程度越来越高，环境容量也逐步下降，由此人类开始探索生态系

---

① 戈峰主编《现代生态学》，科学出版社 2002 年版。
② 邓圣南、吴峰主编《工业生态学——理论与应用》，化学工业出版社 2002 年版。

图 1 - 1　一级生态系统中的线性流动模式

统的循环流动模式。在二级生态系统中，随着人类认识的不断深入和工业技术的进步，输入与输出工业系统的资源和废弃物变得有限，物质和能量的消耗逐渐减少，工业系统内部的物质和能量流动不断增强，产业与企业之间的联系更为紧密。较一级生态系统而言，资源得到了更有效的利用，但还不能实现多级层叠和循环利用，资源浪费情况依旧严重。二级生态系统比一级生态系统更有效率，但从整体上看，物质和能量流动的方向仍是单一向下的，无法完全实现废弃物的循环利用，因此二级生态系统对资源和环境的影响仍较大（见图 1 - 2）。

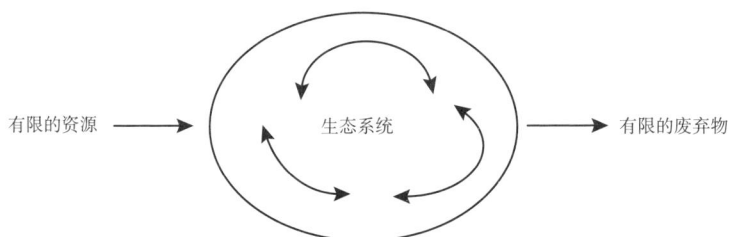

图 1 - 2　二级生态系统中的循环流动模式

3. 三级生态系统

经过长期的进化，工业生态系统将趋近三级生态系统。太阳能是其生态系统所需能量的主要来源，系统内部能够将所有废弃物都变为可利用的资源，废弃物完全实现了高效利用，物质和能量实现了完全的循环流动。工业生态系统中企业之间的耦合程度达到顶点，一家企业的废弃物能够完全被另一家企业当作资源进行回收并被有效利用，无需向自然界索取资源，也不向自然界排放任何废弃物。三级生态系统是完美的循环模式，但在现有的科学技术水平和社会条件下难以实现（见图 1 - 3）。

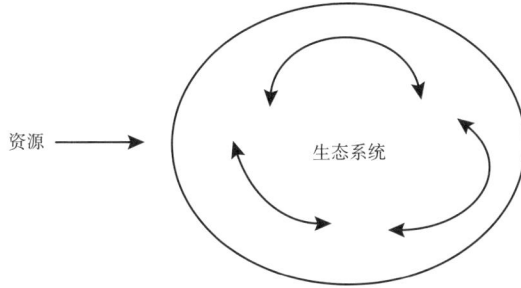

图 1 - 3   三级生态系统中的循环流动模式

4. 理想工业生态系统模式

由于三级生态系统在现有的条件下难以实现，因此拉登·阿伦比提出理想工业生态系统，认为工业生态系统可以向这一模式发展。理想工业生态系统模式由资源开采者、加工者、消费者和废弃物处理者四个主体构成，其核心是废弃物处理者要承担持续收集、处理其他三者所排放废弃物的职能，减少向自然界排放废弃物量，由此提高废弃物的利用效率。

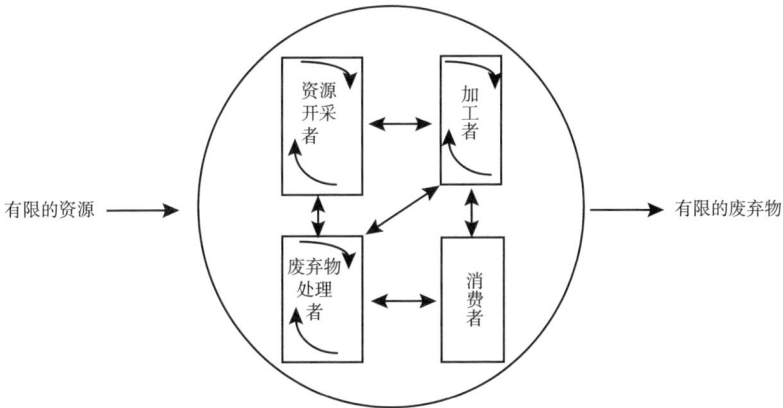

图 1 - 4   理想工业生态系统模式

5. 工业生态学理论与循环经济

循环经济模式是对理想工业生态系统模式的继承和发展，即资源开采者、加工者、消费者和废弃物处理者四个主体应相互合作、互相协调，形成密不可分的整体。这要求资源开采者采用节能环保技术来提高资源的开采效率，减少废弃物的产生，如在开采煤炭的过程中，运用先进适用的开采技术、工艺和设备提高采矿回采率；要求加工者将循环经济管理理念和先进实用技术运用到产品的设计、生产、运输等过程中，制定和形成能源节约制度、资源集约使用机制、清洁生产制度和废弃物收集体系；要求消费者提高节约、低碳、环保意识，一方面优先购买节能环保产品或再生制品，另一方面避免过度消费和奢侈消费；要求废弃物处理者与其他三者共同建立废弃物制造系统、废弃物加工系统、废弃物还原系统，共同培育和发展资源循环利用产业，推进废弃物的综合利用。

循环经济是一个动态的过程，必须根据产业发展历程、形态、运作情况以及产业与产业间物质、能量流动的实际情况进行变动。在产业发展不同阶段，发展循环经济的要求也不尽相同。在产业发展初期，发展循环经济的重点在企业，推进企业节约能源和循环利用废弃物是发展循环经济的有效手段；在产业发展中期，发展循环经济要求企业与园区相互推动、相辅相成，不仅要求企业自身做好资源节约和废弃物收集、处置等工作，更需要工业园区内部的企业之间形成污染物集中治理、废水集中回收利用、废弃物综合利用的良性合作关系；在产业发展高级阶段，需要企业、园区、产业三个层面共同推进循环经济发展，同时通过构建循环经济发展模式来推进产业向集约经济型、低碳环保型、高效循环型等方向发展。

二　经济学理论基础

无论学者们就循环经济的定义进行着何种争论都不能抹杀循环经济的经济学本质，传统经济学是循环经济最为重要的理论基础，这一点毋庸置疑。西方经济学传统的经济观是循环经济产生的基础，而循环经济在传统经济学的基础上进行了积极的创新。

（一）传统经济学理论与循环经济的关系概述

根据亚当·斯密奠定的经济学原理来看，经济学有两个基本观点：一是人类赖以生存的资源存在稀缺性；二是人类发展需要最有效地配置稀缺资源。由此可见，"稀缺"与"效率"是经济学的双重主题。资源的稀缺性观点认为：一个社会的资源是有限的，在一定的时期内，它不可能满足这个社会所有人对商品和服务的需求，这里的资源包括从事生产活动所必需的一切要素，即为生产一定的产出所必需的投入①。只是传统经济学将资本和劳动作为研究的重点，认为资本投入与劳动力资源的稀缺才是导致稀缺的根本原因，而自然资源与技术水平等不过是影响经济运行的外在因素。循环经济走出传统经济学的局限，将自然资源与环境资源提到和劳动与资本同一的高度，英国经济学家马尔萨斯最早提出了资源绝对稀缺论，可以说是对资源稀缺性的初步认识。他认为由于自然资源具有稀缺性，人口规模迟早将超过自然资源所能承受的限度，这种资源的稀缺性表现为报酬递减，其结果是所有的自然资源将很快被人类所消耗②。正是由于自然资源是有限并且稀缺的，因此，为了人类的生存与发展，应该利用科学技术与新的生产观念，实现自然资源的循环使用。

循环经济的观点在丰富传统经济学有关"稀缺性"内涵的同时，也改变了传统的成本内涵，将自然资源的生态成本加入经济发展的总成本中。在这里，所谓生态环境成本，指人类的生产生活对生态环境产生的负面影响，如自然资源的损耗、环境的破坏和环境污染等。生态成本的提出，改变了原有的经济核算与统计方式，不仅把自然资源的投入、生态系统的投入和环境容量的投入纳入国民经济活动的计算中，而且核算了环境资源的恢复成本、再生成本、替代成本和机会成本，从而产生绿色 GDP 这一新型核算方式。

经济学中效率的定义是：最有效地使用社会资源以满足人类的愿望和需求，它表现为投入与产出的关系。传统经济学中的效率概念一般包括技术效率、选择效率、配置效率，成本计算的过程中对生态成本的忽视直接导致了生态效率在传统经济学中的缺位。因此，在传统经济学的指导下，人们在追求效率的同时却破坏了赖以生存的生态环境。循环经济理论提出了生态成本的概念，因而其效率的含义也扩展至生态效率，循环经济中的生态效率是指在尽量提高自然资源的利用效率和减少环境污染的基础上实现国民经济的持续增长，至此，循环经济将传统经济理念中的经济利益最大化巧妙地发展成为人类生存与发展的利益最优化，提出了全新的经济发展模式。

---

① 高鸿业主编《西方经济学（微观部分）》第四版，中国人民大学出版社 2007 年版。
② 王守安：《循环经济的经济学解释》，《当代经济研究》2005 年第 4 期，第 35 页。

循环经济理论的发展除了受到传统经济学理论的影响外，还受到经济学中许多应用专业学科的影响，如环境经济学、生态经济学、资源经济学等。这些经济学理论运用基本经济学原理，对经济发展与环境保护的关系、生态与经济的相互作用、合理配置资源、可持续发展的经济发展模式等问题进行探讨，与循环经济理论的发展相互影响、相互促进，试图共同解决人类的生存与发展问题。

（二）公共物品理论与循环经济

公共物品是相对于私人物品而言的，是指不具备明确的产权特征，形体上难以分割和分离，消费时不具备专有性和排他性的物品（如国防、道路、广播等）。许多自然资源和环境物品都是公共物品，或具有较强的公共物品性质，如公共土地、河流、大气质量等。公共物品具有两个重要的特征：一是供给的普遍性，即在给定的生产力水平下，一个额外消费者提高商品或服务的消费的边际成本为零；二是消费的非排他性，即任何人都不能因为自己的消费而排除他人对该物品的消费。[①] 由于公共物品具有以上两个重要的经济属性，在公共物品的使用过程中，往往会产生"公地的悲剧"，引发环境与自然资源的"过度使用"或"搭便车"等现象，从而无法实现自然资源的最优配置和生态环境的有效保护。

综观西方公共物品理论的发展历程，在公共物品供给主体的问题上，经济学家的研究在强调政府的重要性与市场的重要性两者之间交替进行。早期公共物品理论在分析市场失灵、"公地的悲剧"等现象时已经明确了政府具有提供公共物品的职能。而在近代公共物品供给理论的发展历程中，围绕在公共物品供给中政府是有效的还是失灵的、市场机制能否有效地供给公共物品等问题，经济学家展开了激烈的争论，其中以萨缪尔森的"政府干预论"和斯蒂格利茨的"政府失灵论"为主要代表。随着公共物品理论的发展，公共选择学派提出了公共物品供给的"第三条道路"，即由第三部门承担公共物品供给主体的思想。

循环经济是追求自然资源持续利用和生态环境维持与保护的经济发展模式，公共物品理论提出的解决"公地的悲剧"的方法为发展循环经济提供

---

① 马中：《环境与自然资源经济学概论（第二版）》，高等教育出版社 2010 年版。

了新的研究思路。在发展循环经济的主体这一问题上，我们应坚持多主体的理念，将政府、市场、第三部门、公众、媒体等都纳入循环经济运行主体中，充分运用市场机制调配资源的作用，尽量将资源和环境纳入市场经济体系内，由市场统一调配；而对于具有较强的非排他性和非竞争性的资源产品、环保基础设施和共性技术，则应强化政府的宏观调控作用，大力支持具有很强公共性的循环经济设施、平台的建设及技术的开发。同时，应积极引导第三部门、公众、媒体等主体共同推进循环经济的发展和资源节约型、环境友好型社会的建设。

（三）外部性理论与循环经济

凯恩斯认为外部性是导致市场失灵的主要因素之一，外部性是指某个经济主体的行为对其他经济主体产生影响，而受影响者没有因为受到损失而得到补偿，也没有因为得到利益而付费。[①] 外部性可以分为正外部性和负外部性，前者是指某个生产者的行为给其他生产者带来利益，后者指生产者的行为给其他生产者带来损失或强加了成本。对于外部性问题，英国著名经济学家庇古呼吁通过国家干预来纠正外部效应所造成的市场失灵，具体办法是对造成损害的一方征税，使外部效应"内在化"，重新恢复社会成本和收益等边际条件。而科斯认为假定交易费用为零，初始产权界限清晰，那么不论责任如何分配，最终资源配置的效率将不受影响。这一结论后来被概括为"科斯定理"，即在完全竞争、不存在交易费用和收入效应的条件下，不论产权属于哪一方，只要产权被清晰界定，资源仍能达到均衡配置。[②] 庇古手段和科斯手段都被认为是解决外部性的两种有效途径，但二者的作用机理不一致。庇古手段主要依靠政府干预来实现；而科斯手段主要依赖市场机制本身，即利用市场机制的有效运作来实现外部费用的内部化。

循环经济的发展也表现出了较强的外部性。在正外部性方面，在某个经济个体通过引进先进的循环经济技术、设备或改造工艺流程等实现污染物减排、能源节约等目的时，也对资源环境系统的可持续发展做出了贡献，增加了社会福利。但与其在短时期内获取的经济效益相比，引进的设

---

① 高鸿业：《西方经济学（微观部分）》第四版，中国人民大学出版社2007年版。
② 黄家明、方卫东：《交易费用理论——从科斯到威廉姆森》，《合肥工业大学学报（社会科学版）》2000年第1期，第33—35页。

备、技术所花费的成本相对较高，对资源环境有贡献的经济个体并不能因此获利，长此以往，会逐步降低循环型经济活动主体的积极性，限制循环经济的发展。而在循环经济相关技术的研发方面，当某一经济个体投入大量资金、人力研发出循环经济相关技术时，因技术具有溢出效应以及知识产权保护的不完善，经过一段时间后，其他经济个体只需花费很少的成本就能够享有该技术的使用权，这会在一定程度抑制经济主体技术研发的积极性。在负外部性方面，排污、过度使用农药和化肥、随地乱扔垃圾等行为所付出的私人成本要远远小于其带来的社会成本，虽然就单个个体而言，其所造成的外部不经济是微不足道的，但将所有个体所带来的负外部性加总，所造成的总的外部不经济将是巨大的。因此，政府要妥善运用庇古手段和科斯手段，协调处置循环经济发展过程中的外部性问题，如提高资源能源价格、加大对污染的处罚力度、完善制度设计等。

（四）制度经济学与循环经济

制度经济学是把制度作为研究对象的一门经济学分支，主要研究制度对经济行为和经济发展的影响，以及经济发展如何影响制度的演变。科斯定理是关于产权安排与资源优化配置的关系思想的集中体现，主要由三大定理组成。科斯第一定理是指如果市场交易费用为零，不管权力在初始时如何安排，都能实现帕累托最优。但交易费用为零的情况基本上是不存在的，因此科斯提出了第二定理：在交易费用大于零的世界里，不同的权力界定，会带来不同效率的资源配置，法律制度对产权初始安排和重新安排的选择有着至关重要的意义，该定理明确了产权制度安排的重要性。而科斯第三定理直接针对制度设计的效率性，认为制度本身的生产是需要代价的，生产什么样的制度、怎样生产制度的选择，将导致不同的经济效率。科斯第三定理给人们的启示是：要从产权制度的成本收益角度选择合适的产权制度①。

在发展循环经济的过程中，明确自然资源和生态环境的产权较为困难，因产权不清晰而引发的资源过度开采、生态环境破坏的例子数不胜数，其根本原因在于低效率或负效用的产权制度安排。因此，必须高度重视资源环境

① 〔美〕斯蒂文·G.米德玛：《科斯经济学：法与经济学和新制度经济学》，罗丽、李井奎等译，格致出版社2010年版。

产权制度设计在推进循环经济发展中的作用，要将产权制度设计纳入循环经济发展的过程中，对现有资源环境产权制度进行根本性的变革，从全社会成本和收益的角度创新设计产权制度，使因产权不明引发的外部成本和外部收益内部化，最终实现生态系统、经济系统和社会系统的统一。

三　社会学理论基础

社会学是关于社会良性运行和协调发展的条件和机制的综合性的具体社会科学，与生态学和经济学对循环经济理论产生的影响不同，社会学作为循环经济的理论基础，更多地是从必要性方面推动了循环经济的发展。

社会是由许多要素构成的，其中作为人类社会存在和发展前提的自然环境无疑是最重要的构成要素之一。自然环境的变化，在引起生态学家与经济学家注意的同时，也引起了社会学家的注意，他们积极探索了自然环境对人类社会的影响以及人类社会对自然环境的改造，形成了社会学的两个重要分支学科——环境社会学与经济社会学，这两个应用性的社会学学科分支，与循环经济的发展有着相辅相成的作用。

（一）环境社会学与循环经济

环境与社会的发展密切相关，环境问题一经形成，便不可避免地会影响人与人的关系、人与自然的关系以及人与社会的关系，因此，环境社会学就是研究环境与社会发展相互关系的社会学的重要分支学科。当今世界各国面临的环境问题大致可以分为以下三类：环境灾害、环境破坏和环境污染，它们从不同方面对社会的发展造成了不同程度的负面影响。历史上，为应对来自环境的威胁，形成了三种主要模式：一是"完全破坏型"模式，这种模式对环境与社会都造成了极为严重的损害；二是"完全保护型"模式，这种模式从根本上维系环境与社会现有的关系，试图通过调整社会活动方式，使自然环境不发生重大变化，但是"完全保护"并不容易做到；三是"合理利用型"模式，这种模式同时合理利用环境资源和社会资源。环境社会学赞同"合理利用型"模式，而循环经济是这一模式的实现途径之一。[①] 环境社会学引导人们对环境与发展的问题进行深入的反思，而循环经济则是解

---

①　孔德新：《环境社会学》，合肥工业大学出版社 2009 年版。

决问题的良好途径。

(二) 经济社会学与循环经济

经济发展与社会发展向来是密不可分的，经济社会学作为社会学的分支学科，主要是运用社会学的理论和方法来探讨经济发展与社会现象的相互关系，主要研究经济政策变化、经济发展引起的社会后果以及影响经济发展的各种社会因素。任何一个国家的发展必然以经济的发展为主要推动力，作为发展中国家的中国要进入小康社会必须实现经济的高速增长，但发达国家的经验告诉我们，与经济高速增长共生的问题就是资源的获取与环境的保护，我们不能走发达国家"先污染、后治理"的老路，而要走经济、社会和环境协调统一的可持续发展之路。经济社会学原理告诉我们，市场经济体制下的高速增长过程，应是一个推动科技进步的过程，是一个优化经济结构的过程，是一个改善经营管理的过程，这个过程的实现，不能单纯靠经济规律的自发作用，还需依靠各种社会因素的影响和推动。经济社会学探究如何可持续地发展和推动社会经济，这个重任交给了研究循环经济的学者们，经济社会学研究者则就政府推动循环经济发展后相关经济政策的制定以及经济发展引起的社会后果进行研究，为循环经济政策与理论的进一步完善提供依据。

第 二 章
国外发展循环经济的实践与启示

我国循环经济正处在由前期准备、理念倡导、试点示范阶段向全面推进阶段转变的关键时期，因此，借鉴发达国家循环经济机制与政策建设的成功经验，结合我国循环经济发展现状，总结和提炼对我国循环经济发展的重要启示，对于促进我国循环经济机制改革与政策完善具有极其重要的意义。为此，本研究重点选取美国、日本、德国、瑞典作为研究对象，从政策法规、经济与产业政策、科技创新等层面入手进行比较研究，归纳上述国家发展循环经济的主要做法，并总结出对我国循环经济发展的启示。

第一节　国外发展循环经济的实践

一　美国：全民参与，整体推进

发展循环经济不仅是美国推进经济进步的重要举措，而且成为普通美国人日常生活的一部分。美国是一个生产大国，更是一个资源消费大国。过去，美国主要以低价购买的方式从世界各地便捷地获取资源，这也使美国废旧物品回收利用率较低。但随着资源环境破坏程度的不断加深及公众环境保护意识的不断提升，改变旧有资源利用观念，探索一条以废旧物品回收处理为主要方式的资源再利用道路成为必然。以循环经济取代传统经济，是美国以资源再利用的方式发展经济的重要转变，经过多年的探索，循环经济理念也逐渐深入到美国人的日常生活中。

（一）主要做法

美国政府十分重视本国循环经济的发展，建构起以政府为中心、企业为依托、公民为保证的循环经济发展模式，通过制订计划、规划，引导企业参与，同时注重培养公民发展循环经济的意识，进而促进循环经济的快速发展。具体而言，美国政府为推进循环经济发展主要采取了以下措施。

1. 制定发展循环经济的规划及法规

美国重视循环经济发展规划的制定，并且在发展规划中使用了明确的指标来保证循环经济发展目标的实现。美国政府在 2005 年 10 月发布了确定提高全国城市固体废弃物回收利用比例的行动计划，截至 2008 年，该比例达到 35%。整体上看，这些目标基本实现，有些领域甚至超预期完成。

与此同时，与规划相配套的法律法规也得到了完善。在美国，各州都有自己的法律法规，一些州甚至根据自身的情况制定了促进资源再生循环利用的法律法规，如俄勒冈、新泽西、罗德岛等州。截至 2012 年，美国已有半数以上的州制定了不同形式的有关再生循环的法规。

2. 提供有力的技术支持

长期以来，美国鼓励各科研组织研究资源的循环利用：一方面，政府为这些科研组织提供经费支持；另一方面，利用先进技术建设废弃物循环利用的设施。除此之外，美国政府还出台了各种政策鼓励和支持循环技术的研发，包括在政府的协调和统筹下，进行可再生能源和清洁能源技术的研发和创新等。

3. 督促企业参与循环经济工作

美国政府制定了严格的环保法规，这些法规明确规定了企业在处理生产过程中产生的废弃物方面应承担的责任以及因担责而享有的优惠政策。这一做法为企业参与循环经济提供了动力。此外，就企业自身而言，节约资源、促进废弃物的再生利用等，不但可以在公众心目中树立起负责任的企业形象，而且能为企业自身塑造品牌，带来品牌效应。同时，美国的企业普遍重视清洁生产，自发从源头上减少废弃物的产生，对本企业在生产和消费过程中产生的废弃物，尽量予以回收利用，以减少对环境的污染①。

4. 鼓励全民参与循环经济

美国公众参与循环经济的意识是在长期的实践中逐步培养起来的。一方面，美国政府通过宣传教育逐步提高人们的节约和环保意识。如确定每年的11 月 15 日为美国循环日，一些机构如全国再生循环联合会每年都对合理进行资源再生利用的机构和个人给予奖励，同时在全社会进行宣传，鼓励更多机构和个人参与循环经济。另一方面，借助二次交易开展循环经济。eBay是美国专营旧货拍卖的网站，体现了美国发展循环经济的一大特色，公众可以在网站上自由交易一些二手货，实现了废旧资源的二次分配，目前该网站的月交易额已高达 3 亿美元。而遍布全国的节俭商店，即旧货店，是美国民众参与循环经济的另一途径，这些旧货店一般由慈善机构创办，接受物资捐助并低价出售旧货，所得的收入主要用于社会救济。

（二）启示

循环经济已经成为美国经济发展的重要方式之一，美国在发展循环经济过程中的经验，能够为我国提供借鉴：第一，政府部门必须在本国循环经济的发展中发挥主导作用，通过制定循环经济专项法规和《循环经济发展规划》促进本国循环经济的发展；第二，社会各界的积极参与是循环经济成功发展的重要保证，必须吸引企业、非营利性机构、个人参与到循环经济发展中；第三，利用各种媒介进行循环经济宣传，促进全民参与循环经济工作，这些都是循环经济持续发展的重要基础。

二　日本：建立完善的法律政策体系

"二战"后，日本经济高速增长，这使面积狭小、资源匮乏的日本更加体会到资源与环境的压力，随着本国废弃物由产业公害治理向生活污染物防治的转变，日本政府适时地出台了一系列战略和规划，其战略意图在有关计划的实施过程中不断得以实现。经过多年的努力，日本已成为循环经济发展较为成熟的国家之一，尤其在构建循环经济法律体系方面，其经验一直被各国所借鉴。

---

① 目敏：《循环经济国际比较研究》，新华出版社 2006 年版。

（一）主要做法

日本建立循环型社会的实践主要体现在三个方面：环保产业化，即发展"静脉"产业；产业环境化，即发展环境友好型"动脉"产业；"动脉"与"静脉"结合或联通，并趋向物质流动平衡。早在2000年，日本政府就颁布了《日本循环型社会形成推进基本法》，把建设循环型的可持续发展社会提升为日本经济社会的总体发展目标，目前日本已经建立了比较健全的循环经济法律法规体系，保障了日本循环经济的发展。

1. 以法律保障循环经济体系的构建

从法律法规体系看，日本建立了较为完备的循环经济法律法规体系，主要包括三个层次：以《日本循环型社会形成推进基本法》为主体的基本法；以《废弃物处理法》和《资源有效利用促进法》为主体的综合性法律；以《家电再生利用法》《汽车再生利用法》《建筑材料再生利用法》《容器包装再生利用法》《食品再生利用法》《绿色采购法》为主体的专项法[1]。

其中，《日本循环型社会形成推进基本法》以建立"生产者—消费者—分解者"的产业经济链为基础，要求日本社会最终形成互利共生的循环经济网络，实现物质能量流的闭合式循环。这一法律提出了日本发展循环经济的三个步骤，给日本循环经济的发展指明了道路。首先，建立资源回收体系；其次，构建循环经济产业体制，大力发展绿色工业和"静脉"产业；最后，实施经济补助，在预算上对先进技术的开发和研究予以补助，给先导型设备以补贴，并推行绿色采购政策。在《日本循环型社会形成推进基本法》的保障下，日本的循环经济体系得以迅速建立。

2. 以经济政策为助力促进循环型社会的构建

为了促进循环型社会的发展，日本先后实施了一系列的经济政策。其中最主要且贯穿整个日本循环型社会构建的主线中的一项就是生态园补偿金制度。该项补偿金制度的主要内容是：环境省资助软件设施建设，经济产业省提供硬件设施，地方政府建设基础设施，涉及其他部门的项目，由主管部门支持。在六部专项法的执行过程中，日本也根据每个专项法的特点制定了详

---

① 孙仁中：《日本发展循环经济的政策、经验及启示》，《现代日本经济》2006年第1期，第47页。

细的经济制度，保证废弃家电、汽车、包装材料、建筑物等能够更好地实现回收再利用。

（二）启示

我国在经济高速增长时期所经历的环境问题与日本快速发展时期有很多相似之处。我国目前城市生活垃圾的无害化处理率仅为6%，有300多个城市陷入垃圾的包围之中。日本环境治理的历程，特别是日本构建循环型经济社会的实践，对于我们探索中国特色循环经济实践模式具有重要参考价值。第一，相关法律法规的制定是发展循环经济的基本前提，法律的健全能够促进企业、公众参与发展循环经济；第二，机制建设应与社会构建同步推进，完善的运行机制和可靠的体制建设是构建循环型经济社会的保证。

三　德国：构建系统的支持机制

20世纪80年代后期，循环经济在德国逐渐发展和兴盛起来，严谨的德国人通过构建系统的支持机制来促进德国循环经济的发展，尤其是建立了比较完善且富有特色的废弃物管理体系。德国是世界上最早开展循环经济立法的国家之一，早在1972年就制定和颁布了《废弃物处理法》；1986年颁布了新的《废弃物管理法》；1994年颁布了《物质闭合循环与废弃物管理法》，首次提到"循环经济"一词；1996年又在此基础上颁布了《循环经济和废弃物管理法》①，确立产生废弃物最小化原则、肇事者原则以及政府与公民合作原则，明确了企业在发展循环经济中的责任，促使企业把循环经济理念作为自身发展的不可分割的一部分。

（一）主要做法

德国循环经济发展水平较高主要得益于其对本国循环经济发展中核心问题的把握以及在此基础上构建的支持机制。德国在发展循环经济过程中的主要做法如下。

1. 制定循环经济发展的法律法规

为促进循环经济发展，德国出台了一系列法律法规，特别是对废弃物管

---

① 汤天滋：《主要发达国家发展循环经济经验述评》，《财经问题研究》2005年第2期，第24页。

理予以了极高的重视。1994 年颁布、1996 年实施的《循环经济和废弃物管理法》，是德国支持循环经济发展的法律体系成熟的标志，它明确规定了采取减量化措施减少废弃物的产生量，并且明确了废弃物生产者、拥有者和废弃物处置者的基本责任和义务，特别强调和规定了政府的表率作用。在《循环经济和废弃物管理法》的框架下，德国根据各个行业的不同情况，制定促进该行业发展循环经济的法规。如《饮料包装押金规定》《废旧汽车处理规定》《废木料处理办法》等，对各行业的废旧物处理做了具体规定，使循环经济发展的支持机制愈加完善，成效日益显著。

20 世纪 90 年初期德国还新增多项条例，解决了垃圾处理过程中产生的二次污染问题。例如，《避免和回收包装品垃圾条例》和《包装条例》，扩大了废弃物再利用的范围，强化了产品生产者责任制度，建立了以市场机制为基础的废弃物回收体系。

2. 创办垃圾再利用服务公司

与其他国家主要靠政府引导不同，德国还建立了一类非政府组织——能提供垃圾再利用服务的公司。这类公司不仅能够为缺乏垃圾处理技术的企业提供回收再利用服务，还能为已建立垃圾回收利用系统的企业提供技术咨询，这使得垃圾再利用服务公司的作用得到了凸显。一方面，它弥补了政府在循环经济发展过程中无法兼顾所有企业的不足；另一方面，也满足了有构建自有垃圾处理系统意向的企业的需求。

3. 建立发展循环经济的监督机制

监督机制作为经济发展中重要的反馈机制，对循环经济的发展起着重要的作用。德国建立了专门的监督企业废弃物回收和执行循环经济发展规定的机构，同时要求生产者必须向监督机构证明有足够能力回收废旧产品才能从事生产和销售活动，企业产生的垃圾种类、规模和处理措施也要向该部门进行事前报告。年废弃物排放量在 2000 吨以上的具有较大危害的生产企业还需提交废弃物处理方案。

（二）启示

总结德国近几十年法律体系及政策机制的构建经验，主要有几方面。

1. 有针对性地进行专项立法

综观德国循环经济的发展可以看出，其立法具有较强的针对性。围绕物料回收利用这一重点，德国颁布了一系列专项法规，包括包装物、废弃汽车、电子设备、建筑垃圾、生活垃圾等领域的专项立法。这一系统性的专项法规的设立，使得德国在废弃物处理方面处于世界领先地位。结合我国循环经济发展的实际，我们除需制定基本法外，也需要有针对性、有重点地进行专项立法，并加大循环经济法律实施的力度，实现以点带面，为促进整体发展创造条件。

2. 鼓励非政府组织介入

包装废弃物收集和处理的双元回收系统（DSD）模式是德国在循环经济实践中建立的典型模式。我国政府可以借鉴德国的双元回收系统模式，鼓励非政府组织介入包装废弃物回收和利用行业，实现资源的再利用。非政府组织的介入将为企业发展循环经济提供更多的选择，同时能够帮助企业建立回收利用和资源化体系。

3. 建立相应的监督机构

德国循环经济监督部门的建立，使循环经济措施得以在企业的生产和销售环节实施。我国在循环经济实施的过程中，政府除进行引导外，更重要的是在发展初期，给予企业一定的监督和指导，尽快促进循环经济走向正规化和常态化。在循环经济发展初期，企业出于降低成本的目的，不会自发开展循环经济实践，因此需要监管部门予以引导。参与循环经济实践的企业取得的成绩，需要监管部门予以评定。这也使得循环经济监督机构的建立成为必需。监督机构通过评估和反馈，为企业开展循环经济实践和提出改进措施提供引导和帮助，最终会保障国家循环经济实践的顺利开展。

四　瑞典：完善理论和实践相结合的循环经济体系

作为循环经济的积极倡导者之一，瑞典确立了相关的理论，并在此基础上制定了相关的法律法规，辅之以政策支持。瑞典在循环经济发展进程中逐渐建立了多层次、宽领域的理论和实践体系，实现了环境质量提升、污染物排放量大幅度减少和自然资源保护良好的目标。

（一）主要做法

瑞典是循环经济实施成果显著的国家之一，其在发展循环经济中主要采取了如下一些措施。

1. 确立可持续发展理论

瑞典早在 1990 年就通过了《废弃物管理纲要》，明确提出了建立"生产责任制"的目标。1992 年开始筹办的"皇家研讨会"针对可持续发展问题进行了深入的研究，并提交年度报告。同时，瑞典针对环境问题，由环境咨询委员会主导，定期召集专家开展研讨会。以高等院校为代表的产学研各界也参与到理论研究中，对瑞典发展循环经济进行经验总结。诸多研究成果为后续《瑞典 21 世纪议程》的框架及其发展循环经济奠定了坚实的理论基础。

2. 构建层次分明的循环经济体系

以国际、国家、区域和城市为主体的四层次循环经济体系在瑞典得到了建立和发展。瑞典通过资助可持续发展研究机构的方式参与到可持续发展事业中。瑞典以国际合作为契机，督促其他国家履行相关义务。在国内，以中央政府的《瑞典 21 世纪议程》为核心，各县也制定实施计划，建立生态村，并建成了包括哥德堡、厄勒布鲁、厄弗托内奥等在内的循环社会示范区。

3. 建立多领域的协调发展机制

循环经济的实施，必须兼顾多方的利益。建立协调多领域的发展机制，是瑞典发展循环经济的重要举措。首先，在法律上，瑞典明确了必须充分考虑环境承载力的前提，在 GDP 核算中采取绿色 GDP 计算方法，要求政府在重视经济发展的同时兼顾环境需求；其次，瑞典构建了以绿色消费为核心的循环经济社会形态；再次，建立了以绿色消费为主的消费模式；最后，通过清洁能源计划的实施，优化了能源结构并提升了能源利用效率。

（二）启示

瑞典的循环经济取得的显著成果，总结经验有几个方面。

1. 加大理论研究的投入力度

理论研究作为循环经济实施的基石，应得到广泛的重视。在我国，循环经济的理论研究尚处于初级阶段，因此，在前人研究的基础上结合我国国情进行深入研究，为实践提供有力的支撑是今后的发展重点。要加大循环经济理论研究的力度：一是通过科研机构和高校或以二者合作的方式搭建理论研究平台；二是为相关专家提供交流的机会；三是通过理论进校园等方式扩大理论的作用范围，普及相关理论知识。

2. 构建系统性的循环经济发展体系

循环经济体系的构建并非是一蹴而就的，渐进式的方法不失为推进循环经济发展的一个好办法。对外要依托国际交流和合作平台，在合作中汲取经验，借助国外先进技术提升自身的技术能力；对内要以国家—省—市—县的层次，结合自身特色和优势，渐次推进实施。国家要给予宏观指导和法律支持，营造发展循环经济的大环境，省、市、县要以国家法律为指导，通过构建生态示范城、生态示范园区等方式推进循环经济发展。内外兼修、层次分明的循环经济体系的构建，是循环经济顺利实施和得以发展的基础。

3. 建立综合性循环经济协调机制

循环经济的综合性发展客观上要求建立一个能兼顾多方的协调整合机制。在进行经济评估时要依托相关专家积累的知识和技术，采取客观综合的方法，将环境因素融入计量中，同时在实行过程中要注重宣传循环经济理念，提升公民的认知度，从而发展绿色经济。要建立企业生产者责任制，在法律框架内构建发展循环经济的大环境。同时，加强对企业生产的监管，做到产前、产中、产后一体监督，确保清洁生产和废弃物的回收利用，最终实现全方位的协调发展。

第二节　国际经验对中国发展循环经济的启示

一　完善法律法规，推进循环经济规范发展

循环经济涉及社会、经济、环境各个方面，因此需要建立有效的法律机制以规范各主体的行为。目前，我国的循环经济立法已经取得了一定成绩，《清洁生产促进法》的出台标志着中国环保立法观念已从末端污染治理转向生产全过程控制，同时《中华人民共和国循环经济促进法》已正式实施。为了更加有效地推进循环经济的发展，要加大研究的力度，分阶段制定、出台相关法规规章及规范性文件，重新审视和完善现有的资源环境法律体系，制定涉及生产、消费和资源再利用等环节的法律法规，包括循环经济基本法、废弃物处置法、资源节约和综合利用促进法及废弃物安全处置的专项法

律法规，同时健全现有的法律体系。

具体来说，应当适时修订节能法实施办法、制定节能监察办法和节水管理办法，加快研究清洁生产、可再生能源开发利用、废旧家电及电子产品回收利用、报废汽车回收、建设项目合理用能评价等方面的立法工作或规范性文件的制定工作，规范和约束企业、社会各方的行为，形成有利于促进循环经济发展的法治环境。围绕重点行业的清洁生产、重点资源的节约再生利用，完善限制发展和鼓励发展领域的目录，制定再生资源回收行业标准（规范）、典型产品包装材料以及关键材料定额等相关标准；研究制定绿色产品、绿色企业的评价标准和方法，推进环境标识产品和绿色企业认证制度。通过标准的制定和执行，指导企业和社会组织进行生产和经营活动。

二   强化宏观管理，建立可持续发展的体制机制

恰当的体制安排可以保证政府各部门之间相互协调、各司其职，共同推进循环经济的发展。德国、美国等国家能够顺利推进循环经济发展、建设循环型社会都离不开政府的主导作用。中国要推进循环经济的发展，政府的作用不可忽视。政府可以利用管制和诱导措施，矫正企业生产的负外部性行为；根据环境管理体系与企业生产规程，逐步更新陈旧设备与技术，削减资源和能源的投入、提高资源的利用率、采取延长产品生命周期的设计；逐步推行绿色国民经济核算体系，在计算国民生产总值时，扣除资源的消耗和污染环境的损失；同时，运用各种管理手段，包括直接管制、经济激励和信息公开等，充分发挥市场的作用，运用政府调控机制，优化资源配置，推动循环经济良性发展。

三   立足我国国情，科学规划发展思路与重点

循环经济的推行是一个系统工程，不仅涉及技术、市场、政策等，更涉及经济、环境、社会各个层面。发展循环经济，各国的出发点有所不同，如德国从垃圾处理和废弃物回收利用入手，日本则从资源减量化入手，这些国家大多是在面临资源和环境的巨大压力的情况下，逐步推行循环经济发展模式的。我国要发展循环经济，应当把城市的发展建设与改善生态环境紧密结合起来，从本国具体国情出发，根据国家发展现状和趋势选择切入点，用经

济政策引导和调动企业、公众的参与热情，建立并完善循环经济制度体系，并通过实行一系列配套政策措施，规范引导经济运行，不断提升我国的循环经济实施质量，建立循环型社会。

四　健全政策体系，构建循环经济发展的政策环境

政府应发挥宏观调控的作用，充分运用行政、法律、经济、财政等手段，完善执法监督机制，建立生产、消费、回收、财政、税收、投资等制度，推进激励性的循环经济发展政策体系的实施，为循环经济重点领域的实践创造良好的制度环境。具体来说，围绕《中华人民共和国循环经济促进法》的实施，推进建立一套绿色保障体系，包括生态工业政策（产业结构调整政策、生态工业园区建设政策、清洁生产政策）、生态农业政策、废弃物回收与再利用政策、资源化和无害化产业政策、绿色消费（包括政府绿色采购）和绿色服务业政策、环境友好型产品标识政策、资源节约型和环境友好型基础设施和建筑政策、环境保护政策、再生能源和资源能源节约政策。同时，要调整资金投向，加大财政、金融对发展循环经济的支持力度，研究制定有利于企业发展循环经济的经济政策，加强产业关联，提高资源循环利用效率，减少废弃物排放，形成有利于促进循环经济发展的体制条件和政策环境。

五　依靠科技人才，增强绿色发展的支撑能力

发展循环经济需要先进的科学技术做支撑，针对经济与生态环境建设中的主要矛盾，应加快建立开放型的发展循环经济的科研体制和科技投入机制，促进科技创新，构建技术支撑体系。第一，降低门槛，积极引进国内外的优秀科研人员、先进的技术、设备和资金，在科学研究、技术合作、资本运作等领域开展多方式合作，借力开发；第二，积极鼓励高校、科研单位与企业开展多种形式的合作，帮助企业解决资源综合利用和培育新经济增长点中的具体技术问题；第三，重视人才的培养和引进，根据我国循环经济发展和生态环境建设的需要，在高校设立与之相关的专业，并采取项目招标的方式面向国内外引进人才；第四，建立发展循环经济的信息服务系统，循环经济的发展必须建立在发达的信息系统之上，企业能源综合利用技术的获得、

企业与企业之间的产业链接、资源的整合、再生资源的转移开发都需要借助发达的信息网络来实现。

六 加强宣传教育，推动公众自主参与

循环经济系统既包括生产体系又包括消费体系。因此，一方面，要引导企业在生产过程中开展清洁生产，节约能源；另一方面，全社会所有成员都应从自身做起，共同参与到构建循环型社会的行动中。在全社会树立循环经济观念，建立绿色生产、适度消费、环境友好和资源永续利用的社会公共道德准则。不断开展循环经济宣传教育以增强公众的循环经济意识，营造良好的社会氛围，并定期组织相关活动，为公众提供更多体验的机会，促使其自主参与循环经济建设。

第二篇

循环经济发展评价和制约因素分析

改革开放以来，我国经济以粗放型的方式快速增长，部分地区的 GDP 年增长率连续多年超过 20%，但这种以牺牲环境和大量消耗资源为代价的经济发展方式导致了资源短缺、生态失衡和环境污染等严重问题，致使我国的资源环境承载力逼近极限。这种经济发展模式不仅使我国资源利用率长期低位徘徊，同时也加剧了当前资源环境与经济社会发展之间的矛盾，制约了我国经济社会的可持续发展。因此，寻求经济社会在资源环境承载力范围内的可持续发展就成为我国当前最为紧迫的任务。

党的十八大报告把生态文明建设放在十分突出的地位，提出着力推进绿色发展、循环发展、低碳发展，努力建设美丽中国，实现中华民族永续发展。建设生态文明，实质上就是要建设以资源环境承载力为基础、以自然规律为准则、以可持续发展为目标的资源节约型、环境友好型社会。资源环境是生态文明的承载体，正确认识和评价一个国家或地区的资源环境承载力是生态文明建设的首要任务。而循环经济是生态文明建设的必然要求，是人类生态文明得以实现的有效途径。因此，发展循环经济同样需要以资源环境承载力评估为前提，只有充分了解当前的资源环境承载力状况，方能凸显发展循环经济的必要性和紧迫性。

近 10 年来，我国各级政府都在积极探索区域性循环经济发展道路，积极推进循环经济发展，以期解决地方经济发展过程中所面临的能源、资源短缺和生态环境制约等"瓶颈"问题。近年来，我国循环经济发展成效如何，还存在哪些问题，导致这些问题的原因有哪些？回答这些问题，需要对我国各省市循环经济发展的基本状况和循环经济发展水平进行科学评价。

因此，本篇首先结合我国当前经济、社会、资源和环境状况，选取经济子系统、社会子系统、资源子系统和环境子系统中有代表性的相关指标，分析当前我国的资源环境承载力状况，以此为基础分析资源环境承载力提升的制约因素，探讨发展循环经济在解决这些难题中的重要作用；然后利用全局主成分分析方法对我国各省市循环经济发展水平进行科学评价，判断我国各省市（区）循环经济发展所处的阶段、存在的问题和制约因素，从而为进一步深入开展循环经济实践提供现实依据。

第 三 章
我国资源环境承载力状况研究

第一节 承载力系统辨识

承载力概念最初是由物理学范畴延伸到其他学科的，如生态学、人口学、经济学等学科，而资源环境承载力是一个生态学的概念，隶属于环境科学。资源环境承载力概念自提出以来，学者们从不同的角度给出了不同的定义，从表面上看，承载力的概念存在着一定的差异，但是无论怎么演化都离不开"可持续发展"这一主题。借鉴前人的研究成果，我们将资源环境承载力定义为：在一定时间和空间范围内，在保障资源合理开发利用和生态环境的前提下，区域内资源环境条件对人口规模及经济总量的承载能力。由此可见，资源环境承载力是一个由多要素（主导的、协同的、制约的）耦合的变量，并随时空变化而表现出较大差异[①]，但其实质是考察经济社会系统与资源环境系统之间的协调匹配程度，因此可将资源环境承载力研究框架划分为经济、社会、资源、环境四个子系统，四个子系统之间的交互耦合关系如图 3-1 所示。

一 经济子系统

经济子系统是一个变量多、机制复杂、受不确定性因素影响较大的特殊的复杂巨系统，如果将所有的影响因素都考虑进去显然不利于研究工作的开

---

① 邓伟：《山区资源环境承载力研究现状与关键问题》，《地理研究》2010 年第 6 期，第 959—969 页。

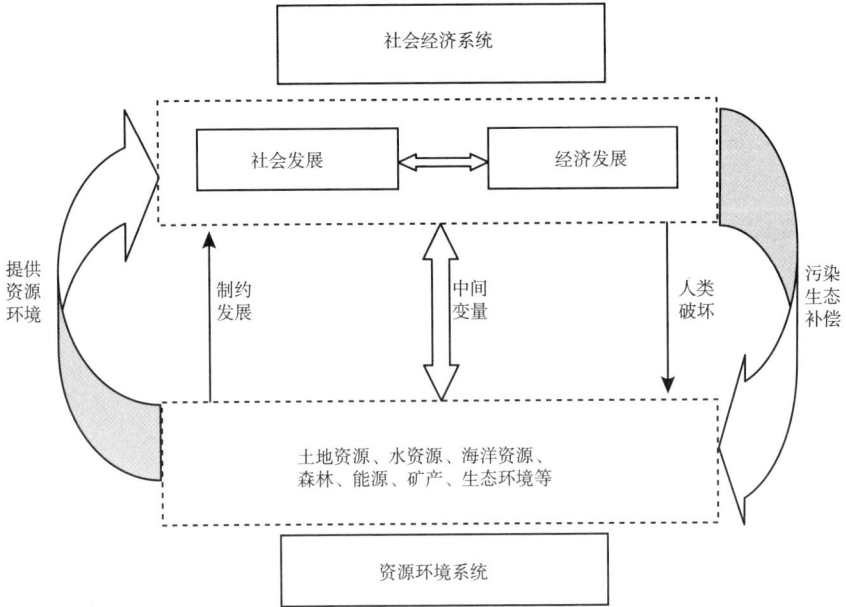

图 3 - 1 经济—社会系统与资源—环境系统之间的耦合关系结构

展和合理结论的得出。从研究目的出发，我们假设经济总量的动态变化主要
受人口增长、科技发展、资源存量和环境污染的影响，研究在人口、科技、
资源和环境等条件的约束和影响下应如何保持合理的经济增长速度。同时，
经济子系统通过社会固定资产投资额中科技投入比例影响科技发展、资源开
发利用率和环境污染治理。经济子系统对其他子系统的影响制约主要体现如
下：

- 通过科技投资比作用于科技发展，制约社会子系统；
- 通过万元 GDP 资源消耗量作用于资源总量，制约资源子系统；
- 通过环保投资作用于污染治理水平，制约环境子系统；
- 通过万元 GDP 污染总量作用于污染指数，制约环境子系统。

二 社会子系统

基于研究的需要，我们将社会子系统分为两部分：人口增长和科技发
展，主要研究在一定的经济总量、资源存量和环境污染等条件的限制下，应

保持的合理的人口总量，通过调控人口增长率减轻对资源环境系统的压力，寻求适当的人口目标。社会子系统以人口增长为水平变量，以出生人口、死亡人口、迁出人口与迁入人口为速率变量。社会子系统对其他子系统的影响制约主要体现如下：

- 通过人口增长作用于人均 GDP，制约经济子系统；
- 通过人口增长作用于资源消耗量，制约资源子系统；
- 通过人口增长作用于污染排放量，制约环境子系统。

三 资源子系统

资源可分为自然资源和社会资源，资源子系统主要研究在一定的经济发展水平和人口增长条件下资源的可承受能力，以及随着时间的推移，资源短缺对经济和社会发展所产生的制约作用。考虑到系统的复杂性、数据的可得性和研究的范围，这里着重研究土地资源和水资源。该系统的主要变量为年土地资源开发利用量和年土地资源消耗量，年水资源开发利用量与年水资源消耗量。资源子系统对其他子系统的影响制约主要体现如下：

- 通过资源短缺影响因子影响经济子系统；
- 通过资源短缺因子作用于物质生活水平，制约社会子系统；
- 通过资源消耗量作用于污染排放量，制约环境子系统。

四 环境子系统

环境子系统主要研究在一定的经济发展水平和人口增长条件下环境的可承受力，以及随着时间的推移环境污染对经济社会发展产生的制约作用。环境状况主要通过环境污染指数体现，由水污染、大气污染和固体废弃物污染共同决定，其主要变量包括水污染总量、大气污染总量和固体废弃物污染总量。环境子系统对其他子系统的影响制约主要体现如下：

- 通过污染指数影响经济子系统；
- 通过污染指数作用于出生率和死亡率，制约人口增长；
- 通过污染指数作用于资源利用率，制约资源子系统。

第二节　模型的具体参数和系统流图

一　模型边界和建模目的

资源环境承载力系统具有高阶次、非线性、多变量、多反馈、机理复杂和时空差异明显等特征，很难用传统的数学方法描述。按照系统动力学理论建立起来的系统动力学模型能描述系统内部各种非线性的逻辑函数与延迟因素，系统动力学注重系统的内部机制与结构，强调单元之间的关系与信息反馈，因而擅长处理高阶数、多回路和非线性的时变复杂系统与巨系统问题，因此本研究选择系统动力学方法建立模型①，并使用系统动力学的专用软件Vensim PLE 建模，运行时间为 2000—2020 年，仿真步长为 1 年。主要数据来源于各年的《中国统计年鉴》。通过建立系统动力学动态模型，可以将与资源环境承载力有密切关系的那些要素之间的内部反馈结构及相互关系用定量形式表示出来，并通过建模和分析了解我国资源环境系统中各主要变量，特别是资源环境承载力本身的动态趋势和变化规律；进而识别出影响我国资源环境承载力的主导因素和相关因素之间的相互作用及其影响的程度，最终从模型的多方案选择中寻求解决的途径，提出相应的对策措施。

系统界限应当包含形成某种特定动态行为所应包含的最小数量单元。我国资源环境系统是涉及经济、社会、资源、环境等诸多因素的复杂大系统。从产业来看，有三大产业的结构比例、增长数量、各产业劳动力比例等；从影响因素来看，有经济发展、人口增长、资源数量与质量、环境质量、科技发展等。由于受计算机容量及时间的限制，只能对模型的边界进行适当的限制。从研究目的出发，社会子系统只选取直接相关的人口增长因素和科技发展因素，经济子系统考虑了与资源环境承载力密切相关的国内生产总值、三大产业产值、人均生产总值和生产性投资比例等因素，资源方面选取了土地资源、水资源、能源资源作为主要考虑因素，环境方面将水污染、废气污染、固体废弃物污染划入边界之内。

---

① 王其藩：《高级系统动力学》，清华大学出版社 1995 年版。

二　模型总体因果关系反馈回路

前文简单介绍了各子系统的主要变量和各个子系统之间的相互关联，在具体确定因果关系时，还涉及各主要变量的年变化量以及派生出来的中间变量，这些中间变量刻画了各主要变量对各年变化量的关联控制作用和四个子系统之间的关联作用。我们通过深入分析它们之间的相互关系，了解各因素之间的正负反馈及制约影响情况，利用系统动力学 Vensim PLE 专用软件绘制其因果关系图，具体如图 3－2 所示。

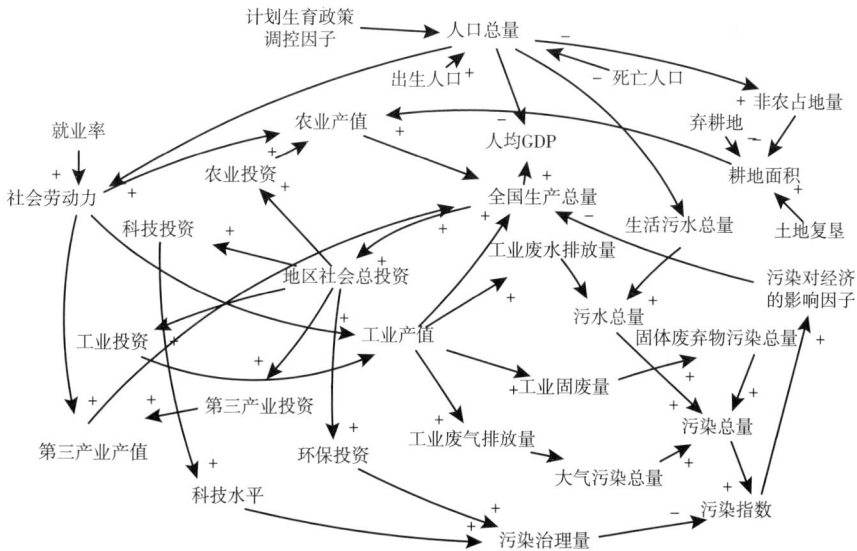

图 3－2　我国资源环境承载力系统的因果关系反馈回路

图 3－2 充分考虑了影响资源环境承载力的四个子系统的几乎所有因素，但由于部分基础数据不全，同时考虑到一些因素对系统的影响较小，在实际建立资源环境承载力系统动力学模型时，采取剔除或替代等办法进行简化建模，利用主要影响变量建立系统动力学流图，进行模拟仿真。

因果关系反馈回路表达了系统发生变化的原因即反馈结构，但这种定性描述还不能确定使回路中的变量发生变化的机制。为了进一步明确系统各元素之间的数量关系，并建立相应的动力学模型，系统动力学方法通过广义的决策反馈机构来描述上述机制。系统动力学通过引入水平变量（Level）、速率变量（Rate）、信息流等因素，构造更加深入的系统流图，更完整、更具体地描述系统构成、系统行为和系统元素相互作用机制的全貌。

三 模型系统流图

系统动力学流图是系统动力学的基本变量和表示符号的有机组合。根据我国资源环境承载力系统内部各因素之间的关系来设计系统流图，其目的主要在于反映设在系统各因果关系中反映出来的不同变量的特性和特点，使系统内部的作用机制更加清晰和明了，然后通过流图中关系的进一步量化，实现对我国资源环境承载力的政策仿真的目的。

（一）经济子系统

经济子系统主要研究随着人口总量的增长，在环境条件、资源存量变化的限制下，经济总量和经济结构受到的影响。通过调控工业增长率、污染物总量和资源消耗量以减轻经济发展对资源子系统和环境子系统的压力，寻求合适的经济增长速度和资源环境消耗速度。把国内生产总值（GDP）、工业总产值（GYCZ）、农业总产值（NYCZ）作为流位变量，三者受到工业增加值（GYZJCZ）、农业增加值（NYZJCZ）等变量的影响引起经济总量、工业产值、农业产值的变化，把资源短缺影响因子（ZYDQYZ）、环境污染指数（WRZS）作为中间变量，并以工业占 GDP 比例（GYGDPBL）、农业投资比例（NYTZBL）、工业投资比例（GYTZBL）等作为控制变量。经济子系统通过万元 GDP 资源消耗量和万元 GDP 污染排放量与资源子系统和环境子系统相互影响、相互制约，同时通过人均 GDP、科技经费投资比重与社会子系统进行耦合。经济总量的初始值设定为 2000 年我国 GDP 99214.55 亿元，工业产值的初始值为 2000 年我国工业总产值 40033.6 亿元，第三产业产值的初始值为 2000 年我国第三产业总产值 38714 亿元。经济子系统流图如图 3-3 所示。

（二）社会子系统

社会子系统主要研究随着经济的发展，在环境条件、资源存量变化的限制下，物质生活水平受到的影响、对人口增长产生的作用以及科技发展对资源环境承载力的促进与制约作用。通过调控人口增长速度和科技发展可以减轻对资源环境系统的压力，寻求适当的人口增长水平和科技发展速度。把人

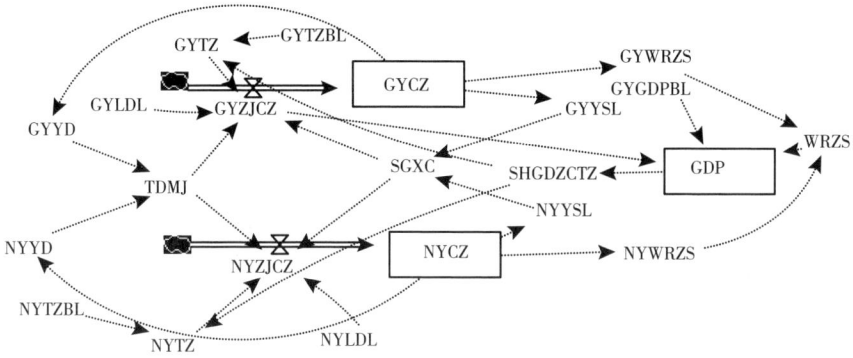

图 3 - 3　经济子系统流图

口总量（RKZL）、科技发展（KJSP）作为流位变量，两者分别受到人口出生率（CSL）、人口死亡率（SWL）、机械增长率（JXZL）及科技投资比例（KJTZBL）等变量的影响而引起人口的增长和科技的发展，把年出生人口（CSRK）、年死亡人口（SWRK）、年人口机械增长（JXRK）、科技投资比例（KJTZBL）作为中间变量。人口出生率与国家制定的计划调控政策有关，因此以计划生育调控政策因子（ZCYZ）作为控制变量。人口增长和科技发展又影响水资源消耗量、土地资源消耗量、污染总量和三大产业的就业情况，进而与资源子系统、环境子系统、经济子系统进行耦合，相互影响。社会子系统流图如图 3 - 4 所示。

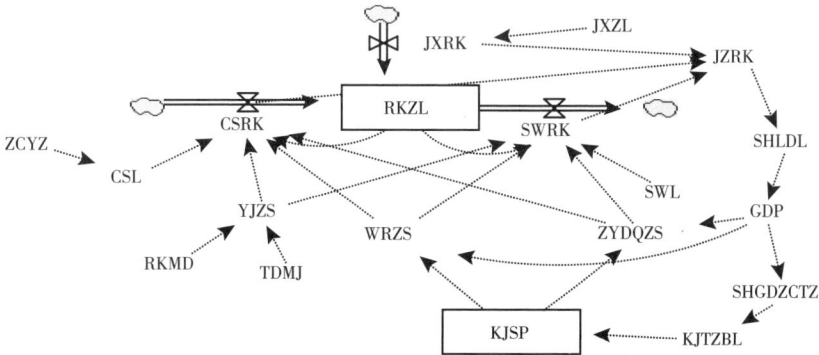

图 3 - 4　社会子系统流图

（三）资源子系统

资源子系统主要研究随着经济的发展、人口的增长以及科技的发展，在环境条件变化的限制下，资源（为便于分析，只选取土地资源和水资源）的供需差额情况及其对经济社会发展的制约作用。通过调控经济增长速度、工业 GDP 比重和人口增长以减轻对资源系统的压力，寻求适当的经济发展速度和人口增长。把水资源供需差额（SGXC）、土地资源供需差额（TDGXC）作为流位变量，两者分别受到水资源供给量（SGL）、水资源消耗量（SXL）和土地消耗量（TDXHL）（假设在本研究时间范围内可利用的土地总面积保持不变）等变量的影响，把水资源重复利用量（CFLYL）、水资源可利用量（SZLYL）、生产用水总量（SCYS）、生活用水总量（SHYS）、建设用地（JSYD）、生活用地（SHYD）等作为中间变量，以资源消耗速度（ZYXHR）为控制变量。资源子系统还受到人口总量（RKZL）、经济总量（GDP）、污染指数（WRZS）的影响，同时资源消耗通过资源缺乏对经济增长产生影响，体现了资源与经济、社会、环境之间的动态影响关系。资源子系统流图如图 3 - 5 所示。

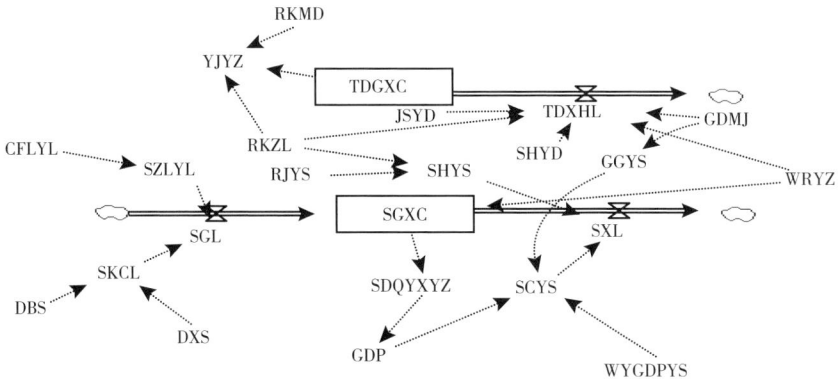

图 3 - 5　资源子系统流图

（四）环境子系统

环境子系统主要研究在一定的环保投资比例、人口增长率和经济发展速度的条件下，我国环境质量水平对经济发展速度、人口总量水平、资源可利用量的影响情况。把污染总量（WRZL）作为状态变量，通过污染指数（WRZS）对经济总量和人口总量产生影响，把水污染总量（SWR）、废气污染总量（FQWR）、固废污染总量（GFWR）、水污染净化量（WSJH）、水污染排放量（WSPF）、废气污染净化量（FQJH）、废气污染排放量（FQPF）、固废污染产生量（GFCS）、固废污染综合利用量（GFLY）作为中间变量，以环保投资比例（HBTZR）、万元产值污染产生量（WYGYCZWR）等作为速率变量，水污染指数（SWRZS）、废气污染指数（FQWRZS）、固废弃物污染指数（GFWRZS）等作为辅助变量，实现与人口、经济、资源子系统的控制耦合。环境子系统流图如图3-6所示。

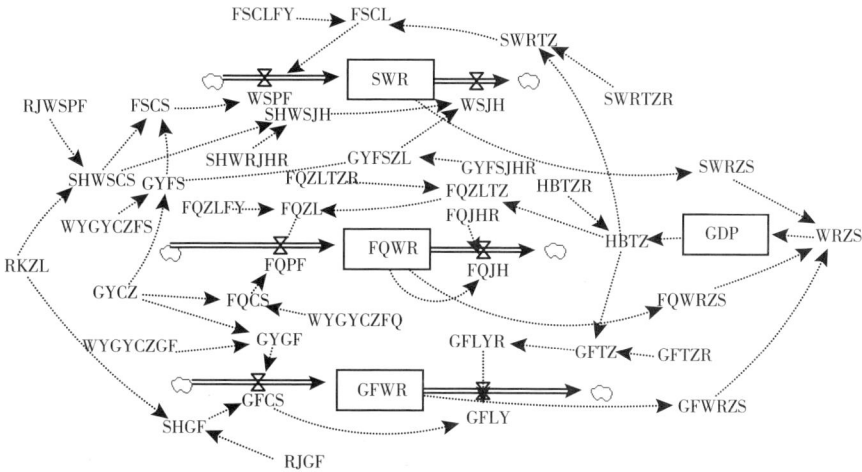

图 3-6　环境子系统流图

（五）系统总流图

通过对我国资源环境承载力的相关资料的收集和整理，具体分析该系统的因果关系反馈图及各个子系统之间的相互耦合关系，从中选择10个水平变量，11个速率变量、31个辅助变量及常量（见附录一），并逐步建立各个子系统的流图，最终形成整个系统的总流图，利用 Vensim PLE 软件做出总流图，如图3-7所示。

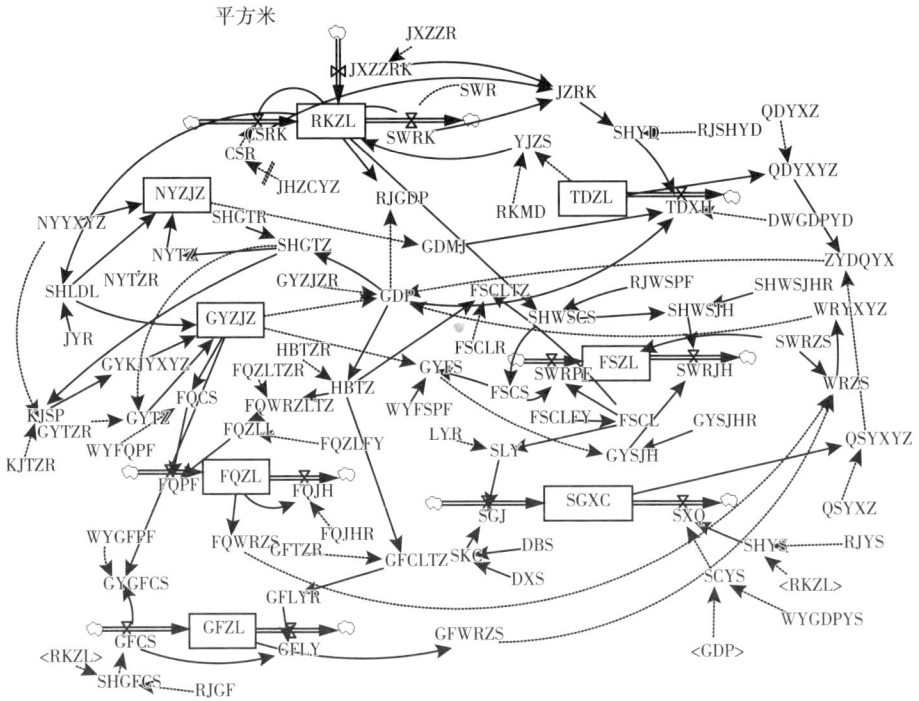

图 3 - 7　资源环境承载力系统总流图

第三节　承载力模型仿真运行及其结果分析

一　基本参数确定

根据各子系统以及各因子之间的关系，参考已有研究成果中的公式和相关参数（世界模型Ⅱ和黄河三角洲区域可持续发展模式仿真等）①，确定系统参数主要有常数值、水平变量初始值、表函数和线性回归函数等，最后建立我国资源环境承载力的系统动力学方程。对于初始值，主要采取的是拟合历史数据方法，如主要状态存量：人口总量、GDP、水资源供需差额、土地资源、污染指数等的初始值。对于仿真步长，本研究取为 DT = 1 年，仿真

①　陈建业：《黄河三角洲区域可持续发展模式仿真》，硕士学位论文，同济大学，2006。

起始时间为 2000 年，终了时间为 2030 年，2009 年以前的数据用来检验，2009 年以后的数据用来预测。研究中，参数估计主要采用以下方法。

（1）利用历年统计资料做算术平均值来确定参数。这些参数主要有平均出生率、平均死亡率、平均机械增长率、人均生活用水量、人均居民用地、人口密度、万元 GDP 耗水量、万元 GDP 废水排放量等。主要参考公式如下：

$$x = \frac{1}{n} = \sum_{i=1}^{n} (x_i) \ \text{或} \ x = \frac{1}{n} \sum_{i=1}^{n} (x_{i+1} - x_i) \ \text{或} \ \bar{x} = \frac{1}{n} \sum_{i=1}^{n} \left(\frac{x_{i+1} - x_i}{x_i} \right)$$

（2）发展趋势推算法，即根据系统参数的性质和历年统计资料，利用不同类型的公式（包括表函数法、趋势外推法等）进行比例推算，诸如污染对人口出生率的影响、污染排放对经济的影响因子、资源短缺对经济的影响因子、工业产值占 GDP 比例、第三产业产值占 GDP 比例、农业投资系数、工业投资系数、第三产业投资系数、环保投资系数等。

（3）采用统计分析和回归法确定参数。模型采用多种形式的回归法，如使用一元线性回归法确定了水资源开采量、水资源消耗量、"三废"污染排放量、GDP 增长方程系数，用非线性回归法确定了农业产值增长率、工业产值增长率、第三产业产值增长率等。

（4）参考其他资料和专家经验值法。比如污染的年治理量、水资源重复利用率、单位缺水影响经济值、单位缺地影响经济值以及污染因子对经济影响值等，还有拥挤指数、污染指数等对出生率和死亡率的影响因子表函数，都是基于参考其他资料获得的，同时询问相关部门专家的意见，进行最后的确认。

二　模型检验

建立系统动力学模型之后，需要对模型的合理性和适用性进行检验，检验必须围绕系统动力学模型的研究目的进行，关注检验结果是否能够较为准确地描述现状并有效地解决问题。真实社会中的大系统十分复杂庞大，该模型无法全面地反映现实中的所有关系，只是对现实中的大系统进行简化模拟，集中研究所关心问题的某一个侧面和断面。

与计量经济模型不同，系统动力学模型一般很少使用统计假设检验方法，如 T 检验、拟合优度检验等。系统动力学模型的建模依据主要是系统本身的反馈结构，并且模型参数的估计也很少依赖计量经济技术中的估计方法，从方法论基础角度来看，系统动力学模型是一个计算机仿真模型，有符合自身特点的检验方法与检验准则。首先，进行直观检验，即根据有关先验信息对模型的定量关系、因果关系、各子系统的流图和系统方程的正确性做出基本的判断，这种检验实际上已经贯穿在建模过程中；其次，利用系统动力学模型软件 Vensim PLE 提供的真实性检验（Reality Check）对所建立的资源环境承载力系统模型的正确性进行检验，检验结果基本满足系统的研究要求；最后，进行历史检验，即通过对模型仿真行为与系统行为的过去拟合程度进行检验，比较系统状态变量的仿真值与历史统计数据之间的差异来判断模型的有效性。该验证仅限于模型中具有较为全面的状态变量，包括人口总量、GDP、工业产值、农业产值、污染总量、土地资源总量、水资源供需差额等。考虑到历史数据的可获取性，历史验证的起始时间为 2000 年，检验时间为 10 年，至 2009 年为止。这些变量的历史拟合验证的精确度各有优劣，这与模型本身和历史数据信息的充分和正确度都有密切关系。表3-1反映的是各个状态变量的历史值、仿真值和相对误差的情况。

表 3-1   历史值与仿真值之间的拟合情况

年份	人口总量(万人)			GDP(亿元)			工业总产值(亿元)		
	历史值	仿真值	相对误差	历史值	仿真值	相对误差	历史值	仿真值	相对误差
2000	126743	125981	-0.00601	99214.6	98701.5	-0.00517	40033.6	40673.1	0.01597
2001	127627	128901	0.00998	109655.2	108539.9	-0.01017	43580.6	45610.5	0.04658
2002	128453	129024	0.00445	120332.7	119834.2	-0.00414	47431.3	47932.7	0.01057
2003	129227	130210	0.00761	135822.8	134535.7	-0.00948	54945.5	53945.9	-0.01819
2004	129988	131021	0.00795	159878.3	157593.2	-0.01429	65210.0	67607.0	0.03676
2005	130756	131782	0.00785	183217.4	186650.8	0.01874	77230.8	76961.9	-0.00348
2006	131448	132019	0.00434	211923.5	210778.6	-0.00540	91310.9	90827.5	-0.00529
2007	132129	133902	0.01342	249529.9	250063.5	0.00214	107367.2	110823.7	0.03219
2008	132802	134147	0.01013	300670.0	301359.6	0.00229	129112.0	131992.0	0.02231
2009	133474	134931	0.01092	335353.0	339847.1	0.01340	134625.0	132489.0	-0.01587

年份	第三产业总产值(亿元)			工业废水总量(万吨)			人均GDP(元)		
	历史值	仿真值	相对误差	历史值	仿真值	相对误差	历史值	仿真值	相对误差
2000	38714	37943.0	-0.0199	194.24	187.53	-0.03455	7858	7703.5	-0.01966
2001	44362	43901.9	-0.0104	200.69	198.24	-0.01221	8622	8461.2	-0.01865
2002	49899	48789.1	-0.0222	207.19	201.10	-0.02939	9398	9274.0	-0.01319
2003	56005	57989.5	0.0354	212.25	209.81	-0.01151	10542	9976.0	-0.05369
2004	64561	65602.9	0.0161	221.14	219.78	-0.00616	12336	11391.0	-0.07661
2005	73433	72576.1	-0.0116	243.11	238.97	-0.01704	14053	13869.0	-0.01310
2006	84721	87401.9	0.0316	240.19	236.86	-0.01388	16165	15720.0	-0.02753
2007	100054	101105.8	0.0105	246.60	243.89	-0.01099	18934	17802.0	-0.05979
2008	120487	117503.9	-0.0248	241.70	239.02	-0.01109	22698	21908.0	-0.03481
2009	142918	139012.0	-0.0273	194.24	187.53	-0.03455	28543	27108.0	-0.05030

由表 3-1 可以看出，人口总量的历史值与仿真值之间的最大相对误差为 0.01342，拟合效果良好，主要是因为考虑了我国人口机械增长数量和计划生育控制政策的影响因子，因此能够比较全面地反映我国人口总量所受到的各种影响；我国国内生产总值的历史值与仿真值之间的最大相对误差为 0.01874，人均 GDP 历史值与仿真值之间的最大相对误差为 -0.07661，拟合效果好，其他状态变量的仿真值和历史值之间基本吻合，说明该模型能够较为准确地描述研究系统的基本现状，根据历史数据模拟符合现实状况，系统参数设置合理，可以进行下一阶段的模拟仿真。

三　现实模拟与政策模拟

(一) 系统模拟仿真结果

上述有关资源环境承载力模型的有效性检验已说明该模型能从总体上反映系统的真实情况和内外部联系。现以目前的参数设置，进行 2009—2030 年的预测，本次仿真时间为 2000—2030 年，仿真步长为 1 年，对该系统模型进行基本行为的模拟仿真预测，保持各投资系数、资源消耗速度、生态污染等的相对稳定，探讨在保持现状的情况下，2009—2030 年我国资源环境承载力的演化，并将主要年份中经济子系统、社会子系统、资源子系统和环境子系统的状态变量输入结果一一列出进行深入分析，为便于对比了解发展趋势，将 2000 年、2005—2008 年情况列出，具体预测值由表 3-2 列出。

　　从表 3 - 2 中的模拟数据可以看到，我国将保持持续的人口增长，到 2020 年将增至 144310 万人，将对资源和环境系统造成较大压力；反映"三废"污染水平综合指标的污染总量在 20 年间将翻一番，环境状况仍不容乐观。

表 3 - 2　模型预测数据列表

年份 \\ 指标	人口总量（万人）	GDP（亿元）	人均 GDP（元）	工业产值（亿元）	第三产业产值（亿元）	污染总量（亿吨）
2000	125981	98701.5	7703.5	40673.10	37943.00	417.20
2005	131782	186650.8	13869.0	76961.90	73432.90	428.40
2006	132019	210778.6	15720.0	90827.50	84721.40	436.90
2007	133902	250063.5	17802.0	110823.70	100053.50	458.50
2008	134147	301359.6	21908.0	131992.00	120486.60	479.60
2009	134931	339847.1	23874.5	132489.00	142918.00	501.60
2010	135884	376832.0	26494.4	154284.43	156743.10	517.73
2011	136727	416529.4	29114.3	169506.30	174216.64	536.64
2012	137569	456226.7	31734.2	184728.17	191690.18	555.55
2013	138412	495924.1	34354.1	199950.04	209163.72	574.46
2014	139254	535621.4	36974.0	215171.91	226637.26	593.37
2015	140097	575318.8	39593.9	230393.78	244110.80	612.28
2016	140940	615016.2	42213.8	245615.65	261584.34	631.19
2017	141782	654713.5	44833.7	260837.52	279057.88	650.10
2018	142625	694410.9	47453.6	276059.39	296531.42	669.01
2019	143467	734108.2	50073.5	291281.26	314004.96	687.92
2020	144310	773805.6	52693.4	306503.13	331478.50	706.83
2021	145153	813503.0	55313.3	321725.00	348952.04	725.74
2022	145995	853200.3	57933.2	336946.87	366425.58	744.65
2023	146838	892897.7	60553.1	352168.74	383899.12	763.56
2024	147680	932595.0	63173.0	367390.61	401372.66	782.47
2025	148523	972292.4	65792.9	382612.48	418846.20	801.38
2026	149366	1011989.8	68412.8	397834.35	436319.74	820.29
2027	150208	1051687.1	71032.7	413056.22	453793.28	839.20
2028	151051	1091384.5	73652.6	428278.09	471266.82	858.11
2029	151893	1131081.8	76272.5	443499.96	488740.36	877.02
2030	152736	1170779.2	78892.4	458721.83	506213.90	895.93

综上所述，自然演化模式反映了历史趋势演进的一种过程。如果保持现有的发展趋势，以系统自身的自然演进的模式发展，经济总量将有一定的增加，但经济结构未能转向合理的方向，这必将影响未来我国经济社会的可持续发展。同时，人口的膨胀和经济总量的逐年增加将对资源环境系统产生更大的压力，抑制部分经济增长因子，自然资源面临枯竭，环境质量严重恶化；反过来，资源环境超载将影响整体经济社会的健康发展，阻碍整体系统的发展潜力提升。因此，有必要调整资源环境承载力系统的控制变量，使各个子系统在更加协调的状态下发展，以促进我国经济社会与资源环境的全面、协调与可持续发展。

（二）系统方案分析

为了促使我国经济社会与资源环境的全面、协调与可持续发展，根据模型研究需要，现对模型中的有关参数进行调整，再进行模拟仿真运行，主要调整的是农业投资比重、工业投资比重、科技投资比例、计划生育调控政策因子、资源消耗速度、环保投资比例、万元产值污染产生量等速率变量，进而观察经济子系统、社会子系统、资源子系统和环境子系统之间的相互影响。为此，本研究试图通过改变相应参数再进行模拟仿真计算，设定了三种仿真方案，对未来一段时间内我国经济、社会和资源、环境的发展趋势做不同情境下的预测，目的在于找出相关的影响因素，以便有针对性地改善现有资源环境承载力系统，进而为提出促进我国资源环境承载能力提升的对策建议提供科学依据（见表3-3）。

表3-3 不同模拟方案的调试方案

指标类型	指标名称	单 位	现行政策	方案一	方案二	
经济	人均国内生产总值	元	7858	8350	9000	
	工业增加值占GDP比例	%	40.14	37.5	40	
	GDP年均增长率	%	10.2	8.7	2011—2020年	2020—2030年
					9.5	9.2
	第三产业占GDP比例	%	42.6	48	45	
社会	人口自然增长率	‰	5.05	5.05	4.8	
	计划政策控制因子	无	1	1.06	1.03	
	科技投入比例	%	3.183	3.478	3.478	

续表

指标类型	指标名称	单　位	现行政策	方案一	方案二
资源	人均耕地面积	亩/人	1.389	1.49	1.45
	万元 GDP 耗水量	立方米/万元	209.3	200	203
	万元 GDP 能耗	（吨标准煤/万元）	1.102	0.88	0.95
环境	万元 GDP 污水产生量	立方米/万元	22.314	20.5	21.5
	万元 GDP 废气产生量	立方米/万元	13432.2	12500	13000
	万元 GDP 固废产生量	千克/万元	4796	4500	4600
	环保投资系数	%	1.49	1.6	1.6

现行政策：假定保持现有政策和发展速度，按照现行模式发展。

方案一：注重降低资源消耗、保护生态环境，在一定程度上限制经济发展的速度。该方案体现人们注重对资源环境的保护，对现行政策的一些参数如环保投资比例、第三产业占 GDP 比例、计划生育调控政策因子、资源消耗因子、污染产生量等做出相应调整。

方案二：经济社会与资源环境协调发展。该方案介于现行政策和方案一之间，在经济社会与资源环境之间寻求平衡，从而促进经济、社会和资源、环境之间的全面、协调与可持续发展。为此，对有关参数进行修改，总体反映出经济结构的进一步优化、资源的合理配置、资源利用率的有效提高、环境保护力度的加大、环保投资规模的逐步扩大等。

分别对以上两种方案进行模拟仿真，得出各个子系统中状态变量的发展趋势值。

1. 经济子系统仿真结果输出

在经济子系统中，分别代入三种方案的各项参数及其对应的取值，对以上三种方案分别进行仿真模拟，由此得出我国 2000—2030 年国内生产总值、第三产业产值的仿真曲线，如图 3-8 所示。

2. 社会子系统仿真结果输出

在社会子系统中，分别代入三种方案的各项参数及其对应的取值，对以上三种方案分别进行仿真模拟，由此得出我国 2000—2030 年人口总量的仿真曲线，如图 3-9 所示。

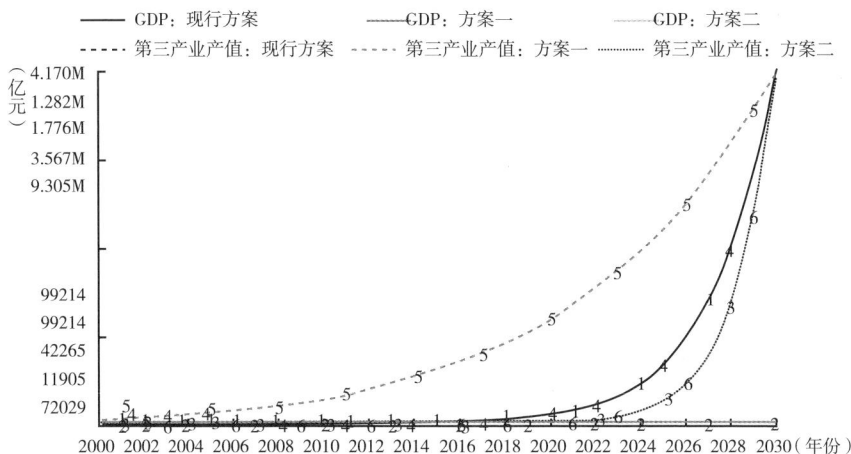

图 3 - 8　2000—2030 年我国 GDP 和第三产业产值的仿真曲线

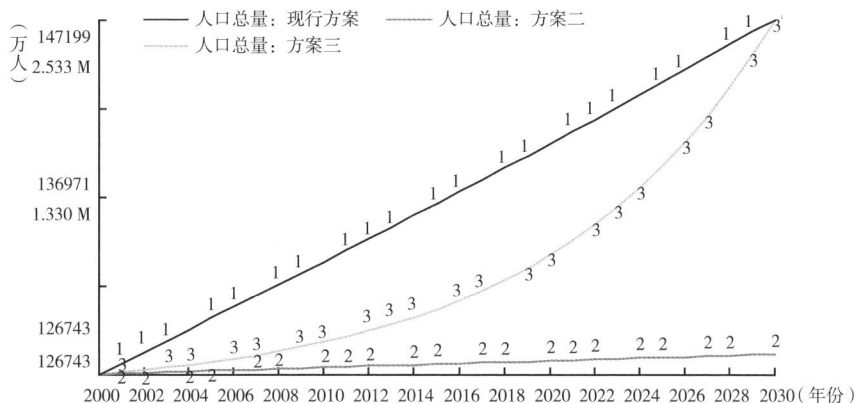

图 3 - 9　2000—2030 年我国人口总量的仿真曲线

3. 资源子系统仿真结果输出

在系统模型基本参数保持不变的情况下，可以输出并且直观地看出在现行政策以及方案一和方案二的条件下，资源子系统的资源短缺以及资源短缺对经济的影响这两个变量的变化趋势，如图 3 - 10 所示。

4. 环境子系统仿真结果输出

在系统模型基本参数保持不变的情况下，输出环境子系统中水污染指数、废气污染指数、固废污染指数、污染对经济的影响，如图 3 - 11 所示。

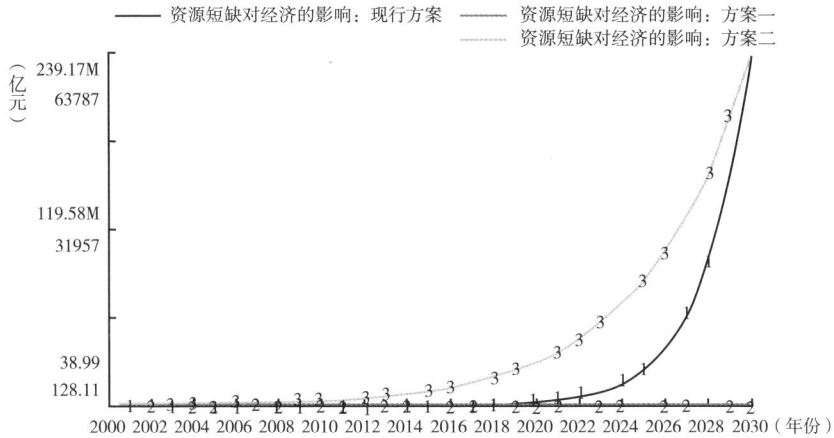

图 3 – 10　2000—2030 年我国资源短缺对经济的影响的仿真曲线

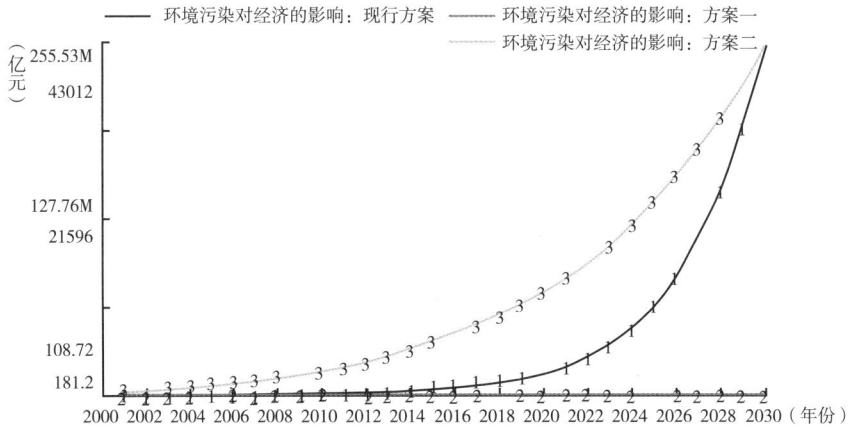

图 3 – 11　2000—2030 年我国环境污染对经济的影响的仿真曲线

四　仿真结果分析

(一) 经济子系统：产业结构不合理，亟须调整和优化

经济子系统主要从经济总量和经济结构两方面考察其对我国资源环境承载力的影响及其受资源环境承载力影响的敏感度。从仿真结果来看，我国传统经济的增长模式是建立在大量消耗自然资源 (尤其是土地资源和水资源) 的基础之上的，这种传统的粗放型增长方式的表现是：经济增长速度快，而

经济效益偏低、产业结构不合理,以资源消耗型为主导产业。一、二、三产业内部各行业呈现断裂型、单线式发展状态,未能形成资源的共享与互补,产业链尚未在更广泛的程度上实现拓展与延伸,三次产业之间有机联系的良性循环圈亟待形成。基于此种现状,经济的快速发展必然大量增加资源消耗,影响经济发展方式的转变,同时也加剧了对区域生态环境的破坏,影响到我国经济社会与资源环境的可持续发展。从前文有关经济子系统的输出结果可以看出,我国第三产业所占比重将对整体经济的可持续发展产生重要的影响,当前制约我国资源环境承载力的经济因素主要是第三产业发展缓慢、占比偏低。目前我国仍以资源消耗较大的第二产业为主导,直接导致了经济社会发展与资源环境承载力之间的不协调,这是实现可持续发展需要解决的突出问题。

(二)社会子系统:人口增长速度偏快,科技投入力度有待增强

基于上述模拟仿真结果,主要利用人口总量和科技投入两个要素分析社会子系统对资源环境承载力的影响。第一,人口持续增长所带来的巨大生存压力是导致我国经济社会与资源环境之间存在深层次矛盾的重要原因。根据承载力的相关理论,一定区域内的资源和环境容量的人口承载力是有限的,一旦人口总量超过了区域的资源环境承载力,必然会引起人地关系失调,导致对资源的过度开发利用和对环境的破坏,引起生态平衡的失调。人口因素是资源环境承载力的一个核心要素,人口数量、人口素质及人口结构等因素及各因素之间的内在关系对资源环境承载力产生了至关重要的影响。任何一个要素的不适都会影响人口的可持续发展,从而对整个系统的健康运行造成不利的影响。人口数量过多并持续增长的现状给经济、资源、教育、就业、交通、住房、社会福利、医疗等各方面带来巨大压力,阻碍经济社会的可持续发展。从社会子系统的仿真结果来看,2009 年底,我国的人口总量已达到 133474 万人,若保持现在的人口增长速度和计划生育政策,预计在 2030 年人口总量将达到 152736 万人,这会对未来的经济社会与资源环境系统形成巨大压力,其结果必然导致资源的过度消耗,达到资源环境承载力的极限。第二,科技投入对自然资源的开发利用、环境保护力度的加大都有着深刻的影响。当前我国科技投入相对不足,科技创新能力有待加强,主要体现在以下几个方面:我国 R&D 经费投入不足,重技术引进、轻消化吸收再

创新；发明专利总体上技术含量不高；科技领军人才严重短缺，一线创新
人才不能满足技术创新的需求；产业公共技术服务平台建设滞后，产学研
合作不密切；激励自主创新的体制和机制尚不完善，尚未形成良好的科技
创新社会环境和文化氛围。由于我国技术创新能力不强，大大制约了产业
结构的升级，影响其在自然资源开发利用和生态环境保护方面发挥应有的
作用。

（三）资源子系统：耕地面积不断减少，水资源利用率不高

资源子系统主要从土地资源和水资源两个方面考察其对资源环境承载力
的影响。从仿真结果可以看出，土地资源和水资源在未来 30 年将出现的短
缺会对经济社会产生深刻影响，这将直接导致经济社会的发展遇到"瓶
颈"，从而影响经济社会的可持续发展。其一，当前我国面临着土地资源明
显不足、人多地少的突出矛盾。在土地资源短缺的情况下，现有耕地资源还
未能充分得到利用，如存在土地抛荒和土地冬季利用率低等问题。山地多、
平地少导致耕地面积少、耕地可开垦作为后备耕地的潜力极其有限，这导致
适于生产和建设的土地短缺，土地供需矛盾和工业用地矛盾十分突出，严重
制约了我国经济社会的发展。其二，水资源利用率不高，其供应能力亟待增
强。同时，我国人均水资源量仅为世界平均水平的 28%，人多水少、水资
源时空分布不均及与生产力布局不相匹配是我国面临的基本水情，而用水方
式粗放、水污染严重又进一步加剧了我国水资源紧缺状况，水资源供需矛盾
突出成为制约经济社会可持续发展的主要瓶颈。仿真结果显示，2030 年需
水总量为 7680 亿立方米，人均水资源量仅为 1750 立方米，要求供水能力比
现在增长 1300 亿—2300 亿立方米，但我国实际可利用水资源量接近合理利用
水量上限，水资源开发难度极大。此外，我国近一半河段和九成的城市水域
受到不同程度的污染。水环境的恶化，破坏了生态系统，进一步加剧了水资
源紧缺的矛盾。随着我国人口的增加、经济的发展和城镇化进程的加快，我
国水资源形势将更为严峻，以水资源紧张、水污染严重和洪涝灾害为特征的
水危机将严重制约我国经济社会的可持续发展。

（四）环境子系统：三废污染依然严重，环保投资比例有待提高

环境子系统考察的是工业"三废"污染的治理力度和环境保护投资
比例对资源环境承载力的影响。工业化和城镇化进程的加快，使能源需

求量不断增加，此外，我国整体资源综合利用率较低，经济粗放型增长、对环境保护和污染治理的重视程度不够，都制约着我国经济社会的可持续发展。从仿真结果可以看出，如果保持现有经济发展速度以及环保投资比例，我国在未来一段时间内的污染总量将持续增长，这会对经济发展、社会和谐以及人们的日常生活产生重要影响。近年来，我国环境保护投资比例虽呈现逐年增加趋势，但与发达国家的投入水平相比明显落后，导致了环境污染未能得到及时和有效治理，整体生态环境水平偏低。从仿真结果来看，环境子系统中污染指数对经济的影响直接受到水污染指数、废气污染指数、固体废弃物污染指数的制约。方案二表明，将万元 GDP 污水量、万元 GDP 废气产生量、万元 GDP 固废产生量分别控制在一定数值范围内，可以有效降低污染对经济发展的影响程度；同时"三废"污染治理指数受环境保护投资力度的直接影响，因此加大环保投资比例能够极大地降低环境污染对经济发展的影响。

第四节　发展循环经济是提升资源环境承载力的有效途径

前文的分析表明，我国的资源存量和环境承载力都难以承受传统经济增长模式下高强度的资源消耗和环境污染，资源短缺和环境污染成为制约我国经济可持续发展的最大障碍。提升资源环境承载力的关键在于建设"两型社会"，即资源节约型社会和环境友好型社会。资源节约型社会的核心内涵是节约资源，通过提高资源利用效率，拓展资源利用途径，延伸产业链，提升资源对经济社会发展的承载能力；环境友好型社会的核心内涵是减少废弃物排放，通过废弃物的再生利用和无害化处理，有效解决环境污染问题，提升环境承载力。循环经济是对"大量生产、大量消费、大量废弃"的传统经济增长模式的根本性变革，发展循环经济是"两型社会"建设的落脚点和重要抓手，发展循环经济，能够提高资源利用率、降低污染排放，很好地满足"两型社会"建设需求，有助于解决经济、社会、资源、环境各子系统中存在的问题，进而有效提升我国的资源环境承载水平。

一　发展循环经济是优化产业结构的有效途径

目前，我国产业结构中存在三次产业之间的比例不协调、产业层次低、产业链条短、资源依赖型产业比重过大、生态型产业比重偏低等问题。产业结构优化是要实现产业结构的合理化和高级化。循环经济要求用生态学规律指导经济实践，具有资源低投入、低消耗、低排放和高效率特征，通过资源共享和生态共生，各产业链能够实现物质、能量和信息的流动与交换，促进产业链延伸，形成产业生态系统，从而摆脱对资源环境的依赖，实现产业结构优化升级。发展循环经济要求采用高新技术和先进适用技术改造传统的资源主导型产业，加速传统产业的节能改造和高技术化；同时，循环经济要求对"三高"企业进行改造，并扶持资源消耗少、科技含量高、废弃物排放少的产业和项目，促进资源节约产业、产品综合利用产业、废旧物资回收利用产业以及环保产业的发展，催生经济新增长点。这些新兴产业不仅改变了工业内部的结构比例，而且提升了产业的技术关联水平，能够促进产业的高技术化、高加工度化、高附加值化和生态化。因此，发展循环经济对产业结构的合理化和高级化都有明显的推动作用，是优化产业结构的有效途径。

二　发展循环经济是提高人口素质和就业水平的重要手段

循环经济的本质是生态经济，其基本理念是经济系统的减物质化。循环经济通过物质循环利用和能量梯次利用，达到资源节约使用和环境保护的双重目的。发展循环经济所节约下来的资金以及循环型产业创新创造的价值可以用于人力资本投资，而教育、培训、医疗保健等人力资本投资的增加又是提高人口素质的主要途径；人口素质的提升不仅表现为公民具有更多的科学知识，而且具有较高的环保意识和理念，这有助于推进循环经济技术创新和制度创新，践行循环经济理念，推行循环经济模式，从而形成良性循环。此外，人口素质的提高在一定程度上会降低居民的生育愿望，达到稳定生育水平、提高出生人口素质的目的。发展循环经济是扩大就业的有效途径。我国循环经济的发展催生和促进了环境产业、废弃物再生利用产业、节能降耗产业、可再生能源产业等节能环保产业的大发展，而节能环保产业的发展对健康产业、服务经济以及创意经济等产生了巨大的间接带动作用，这些产业都具有产业链条长、吸纳人口多、产业附加值高、带动能力强等特点，将成为拉动国民经济发展和增加就业岗位的新的强劲增长点。因此，发展循环经济不仅可以实现节能、环保，而且能够大大促进创业和就业。

三　发展循环经济是确保资源安全的必然选择

随着全球经济的持续高速增长，资源需求不断增加，煤炭、石油、天然气、水能、木材、矿产等自然资源正逐渐枯竭，地球表层资源已经相当有限，为了提高产量，就必须转向更深层的地下、海底进行开采，这将大幅度提升资源开采成本。在当前地球深层及海洋资源开采技术尚未取得根本性突破的条件下，社会经济发展面临的资源短缺问题将日趋严重。循环经济是按照"3R"原则来发展的，能够实现自然资源的减量化使用、重复利用和回收利用，提高资源利用率，最大限度地减少自然资源的使用和污染物的产生。发展循环经济可以实现经济增长与物质消耗、环境污染的"脱钩"，实现减物质化，有利于降低能源资源消耗，保证资源供给满足经济发展需求，提高资源承载力。

四　发展循环经济是减少环境污染的必由之路

早期工业化国家走的是一条先发展后治理的恶性循环道路，采取末端治理方式，对已生成的废弃物，在其排放前进行污染治理，这种方式需要投入大量的人员、技术和资金，给政府和企业带来沉重的经济负担。而循环经济则不同，它是一种新型的、先进的经济形态，资源的综合利用使废弃物实现资源化、减量化和无害化，能够最大限度地减少对环境有害的废弃物。循环经济一方面强调从源头抓起，实行生产全过程控制，减少乃至消除污染物的产生，立足于"防"；另一方面强调应用资源节约技术，减少单位产出资源消耗，从而减少废弃物的产生和排放。要加大循环利用技术研发的力度，最大限度地循环利用废旧产品和废弃物，减少全社会的废弃物排放量，并对各种最终无法再生利用的终极废弃物进行无害化处理。循环经济与传统末端治理的最大不同在于它通过全方位的治理、回收、重复利用和开发，实现经济效益、社会效益和生态效益的统一。

第　四　章

我国循环经济发展的现状及制约因素分析

自 2005 年国家启动循环经济试点工作以来，全国各地循环经济实践开始进入全面铺开阶段。伴随循环经济的发展，我国颁布了一系列有关循环经济发展的法律法规，制定了一系列促进企业节能、节材、节水和资源综合利用的政策、标准和管理制度，大力推行清洁生产，约束企业污染环境的行为，循环经济工作取得了显著成效，但是仍然存在区域发展不平衡、普及范围小、深度不够、质量不高等问题。为了探索更有效的循环经济发展途径，实现循环经济发展的新突破，有必要对我国循环经济发展的现状进行全面剖析，从宏观、中观、微观三个层面发现存在的问题和制约因素，从而为循环经济的进一步发展指明方向。

第一节　我国循环经济发展水平的总体现状评价

一　评价指标体系的构建

为客观认识循环经济发展现状，可以构建循环经济发展水平的总体评价指标体系，采取科学评价方法定量分析我国各省区市的循环经济发展水平，以此剖析省域循环经济发展过程中呈现的特点和存在的问题。为此，在参照国家发改委、国家环保总局、国家统计局等有关部门制定的"循环经济评价指标体系"的基础上[1]，从循环经济特征子系统和社

---

[1]　国家统计局"循环经济评价指标体系"课题组：《"循环经济评价指标体系"研究》，《统计研究》2006 年第 9 期，第 23—26 页。

会、经济支撑子系统的角度构建了4级——倒树形的评价指标体系框架，如表4-1所示。

表4-1 区域循环经济发展水平综合评价指标体系

目标层	系统层	准则层	具体指标	单位	影响
区域循环经济发展水平	区域循环经济特征子系统	减量化	万元GDP能耗(x_1)	吨标准煤/万元	↓
			万元GDP电耗(x_2)	千瓦时/万元	↓
			万元GDP水耗(x_3)	立方米/万元	↓
			单位耕地农产品产出率(x_4)	元/亩	↑
			节水灌溉面积比重(x_5)	%	↑
			万元工业产值废水排放量(x_6)	立方米/万元	↓
			万元工业产值废气排放量(x_7)	立方米/万元	↓
			万元工业产值COD排放量(x_8)	千克/万元	↓
			单位农产品化肥消耗量(x_9)	千克/万元	↓
			环境治理投资与GDP比(x_{10})	‰	↑
		资源化与再利用	农村沼气每人拥有量(x_{11})	立方米/人	↑
			城市工业用水重复利用率(x_{12})	%	↑
			城市生活污水再生利用率(x_{13})	%	↑
			工业固废综合利用率(x_{14})	%	↑
			工业危险固废综合利用率(x_{15})	%	↑
		无害化	工业废水排放达标率(x_{16})	%	↑
			工业二氧化硫排放达标率(x_{17})	%	↑
			工业烟尘排放达标率(x_{18})	%	↑
			城镇污水集中处理率(x_{19})	%	↑
			生活垃圾无害化处理率(x_{20})	%	↑
	区域循环经济发展支撑子系统	社会发展	人均农民纯收入(x_{21})	元/人	↑
			人均城镇居民可支配收入(x_{22})	元/人	↑
			R&D经费投入强度(x_{23})	%	↑
			教育经费占GDP比重(x_{24})	%	↑
			社会保障支出占GDP比重(x_{25})	%	↑
			人均绿地面积(x_{26})	平方米/人	↑
		经济发展	地区生产总值增速(x_{27})	%	↑
			人均地区生产总值(x_{28})	元	↑
			高新技术产业产值占工业总产值比重(x_{29})	%	↑
			人均财政收入(x_{30})	元/人	↑
			第三产业增加值与GDP比(x_{31})	%	↑

在建立的指标体系中，为突出循环经济发展的"3R"原则，区域循环经济发展现状将由区域循环经济特征子系统和循环经济发展支撑子系统两个系统反映，这也说明区域循环经济发展现状不仅与能够直接体现循环经济发展特征的某些指标相关，而且与区域经济发展、社会（包含科技、教育）进步等情况密切联系。准则层是连接系统层和具体目标层的桥梁，是对系统层的某一方面的具体反映，是对具体指标范围的总体说明，其划分也是至关重要的。根据循环经济发展的"3R"原则，对循环经济特征子系统进行细分，即按照减量化、资源化和再利用以及无害化原则进行细分；根据支撑系统的内部层次结构，将其划分为经济发展和社会发展（包含科技、教育支撑情况）两大系统，然后将准则层细化成可以定量化描述的具体指标，从而准确反映循环经济发展的某一方面的实际情况。

二 评价模型——全局主成分分析方法

众所周知，经典主成分分析法是一种重要的多元统计分析方法，在数据信息最少损失的前提下，通过线性变换构建出几个完全正交的新综合变量以代替原始的具有一定相关性的多个变量，以此降低数据的变量个数，减少在经济社会研究中定量分析的计算复杂度。随着数据收集和存储技术的发展与应用，学者们积累了大量描述经济社会现象、按照时间顺序排列的数据，进而研究经济社会问题的动态演变特征，但经典主成分分析法只能分析静态的截面数据，不能用来分析具有时间序列特征的动态面板数据，仅能将面板数据按照不同时刻分成若干截面数据进行主成分分析，得到在各个时刻、基于不同主平面的不同主成分，因此不能对相同样本在不同时刻的结果进行对比分析。全局主成分的提出有效解决了上述问题。全局主成分分析法是将主成分原理应用于基于时间序列的数据表，通过把不同时刻的数据统一在相同的主平面，然后通过线性变化提取全局主成分，因此不同时刻的主成分的构成是相同的，经过主成分得到的主超平面也是相同的，从而能够对不同时刻的相同样本结果进行对比分析，进而反映出样本的动态变化特征。

（一）评价模型的构建

设存在一张由 T 张具有同名的样本点和指标变量的截面数据表依据时间顺序排列而成的时序立体数据表，记为 $K = \{X^t \in R^{n \times p},\ t = 1,\ 2,\ \cdots,\ T\}$，

用 e_1，e_2，$\cdots$，e_n 和 x_1，x_2，$\cdots$，x_p 分别表示时序立体数据表中 n 个同名样本和 p 个同名指标变量，即时序立体数据表中的每张截面数据表 x^t 均以 e_1，e_2，$\cdots$，e_n 为样本点，以 x_1，x_2，$\cdots$，x_p 为变量指标。

在 t 时刻截面数据表 x^t 中，样本点 e_1，e_2，$\cdots$，e_n 的取值分别为 e_1^t，e_2^t，$\cdots$，e_n^t，则 t 时刻的样本群点为 $N_i^t = \{e_i^t，i=1，2，\cdots，n\}$，全局样本群点为 $N_i = \bigcup\limits_{i=1}^{T} N_i^t$。

同理，用以上方式对变量 x_1，x_2，$\cdots$，x_p 进行相同处理，则可得到变量集 X 全局数据表 $X = \begin{bmatrix} X^1 \\ X^2 \\ \cdots \\ X^T \end{bmatrix} = (x_{ij}^t)_{T_{n \times p}}$，其重心的定义为：

$$g = (\bar{x}_1, \bar{x}_2, \cdots, \bar{x}_p)' = \sum_{t=1}^{T} \sum_{i=1}^{n} p_i^t e_i^t \qquad (4-1)$$

式（4-1）中 p_i^t 是 t 时刻样本点 e_i 的权重，并且满足以下要求：

$$\sum_{t=1}^{T} \sum_{i=1}^{n} p_i^t = 1, \sum_{i=1}^{n} p_i^t = 1/T$$

然后记全局变量为 x_j，则有：

$$x_j = (x_{1j}^1, \cdots, x_{nj}^1, x_{1j}^2, \cdots, x_{nj}^2, \cdots, x_{1j}^T, \cdots, x_{nj}^T) \in R^{Tn}$$

根据一般数理统计原理可知，全局方差 s_j^2 和全局协方差 S_{jk} 表达式如下：

$$s_j^2 = Var(x_j) = \sum_{t=1}^{T} \sum_{i=1}^{n} p_i^t (x_{ij}^t - \bar{x}_j)^2 \qquad (4-2)$$

$$s_{jk} = Cov(x_j, x_k) = \sum_{t=1}^{T} \sum_{i=1}^{t} p_i^t (x_{ij}^t - \bar{x}_j)(x_{ij}^t - \bar{x}_k) \qquad (4-3)$$

由此构成全局协方差阵：

$$V = (s_{jk})_{p \times p} = \sum_{t=1}^{T} \sum_{i=1}^{n} p_i^t (e_i^t - g)(e_i^t - g)' \qquad (4-4)$$

在定义全局分析相关概念后，接下来对全局主成分原理进行简要介绍。

全局主成分分析的关键在于对于 P 维全局样本群点 N_i 通过坐标平移和旋转变化找到一个 M 维（$M < P$）全局主超平面 $H + L$（先平移、再旋转变换），使得全局样本群点中的 e_i^t 在其上面的投影 $\hat{e}_i^t$ 与原始 e_i^t 综合差异达到最小，即满足最小二乘法原则。在最小二乘法原则下得到的全局主超平面一定经过 N_i 的重心，且得到的最佳变换 L 的标准正交基 u_1，u_2，$\cdots$，u_m（即 $u_k M u_j = \begin{cases} 1 & j = k \\ 0 & j \neq k \end{cases}$），对应 VM 的前 m 个特征值 $\lambda_1 \geqslant \lambda_2 \geqslant \cdots \geqslant \lambda_m$，这里称 u_1，u_2，$\cdots$，u_m 为全局主轴，是新变量的方向，V 和 M 分别是全局协方差矩阵和度量矩阵。然后得到以下表达式：

$$F_h(t,i) = (e_i^t - g)' M u_h$$
$$F_h = \left[F_h(1,1), \cdots F_h(1,n), \cdots, F_h(T,1), \cdots, F_h(T,n) \right]' \in R^{Th} \qquad (4-5)$$

称 F_h 为第 h 全局主成分，它是由样本群点 N_i 在第 h 主轴上的投影构成的。根据前文论述可知，全局主成分分析在本质上就是对时序数据进行经典主成分分析，那么全局主成分分析就必然继承经典主成分分析的优良品质。

第一，全局主成分一定对应于数据变异最大的方向。根据经典主成分分析的原理可知，为了原始数据 $\{ e_i^t, i = 1, 2, \cdots, n, t = 1, 2, \cdots, T \}$ 在全局主轴上的投影 $\hat{e}_i^t$ 与原始值综合差异最小，必然要求全局主轴按照数据方差变异大小的方向确定，然后根据原始数据在全局主轴上投影提取全局主成分，则第一个主成分（F_1）必然对应数据点分布方差变异最大的第一全局主轴，第二个主成分（F_2）必然对应数据点分布方差变异次大的第二全局主轴，其他综合变量方向的确定依此类推，即：

$$Var(F_1) \geqslant Var(F_2) \geqslant \cdots \geqslant Var(F_m) \qquad (4-6)$$

第二，全局主成分是对原变量系统的最佳综合。在全局主成分中，如果找一个综合变量比较完美地取代全局数据表中的所有全局变量 x_j，$j = 1$，2，$\cdots$，p，则这个综合变量一定是第一全局主成分，因为第一主成分包含最多的原始全局变量信息，即全局主成分 F_1 与全局变量 x_j 的相关度综合最大：

$$\sum_{j=1}^{p} r^2(F_1, x_j) \rightarrow \max \qquad (4-7)$$

对 m 维主超平面，F_h $(h=1, \cdots, m)$ 与所有 x_j 的累积相关度可以达到综合最大，即：

$$\sum_{h=1}^{m} \sum_{j=1}^{p} r^2(F_h, x_j) \rightarrow \max \qquad (4-8)$$

（二）模型评价步骤

一般来说，运用全局主成分方法分析经济社会等问题时，可分为以下几个步骤进行，这些步骤均可通过统计软件 SPSS 实现：①将时序立体数据表按照时间顺序展开建立全局数据表，这是全局主成分分析与经典主成分分析的关键区别之处；②对全局数据表中的数据进行预处理，以便满足全局主成分分析要求，对全局数据表中的逆向指标的数据实施正向化变换，在此基础上，对所有指标数据进行 Z 标准化变换，得到标准化数据表；③计算标准化数据表的相关系数矩阵；④计算相关系数矩阵的特征根以及对应的特征向量，并且计算出特征根的单个贡献率与累积贡献率；⑤根据研究要求以及主成分的累积贡献率确定全局主成分的个数；⑥根据特征根与特征向量计算因子负荷矩阵，计算样本在每个全局主成分的得分；⑦根据所有主成分的累积贡献率对主成分的方差贡献率进行归一化处理，得到综合得分 $F_{综}$ 与主成分 F_i 的表达式，然后计算出样本综合得分。

三 评价过程及结果分析

（一）数据获取和预处理

按照前文构建的区域循环经济发展水平的评价指标体系，通过《中国统计年鉴》（2006—2010 年）、《中国环境统计年鉴》（2006—2010 年）、《中国环境年鉴》（2006—2010 年）以及《中国高技术产业产值统计年鉴》（2007 年、2009 年）获取相关指标 2005—2009 年的原始数据。为消除价格因素的影响，我们对地区国民生产总值等指标的名义值均利用物价指数进行预处理，由此得到调整后的以 2005 年为基准年的实际值，由于受到数据可得性等因素的制约，本研究未包括西藏和中国台湾的数据。

（二）评价过程与结果

将收集到的 2005—2009 年 30 个省区市的 31 项指标数据按照时间顺序

排列，构成（30×31）×5全局样本数据表，对其进行正向化和标准化等预处理，得到标准化的数据表；然后，利用多元统计分析软件 SPSS 16.0，对样本数据进行 KMO（Kaiser-Meyer-Olkin）和巴特利特（Bartlett）球形假设检验，以查验样本数据是否适合进行全局主成分分析，检验结果（见表4－2）显示，变量间偏相关性的 KMO 统计量数值为 0.775，球形假设检验的结果显著性水平为 0.000，根据 Kaiser（1974）提出的 KMO 度量标准可知，该样本数据比较适合进行全局主成分分析。

表4－2　KMO 检验和巴特利特球形检验结果

KMO 值		0.775
巴特利特球形检验	卡方统计值	5230.143
	自由度	456
	显著性水平	0.000

应用全局主成分分析解决实际问题时，一般通过前几个全局主成分的累积贡献率大于80%的原则或者斯格里准则（全局主成分特征根的下降幅度）确定全局主成分的个数。为此，采用全局主成分累积方差贡献率大于80%的选取原则，提取前9个全局主成分作为新的综合变量（累积贡献率为82.116%），分别用 F_1、F_2、F_3、F_4、F_5、F_6、F_7、F_8、F_9 表示（见表4－3），即通过对（30×31）×5全局样本数据表进行全局主成分分析，构建了9个新的综合变量以代替原始31个指标变量，减少了22个指标变量，降维幅度达71%（22/31），降维效果尚可。将9个全局主成分的贡献率进行归一化处理，从而确定每个主成分对综合得分的影响权重，得到循环经济发展水平的综合得分与各个主成分之间的关系表达式：

$$F_{综} = 0.457F_1 + 0.145F_2 + 0.087F_3 + 0.068F_4 + 0.067F_5 + 0.055F_6 + \\ 0.046F_7 + 0.040F_8 + 0.036F_9 \qquad (4-9)$$

根据主成分负荷矩阵（见表4－4）和全局主成分的特征值可求出前9个主成分与标准化变量之间的表达式。根据循环经济发展水平的综合得分 $F_{综}$ 和9个主成分 F_1、F_2、F_3、F_4、F_5、F_6、F_7、F_8、F_9 的计算表达式，计算出2005—2009年我国30个省区市循环经济发展水平的综合得分，如表4－5所示。

表 4 - 3　全局主成分的特征值以及贡献率

全局主成分	全局特征值	贡献率(%)	累积贡献率(%)
第一主成分(F_1)	11.622	37.490	37.490
第二主成分(F_2)	3.685	11.887	49.377
第三主成分(F_3)	2.220	7.160	56.537
第四主成分(F_4)	1.741	5.617	62.154
第五主成分(F_5)	1.702	5.491	67.645
第六主成分(F_6)	1.397	4.507	72.152
第七主成分(F_7)	1.166	3.763	75.915
第八主成分(F_8)	1.003	3.234	79.149
第九主成分(F_9)	0.920	2.967	82.116

表 4 - 4　全局主成分负荷矩阵

指标	F_1	F_2	F_3	F_4	F_5	F_6	F_7	F_8	F_9
zx_1	0.738	-0.392	-0.456	-0.009	-0.056	0.078	0.084	0.060	-0.083
zx_2	0.597	-0.415	-0.450	0.057	-0.240	0.225	0.062	0.177	-0.127
zx_3	0.551	-0.268	0.135	0.288	0.007	-0.269	0.540	0.113	-0.157
zx_4	0.855	0.137	-0.155	-0.113	0.105	-0.063	-0.057	-0.074	-0.039
zx_5	0.544	0.566	0.193	-0.161	-0.029	0.245	-0.197	0.218	0.073
zx_6	0.477	0.255	0.154	0.681	-0.321	0.102	0.068	-0.068	0.057
zx_7	0.749	-0.281	-0.327	0.067	-0.258	0.139	0.033	-0.099	-0.072
zx_8	0.731	0.043	0.056	0.587	-0.207	0.067	0.089	-0.024	0.024
zx_9	0.547	0.408	-0.465	0.030	-0.177	-0.112	0.017	-0.144	0.034
zx_{10}	-0.365	0.075	0.696	-0.035	0.035	0.090	0.105	-0.107	-0.047
zx_{11}	-0.251	-0.147	-0.470	0.019	0.692	0.041	0.232	0.097	-0.090
zx_{12}	0.313	-0.283	0.592	-0.023	0.179	-0.027	0.322	0.026	-0.170
zx_{13}	0.334	0.411	0.006	-0.060	0.042	0.556	-0.089	0.425	-0.005
zx_{14}	0.714	-0.355	-0.026	-0.064	0.167	-0.092	-0.283	-0.187	-0.093
zx_{15}	0.227	-0.564	0.281	-0.167	-0.054	0.245	-0.054	-0.201	0.125
zx_{16}	0.077	-0.253	-0.082	-0.175	-0.052	0.189	0.412	-0.022	0.801
zx_{17}	0.666	-0.343	0.153	0.042	0.241	0.184	0.019	-0.012	-0.051
zx_{18}	0.648	-0.559	0.170	-0.124	0.238	0.226	0.094	0.024	-0.111
zx_{19}	0.481	0.167	0.166	0.499	0.307	0.235	-0.215	0.035	0.044
zx_{20}	0.512	0.195	-0.146	0.090	0.476	-0.381	0.001	0.139	0.195
zx_{21}	0.936	0.159	0.065	-0.114	0.025	-0.102	-0.035	-0.128	0.047
zx_{22}	0.898	0.207	0.018	-0.048	0.163	-0.160	-0.011	-0.161	0.051
zx_{23}	0.760	0.337	0.153	-0.178	-0.064	0.114	0.228	0.242	-0.050
zx_{24}	-0.523	0.568	-0.089	0.173	0.330	0.065	0.188	-0.151	-0.007

指标	F_1	F_2	F_3	F_4	F_5	F_6	F_7	F_8	F_9
zx_{25}	-0.594	0.470	-0.134	0.220	-0.008	0.011	0.292	-0.076	-0.058
zx_{26}	0.402	-0.156	0.054	0.329	0.449	0.007	-0.287	0.030	0.224
zx_{27}	-0.019	-0.306	0.174	0.099	-0.183	-0.537	-0.137	0.620	0.126
zx_{28}	0.900	0.251	0.155	-0.085	-0.036	-0.151	-0.044	-0.104	0.049
zx_{29}	0.768	0.038	0.112	-0.138	-0.147	-0.271	-0.025	-0.107	0.041
zx_{30}	0.809	0.400	0.112	-0.194	-0.021	-0.098	0.078	-0.107	0.004
zx_{31}	0.578	0.539	-0.034	-0.390	0.056	0.022	0.199	0.131	-0.121

（三）评价结果分析

根据表4-5可知，全国各省区市循环经济发展水平综合得分的平均值（全国循环经济发展水平的综合得分）呈现稳步递增趋势，由2005年的-0.578增至2009年的0.658，综合得分上升1.236，说明过去5年我国循环经济呈现出良好发展的态势；从图4-1显示的全国各省区市循环经济发展水平的综合得分曲线的陡峭变化情况可知，2006—2009年这4年全国循环经济发展水平的综合得分年均增长率明显高于2005年的增长率，这是因为2005年以后国务院出台了加快循环经济发展的若干意见和试点工作方案等一系列政策文件，制定了"十一五"循环经济发展规划，并采取了一系列促进其发展的政策措施，全面实施循环经济发展的试点示范工作并取得了巨大的成就，这也充分说明政府在我国循环经济发展中发挥了主导作用。

表4-5 2005—2009年各省区市循环经济水平的综合得分

		2005年	2006年	2007年	2008年	2009年	得分变化	排名变化
东部地区	北 京	4.305	4.599	4.906	5.015	5.593	1.289	1→1
	天 津	1.574	1.755	2.149	2.382	2.822	1.248	3→3
	河 北	-0.427	-0.363	-0.030	0.432	0.703	1.130	10→10
	上 海	2.682	3.049	3.405	3.753	3.789	1.107	2→2
	江 苏	1.013	0.999	1.627	2.159	2.508	1.495	5→5
	浙 江	1.232	1.345	1.861	2.172	2.514	1.282	4→4
	福 建	0.229	0.351	0.789	1.161	1.474	1.245	8→8
	山 东	0.389	0.723	1.173	1.485	1.680	1.292	7→7
	广 东	0.647	0.746	1.062	1.559	1.712	1.065	6→6
	海 南	-0.500	-0.719	-0.245	0.023	0.008	0.509	11↓19
	均 值	1.114	1.248	1.670	2.014	2.280	—	—

续表

		2005 年	2006 年	2007 年	2008 年	2009 年	得分变化	排名变化
东北地区	辽　宁	-0.131	-0.096	0.160	0.377	0.905	1.036	9→9
	吉　林	-1.432	-1.094	-0.854	-0.358	-0.038	1.394	22↑21
	黑龙江	-0.815	-1.010	-0.870	-0.528	-0.079	0.736	12↓22
	均　值	-0.793	-0.733	-0.521	-0.169	0.263	—	—
中部地区	江　西	-1.554	-0.926	-0.832	-0.393	0.015	1.570	24↑18
	河　南	-0.958	-0.717	-0.285	-0.006	0.314	1.272	14↑12
	湖　北	-1.091	-0.871	-0.304	-0.072	0.423	1.513	15↑11
	湖　南	-1.574	-1.419	-1.086	-0.782	-0.118	1.456	25↑23
	山　西	-1.227	-1.025	-0.705	-0.308	0.295	1.522	19↑13
	安　徽	-1.128	-0.942	-0.557	-0.110	0.219	1.347	16↑15
	均　值	-1.255	-0.983	-0.628	-0.279	0.191	—	—
西部地区	重　庆	-1.267	-0.874	-0.221	0.123	-0.001	1.266	21↑20
	四　川	-0.926	-1.011	-0.634	0.525	0.200	1.127	13↓16
	贵　州	-2.048	-1.914	-1.584	-1.462	-0.508	1.540	27↑25
	云　南	-1.608	-1.268	-0.845	-0.515	-0.375	1.233	26↑24
	陕　西	-1.142	-0.797	-0.556	-0.190	0.280	1.423	17↑14
	甘　肃	-1.483	-1.340	-1.235	-0.932	-0.722	0.761	23↓28
	青　海	-2.327	-2.134	-1.898	-1.773	-1.537	0.790	28↓30
	宁　夏	-2.563	-2.245	-1.894	-1.405	-1.225	1.338	29→29
	新　疆	-1.218	-1.173	-1.094	-0.806	-0.634	0.584	18↓26
	内蒙古	-1.261	-0.863	-0.541	-0.077	0.190	1.451	20↑17
	广　西	-2.729	-2.237	-1.794	-1.448	-0.666	2.063	30↑27
	均　值	-1.689	-1.442	-1.118	-0.724	-0.454	—	—
全国均值		-0.578	-0.382	-0.031	0.333	0.658	—	—

注：地区划分采用 2011 年国家统计局最新划分办法。

　　从计算结果的区域分布情况来看，全国各地区的循环经济发展水平存在着明显的不均衡态势（见图 4-1）。东部地区循环经济发展水平的综合得分远高于东北、中部和西部地区；东北地区和中部地区的循环经济发展水平的综合得分相对接近，且均高于西部地区；西部地区循环经济发展的综合得分相对最低，远低于其他三类地区，并且与其他三类地区循环经济发展水平的差距呈现扩大的趋势。以上情况表明，我国东部地区循环经济发展较好，领先于全国其他地区；东北地区和中部地区次之，而西部地区发展相对落后。

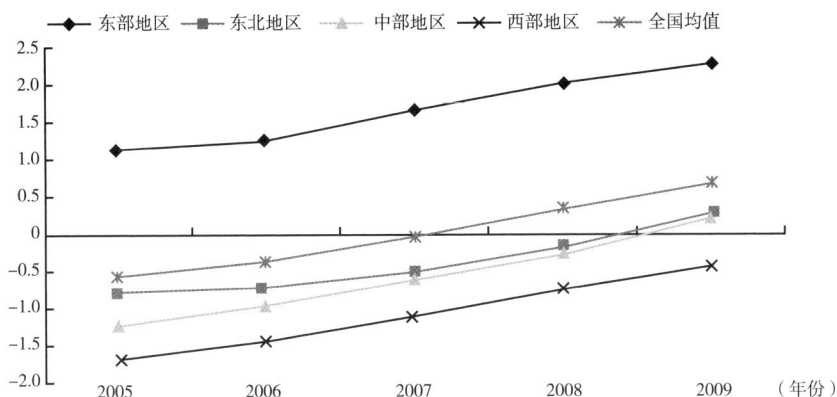

图 4 - 1 全国各地区循环经济水平综合得分的趋势

首先，从省份来看，各省区市循环经济发展水平的综合得分总体上呈现稳步上升趋势，大多数省份的综合得分上升 1.00 左右，其中江西、湖北、山西、贵州和广西等省份综合得分上升高达 1.5 以上；但也有个别省份的综合得分在 2006 年或 2009 年出现了下降的趋势，其中以四川最为显著。其次，根据 2005 年和 2009 年的综合得分排名可知，排名 1—10 位的省市较为稳定，并未发生位次改变；排名 11—30 位的省市变动较大，吉林等 13 个省区市排名均有所上升，其中江西和山西上升了 6 名，海南等 6 个省份排名呈现下降趋势，其中海南、黑龙江、新疆下降的幅度较大。此外，省市之间循环经济发展同样存在显著的不均衡态势，北京、上海循环经济发展综合得分高达 3.0 左右，而排名最后的 3 个省份循环经济综合得分为 - 1 左右，两者差距较大。

图 4 - 2、图 4 - 3 分别提供了以全国 30 个省区市循环经济发展水平的综合得分为基础的空间分布的可视化描述，其中比较显著的特征在于循环经济发展水平相近的省区市在空间上基本集聚在一起。

图 4 - 2 显示：2005 年在全国范围内，位于第四级排列的有北京、上海、天津、山东、江苏、浙江、福建和广东 8 个省市，属于循环经济发展综合得分最高的地区，基本上集聚在东部沿海地区；位于第三级排列的有黑龙江、辽宁、河北、河南、湖北、四川、海南 7 个省市，属于循环经济发展综合得分较高的地区，地域分布比较分散；位于第二级排列的有内蒙古、吉

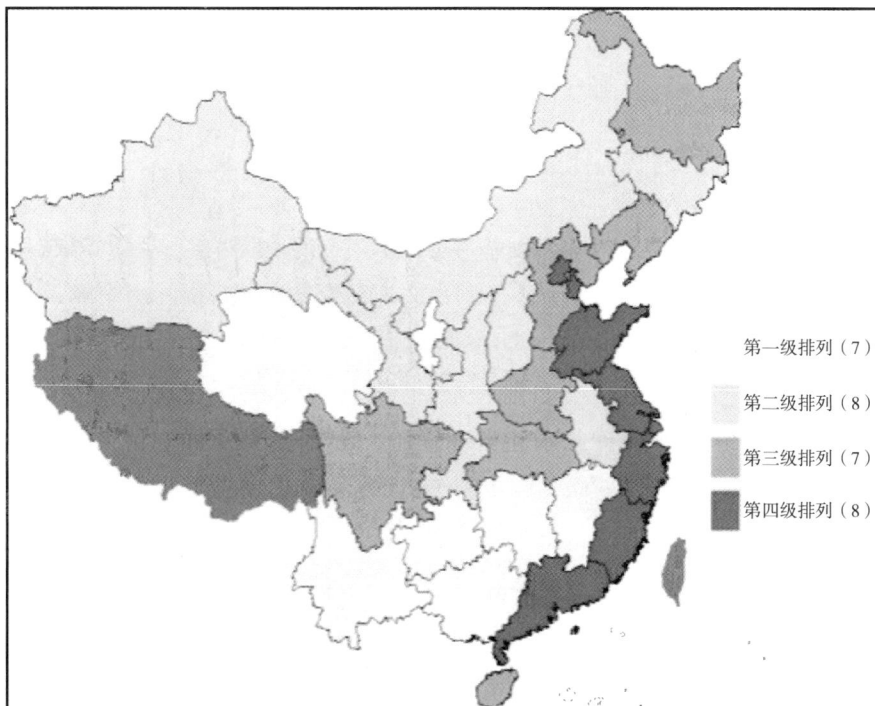

图 4 - 2　2005 年我国省域循环经济水平综合得分的空间分布四分位图

林、新疆、甘肃、安徽、山西、陕西、重庆 8 个省份，属于循环经济发展综合得分较低的地区，地理位置上比较集中，形成了一个 "V" 型区域；位于第一级排列的有青海、宁夏、云南、广西、贵州、湖南、江西 7 个省份，属于循环经济发展综合得分最低的区域，集中分布在我国的西北或西南部。

　　图 4 - 3 显示：2009 年在全国范围内，位于第四级排列的有北京、上海、天津、山东、江苏、浙江、福建和广东 8 个省市，属于循环经济发展综合得分最高的地区，集中位于东部沿海地区；位于第三级排列的有辽宁、河北、山西、陕西、河南、安徽、湖北 7 个省份，属于循环经济发展综合得分较高的地区，地域上极为集中；位于第二级排列的有内蒙古、吉林、黑龙江、四川、重庆、湖南、江西、海南 8 个省区市，形成了黑—吉—蒙和川—渝—湘—赣—琼两个集聚区，属于循环经济发展综合得分较低的地区；位于第一级排列的有青海、宁夏、云南、贵州、广西、甘肃和新疆 7

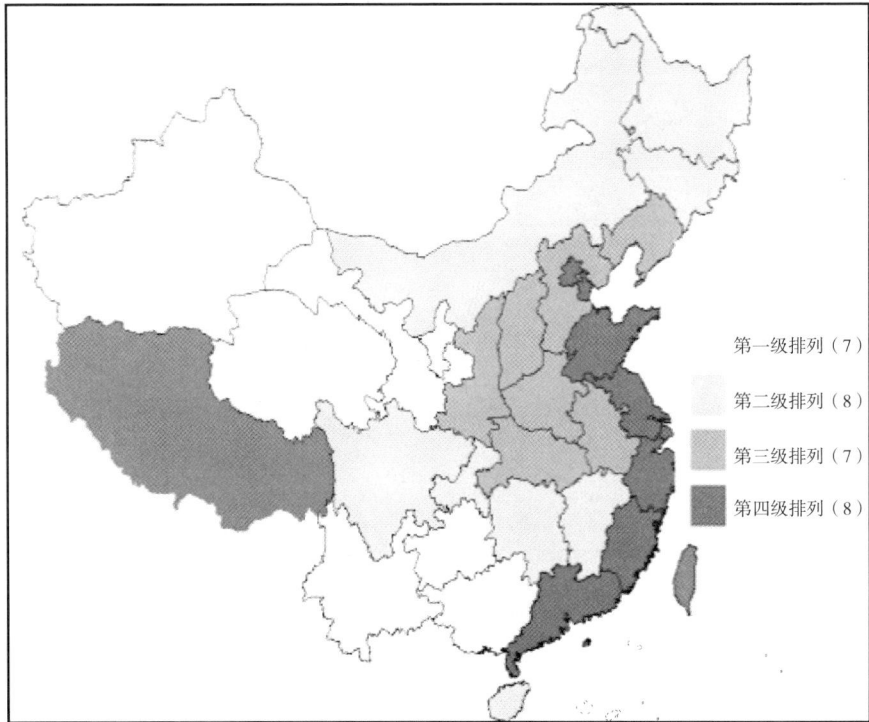

图 4 - 3   2009 年我国省域循环经济水平综合得分的空间分布四分位图

个省区市，属于循环经济发展水平综合得分最低的地区，分别位于我国的西北和西南地区。

从 2005 年与 2009 年循环经济发展水平的综合得分的空间分布可知，2009 年循环经济发展水平的综合得分位于同一区间的省市在空间上集聚效果更为明显，在图 4 - 3 上体现为相同颜色的省区市基本上集聚在一起（西藏和中国台湾未参评）；此外，2005 年与 2009 年位于第四级排列的 8 个省区市未曾发生改变，仍旧集聚在东部沿海地区；位于第二和第三级排列省区市变动程度较大，最终都形成更为明显的集聚区域，位于第一级排列的 7 个省区市发生过变动，最后形成了云—贵—桂和甘—青—宁—新两个集聚区域，集聚效果也相当明显。总而言之，无论是循环经济发展水平综合得分位于第几级排列的省区市，均显著而直观地呈现出一定程度的空间集聚现象。

第二节　我国循环经济发展中存在的主要问题

前文实证研究表明：近年来，我国的循环经济实践取得了显著成效，节约资源成效大、节能降耗明显、污染减排和生态建设效果显著，初步形成了有助于循环经济发展的制度安排、技术路径、成功经验和发展模式。2005—2009 年，全国各省区市的循环经济发展水平都得到了较大提升，而且 2006 年后各地区循环经济发展水平的提升速度相对 2005 年更快。但是，我国各省域的循环经济发展水平存在显著的差异，不均衡发展态势明显。从地域角度来看，传统经济强区和东南沿海各省市的循环经济综合发展水平比较高。北京、上海、江苏等省市具有良好的经济基础，技术、人才和管理的水平较高，高耗能、高污染企业相对较少，同时又大力发展高新技术产业，使得资源利用效率大幅提高、环境污染水平大大降低。其他地区，在经济发展、资源效率、环境保护、循环利用和污染减排等方面相对循环经济发展较好的地区有一定差距，尚处在循环经济初步或快速发展阶段。不少地区仍然处于探索、示范的初级阶段，存在普及范围小、技术水平不高、挖掘深度不够、质量不高等现象，一些跨行业的产业链延伸受到制约，还存在许多阻碍其发展的因素，因此，全面发展循环经济还面临诸多难题。

一　宏观层面

（一）产业结构不合理，资源环境压力过大

我国经济正处在急速腾飞阶段，产业结构也正在快速变动中。第二产业仍然占据较大的比重。2011 年，我国一、二、三次产业结构的比例分别为 10.1%、46.8% 和 43.1%，第一、二产业所占比重偏大，部分资源型省份或城市高耗能、高投入、高污染的重化工企业比重偏高，冶金、能源、建材等产业高速发展。我国产业结构的这种重型化特征——以重工业为主导的粗放型增长方式建立在大量耗用生态资源、环境资源和资本资源的基础上，造成资源环境压力过大。另外，我国产业布局不合理现象严重，重复建设问题突出，尤其是一般水平的加工工业重复建设，许多城市产业结构趋同现象明

显，造成了严重的资源紧张和生产能力过剩，影响了生产要素资源的有效配置，制约了循环经济的发展。

（二）配套基础设施不健全，制约了循环经济的发展

我国在循环经济发展初期，配套基础设施没有跟上循环经济发展的步伐。第一，没有形成完善的再生资源回收交易体系，可再生资源废弃物市场和区域性废弃物处理中心没有形成规模，重点区域性再生资源集散市场及跨区域再生资源回收网络尚未建立；第二，污水、垃圾处理中心没有形成规模，垃圾处理技术水平有限，处理能力比较低。城市生活污水处理厂、配套污水管网设置不足，农村垃圾的收集、清运和处理体系没有建立。

（三）循环经济关键技术缺失，技术推广力度不足

我国尽管已经建立了若干清洁生产中心，也有冶金、化工等行业的清洁生产技术投入使用，但目前仍存在技术水平低、工艺落后、技术设备老化的不利局面。第一，清洁生产技术、替代技术、减量化技术、再利用技术、资源化技术、无害化技术、系统化技术、环境检测技术等循环经济关键技术缺失，尤其是发展循环经济的共性技术、重污染行业清洁生产关键技术和工艺以及绿色产业链构建技术、大宗工业固体废弃物安全处理处置与资源化关键技术以及关键装备等重点领域的关键技术严重不足。第二，对于国外的矿产开采与综合利用、能源节约与替代、再生资源回收再利用、绿色制造等专项技术的引进、消化和吸收不足。技术水平不高及技术装备落后成为制约循环经济发展的重要瓶颈，严重阻碍了循环经济的发展。

（四）经济发展不平衡，影响了循环经济的全面推广和质量的提升

我国东、中、西部地区经济发展不平衡，特别是对外开放较早的沿海省市，因具有得天独厚的区位、资源、资金、技术和人才的优势，循环经济发展相对较快。中、西部地区因经济发展程度和产业结构分布的不平衡，循环经济发展较落后。除了经济发展程度和产业结构的因素，先天性的资源禀赋和生态环境基础也影响着循环经济发展的水平，如山西、陕西、甘肃等能源大省，需要探寻提高煤炭回采率、综合利用煤矿渣及实施煤炭"三废"资源化利用工程等。

二　中观层面

（一）循环经济产业园区方面

1. 园区对入园企业发展循环经济的宣传教育力度不够

发展循环经济要大力宣传循环经济理念，尤其是一些工业园区和高新技术园区。在我国，园区对入园企业发展循环经济的宣传教育力度往往不够。同时，园区和基地因一些因素不对外开放，导致相关媒体、社会团体和居民群众以及环保企业难以进入园区进行参观、交流和提供监督，园区与园区之间尚未形成良性互动，一些好的经验、做法得不到有效宣传和示范，影响了成功经验的广泛推广。

2. 园区公共基础设施建设缺乏统一规划和部署

园区循环经济的发展，离不开完善的公共基础设施建设和统一的规划和部署。我国大多数园区资金紧张，工业园区和高新技术园区环保基础设施，尤其是工业污水及工业固体废弃物处置系统建设相对滞后的情况较为普遍。园区污染物减排、循环利用和改善环境质量的环保公共基础设施的超前或同步建设不足，各入园企业的排污、治污行为呈互不相连的游离状态，这既增加了入园企业的环保设施建设和运营成本，又不利于园区建设的集聚及集约效应的有效发挥。

3. 园区缺乏有效的信息支撑体系

信息支撑体系的建立对园区循环经济的发展至关重要，园区建立信息平台有助于企业了解政府新政及进行信息的检索、传播与交流等。目前，尚有不少工业园区未能及时在管委会网站、局域网或相关网站上提供各种物流、能流和工业废弃物排放信息及其资源化利用的技术信息，这不仅阻碍了企业间以贸易的方式实现废弃物交换，而且影响了园区内"三废"利用产业链的构建。目前，大多数工业园区尚未建立综合信息服务平台，不能及时地提供知识信息发布、信息查询和方案解决等服务。不建立一个政府主导、企业主办、行业推动、多方参与的循环经济信息服务平台，就无法使园区内循环经济产业链各个环节实现有效衔接，也不能使园区与产品市场、资本市场、人才市场等建立密切的联系。

4. 园区产业链有待进一步延伸

园区的发展规划不够科学与严谨，主管部门对入园的企业没有进行有效的筛选，未充分考虑入园企业产业的关联度，资源、信息沟通交流机制尚不健全，这使园区企业产业链短、布局分散、工业废弃物在质和量上存在差异，未能有效促进整个经济结构的"循环"。园区（基地）企业间未形成紧密联系、共享共生的生态工业产业链，集约化程度和协调能力较弱，将直接影响资源的利用率以及废弃物的资源化处理程度。此外，一些地方主管部门为了一时的经济利益，在园区的开发和建设上存在盲目招商引资的现象，导致园区内企业关联度不高，相互协作难以开展，产业链构建不理想。

5. 园区管理和发展滞后

园区作为一级政府的派出机构，本应负责对辖区进行统一领导和管理，但在实际工作中，园区管委会下设机构并没有审批操作权力和财政资金调用权力，使入园企业面临诸多问题①。这种管理组织上的缺陷导致工业园的运作存在不少问题。园区内企业条块分割意识浓厚，缺乏协作意识，而园区管委会在协调企业利益和企业与园区利益方面的能力限制，又使许多企业对自己的原料来源、数量、性质，能源的种类和消耗量以及排放物的种类和数量存在着一定的隐瞒行为，造成整个工业园区的管理和资源协调不够透明，资源整合滞后。

6. 园区服务支撑体系不完善

首先，园区没有与大学和科研机构建立紧密的联系，科研成果产业化的通道不畅。目前，多数工业园区都未能与大学和科研机构建立经常性的、有针对性的、制度性的联系，导致科研机构寻找项目及实现成果产业化不顺利。其次，缺少中介服务组织。企业要实现可持续发展就必须不断地进行技术、管理、制度、组织等一系列的创新，并且使各种创新得以互动和网络化。这就需要中介服务组织充当企业与市场的桥梁。最后，要素市场和商品市场不发达。工业园区的人才市场、资金市场、技术市场等不发达，阻碍了各要素流进工业园区。

（二）城市社区方面

1. 循环经济宣传不到位，居民对循环经济的认知程度不高

循环经济理念在中国虽然已经很普及，并且循环经济发展也取得了一定

---

① 抚州市统计局：《临川抚北工业园区新一轮跨越式发展思路探析》，http://www. fztj. gov. cn/tjj _ tjfx/2010427111828. asp，2010 - 04 - 27。

的成效，但城镇居民对循环经济的认识仍然存在很多误区，总体来讲，认知程度不高，完善的循环经济社区文化体系尚未建立起来。目前，管理层普遍将社区发展循环经济等同于建设绿色花园社区，单纯强调改善居住环境，而忽视社区资源节约、废弃物循环利用、绿色消费等，同时宣传引导方式较为单一，缺乏有效的利益挂钩机制，使得社区居民参与循环经济的热情普遍较低。

2. 循环型社区管理主体不明确，资金来源渠道较单一

我国长期形成的"大政府、小社会"的治理模式，导致了社区管理者的主体地位不明确。目前，创建循环型社区的大部分工作由环保宣传部门来完成，未形成统一的管理机构和完善的社区资源环境管理体系，职能分工不明确，在财力、物力、人力等方面缺乏必要保障，尤其是用以构建循环型社区的专项资金来源单一，难以调动各方的积极性，社区基础设施难以得到有效的改善。

3. 居民较少使用节能节水产品，节能节水意识不高

我国城市水资源匮乏，企业和居民节约水资源的意识不强，浪费现象比较严重，直接加大了对资源与环境的压力。我国一方面鼓励居民节约集约用水和其他能源，对工业用水和居民用水实行阶梯定价，倡导城镇居民使用节能和节水产品。另一方面受传统的生活习惯和节能节水产品成本价格较高的影响，很多居民不愿打破既定的生活习惯，接受新兴的节能节水产品。而我国长期以来实行的粗放型经济增长方式，以消耗资源与污染环境为代价换来经济和生活水平的提高，居民节能和节水意识不高，尤其是那些水资源和能源资源相对充裕的发达地区，居民节能和节水意识亟待提升。

三 微观层面

(一) 对循环经济的认识存在误区

循环经济作为可持续发展生产方式的一种具体实践模式，不仅涉及资源配置效率问题，而且涉及人们对此的理解和认识，只有人们真正意识到了资源循环利用和保护环境的必要性和重要意义，才能自觉地运用可持续发展理论指导行动。虽然我国自改革开放以来经济和文化都得到了快速的发展，但是，传统的生产方式已经根深蒂固，新旧价值观实现转换还需要一段时间，就目前的情况看，我国社会各层面对于循环经济的内涵以及在现阶段发展循环经济的重要性和紧迫性尚缺乏系统的认识。

1. 狭隘地理解循环经济

首先，仅仅从物质回收利用角度阐述循环经济，忽视了循环经济在物质消耗和污染排放上的源头预防和全过程控制的意义；其次，仅仅从生产环节的物质闭路循环角度去了解循环经济，结果没有把重要的消费过程以及物质流通的其他环节纳入循环经济的视野；再次，根据传统的环境质量指标或修正的经济增长指标去衡量循环经济的发展水平，结果忽视了前述基于生物物理或物质消耗的各种减物质化指标；最后，过分重视"循环"，相对忽视"经济"，导致循环经济主体的自觉参与性较差。

2. 地方政府的传统发展观根深蒂固

长期以来，我国一些地方迫于经济增长和就业的巨大压力，以经济增长为首要目标，环境问题往往被置于边缘地位。而现有的干部考核制度也自觉不自觉地把增长率作为重要考核指标，对 GDP（国内生产总值）的追求理所当然地成为地方干部的使命。目前，以追求物质财富增长为核心的发展观尚未根本转变，在指导思想上存在着重速度、效益等经济指标，轻资源节约、环境保护等社会指标；重当前效益、当前政绩，轻长远发展；重眼前民生问题，轻为子孙后代造福的意识等现象。因此，地区在制定经济发展规划、产业结构调整等政策时，常常将本地区的生态效益置于经济效益之后，致使一些地方依然沿袭传统的工业化模式，以外延式经济增长为主，不惜以牺牲环境为代价来实现经济的增长，忽视甚至纵容严重污染项目开工建设的现象依然存在。

3. 企业的认识不足

企业主体受既得利益的影响，往往追求经济效益的最大化。在没有外部约束的情况下，生态效益对于企业而言只是一个外部效益，企业一般会倾向于采用大量耗费廉价的自然资源和劳动力的粗放发展模式，忽视降低能源消耗的循环经济发展模式。对于众多工业企业而言，清洁生产还只是新兴概念，企业的认识往往停留在加大投入、改进工艺、更新设备的层面，把清洁生产的概念同过去的末端污染治理混同起来，认为清洁生产带来的生态环境效益是归社会所得的，企业自身难以从中获得经济效益，再加上环境管理执法不严，致使企业发展循环经济的积极性并不高。目前，一些地区的试点企业在得到政府补贴采取清洁生产方案后不久便故态复萌，依旧沿用传统粗放型的生产方式，继续以生态效益换取经济效益，使得清洁生产落入形象工程的尴尬局面。

4. 公众的参与意识低

发展循环经济不仅需要政府倡导与企业自律，更需要广大公众提高参与意识和能力。目前，世界上循环经济发展水平比较高的国家的一个共同特征就是全民主动参与。循环经济所具有的正外部性特点也决定了其发展不仅要由政府推动，而且需要全社会的支持与参与。然而，由于我国长期以来实行"政府主导型"的环保工作模式，广大公众具有"政府依赖型"特征，认为保护环境是政府的责任，而加上收入水平偏低、对环境质量的需求不足、信息不畅通等一系列因素，使得一般社会成员对发展循环经济的重要性认识不足，忧患意识和节约意识淡薄，社会责任感缺失。

（二）缺乏有效的组织管理

1. 政府方面——各部门分工不明确，没有形成统一的组织管理

发展循环经济是一级政府的职责，需要经济综合部门和资源环境部门根据各自的职能定位，从不同角度共同发挥主导作用，科技、财政、金融、税收和国民经济建设等相关部门密切配合，使循环经济在循环基础上实现经济效益。政府应积极倡导和采取实际行动发展循环经济，进而成为循环经济的主体。然而，目前我国在发展循环经济的过程中，各行政主体存在认识不统一、责任不明确、动力不足的问题。中央政府把发展循环经济作为社会经济发展战略的重要指导原则，但一些地方政府仍一味追求经济发展，没有把发展循环经济落到实处。同时因政出多门，易出现政策盲区。

2. 企业方面——企业各部门维护环境质量的责权并不明确

第一，在市场经济中，企业的主要目标是追求利润的最大化，一般来说缺乏全局观念。虽然很多企业迫于制度和舆论的压力，在内部设立了相应的环保部门，但环保部门并不是企业的核心，同时由于工作烦琐、涉及面广，造成工作协调难度大，维护环境质量的效果差。第二，我国中小企业数量多，由于其资金有限，无法实现发展循环经济的规模效应。其出于应付的心态设置的维护环境质量的部门实际上难以发挥作用。

（三）缺乏大量非营利性的环保组织

在国外，非营利性的环保组织发挥了重要作用。作为环境领域的非政府组织，非营利性环保组织通过对国家制定的环境法的实施过程进行监测，帮助当地政府把可持续发展的理念贯穿到经济与社会发展的项目当中去，监督企业以更加积极和自觉的态度保护环境。然而目前，这类环保组织在推进循环经济发展中的重要作用还没有得到充分重视，专门的环保组织还很少，造成中间环节的缺失，并且这些环保组织在资金、人才方面还十分欠缺，限制了循环经济的发展。

（四）绿色消费模式尚未建立

绿色消费观念是发展循环经济的思想基础，绿色消费是实现循环经济发展"源头消减"的重要途径，绿色消费可以形成消费与生产的良性互动，因此建立绿色消费模式是发展循环经济的必要途径。虽然我国多次强调绿色消费模式的重要性，要求各省区市积极建立绿色消费模式，但建立绿色消费模式的进程并不尽如人意。

1. 政府的规范和引导作用有限

绿色消费模式的建立离不开政府的规范和引导，政府进行绿色立法，企业的生产行为和公众的消费行为才能得以规范；政府对绿色产品、绿色消费的倡导和示范，能促进公众形成良好的消费习惯。然而目前，由于管理机制的缺失，绿色消费缺乏有效的规范和管理，绿色消费品市场鱼龙混杂，虽然政府绿色采购已成常态，但消费者购买信心仍显不足。同时，由于缺乏政策上的支持，国内绿色产品的质量还不能满足人们的需求。

2. 企业的社会环境责任感缺失

作为绿色消费的载体，企业在绿色消费中发挥着举足轻重的作用。目前有些企业由于缺乏社会环境责任，在产品的设计、制造、包装、运输以及废弃物的处理，乃至产品的定价和售后服务等方面，都未充分考虑对环境的影响，更是以单纯地鼓励消费的方式进行市场推广，导致推崇奢华消费、过度消费、自然资源大量消耗等问题的出现。

3. 公众绿色消费行为有待强化

公众是绿色消费的主体，但由于相关舆论宣传不到位，大多数人只听过绿色消费这个名词，并不清楚其内涵，更没有想到它与自己的生活息息相关，从而在日常生活中自觉进行绿色消费。目前虽然大多数人都有绿色消费的意识，但离转化为真正的绿色消费行为还有较大差距。不少居民为了生活上的便利，大量使用一次性产品，购买生命周期短的电器和生活用品，追求高档物品而忽视其对环境的负面影响。居民还需要在选择使用低污染、低消耗的绿色产品，抵制一次性消费，自觉进行垃圾分类，拒绝食用野生动物等方面进一步努力。

第三节　我国循环经济发展的制约因素探究

一　机制层面

（一）政府的政策扶持机制不健全，缺乏有力的保障机制

循环经济的规模化、产业化发展依赖于完善的制度、法律法规和政策环境。目前，我国已经颁布和实施了一系列循环经济政策法规，循环经济制度法律法规体系已初步形成。但与循环经济政策需求相比，我国的制度建设、法律法规及其配套政策等仍然不够健全，导致循环经济发展缺乏有力的保障机制。具体表现为：第一，虽然我国已经制定和修订了部分法规，《中华人民共和国循环经济促进法》也已付诸实施，为我国循环经济的全面发展奠定了法律法规基础，但尚缺乏可操作的配套法律法规和评价标准体系，环境、技术、产业、财政、投资、金融、信贷等领域的政策体系尚需进一步整合和完善。第二，已有法律法规的可操作性不强，地方尚未建立与中央相配套的政策法规，而循环经济实施主体、程序、条件的模糊，又使地方循环经济执行力不强；同时，循环经济执行联动机制的缺乏，又使各行政主管部门之间缺乏沟通，地方循环经济管理部门繁杂，由于循环经济项目在审批、执行、监管等环节没有明确的规定，企业在开展循环经济实践时容易出现"盲点"，难以达到预期目标。

（二）市场机制的决定性作用尚未发挥，环境资源配置失灵

市场是优化资源配置的重要手段。在发展循环经济时，可以通过市场经济手段构建适合循环经济发展的市场规则，防止市场信息扭曲，还原资源的真实价格，实现"谁污染，谁付费"。市场通过价格调节机制把资源开发导

致的污染治理成本、生态环境补偿成本、环境质量维护成本、环境技术开发成本、治理工程建设及设施运营服务费等内容纳入资源价格体系中来，从而刺激企业和民众节约资源，提高资源利用效率。由于我国的市场化转型是渐进式的，一方面原有计划调控体制的作用逐渐弱化，但仍起作用；另一方面市场配置资源的功能不断增强，但尚不完善。这使得初级产品价格改革滞后，难以充分反映市场的供求关系。同时，公众资源和环境的产权关系尚不明确。市场机制的决定性作用未得到充分发挥，直接导致了我国的初级产品的价格偏低，资源低价、无价不但加速了资源的消耗，而且无法促进产业技术进步，使得各种废弃物源源不断地排入环境中，造成了严重的环境问题，制约了循环经济的发展。

（三）企业发展循环经济的动力不足，缺乏长效的动力机制

近 10 年来，已有不少企业将发展循环经济纳入其长期发展战略中，制定了中长期循环经济发展规划。然而，由于观念引导、技术支持以及制度安排的缺失，我国企业发展循环经济的状况尚不尽如人意，大多数企业还停留在资源节约、环境保护和资源的简单回收利用的层面，没有将循环经济作为企业获取利润和竞争优势的源泉，不少企业所开展的循环经济工作往往流于形式。对于企业来讲，通过对废弃物进行资源化处理，减少废弃物排放，可以为社会带来生态效益，但是从目前的市场表现来看，企业从事循环型经济活动并没有得到合理的回报，甚至产生负的经济效益，这就直接导致企业开展循环经济的内在动力不足，产生这种结果的根本原因是推动企业发展循环经济的长效机制尚未建立，有效的激发—传导—反馈—奖惩的完整链条尚未形成，如生产者责任延伸、再生资源分类回收、废旧物资回收处理等制度还不够系统与完善。资源价格改革存在滞后性，资源环境使用存在较为严重的市场失灵，导致我国资源性产品价格长期偏低，而循环型产品由于未形成规模经济，品牌推广、营销等的力度也较弱，致使其价值难以通过价格体现出来，循环型企业的经济效益迟迟未能得到提升。发展循环经济短期内的经济效益不突出，致使社会资金投向循环经济的动力不足，企业长期面临着投资不足、融资难等问题，循环型企业发展受到严重制约。

（四）公众参与程度低，缺乏完善的参与机制

循环经济发展中的公众参与，是指在循环经济的建设与实现过程中，社会公众通过一定的程序或途径参与一切与循环经济有关的活动。推进循环经济发展，公众是不可或缺的主体之一，公众参与不仅能够协调矛盾、集思广益，而且能为有效解决问题提供新的思路，同时也会为循环经济实践奠定坚实的社会基础。缺少社会公众的广泛参与，循环经济发展将受到极大的影响。大多数城镇居民已经对循环经济有所了解，但对于在实际生活中如何实践循环经济理念还不清楚，目前居民参与循环经济的自觉性仍然不高。从参与形式来看，以行为参与和末端参与为主，公众很少参与到政策、法规、规划的制定中来。公众参与意识还比较淡薄，参与群体范围不广，参与程序不科学，这些都制约了循环经济实践的开展。因此，如何推动公众参与循环经济，采取怎样的程序和形式，怎样设定参与的深度与权限，都需要仔细斟酌。另外，目前我国缺乏公众性的第三方中介组织，政府与企业、公众未能很好地衔接，单纯依靠"政府搭台，企业唱戏"，难以取得预期效果，亟待制定更全面的运作办法。

二　政策层面

（一）财税政策的局限性

财税政策是经济政策的重要组成部分，是政府为达到一定的经济社会发展目标而采取的宏观调控政策之一，主要功能是矫正市场失灵、合理配置资源、保护市场的有效竞争。发展循环经济要求建立有效的财政政策从而促进循环经济制度和循环经济运行机制的发展和完善。我国现行的财税政策仍然存在着许多局限，主要表现为支持循环经济发展的财政补贴不足，同时没有建立专项基金，发展循环经济的财政支出结构不合理等；税收方面的许多政策制约甚至阻碍了循环经济的发展，如增值税的优惠范围有限，当前增值税即征即退、减半征收的优惠政策只集中在电力、水泥、新型墙体材料等行业，仅涉及煤矸石、石煤、炉渣、粉煤灰、油母页岩等，这只是循环经济产业的一小部分，还有很多循环产业链及相应的原料及产品未被纳入。而对金、银产品的销售收入免征增值税的规定，却在一定程度上使金、银资源处于无度开采的状态中，加剧了对资源的消耗与对环境的污染；而对农膜、农药特别是剧毒农药免征增值税的规定，给土壤和水资源带来了不良影响。目前，新的增值税暂行条例取消了原来废旧物资回收企业销售废旧物资免征增值税的规定，取消了利废企业购入废旧物资时按销售发票上注明的金额依10%计算进项税额的规定。对满足一定条件的废旧物资回收企业按其销售再生资源实现的增值税的一定比例实行增值税先征后退政策，从某种程度上说，增值税政策的改变不利于企业合理利用再生资源①。这些财税政策都严重制约了循环经济的发展，因此，制定科学的财税制度和财税政策，促进循环经济健康发展已成为亟待解决的问题。

（二）产业政策的局限性

我国地区产业结构趋同状况严重。有关资料显示，目前我国中部和东部地区工业结构的相似率为93.5%，西部与中部地区工业结构的相似率为97.3%。地区产业结构的严重趋同破坏了地区间、企业间合理的社会分工和专业化协作，很难实现集约经营和形成规模经济，使社会资源配置处于低效状态，严重影响了循环经济的整体合理布局和良性发展。同时，我国产业组织结构不合理，企业规模普遍处于小型化、分散化状态，缺乏规模效益和区域集聚效益，加大了形成循环利用资源网络的难度。目前，亟待制定以规模化、集约化、环境友好型作为重要标志的产业政策，把积极发展环保产业，大力推进清洁生产，促进生态园区发展，鼓励资源节约和综合利用，减少废弃物排放作为产业政策的主要内容。②

（三）区域经济政策的局限性

在以区域经济政策促进循环经济发展方面，我国尚存在大量政策、法规空白。目前主要的政策依据是2003年制定的《循环经济示范区规划指南（试行）》与2007年印发的《国务院关于编制全国主体功能区规划的意见》。虽然《中华人民共和国国民经济和社会发展第十二个五年规划纲要》明确提出"要按照区域主体功能定位，综合考虑能源资源、环境容量、市场空间等因素，优化重点产业生产力布局"，但是目前还没有制定相应的实施细则。当前，要根据东中西部资源、能源状况，结合区域经济发展现状，制定区域经济政策，在企业、园区和社会三个层面推进循环经济发展。

---

① 《财政部、税务总局明年起调整资源综合利用产品和再生资源增值税政策》［EB/OL］，http：//news. xinhuanet. com/newscenter/2008－12/12/content_10496901. htm.

② 肖明辉、彭亮：《完善我国循环经济宏观调控政策的思考》，《西南民族大学学报》（人文社会科学版）2012年第1期，第114—118页。

（四）行政手段的局限性

循环经济发展首先以解决资源短缺和环境污染为目标，需要立法机构制定必要的循环经济法规，进行强力干预，使循环经济有法可依、有章可循。我国的环境与资源法规有相当一部分是在市场经济体制确定之前制定的，相关法律和行政法规零散，标准不完善，难以适应市场经济体制下发展循环经济的要求。我国已于 2009 年 1 月 1 日正式颁布实施了《中华人民共和国循环经济促进法》，使循环经济法律法规进一步完善，对加快循环经济发展，提高资源利用率，保护生态环境，促进可持续发展具有重要的意义。但与其他国家如日本、德国、美国等相比，我国的循环经济法律制度还不健全、操作性差，如法律体系不健全，缺少专项法律，不同法规协调性差、操作性不强以及缺乏关于社会合力机制的具体规定等，导致政府职能偏离市场化改革的方向，造成资源能源价格扭曲，阻碍了循环经济的健康发展。

（五）考核指标及评价体系的局限性

目前，我国还没有制定循环经济发展的总体规划，对于发展循环经济应该用什么指标来衡量，采用怎样的统计方法和调查体系来收集数据，还没有明确的规定和办法可以遵循。我国在推行清洁生产、资源节约和综合利用等方面已采取了很多措施，取得了一定的成效，现在迫切需要加快建立循环经济评价指标体系，统筹循环经济发展，将发展循环经济的理念贯穿到各类专项规划、区域规划以及城市总体规划中，加强对循环经济发展的宏观指导；同时进一步完善循环经济发展考核指标体系，使循环经济的发展与地方政府绩效考核相挂钩，进一步提升地方政府发展循环经济的动力和决心。

第三篇

循环经济发展的机制研究

循环经济是按照自然生态系统物质循环和能量流动规律对经济系统的重构，作为一种新型的经济形态，循环经济的发展必然要在一定的经济机制条件下运行，其运行过程不仅受到市场经济规律的制约，而且受到政府行为的约束。虽然人们对循环经济的重大的意义已经达成共识，对发展循环经济的理念和技术都已经予以肯定，然而循环经济作为一种新生事物，目前无论在理论上还是实践上都还不成熟。特别是关于循环经济发展的机制研究，尚未形成成熟的理论体系。因此，发展循环经济除了要开展宣传、普及相关知识、提供政策支持之外，更重要的是要解决机制的问题。循环经济实践要想取得成效，不仅需要政府提供强有力的政策支持，而且需要建立一个调节经济参与主体行为的综合机制，使各经济主体与其他组织顺利实现物质、能量、信息等要素的交换，同时平衡各参与主体的利益分配。因此，随着循环经济理论的发展，从机制角度出发研究循环经济发展成为一个重要的前沿方向。循环经济发展的机制是由推动循环经济发展的经济机理，以及维持或改善这种作用机理的各种经济关系、组织制度等所构成的系统。激发各参与主体发展循环经济的积极性，必须切实解决机制问题。

第 五 章
循环经济发展机制研究的理论基础

第一节 循环经济发展机制的研究范畴

一 经济发展机制的研究范畴

(一) 机制的解释

"机制"一词最早源于希腊文,原指机器的构造和动作原理。生物学和医学通过类比借用此词,指生物机体结构各组成部分的相互关系,以及其间发生的各种变化过程的物理、化学性质和相互关系,具体指体制和制度的作用机理、作用过程和功能,运行的方法、手段、方式等。在任何一个系统中,机制都起着基础性的、根本性的作用。在理想状态下,有了良好的机制,甚至可以使一个社会系统接近一个自适应系统——在外部条件发生不确定变化时,能自发地迅速做出反应,调整原定的策略和措施,实现系统优化。目前,机制已经成为一个出现频率很高的词语,被广泛应用于经济、政治、文化、教育、社会等各个领域。在现代经济学理论中,机制被认为是经济发展的重要因素和前提条件,是经济系统中各组成部分的结构、功能以及各要素之间相互联系和相互作用的过程和方式。在机制理论的研究范畴内,一个机制中的微观参与主体(利益相关主体)都是市场主体,包括政府、企业、家庭、社会公众以及第三方组织等。其中,政府是一个特殊角色,可以作为宏观经济活动下的微观参与主体。

(二) 经济发展机制的研究范畴

经济系统的整体运行中包含着它的各构成要素的局部运行,经济运行过程是一定经济系统内各要素之间相互联系和相互作用的过程。经济发展机制便是一定经济系统内各构成要素之间相互联系、相互作用的制约关系及其功能，它存在于社会再生产的生产、交换、分配、消费的全过程。经济发展机制概念包含三个层面的内涵：（1）它是协调经济过程的经济机理的总称；（2）其功能的发挥依赖于经济过程中各构成要素的相互作用；（3）从总体上看，它是有规律地按一定方式运行并发挥总体作用的。因此，经济机制是特定经济过程中的联系和运行，而不是一个孤立的要素。[①]

　　经济发展机制主要由价格机制、资源配置机制、激励约束机制、动力机制、利益分配机制、宏观调控机制等组成。经济发展机制是经济体制的实现机制，完善的经济发展机制具有足够的动力，能够使社会经济系统各组分之间在内在力量的推动下相互制约与发生作用，从而产生效率和公平，促进国民经济健康、有序发展。其中主要的是经济资源的分配和调节机制。

二　循环经济发展机制的研究范畴

　　循环经济发展机制是在生产经营活动中，应用循环经济理念，通过减少资源、物质投入量和废弃物产生量，实现经济和生态环境、社会效益多赢的一系列可持续发展能力的相互联系的安排，是循环经济的体系、制度、方法、形式等的作用过程，是政府、企业、公众等经济主体相互作用的结果。从支持发展循环经济的机制设计和政策设计两个方面确定研究目标，目的在于设计出一套有助于促进循环经济发展、提高循环经济绩效的机制和政策体系。因此，我们在借鉴国内外学者相关研究成果的基础上，将循环经济发展机制界定为：以经济逻辑和系统思维为指导，在一定的经济条件和经济因素的约束和引导下，为实现物质流、信息流、价值流、能量流的协同运作，提高资源环境效率和经济运行效率的协同运作机制，是循环经济发展所必需的动力产生机理，以及维持或促进这种作用机理的各种经济关系、制度安排等的综合。循环经济发展机制研究的主体由循环经济发展的宏观系统、中观系统以及微观系统构成，其支撑主体包括政府、企业、公众以及第三方组织等社会力量，最终目标是促进政府宏观调控机制的建立、市场价格协调机制的形成、社会激励驱动机制的整合以及公众参与机制的完善。

---

　　① 　马建堂：《大机制——经济运行、产业组织和收入分配》，中国发展出版社 1998 年版。

第二节　循环经济发展机制研究述评及框架构建

一　我国循环经济发展机制的研究现状

（一）循环经济发展机制研究述评

德国、日本等发达国家从 20 世纪 70 年代开始探索循环经济发展道路，在技术、法律、政策等方面形成了较为系统的循环经济推进机制，为我国制定循环经济发展战略提供了重要的经验参考。国外很多学者对循环经济机制的运作有着深刻的理解：Pierre Desrochers 等认为，城市和企业间的循环链接主要是出于经济动机，政府应该构建灵活的调节机制，引导企业的行为；D. Bazind 等主张，政府可以设计循环经济税收制度，激励企业承担环境责任；J. Marjolijn 等提出，应该建立循环经济的柔性技术体系，以鼓励可持续技术的研发和应用[1]。

我国自 20 世纪 90 年代引入循环经济思想以来，加快了循环经济的理论研究的步伐，目前已经由观念传播、概念诠释阶段发展到理论体系建构阶段。随着循环经济作用的凸显，不少学者开始关注机制设计在循环经济发展中的重要作用，学术界从不同角度对循环经济发展的运行机理、动力机制、激励机制等展开了较为系统的研究。曹凤中从宏观上（包括产业、市场、政府和消费者）提出了循环经济链的作用机理[2]；王兆华、武春友运用交易费用理论分析生态工业园中的企业共生机理[3]；赵玮从绿色供应链角度探讨了在循环经济模式下物质流、能量流、价值流、信息流的运行过程与系统集成[4]；王朝全将循环经济动力机制归纳为企业利益驱动机制、社会需求拉动机制、技术进步推动机制、政府支持促进机制[5]；张昌蓉、薛惠锋从系统思想的角度，系统地分析了宏观、中观、微观三个层面的循环经济标识特征，并在此基础上确定了循环经济动力

---

① 张思峰：《循环经济：建设模式与推进机制》，人民出版社 2007 年版。

② 曹凤中：《循环经济链作用机理》，《中国环境报》2005 年 7 月 17 日。

③ 王兆华、武春友：《基于交易费用理论的生态工业园中企业共生机理研究》，《科学学与科学技术管理》2002 年第 8 期，第 9—13 页。

④ 赵玮：《循环经济模式下的供应链管理》，《科研管理》2005 年第 2 期，第 50—54 页。

⑤ 王朝全：《论循环经济的动力机制与制度设计》，《生态经济》2006 年第 8 期，第 57—58 页。

机制体系①；李云燕提出市场机制与政府行为的耦合能够产生促进循环经济发展的最佳效应②；朱澍清提出应将环境成本计入产品价格，并建议从环境成本内在化、完善环境成本核算体系、制定严格的法律法规等方面对循环型产品进行价格机制优化③；朱越杰等从曹妃甸循环经济示范区建设出发，构建曹妃甸循环经济的具体模式和运行机制④。上述研究从不同角度，选择不同的切入点、研究范围以及研究方法对循环经济发展机制进行了一定探讨，这些研究成果对循环经济发展产生了积极作用，对于进一步完善循环经济运行机理和促进机制具有启发意义。但是，现有研究成果着重研究循环经济的某一方面，还比较零散，存在感性化、表层化等问题，缺乏对循环经济系统结构、功能、运行机理以及运行效率之间的有机联系的系统分析。因此，寻找一个科学适用的研究范式，揭示循环经济系统运行的基本规律，进而探讨支持循环经济发展的有效机制是亟待解决的问题。另外，在方法论上，目前的研究成果大多以规范研究为主，缺乏跨学科、多视角的开拓性研究积累，在理论和实践上均未能解决循环经济实践中出现的新问题、新情况。因此，将博弈论、制度分析、实证分析等方法引入机制设计中，将有助于循环经济发展机制的进一步系统化和科学化，提高循环经济发展机制的可操作性和实际指导价值。

（二）健全我国循环经济发展机制的制约因素

随着《中华人民共和国循环经济促进法》的实施，以及各地《"十二五"循环经济发展规划》的落实，我国的循环经济实践已经进入了一个崭新的阶段。但是，目前循环经济发展机制还不健全，发展循环经济还存在着诸多的制约因素，归纳起来主要有以下几个方面。

1. 思想障碍

第一，对循环经济理念的理解过于狭窄，循环经济实践主要停留于工业、农业等生产领域，在社会服务领域不未引入循环经济理念；第二，循环经济的

---

① 张昌蓉、薛惠锋：《循环经济动力机制的系统分析》，《西北工业大学学报》（社会科学版）2008年第3期，第36—41页。

② 李云燕：《论循环经济运行机制——基于市场机制与政府行为的分析》，《现代经济探讨》2010年第9期，第10—13页。

③ 朱澍清：《环境成本与价格机制优化——兼论循环经济的价格障碍》，《价格理论与实践》2012年第1期，第78—79页。

④ 朱越杰、陈磊、周树恂：《循环经济运行机制研究——以曹妃甸为例》，《改革与战略》2011年第5期。

推广主要依靠政府主导，企业参与的积极性不高，社会公众对循环经济重要性的认识还不够。某些企业和个人单纯地就循环论循环，意识不到循环经济是一种能带来长远利益，实现经济、社会和环境双赢发展的、全新的经济增长范式。通过舆论传播和教育引导增强公众对循环经济的认识，将循环经济从生产领域延伸到消费领域，从政府层面延伸到企业、居民，从城市延伸到农村，让全社会都积极参与到循环型社会的建设中来，是"十二五"时期的一项重要任务。

2. 制度障碍

目前，我国循环经济的制度建设已经取得了长足进展，但是由于既得利益集团、政府的偏好和利益导向等因素的存在制约了循环经济制度的不断完善。现有的循环经济法规、政策仍然有前瞻性不足、可操作性差等弊病。比如，地方政府对 GDP 的盲目崇拜，使社会的协调发展和环境资源的保护长期以来得不到重视。在具体制度安排方面，现行的企业增值税制度使循环利用资源反而需要缴纳更高比例的税，影响了企业发展循环经济的积极性；另外，我国的资源税普遍较低，造成资源价格偏低，不利于激励企业节约和循环利用资源等，这些扭曲的制度安排严重地制约了循环经济的发展。

3. 价格障碍

发展循环经济的目的在于实现资源的减量和多次循环利用。从技术层面说，循环再生产品大多是可替代的，这使循环再生产品不具有价格优势，难以获得满意的市场收益，企业也就难有动力发展循环经济了。造成这种情况的原因较复杂，如：初次资源和再生资源的价格形成机制不同；在国际分工中存在对原材料和能源提供国的价格不利因素；以大规模、集约化为特征的现代生产体系，使得多数原材料开采和加工产业成本降低，而各种废旧产品和废弃物回收的成本却未能快速下降；循环再生技术落后以及循环再生产品依赖新技术、新设备以及新管理模式，都推高了循环再生产品的生产经营成本。

4. 成本障碍

环境容量资源在经济发展水平不同的国家具有显著不同的消费者支付意愿和市场价格，目前我国的环境容量尚未成为可交易的资源，企业和消费者支付的废弃物排放费用远低于污染治理费用，这就使废弃物排放具有显著的外部性。如果不能将这种外部成本内部化，循环经济产业的一个重要效益渠道便无法形成，循环型产品的成本就很难收回。

5. 技术障碍

目前，我国的资源利用技术取得了一定突破，但总体上看，循环经济科学技术的研究和应用明显滞后，一方面，多数企业还没有能力开发大幅度提高资源利用效率的共性和关键性技术，缺乏在替代、减量、再利用、资源化、系统化等方面的技术的创新；另一方面，已开发或引进的绿色适用技术尚未得到广泛推广。

6. 资金障碍

循环经济投资项目一般涉及环保设施、高新技术、回收设备等。在其发展初期，技术研发、人才培训以及废弃物回收分类设备购进，都需要大量资金投入，没有资金投入就很难发展循环经济。然而，循环经济项目投资大，一方面，依靠企业自有资金很难满足资金需求；另一方面，政府的少量专项资金也只能满足极少部分项目的投资需求，社会资本因循环经济项目见效慢又不愿进入，致使一些好的项目由于资金问题而搁浅。

7. 需求障碍

从市场需求角度来看，目前我国正处于消费观念转型时期，消费者绿色消费意识不强和消费行为偏好正在培育，同时循环型产品不具备价格优势，也使其短期内存在消费者不认可、市场开拓难的问题。另外，现实生活中许多消费者仍然偏好讲排场、摆阔气，致使"一次性"消费品数量剧增，用稀缺资源生产的宝贵物品被大量闲置或抛弃的现象比比皆是，这样的消费理念影响了"废弃物"的再利用。

8. 信息障碍

在现实的经济活动中，上下游企业信息不对称的现象普遍存在。如上下游企业间信息位势的不均衡（卖方拥有信息优势、买方则处于信息劣势地位）；上游分解者企业原料供给信息严重匮乏等。企业出于利益的考虑，通常对其废料成分保密，即将废弃物的特征信息"隐藏"起来，这使得分解者企业不能完全获得废弃物的特征、真实价值及来源等信息，无形中增加了分解者企业获得"原料"的成本，削弱了企业发展循环经济的积极性。

二　循环经济发展机制研究的需求与价值

循环经济涉及生产和生活的所有领域，与全社会的利益密切相关。因此，从利益相关者角度出发，循环经济发展机制包括政府机制、行业机制、企业机制、社会机制等，建立政府、企业、社会长效互动机制正是循环经济发展的题中应有之义，也是促进循环经济发展的本质要求。因此，需要对政府、企业以及社会这三个层次进行需求—价值分析。

（一）政府

我国的市场经济在创造了巨大物质财富的同时，也造成了资源的过度消耗、环境的严重污染和生态的急剧恶化，致使资源环境承载力接近上限，推动整体经济的生态化转型是中国经济可持续发展的唯一出路。建设资源节约型、环境友好型社会，发展循环经济是经济实现生态化转型的重要组成部分。生态化转型是一个复杂的过程，具有强制性、外部性以及多层次性等特征，这就决定了政府在其中发挥着不可替代的作用。政府不仅是循环经济战略的构思者，同时也是推行者，承担着重大责任。政府推进发展循环经济的机制的落实是其承担责任的具体体现，是实现资源高效配置的保证。政府如何才能在循环经济实践中扮演重要角色？应做到不缺位、不越位、不错位，调整政府的管理领域、时机、力度、方式、方法等。政府发挥其作用，支持发展循环经济的机制设计，不仅能够解决"市场失灵"问题，而且能够促进相关企业加强能力建设，完善市场机制的资源配置功能。

（二）企业

企业在循环经济发展中起到基础性的作用，企业实施循环经济行为的内部驱动力来自对利润、竞争优势、企业良好形象及长期发展等的追求，企业实施循环经济行为的外部驱动力则主要来自市场、政府及社会的压力。无论是内部驱动力还是外部驱动力归根结底都是企业对自身经济利益的追求。循环经济效益具有隐蔽性、长期性、滞后性、间接性等特点，因此企业发展循环经济需要进行长远的战略规划，应根据产业特点和企业实际制定具体思路，应在研发、采购、生产、包装到废弃物循环利用、产品回收和再制造等环节设计具体的实施机制。目前，我国大多数企业由于受技术、成本、市场、人才等影响，还没有建立起完善的支持发展循环经济的机制，根据自身企业性质、行业特征、文化、组织结构、技术资源、领导风格等，构建发展循环经济的机制，对于提高发展循环经济的绩效，提高自觉性和主动性，实现各方互利共赢发挥着重要作用。

（三）社会

环境的日益恶化，给人们的生活和工作带来了诸多的不利因素，饮用水污染、空气污染、臭氧层空洞、土地沙化与流失以及绿化面积减少等都涉及公众的切身利益，公众迫切需要获得参与循环经济建设的权利。循环经济的发展牵涉到全体公民的利益，而公众的参与意识是促进循环经济模式建立的社会力量。社会力量的集聚能够进一步促进全社会参与的生态转型，从而建立起一个有效保护生态环境和资源的产权体系和价格体系，促使各个主体以经济利益为纽带，形成互补互动、共生共利的合作机制。虽然目前公众参与循环经济已经具备一定的保障制度和文化氛围，也取得了一定成效，但与发达国家和地区相比还有一定差距，公众参与的深度和广度还不够，原因在于公众参与循环经济的运行体系和组织机制仍然不健全，缺乏渠道和平台。因此，构建公众参与循环经济的机制，为公众参与循环经济活动提供良好的制度环境和重要平台，能够促进生态环境不断改善。

三　研究思路和基本框架

在现代经济学中，机制往往被视为经济发展的重要动因和前提条件。循环经济是一种新形态的经济发展模式，因此需要设计一套新的经济发展机制，推进循环经济健康、稳定、协调运行。在研究思路上，将支持循环经济发展的机制划分为一般机制和具体机制。一般机制主要解决规律性的问题，探讨循环经济发展的动力机制、运行机制以及推进模式，这些都是循环经济发展的共性规律，适用于不同类型、不同产业以及不同组织。具体机制则是指循环经济发展的程序或过程，往往具有个性特征，会因行为主体、实施范围、产业类型等不同而不同。由此，首先将循环经济发展划分为三个层面，即宏观、中观、微观，然后对这三个层面进一步细分，分别研究不同细分领域循环经济发展的具体机制。宏观层面从地区和产业两个维度展开，中观层面从工业园区、产业集群以及城市设计三个维度展开，微观层面从政府、企业、中介、公众四个行为主体展开。研究循环经济发展机制是一个复杂的多学科的综合的任务，需要遵循系统分析思路，融合不同的研究方法，整个研究思路可以用图5-1的框架来概括。

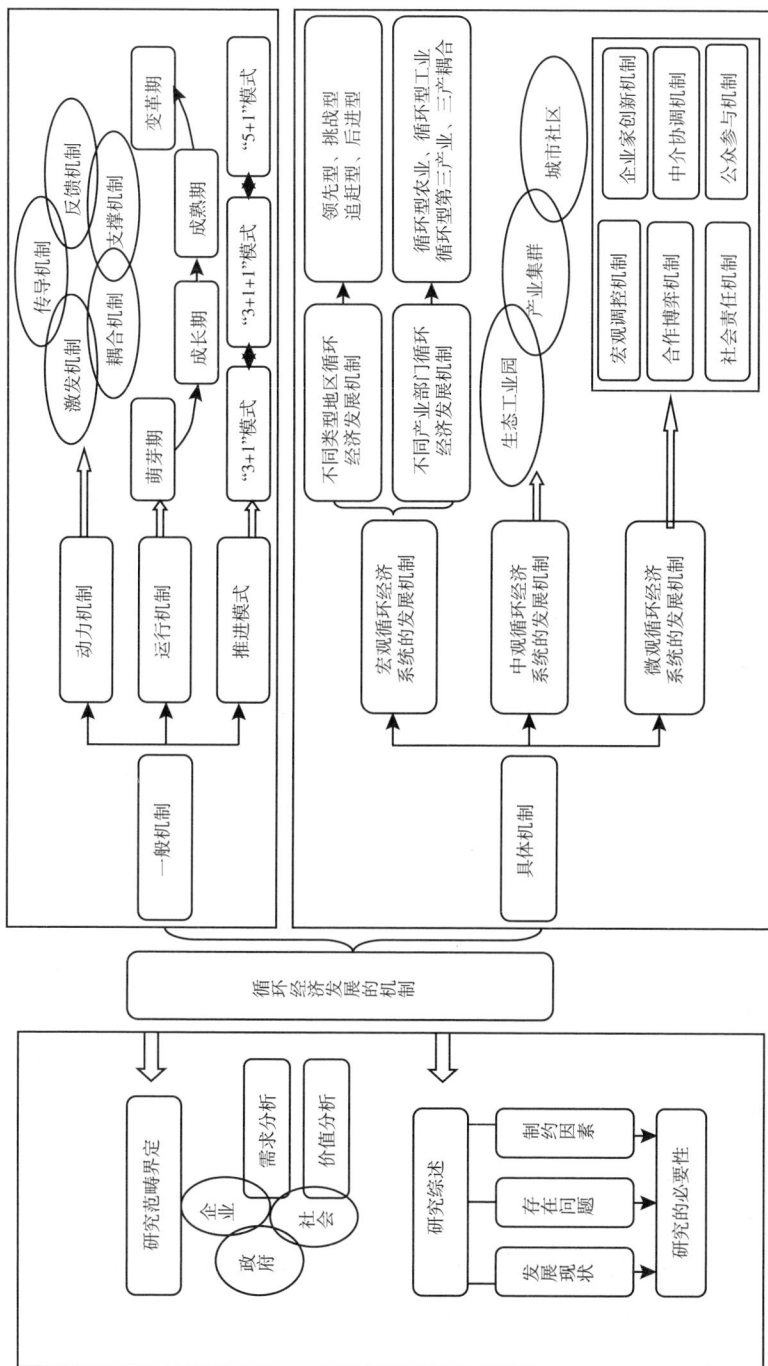

图 5 - 1　循环经济发展的机制研究基本框架图

第 六 章

循环经济发展的一般机制

第一节　循环经济发展的动力机制

循环经济是一种全新的发展模式，是一个由经济、资源、环境、社会等因素构成的复合系统。任何系统的良性运行和发展演化，都必须具有足够的动力和科学的动力机制。因此，发展循环经济，无论是从企业、园区、区域，还是从全社会层面看，都必须切实解决其动力问题。这里所讨论的循环经济发展的动力是指循环经济系统运行演化过程中的动力获取及其作用方式，换言之，是指循环经济各相关因素相互联系、相互作用进而形成推动系统发展前进的动力过程。

一　动力要素

（一）动力的定义

从广义上讲，动力是指推动事物运动与发展的力量。根据动力的形成原因分类，动力可以划分为内生动力和外生动力；根据作用方式，可以将其划分为直接动力与间接动力；根据作用强度，可以将其划分为主导动力与辅助动力[①]。动力具有方向性、动态性、加和性三个特征。循环经济发展的动力包括驱动循环经济形成和发展的一切有利因素，如利益追求、技术进步、企业家精神、绿色消费、资源环境承载容量、制度约束、政策扶持等。从动力的形成原因来看，利益追求、技术进步、绿色消费、企业家精神等属于内生

[①]　王建廷：《区域经济发展动力与动力机制》，上海人民出版社 2007 年版。

动力，而资源环境承载容量、制度约束、政策扶持等属于外生动力。因此，循环经济是由一个多因子驱动的综合性程序，并且符合在推力和拉力双重作用下发展的经济社会的一般规律。

（二）动力要素

1. 经济利益

循环经济系统是企业的共生系统，它的运行主体是企业，利润最大化是企业追求的永恒目标。因此，利润是企业发展循环经济的根本动力，只有当企业参与循环经济实践所获得的收益大于从事其他经济活动所获得的收益时，企业才会自发地进行循环经济实践。发展循环经济的收益是多种多样的：有的是长期的、隐蔽的、间接的，有的是系统性的，有的是局部性的。而企业的目标可能是短期性和局部性的，于是就会产生一定的利益冲突，从而难以形成发展循环经济的动力。因此，需要政府提供政策支持，使企业具有足够的利益动机去发展循环经济。

2. 技术进步

技术进步是推动经济快速发展的核心力量。循环经济实际上是一种技术范式的变革，传统经济增长往往资源消耗大、资源利用率低、资源循环再生率不高。从技术角度来看，循环经济要求大大提高资源利用效率，降低能源消耗，强调对废旧物品的回收利用和废弃物的再生利用。在循环经济提倡的减量化、再循环、再利用各个环节都存在诸多的技术问题。科学技术影响循环经济发展的深度及产业链条的长短。一般科技实力较强的城市，循环经济产业链涉及的行业较广，产业链条更深，资源循环利用的程度相对高。因此，发展循环经济，就要突破原有的技术范式，大力研发和应用环境友好型技术，研究清洁生产管理、资源利用最大化和排污最小化技术，开展生态工业和产品生态设计研究，实现末端治理转向生产全过程控制。

3. 企业家精神

循环经济作为一种新型经济形态，以资源存量、环境容量和阈值为限度，通过"减量化、再利用、再循环"，实现了资源的高效利用和循环利用，其实质是对物质流、信息流和价值流等生产要素的重新组合与优化配置，最终实现资源消耗和污染的减量、生产效率的提高以及成本的降低。循环经济的核心在于生产要素的重新优化组合，"资源—生产—消费—再生资源的循环流动"的关键就是对废弃要素的再利用、再循环，企业家则是实现这一组合的支配者，企业家创新是实现要素组合优化的源泉。企业家勇于追求创新的精神、独特的资源整合能力及人格魅力是循环经济实践不断推进的源泉。

4. 绿色消费

公众的资源环境意识和绿色消费意识，是循环经济发展的社会基础和精神动力。绿色消费不仅要满足人的生存需求，更要满足环境保护的需求，是一种节约资源、减少污染、循环再生的消费模式。从消费倾向看，它倡导消费者在消费时选择未被污染的绿色产品；从消费结果看，它要求消费过程注重对废弃物的再处理，避免环境污染；从消费意识看，它引导消费者转变消费观念，崇尚自然，追求健康，在追求舒适生活的同时，节约资源和能源，实现可持续发展。绿色消费是循环经济在消费领域的具体形式，为循环经济发展提供了强大的外在驱动力。

5. 资源环境承载容量

循环经济本质上是生态经济，它要求经济发展不能突破本地的环境容量和资源承载力，要根据本地的资源和环境承载力来安排经济发展规模。传统的大量生产、大量消费、大量废弃的生产方式导致资源环境的承受能力迅速下降，这就需要对经济系统的物流、能流等进行优化，而循环经济是一种最优生产、最适消费、最少废弃的生产方式，能够使生产要素与资源配置实现最佳组合，能够提高资源环境的承载力，实现可持续发展。

6. 制度创新

循环经济系统要求建立对系统负责的管理制度，传统的经济系统管理模式是一种"命令—控制"式的效益管理模式，追求的是产业系统经济利益的最大化，而循环经济系统追求的是系统功能的完善和服务效率。制度是制约我国循环经济发展的关键因素，应根据不同领域、不同环节采取差异化的制度安排和制度创新，如增加政府制度供给，明确资源环境产权，加大对循环经济的扶持力度，加强对循环经济的指导监督与服务等，这些措施能够为循环经济发展提供支撑和保障，促进循环经济实现优化配置资源的功能。

（三）整体框架

以上这六大要素并非是相互独立的，它们之间存在交互作用和内在联系。经济利益既是循环经济发展的动因，也是技术创新和制度创新的基础，经济利益的表现形式是多样化的，而且是有层次的，经济利益是循环经济发展的根本动力；技术进步是循环经济利益产生的重要原因，同时也是政府制度创新的重要方向；制度创新为循环经济技术创新及循环经济效益的产生提供了重要保障。因此，经济、技术和制度是循环经济发展的核心动力，而资源环境承载容量、企业家精神、绿色消费则对循环经济发展起到辅助作用，属于辅助动力。资源环境承载容量的不断缩小，使发展循环经济更具紧迫性；企业家创新精神为循环经济发展奠定了微观基础，提供了不竭源泉，绿色消费意识决定了人们是否具有与发展循环经济相适应的思维方式和行为模式，决定了行为主体是否具有参与循环经济建设的足够动力。之所以说它们是辅助动力，是因为它们的作用方式较为间接，作用强度较弱，短期效果也不那么明显。整个思路可以用图6-1的框架来概括。

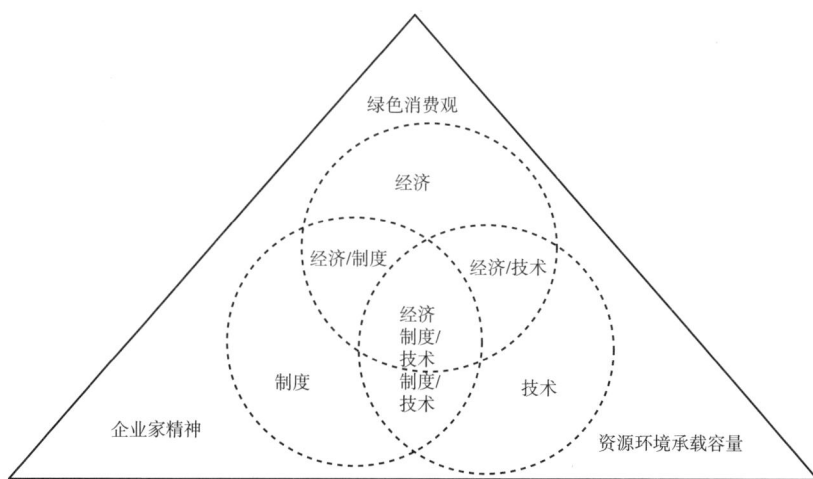

图6-1　循环经济发展动力因素交互关系模型

由于企业是实施循环经济的主体，因此，应主要从促进企业发展的角度进行动力发掘，探寻循环经济动力机制主要应找出推动企业发展循环经济的动力，然后分析这些动力的来源。上述交互关系模型的核心包括经济、技术和制度三个维度，技术进步、经济利益、制度创新是企业发展循环经济的三大动力，三种动力源之间存在着一定的交叉，即循环经济发展是多种要素综合作用的结果。经济动力是指那些对实施循环经济行为具有积极（直接的或间接的）影响的要素，能够带来经济收益。直接的经济收益是指通过实施循环经济行为能够促进财务指标改善，而间接收益则是指实施循环经济行为能够带来公众形象改善、员工士气提高、品牌价值提升等潜在收益，经济收益是企业实施循环经济行为的第一原动力。技术维度是指各种资源节约型技术和环境友好型技术的产生、发展与成熟推动了循环经济的整体发展。以三次科技革命和生态学理论为基础，一系列循环经济新技术，包括替代技术、再利用技术、减量化技术、资源化技术、产业链技术、零排放技术、系统化技术和信息化技术等得以产生，这些技术成为构筑循环经济的依托。新技术催生新产品的实现路径具有不确定性和高风险性，产业形成之初和产品开发之初前景不明朗，这导致不少中小企业在循环经济技术的产业化面前望而却步，影响了循环经济的推广。制度维度包含正式制度和非正式制度，正式制度的影响是指企业对政府制定的各项法律、法规、规则及企业之间签订的正式契约所做出的响应，其核心是法律制度，法律法规对企业发展循环经济产生积极影响；而非正式制度则是指企业对各种价值观念、伦理规范、道德观念、风俗习惯、意识形态等的响应，其核心是道德因素，道德的潜在力量是促进企业发展循环经济的动力，循环经济追求的目标是社会的公正与和谐，实现对自然索取最小化、环境污染最小化以及生态价值的增值，这实际上就是人类的生态伦理道德，它是人类的基本道德准则。

二　动力机制

动力机制，是指一个社会、区域、业态赖以运动、发展、变化的不同层级的关系和其产生的推动力量，以及它们产生、传导并发生作用的过程、机理与方式，其本质是描述动力和事物运动与发展的内在联系[1]。动力机制具有抽象性、整体性、开放性和包容性，它反映的是事物运行发展的内在逻辑和一般规律，并且引导着相应的制度安排。研究循环经济发展的动力机制是

---

① 王旭科：《城市旅游发展动力机制的理论与实证研究》，博士学位论文天津大学，2008。

探讨循环经济问题的核心，完善的动力机制是循环经济得以持续、健康发展的保证。

从利益相关者的角度来看，我国企业发展循环经济的动力源主要包括：经营者（企业家）、员工、企业工会、政府、新闻媒体、非政府组织、投资者（股东）、消费者、竞争对手等。可以从企业内部和企业外部两个角度对这些要素进行分类，经营者、员工、企业工会属于内部动力源，其他属于外部动力源。外部动力源又有直接和间接之分，前者包括投资者、消费者、竞争对手，后者包括政府、非政府组织和新闻媒体等。企业发展循环经济的动力集中体现在经济、技术和制度三个层面，这三大要素最终都将落实到相应的承载主体上，通过承载主体之间的利益和信息交互，实现不同主体之间利益的协调，该过程可以用图6-2来表示。图6-2中动力源的作用力用实线表示，箭头表示的是动力的方向；动力源的反馈以信息流和资金流为主要途径，箭头表示信息流、资金流的流向。整个动力机制可以细分为动力激发机制、动力传导机制、动力反馈机制、动力耦合机制。

（一）动力激发机制

经济、技术、制度、企业家精神、消费者的绿色消费意识是企业发展循环经济的动力源，企业家精神和消费者的绿色消费意识对企业的循环经济行为起到辅助作用，它们对企业循环经济行为的自觉性和主动性起到强化作用。因此，本书着重从经济、技术和制度三个角度予以分析。企业实施循环经济行为可能受一个动力源的激发，也可能受多个动力源的共同激发。在企业发展的不同阶段，其发展循环经济的动力激发源是不同的，各个要素的推动力量也大小不一。动力激发还可以分为被动式和主动式两种类型，如果仅仅是受制度动力触发的，就属于被动激发；而如果是受技术触发的，则属于主动激发。无论是主动激发还是被动激发，都受到经济利益的驱动。追逐经济利益是企业家行为的原始动力，技术支撑是发展循环经济的前提条件，而制度规范则是发展循环经济的有效保障。企业家创新精神和企业的社会责任感强化了企业实施循环经济行为的自觉性和主动性。因此，要使企业的循环经济行为受到持续激发和强化，就必须用经济利益引诱，用先进技术引导，用制度规范约束。

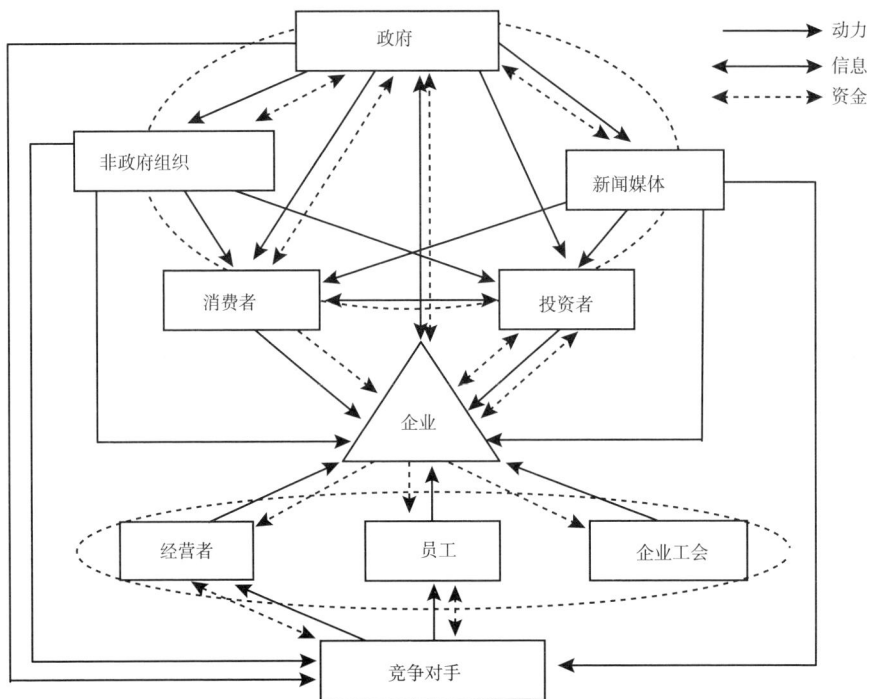

图 6 - 2　企业发展循环经济的动力机制模型

（二）动力传导机制

企业形成发展循环经济的动力系统受动力源和动力要素的驱动，这些动力要素将动力源以合理的路径传导给企业，并对其产生影响。从图 6 - 2 可知，各个动力源都可以将经济、技术或制度动力直接传导给企业。此外，各个动力源还可以与其他主体相互配合，实现对企业发展循环经济的推动。政府在循环经济发展中，不仅是制度的供给者，还是技术与经济的辅助供给者，政府可以支持科研机构研发循环经济技术；政府相关部门通过监督金融机构的放贷行为，鼓励金融机构将贷款发放给发展循环经济的企业；政府与行业协会合理分工，行业协会职能得到拓展，从而实现对企业发展循环经济的指导与监督；政府通过宣传循环经济理念，引导消费者购买循环经济产品；新闻媒体也要加强对企业积极参与循环经济发展的报道和渲染，引起消费者和投资者对企业的关注；等等。要使这些间接的传导方式得以实现，需要各动力源之间有效衔接，从而发挥它们的协同作用。另外，可以对动力机制的传导路径进行优化，比如目前政府通常采用财政补贴的方式鼓励企业发展循环经济，这种方式不仅无形中扩大了政府机构的职能边界，也往往会出现"跑部钱进"的寻租问题，因此可以设置专门部门归口管理循环经济，增加制度运行的透明度和规范性。

（三）动力反馈机制

动力传导是否顺畅，是否合理和准确，是否真正推动了企业循环经济的发展，需要通过反馈环节进行了解和评价。动力反馈的途径主要是信息和资金，通过反馈的结果可以判断企业实施循环经济的效果。消费者、新闻媒体、竞争对手和非政府机构都可以通过各种渠道，比如网络、政府公众电话、政府公开信箱等向政府相关部门反映企业的行为。目前流行的市长电话、市长信箱以及民情网都是较好的反馈渠道。电视、广播、网络等新闻媒体可以对企业的循环经济规划与实施进程进行跟踪报道，这无疑对企业的循环经济发展具有巨大的推动作用。投资者与企业之间的信息交流要通过完善企业内部的股东大会、董事会和监事会以及建立完善的信息披露制度来实现。企业家可以通过各种企业家论坛、行业商会等平台进行交流，实现企业家之间的相互督促和共同发展，竞争者甚至可以转变为合作者，建立基于生态链的合作伙伴关系，实现资源共享、风险共担、优势互补。如果竞争者能提供良好的薪酬和工作环境，会使企业循环经济核心人才流失，甚至可能带走循环经济技术、管理模式以及商业机会，会对企业循环经济的开展造成破坏，因此应建立留住人才的机制。在资金流方面，政府通过减税、财政支持等形式鼓励企业发展循环经济，而企业一旦走上正轨，将创造巨大的经济效益，也会为社会做出贡献。投资者的投资入股，解决了企业发展循环经济的资金困境，当企业获得收益时，会以股利的形式回报股东，企业家和员工的福利待遇也会得到提升，企业工会经费也会相应增加。

（四）动力耦合机制

可以用动力反馈结果评判各个动力源作用发挥的程度，同时，可以根据这一结果适时调整动力的方向、强度及其组合，以最大限度地协调各个要素的作用形式和作用力，从而形成动力的耦合协调机制。耦合协调机制包括外部因素的耦合与内部因素的耦合。企业家、员工与企业工会等内部要素形成强大的内聚力，协同一致为循环经济事业而奋斗是企业循环经济发展的重要因素。形成强大的凝聚力，除了加强基础设施建设外，关键还是要塑造有助于循环经济开展的企业文化，将循环经济理念融入企业文化建设中。要使外部动力要素得到耦合协调，就要明确政府、非政府组织、新闻媒体、消费者、投资者的职责，为了共同目标，各尽其职，使各动力要素的作用力具有相同的方向。这就要求彻底解决政府失灵和权力寻租等问题，新闻媒体应独立发挥舆论监督作用，消费者应主动参与其中，同时，明确非政府组织职能定位，而投资者不仅要考虑投资收益，还应具有社会责任感。

第二节　循环经济发展的运行机制

一　循环经济不同发展阶段的运行机制变迁

（一）循环经济发展阶段划分

国内外学术界普遍将循环经济的发展划分为起步、发展和成熟三个阶段[①]，这是对循环经济理论与实践进行的初步划分。但是，这种划分方法与循环经济实践存在一定的偏差，需要进行修正。我们以生命周期理论为基础，从循环经济各动力源作用的发挥情况出发，以循环经济模式综合优势的发挥程度为主要判断依据，将循环经济划分为萌芽期、成长期、成熟期和变革期四个阶段（见图6－3）。这四个不同阶段紧密相连，前一个阶段为下一个阶段奠定基础，下一个阶段又是上一个阶段的必然延伸，其演进呈非线性轨迹，任何阶段动力机制作用发挥的不好都可能导致其发生逆转以及跨阶段的反复、曲折、回旋和波动，其演进过程中伴随着动力要素的改变。在企业发展循环经济的整个过程中，可能会出现三个拐点，其中两个是关键拐点，因为它们将决定循环经济发展的方向。一是成长期和成熟期的拐点（B），二是成熟期与变革期的拐点（C）。保持企业循环经济持续发展，不

[①]　薛耀文、宋媚：《循环经济发展各阶段仿真研究》，《科技与经济》2007年第8期，第71—84页。

使其在拐点处走向衰退，关键是保持动力机制的健康运行。在四个不同发展阶段，其动力要素的方向、强度以及它们之间的配置结构存在着明显的差别。

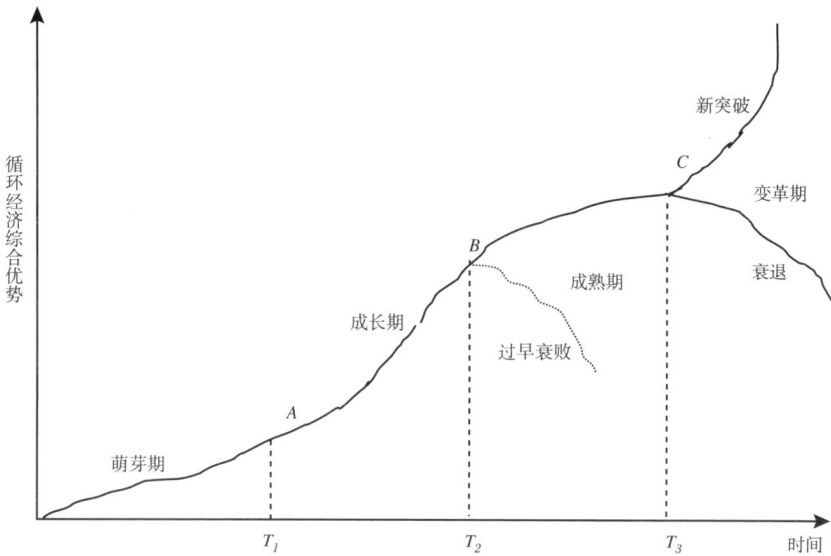

图 6 - 3　循环经济发展的生命周期曲线

（二）循环经济发展的阶段特征分析

1. 萌芽期

在萌芽期，总体来说，整个社会对循环经济发展的思想、做法及优势没有形成系统的认识。企业并没有完全理解循环经济概念，对循环经济的原理也不甚了解。这个阶段，主要是考虑环境保护的问题，关心的问题是污染物产生后如何治理以减少其危害，即环境污染的末端治理。因此，从严格意义上说，企业并没有发展循环经济，循环经济发展模式的综合优势也未得到很好的发挥，并且成长缓慢。在这个阶段，企业进行环境保护、末端治理需要有相应的技术设备和具备一定的管理水平，无形中增加了企业的投入成本；消费者、投资者以及竞争对手也并不怎么关注企业是否保护环境。因此，此时的主要动力来源于政府、非政府组织和新闻媒体。其中，政府是最为主要的动力要素，直接向企业施加法律压力。我国在 1989 年颁布并实施了《环境保护法》。同时，应加强对非政府组织和媒体的引导和宣传，使之与政府建立合作关系。非政府组织在政府的引导下，通过制定行业排污标准来规范企业的行为，并对企业进行监督；媒体在该阶段应大力宣传环保精神，引导企业提高环保意识，同时大力宣传环保工作做得好的企业，对做得差的予以曝光。这个阶段企业主要依靠制度因素的被动式激发，动力传导路径基本上是单向的，反馈循环尚未形成。这一阶段，由于企业自发动力尚未形成，社会监督网络也未成型，因此企业在生产经营过程中极有可能发生违规行为，但信息不对称等因素使企业违规的曝光率低，并且存在滞后性。地方政府的功利导向，即以破坏环境为代价换取 GDP 的增长，也减轻了企业破坏环境的压力。但是，在该阶段发生拐点的可能性较小，因为全球已经就可持续发展达成共识，保护环境成为政府的重要职责，随着公众环保意识的觉醒，政府对环境保护的重视度只会增强不会削弱。

2. 成长期

企业在进行末端治理的过程中，逐渐发现废弃物中存在着有价值的成分，注意到采用资源化的方式处理废弃物将获得额外的收益，企业对待废弃物的观念得以改变，并制定了相应的政策，思想上经历了从"排放废弃物"到"净化废弃物"再到"利用废弃物"的过程，也就开始进行"再利用"，发展循环经济的综合优势由此得以凸显。这一阶段，在政府、非政府机构以及媒体的大力宣传和倡导下，公众已经形成了生态环保理念，企业发展循环经济的外界道德动力已经形成，企业家自身的素养也得到提升，环境保护成为普遍共识，循环经济指标成为投资者进行投资决策的重要依据。这一阶段，企业认识到发展循环经济能够为自身带来经济效益，其经济动力开始形成，此外，大量循环经济技术的产生为废弃物的回收利用提供了可能。但是，企业还主要局限于思考如何实现对废弃物的回收再利用上，致力于对现有的生态链进行优化与重构。政府发展循环经济的广度、深度以及具体策略发生了质的转变。这一阶段政府专门制定了循环经济法律法规，已经从防治污染转向集中节能减排、资源重复利用以及废弃物的回收再利用等；政策层面从注重惩戒转向注重激励，财税优惠政策多管齐下，鼓励企业发展循环经济，并鼓励公众的广泛参与。该阶段更加注重发挥政府组织的作用，使其更广泛地参与到发展循环经济的实践中来，同时，政府还积极开展循环经济技术的研发以及成熟循环经济模式的推广工作。循环经济动力传导路径日益复杂，逐渐形成交互网络，各动力要素相互影响，反馈信息的渠道也逐步畅通。消费者、投资者、员工及企业工会等动力因素的加入和反馈系统的不断完善，使企业不再停留在原有的仅在法律制度范围内履行环境保护职责的阶段，而是为了获得消费者和投资者的青睐及比竞争对手更强的竞争优势，积极探索适合本企业的循环经济模式。在自我激励、自我约束以及外部激励、外部监督的共同作用下，企业加快循环经济发展的步伐。但是，在这个阶段可能发生提前衰退现象，主要是各动力要素未能有效发挥协同作用，以政府为例，地方政府在推进循环经济的过程中的失灵以及寻租行为，会造成资源配置的失效，比如一些中小企业的循环经济项目会因未能获得政府的支持而流产。

3. 成熟期

在循环经济的成熟期，源头预防和全过程治理成为企业主流的思想，这一阶段，在长期探索和总结的基础上，资源利用最大化和污染物排放最小化的思想得以提出，企业确立清洁生产、资源综合利用、生态设计和可持续消费等的循环经济战略，生产的废弃物大幅度减少，最终达到零排放，形成所有原料和能源都在反馈式闭环中流动的循环经济发展模式，发展循环经济的综合优势得到极大释放。在这个阶段，动力机制发展到高级阶段，各要素都已经成为有效的动力。经过前两个阶段的发展，关于循环经济发展的制度更为完善，不仅制定和实施了促进循环经济发展的基本法——《中华人民共和国循环经济促进法》，其他的综合性法律和专项法规也更加完善。动力传导机制更加明确，各利益相关主体的职责更加明确，配合更加紧密，形成了紧密的耦合关系；动力反馈渠道通畅，动力机制实现了良性循环。在这种状态下，由于企业发展循环经济能够获得可观的经济收益，内驱力形成并得到强化，企业自身成为动力机制的主要部分，变被动式循环模式为主动式循环模式，企业不断自觉地进行循环经济技术的研发、探索适合企业的循环经济发展方向与模式。社会对循环经济产品的认可，政府执行绿色采购和广大消费者对绿色产品的需求，使得市场保持相对稳定，技术上又能够为其提供有力的支撑，这时进入了相对良性的循环阶段。

4. 变革期

循环经济经过一定的成熟期后，进入变革期。这一时期，企业存在两种不同的路径，可能获得新的突破及新的发展空间，也可能就此发生衰退。循环经济在发展过程中，如果技术、制度和经济动力不足，尤其是如果无法获得技术支撑，便无法跨越技术壁垒，就会丧失综合优势。企业如果受到市场需求、技术供给和制度保障等多重因素的制约，其发展循环经济的动力就会丧失，甚至会衰退和破产。相反，如果企业保持持续创新状态，循环经济技术创新将不断涌现，就可能催生新的产品、新的机会，形成新的生态产业链，企业就能实现"蜕变"并维持一种稳步成长的发展态势，从而实现跨越式发展。

（三）循环经济不同发展阶段的运行机制变迁

循环经济发展可以分为萌芽期、成长期、成熟期和变革期四个阶段，不同的发展阶段呈现出不同的特征，导致影响循环经济发展的动力因素和动力源也发生阶段性演变，进而影响运行机制的变化。本研究认为循环经济发展是具有阶段性的，不同阶段的运行机制是有差异的。从循环经济系统组织演化的进程来看，循环经济发展将经历循环型企业、循环型产业链、循环型产业园区（集群）和循环型生态产业网络四个阶段[1]，这与以生命周期理论为依据进行划分几乎是一致的。在萌芽期出现了零星的循环型企业，随着循环经济的发展，循环型企业之间会通过资源循环利用和能力梯次利用形成产业衔接关系即形成循环型产业链，而产业园区（集群）则由若干关联产业组成，是循环经济走向成熟的标志，它们具有空间集聚性、系统耦合性的特点，循环型产业网络则是循环型产业链高级化的结果，是一个复杂的产业共同体，是循环经济发展的最高组织形态。循环经济的高级化过程，是市场机制和政府机制共同作用的结果，但是在不同的发展阶段，这两个机制所发挥的作用强度是不同的。

1. 萌芽期

市场机制先于政府机制而存在，富有创新精神的企业家率先发现资源回收利用蕴藏的商机。同时，循环经济在发展初期还会受到市场、技术等各种不确定性因素的影响。因此，循环经济行为从本质上说是一种自发的行为，价格机制对循环经济的发展起着决定性的作用，反映了市场机制对循环经济

---

[1]　杨雪锋：《循环经济运行机制研究》，商务印书馆 2008 年版，第 307—330 页。

发挥的作用超过了政府机制。同时，由于循环经济的市场机会存在隐蔽性、不确定性、风险性，市场中只能出现少量的循环型企业，该阶段尚不能顺利地实现向循环型产业链的扩张和延伸。

2. 成长期

循环经济的成长期是循环型企业成长与巩固的时期。虽然资源的"减量化、再利用、再循环"能够节约资源，使成本降低，但是由于环境、资源产权界定不清晰，就环境资源使用和管理来说存在着比较严重的市场失灵，开展资源节约和循环利用活动的企业难以得到市场的肯定，导致循环型企业成长缓慢，甚至退出市场。此时，单纯依靠市场价格机制难以推动循环经济的快速发展，而环境资源的稀缺和环境外部不经济的凸显，又要求提高资源利用率，降低资源消耗，可以说，正是市场配置资源的失灵呼唤政府力量的干预，因为政府进行制度创新，实施制度变迁可以调节资源的配置。在该阶段，市场机制的作用没有发生太大变化，而政府的作用却快速增强，政府以宏观调控为主导，通过制定法律、政策制度等引导社会经济向着循环经济的方向发展，通过建立市场准入标准等措施规范企业的运行。政府职能的发挥，也将促进市场机制的有效运行，政府的行政干预恰到好处，市场机制也将发挥最大效用。因此，在循环经济成长期，随着政府机制作用的增强，市场机制的作用也会有一个突变的过程。在政府机制和市场机制的双重作用下，循环型企业会出现较快的扩张，不同的企业会形成产业链，并以物质循环为目标，延长和深化产业链。

3. 成熟期

循环经济的成熟期是政府和市场发挥协同耦合效应的阶段。随着资源环境产权的明晰，市场主体的价格行为将逐步规范，资源环境价格机制也将逐步完善，市场机制通过价格信号调节经济运行和资源配置的作用越来越强，将在循环经济实施过程中发挥基础性的作用。在这种背景下，企业能够将发展循环经济视为生存和发展的根本，资源的"减量化、再利用、再循环"将得到最大限度的贯彻。因此，在该阶段，市场机制的完善将大大减少政府直接干预微观经济活动所造成的寻租、腐败和价格扭曲等问题，政府的作用不断减小，政府行为的实现方式将由直接干预转向宏观领域的间接干预，从依靠财税政策扶持循环经济发展，转向重点进行环境规制、提供公共设施等，为循环经济企业提供良好的市场环境。由于市场机制的完善，循环再生产品的优势会得到极大的显现，市场需求会得到扩张、市场规模将不断扩大，市场规模的扩大将进一步促进循环型产品的创新，共同推动循环经济产业链的形成，而产业链的交叉、耦合将形成产业网络。在该阶段，循环经济产业日趋成熟，形成了循环型工业、农业和服务业，产业组织形式也以集群和生态工业园区为主，甚至依托现代信息技术手段，建立开放式动态联盟，形成循环型生态网络。当然，在该阶段政府机制也还发挥着积极的作用，通过完善制度供给机制、信息传播机制和风险担保机制促进循环型产业链、循环型产业网络的稳定、协调运行。

4. 变革期

循环经济工业园区以及循环型产业网络的运作不可能永远保持稳定，基于产业共生共荣、价值共创共享、利益互惠互补而建立起来的共生体可能因成员目标的不一致、循环再生产品的市场问题以及新产生的废弃物再生技术问题，使循环再生产业网络表现出不稳定性和非联动性，这些问题都可能最终导致循环再生产业网络的瓦解。比如，随着技术升级、消费升级带来的家电、汽车等的废弃量的大量增加，市场环保的要求不断提高，如果不能突破废旧机电产品和汽车零部件的循环再生的技术瓶颈，在相关行业开展循环经济就变得不可能。在这种情况下，保证循环型产业网络的有序、健康运转，不仅要及时协调各环节主体的利益关系，还要加强研发投入和不断开拓市场，这也将使一些企业望而却步，退出循环再生产业市场。市场机制无法解决的新问题，就需要政府来解决，政府可以通过强有力的计划和经济手段，甚至建立协调沟通机构，推动循环经济产业网络的进一步扩张。也就是说，在该阶段循环经济要实现新的"蜕变"，更需要政府的支持，市场机制的作用力反而变弱了。

二　循环经济的类型与运行机制

可以从不同的角度对循环经济做类型划分。根据循环经济发展的空间可以将其划分为宏观、中观、微观三个层次；根据其所属产业可以将其划分为工业循环经济、农业循环经济、服务业循环经济；根据应用范围可以将其划分为区域循环经济、园区循环经济、企业循环经济和社区循环经济；根据生产消费过程可以将其划分为生产型循环经济、资源综合利用型循环经济、消费型循环经济；根据循环经济水平可以将其划分为废弃物的循环、产品的循环和服务的循环。实际上，每一种划分都基于一定的研究目的，目的不同，所划分出的类型就不同。循环经济发展的重点是解决其动力问题，因此本研究从循环经济发展的动因出发，将循环经济实践划分为资源启动型、经济吸引型、需求拉动型、技术推动型、政府主导型以及综合驱动型六种实践类型，下面将研究这些类型的基本内涵及运作模式，并结合典型案例展开剖析。

（一）资源启动型

资源启动型企业是依托区域优势资源发展起来的，具有明显的地域特色。资源启动型企业，往往具有产品种类单一、缺乏活力等特征。同时，在创造价值的过程中，资源启动型企业会带来大量废弃物与污染物，这些废弃物都会严重污染环境。伴随着资源的逐步利用，资源约束与环境污染问题将日益凸显，而资源的不可再生性和资源耗竭规律决定了资源启动型经济必然经历成长、成熟、衰退的历程。循环经济强调资源的循环、再生利用，强调资源的减量使用和高效利用，资源启动型企业具有资源依赖程度高、单位GDP能耗高、物质流量大的特征，不仅决定了其必须走循环经济之路，而且也为循环经济实践提供了可能性。资源启动型企业具有先天的资源优势，能够据此对"三废"实施资源化、再利用，实现"资源—产品—废弃物—再生资源"的发展模式。资源启动型循环经济的发展要突出解决资源消耗给环境带来的压力、对生态的影响问题，尽力做到节能减排，控制污染排放，把对环境的影响减到最小。因此，在实际的循环经济实践中，应深入研究资源及废弃物的特征，探索发展不同类型的循环经济产业链，推动资源综合利用，注重节能降耗，促进企业清洁生产，并通过机制创新，实现"节能、降耗、减污、增效"的目标，将资源优势转化为竞争优势。

福建马坑矿业集团就是资源启动型循环经济的典型。马坑矿业以"减量化、再利用、资源化、再循环"为原则，以低消耗、低排放、高效率、高循环率为目标，构建马坑矿业循环经济产业网络体系，完善了产业链，实现了废旧物资的循环利用。公司在进行铁矿资源开采的同时，对选铁后尾矿进行钼金属矿的回收，既减少了原选矿生产工艺中作为尾矿排放的尾矿量，减轻尾矿库对当地生态环境的破坏，又可以最大限度地回收利用钼矿资源，提高矿产资源的综合利用率。马坑矿业除了发展铁精矿的深加工球团矿、还原铁项目及综合回收钼、锌矿物外，在资源开采、生产消耗、废弃物利用等环节，逐步建立了完善的资源循环利用体系。同时，马坑矿业还建立了污水处理、废渣利用等集约化管理与使用机制，严格进行技术改进和转型，不断延伸铁矿产品链，实现"资源→产品→废弃物→再生资源"的反馈式循环过程，使铁矿生产过程的资源利用率最大。其资源循环利用体系如图6-4所示。

在实践中，马坑矿业通过一系列的机制建设与创新，不断完善资源循环利用机制，取得了显著的效果。其具体的运作机制包括领导支持机制、资金扶持机制、技术支撑机制、制度保障机制、信息沟通机制和危机干预机制。

1. 领导支持机制

为确保循环经济试点方案顺利实施，公司把发展循环经济纳入总体发展战略，成立了"福建马坑矿业股份有限责任公司循环经济试点工作领导小组"，在有关职能部门设立专职办公机构，由总经理任组长，建立日常工作的管理、监督机制，切实加强对该项工作的全面指导和管理。

2. 资金扶持机制

公司始终坚持贯彻节约资源、减少消耗、降低污染的循环经济理念，在矿产资源综合回收、"三废"利用、水资源循环利用等方面继续投入大量的研发资金。在选铁尾矿综合回收钼金属项目、水循环利用项目、尾砂充填项目中加大对循环经济发展项目的资金支持力度，以资源的高效利用和循环利用为核心，以"减量化、再利用、资源化"为原则，通过项目的带动作用，真正建立起适合企业内涵式发展的经济增长模式。

3. 技术支撑机制

公司不断推进产、学、研合作，加大循环经济实用技术的科研经费投入和技术攻关力度，建立不断完善的由校方及研究院（所）提供理论知识来指导技术开发和创新活动、同时再从实践中来检验理论研究的良性循环体系。重点支持研发部门和技术人员开发具有推广意义的矿业减量化技术、再使用技术、资源化技术、替代技术、共生链接技术和系统集成技术等实用技术，实现马坑矿业生产过程中的低能耗、低污染、高产出，促进矿山资源的

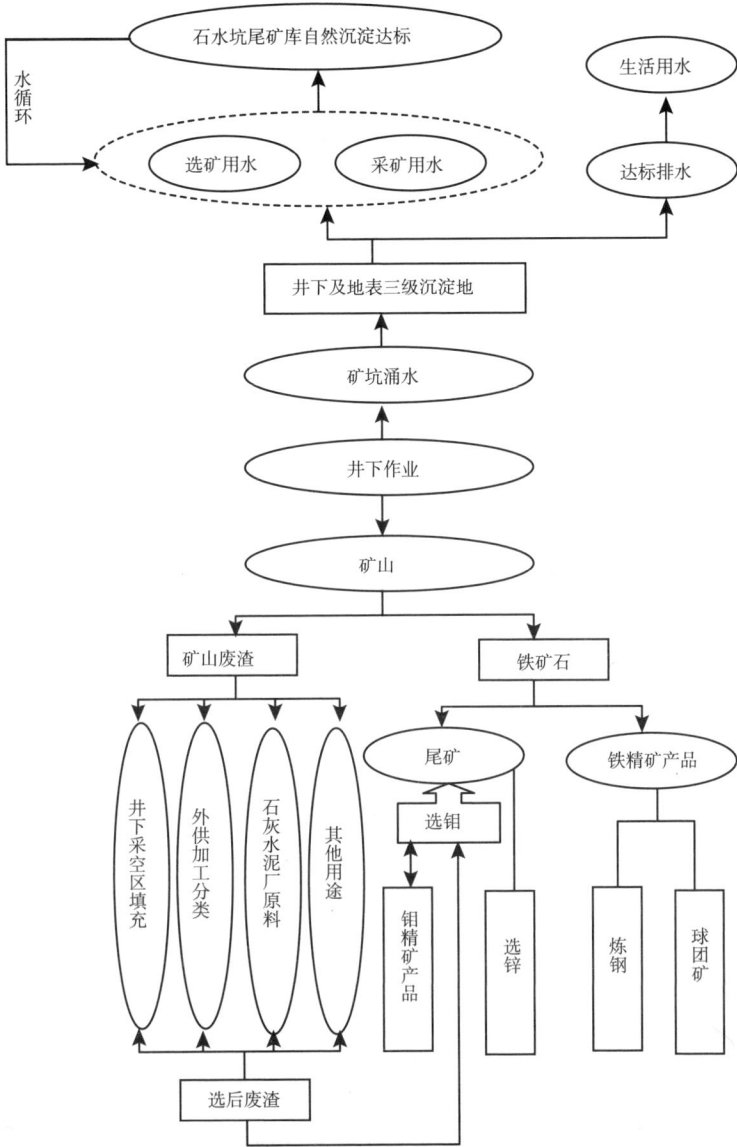

图 6－4 马坑矿业产业链及资源循环利用体系

循环利用和可持续发展。

4. 制度保障机制

公司建立了健全的配套制度, 明确了各职能部门在企业发展循环经济过程中的具体职责和要求，建立并不断完善有利于技术创新的运行机制和人才保障机制，对于那些在推进清洁生产、节能减排、"三废"利用工作中有贡献的团体和个人给予相应的表彰和物质奖励，从而培养全体职工的环保意识，提高他们参与循环经济的积极性和主动性，为公司营造一种浓厚的发展循环经济的组织氛围，真正使公司彻底告别传统的经济增长模式，为"资源—产品—废弃物—再生资源"的反馈式循环经济增长模式奠定基础。

5. 信息沟通机制

公司积极利用现代信息技术，加快信息化建设，通过整合现有信息资源，建设企业的信息平台，实现市场、管理、经营的自动化和一体化。同时，密切跟踪国际、国内先进的自动控制技术，不断利用先进信息控制技术改造传统生产工艺和装备，进一步提高公司各主要生产装备的控制水平，提高生产效率。此外，公司还建立了与政府和社会的信息交流机制，形成方便、快捷的沟通渠道，最终实现政府、企业和社会的协调发展。

6. 危机干预机制

公司建立了一套完善的危机应对系统，从危机预防、危机处理、危机后处理三个方面进行危机管理。在危机预防阶段，加强宣传和对员工的教育，使其正确面对企业危机，同时建立信息监测系统，成立危机管理小组，加强企业危机应急预案建设，并做好资金方面的准备工作；在危机处理阶段，要求企业管理者快速反应、积极应对，加强与外界的沟通交流，开辟高效的信息传播渠道，重塑企业的良好形象；在危机后处理阶段，积极总结经验，尽快淡化各种危机所造成的不良影响，恢复正常运作。

（二）经济吸引型

循环经济强调资源节约和综合利用，废旧物资回收利用可能给企业带来显著的直接经济效益；同时，政府对循环经济实施了一系列支持政策，获得政府的政策支持，能够大大节约成本，间接提高利润；发展循环经济还可以改变消费者对企业及其产品的态度，提高企业的市场美誉度；发展循环经济还是企业承担社会责任的体现，更容易得到投资者的关注。发展循环经济能够获得各种不同的经济利益，不少企业就是冲着这些经济利益进军循环经济领域的。企业家是潜在盈利机会的掌握者、最能动的创新要素以及创新风险的承担者，在当前循环经济产品品质不高，消费者接受程度较低的环境下，能够发现商机并采取有效的行动显得尤为不易，需要有敏锐的目光和富于竞争的精神。另外，循环经济价值链具有链条更长、节点交叉、方向迂回、结构复杂等特点，其中的商业价值较为隐蔽，容易被忽略，一些有远见的企业家能够发现废弃物中存在有价值的成分，注意到采用资源化的方式处理废弃物会获得意外的收益，他们通过加强工艺流程创新、技术创新、产品创新和组织创新等途径，并借助政府的减税、补贴、优先采购等优惠政策，高标准推出循环经济产品，随之开拓了市场和创造了商业财富，满足了顾客的需求。因此，让企业家发现循环经济中的商机，吸引企业家的目光，使他们受到经济利益的刺激，纷纷投身于循环经济实践成为问题的关键。一方面，可以加强对企业家的培训，激发企业家精神，让更多的企业家发现循环经济中蕴藏的巨大商机并积极行动，获得回报。可以以政府或行业协会的名义，建立良性培训机制，邀请国内外循环经济领域的知名专家以及在循环经济领域取得成功的企业家作为培训讲师，从而有效提高企业家的创新精神，形成庞大的信息交流网络，为循环经济创新成果的共享和扩散创造条件。另一方面，加强宣传，不仅要宣传循环经济的潜在优势，同时宣传政府的相关扶持政策，让企业家了解发展循环经济的收益。可以搭建循环经济信息服务平台，循环经济推介会、循环经济发展论坛、循环经济经验交流会等都是宣传的重要方式。

连续多年位居胡润排行榜前列的张茵就是最早从循环经济中看到商机的杰出企业家之一。与那些依靠高新技术上榜的富豪不同，张茵从事的是废纸回收再生产行业，旗下的玖龙纸业是目前国内包装纸行业最大的企业，该公司"以再生利用废纸为主要原料，资源、产品再到资源"的循环经济模式开了利用废纸造纸的先河，引领了环保造纸的潮流，创造了巨大的财富；同时，该模式也得到国家政策的鼓励和支持，其中最有力的支持是税收优惠。十几年来，玖龙纸业不断致力于循环再生技术的研发以及高技术含量、高附加值新产品的开发，2009年玖龙纸业主要附属公司入选国家高新技术企业，入选的附属公司享有15%的税率优惠。此外，玖龙纸业凭借着多年来在绿色环保和循环经济方面的突出贡献，2011年被评为"环保诚信企业"，这个称号是对企业在环保方面做出成绩的最权威认定，获得这个称号的企业除了会得到社会的赞誉及提升社会声誉外，还能获得政府在政策和金融方面的支持和优惠。张茵利用废纸造纸创造了财富神话，之所以能够获得如此大的成功，主要原因在于她富有企业家精神，她凭借敏锐的市场洞察力、承担风险的勇气和持之以恒的意志，改变了造纸业高污染、高能耗、高排放的负面形象，通过科技创新和企业文化建设，实现了年产值过百亿元的神话，成为中国的商业英雄。

（三）需求拉动型

市场需求是产生商业价值的先决条件，只有相应的需求达到一定的规模和具有一定的持久性，才能实现产品的商业价值。需求在市场的末端具有拉动作用，市场需求引导、制约了循环再生产品的研发、生产以及产业化。市场需求的拉动表现为需求对科学技术提出具体要求，引导科学技术去解决市场需求的问题，从而实现技术突破，为产品创新提供技术支撑。循环再生产品从原材料采购到制造、流通、使用和废弃的全过程，都尽可能地节省资源、降低能耗、充分利用废弃物，对环境和人体的负面影响相对较小，并且循环再生产品的使用寿命也比较长。循环再生产品具有节材、环保、低碳、寿命长等优点，长期来看，消费者使用循环再生产品能够从中受益，同时也是履行社会责任的体现。从长期看，消费者对资源节约、环境友好的循环再生产品的需求将日益增大。当循环再生产品需求达到一定规模，并且保持相对稳定的时候，就会有企业进入该领域。市场需求拉动的循环经济运作模式是一种线性的模式，市场需求→循环再生技术研发→生产→营销→投放市场是它的具体运作模式。由此可见，需求拉动型循环经济发展的关键在于激活消费者的节能环保需求，这就需要不断教育、引导和支持消费者购买资源节约型和环境友好型的循环再生产品，如果消费者在内心形成了崇尚节约、热爱环保的生活理念，就会产生对循环再生产品的购买需求，这种购买需求又激发了循环型企业的创新动力。同时，循环型企业也应不断挖掘顾客需求，对市场需求进行动态监测，抓住市场的细微变化，通过加大研发投入，改进产品的性能、质量、款式等，构建循环再生产品体系，满足差异化的市场需求。

塑木地板是需求拉动型循环经济的典型产品。随着经济的发展，人们对生活品质的要求越来越高。地板环保理念已经深入人心，地板的视觉感受也受到越来越多消费者的重视，风格与装饰效果成为消费者重点考虑的因素。消费者越来越不满足于天然木材单一纹理的风格，又由于天然木材资源十分有限，致使实木地板价格居高不下。市场迫切需要一种既能突破天然木材纹理单一的不足，同时价格又相对便宜的地板产品。塑木地板以低碳、绿色、环保、款式多样、可循环回收利用等优点征服了众多消费者。塑木地板是实木与塑料的结合体，它用废旧塑料及废弃的木料、农业秸秆等植物纤维做基材，在保持实木地板亲和性的同时，又具有良好的防潮耐水、防虫蛀等功能。同时，塑木地板可回收再利用，体现了源于自然、用于自然、归于自然的循环产品生命特征，符合"资源—产品—废弃物—再生资源"的反馈式循环过程，称得上是真正意义上的可循环、可再生的生态塑木材料。塑木地板属于节能环保型产品，不但能很好地控制有害物的排放，还能起到防水防潮等作用，满足了消费者的多元化需求，目前已经被广泛用于室外装饰、园林工程建设、车间防腐工程、海洋防腐工程、环卫设施等各种场合。随着循环再生技术的不断突破，塑木地板将替代实木地板，成为地板业潮流新趋势，塑木生产企业应不断研发出"创新型"产品，满足消费者的个性化需求。

（四）技术推动型

循环再生产品一般都是技术密集型产品，需要依托一系列循环经济技术，如替代技术、再利用技术、减量化技术、资源化技术、产业链技术、零排放技术、系统化技术和信息化技术等。技术推动型循环经济正是在这些技术创新的推动下引导出循环再生产品及产业链。技术推动型循环经济强调科学研究和由此产生的循环经济技术创新是推动循环再生产业产生、发展的主要动力。技术创新可以从三个方面推动循环经济发展：一是采用先进的生产技术，可以提高资源利用率，力求以最少的资源消耗创造最大的经济效益；二是改进设计，采用先进的工艺技术和设备，可以延长产品生命周期，实现生产的全过程控制，最大限度地降低污染的产生量；三是开发适宜技术，进行资源的综合利用。[①]技术推动型循环经济遵循线性模式：科学推动循环经

---

　　① 张雪花、张宝安、张宏伟：《发展地区循环经济的瓶颈及对策研究》，《生态经济》2006年第4期，第48—55页。

济技术，循环经济技术创造产品进而实现产业化，对经济产生重大影响。在
"循环经济技术→循环再生产品→循环再生产业化"的链条中，循环再生产
业主要受技术发明的驱动，而不依赖市场需求。由此可见，加速循环经济技
术创新，构建循环经济技术创新体系成为技术推动型循环经济快速发展的关
键。为此，需要将技术创新活动的终端从市场扩展到环境，使技术创新的各
个环节以生态市场为终端和开端，以逆向物流、信息流和知识流为纽带，构
成循环型技术创新模式。通过增强企业自主开发能力、强化产学研联合、建
立技术服务支撑体系、加大对企业技术创新扶持力度、全面推进企业信息化
建设等措施，健全循环型产业集群的技术创新机制。

深圳格林美是一家依靠循环经济技术突破发展起来的国家级高技术公
司，是典型的技术推动型企业，董事长许开华先生是一位科技型企业家，具
有近15年科技开发和成果转化经历，先后承担15项国家和省级科技攻关计
划（包括两项"863"高技术发展计划），两次承担国家高技术产业化示范
工程项目（第一负责人），在二次资源循环利用、电池材料等领域拥有30
多项专利，先后获省级科技进步奖7项、第六届中国青年创新优秀奖1项和
第八届中国专利优秀奖1项。鉴于他在推动力、创新、环保、责任等方面的
卓越成就，他被评为"2012年再生资源年度人物"①。格林美依靠自主研发
形成的技术，创造了无限的市场空间。公司成立4年，就在A股上市，成为
我国技术水平领先、环境治理能力超强的循环经济领军企业。公司秉承
"资源有限、循环无限"的发展理念，以"消除污染、再造资源"为己任，
推行"由循环而经济，实现企业价值、环境价值和社会责任的和谐统一"
的循环产业文化，始终致力于电子废弃物、废旧电池等"城市矿产"报废
资源的循环利用与循环再造产品的研究与产业化，积极探索中国"城市矿
产"报废资源的开采模式，突破了电子废弃物、废旧电池等废弃资源循环
利用的关键技术，建立了包括160余项专利、60余项国家和行业标准的核
心技术与专利体系，创立了电子废弃物绿色再造的低碳资源化模式。例如，
2011年，公司自主研发的国内第一条"废旧线路板湿法脱焊"生产线正式

① 《格林美董事长许开华教授喜获"2012年再生资源年度人物"》　[EB/OL]，http://www.
gemchina.com/cn/html/2012-06-08/10_2957.html，2012-06-08。

投入使用，该生产线全程自动化，熔锡速率快，基板与元器件分离效率高，废旧退锡液铅锡分离后可循环使用，可完全消除以往采用人工分离办法造成分离速率低以及采用火法造成环境二次污染的缺憾①。格林美长期依靠技术创新，不断开发新产品，提升企业竞争力。几年来，格林美通过成立技术创新联盟、建设国家级工程技术研发中心和科技孵化中心、建立人才培训基地，搭建"城市矿产"资源技术研发的交流平台、研发平台和推广平台等措施，实现了跨越式发展，同时也推动了行业技术的整体进步。

（五）政府主导型

政府主导是循环经济实践的另一个重要形式，当然，政府主导也并非是直接主导企业微观的循环经济实践，而是在中观层面加大力度建设和发展循环经济产业园区、集群。在这种模式中，政府不仅是循环经济工业园区、集群的直接规划者，综合开发的领导者，而且是循环经济实践的主导者，资源的投入者，收益的主要享有者。政府在这种模式中起主导作用，循环经济工业园区、集群的性质以及开发目标、方式、管理者等都由政府确定，入驻园区的企业也由政府筛选，园区内环境的营造和维护也是政府的职责。园区设计、集群规划及开发阶段所需资金主要由政府提供（通过拨款、银行贷款等）。政府主导型循环经济具有较大的强制性，具有目标明确统一、资源结构较合理、稳定性较好等特点，同时也可能出现监督困难、人浮于事、效率低下等问题。

天津子牙循环经济产业园区采取的就是以政府为主导的循环经济运作模式。子牙循环经济产业园区总体规划面积达 135 平方公里，是我国北方最大的循环经济园区。园区划分为"产业功能区、林下农业区、科研居住功能区"三个主要功能区；在产业发展、资源循环利用、污染控制、园区管理四个方面建立了较为合理的模式；园区与天津市城投集团共同组建了天津子牙循环经济产业投资发展有限公司，负责园区基础设施的建设；探索出循环经济发展新型监管模式，园区设立了无水港，创造性地对进口固体废弃物实行海关、检验检疫、环保、园区"四位一体"联合监管，并建立了"全天

---

① 《东北证券调研报告》，《业务拓展、产能扩张、政策支持，腾飞在际》［EB/OL］，http：//www．p5w．net/stock/lzft/gsyj/201206/t4292068．htm，2012 - 06 - 04。

候、无缝隙、保姆式"的服务体系；园内以静脉产业为主体，园区内各种配套设施完善，统一建设融污水处理、中水回用、雨水收集、废弃物处理等为一体的综合节能环保系统，实现产业发展的"自消化""零排放"，园区生产节能环保，对环境扰动最小；园区对生产过程实行了全程数字化跟踪，严格监控可能给环境带来危害的各个环节，实现了封闭式管理。[①] 在政府的大力支持下，按照天津市委市政府的总体要求，静海县按照"统筹规划、分步实施、滚动开发、各方携手"的方针，建设子牙循环经济产业区，经过 5 年的实践，已逐步形成了"静脉串联""动脉衔接"、产业间"动态循环"的循环经济"子牙模式"。"子牙模式"是政府主导循环经济产业园区的一个成功典范，政府在园区规划、资金投入、综合管理、研究开发等方面进行直接管理，使子牙镇从污染严重的废旧物资拆解小作坊，演变成如今的国家级循环经济产业园。但是，政府主导的"子牙模式"在运作过程中也暴露了一些新的问题，如投资不足、效率低下、职责不清、研发投入不足等，这些问题也凸显了政府主导发展循环经济的缺陷。为此，应当在完善政府领导的同时，发挥市场的作用，加强技术研究，开拓多元化的融资渠道，不断提升子牙循环经济产业园区的竞争力。

（六）综合驱动型

上述类型都将循环经济的发展归结为单一要素的作用，而循环经济的实践却往往并非如此，资源、利益、技术、需求、政府等要素均在循环经济实践中发挥作用，但并非是唯一要素。综合驱动型循环经济产生和发展的动力源是多方面的，这些动力经常同时发生作用，是相辅相成的，有时候某种力量会更强一些，而在另一些场合下，其主导力量又会发生变化。各种力量在循环经济发展的不同阶段有着不同的作用，在发展初期主要受资源禀赋、政府行为和潜在利润的影响，在快速成长阶段则更多地受到需求拉动和技术推动的影响，当发展到成熟阶段后则表现得更为复杂，各种力量势必同时发生作用，这些力量相互交会，形成了巨大的综合效应，循环经济的发展过程是一个资源启动、政府促动、技术推动、市场拉动以及

---

① 刘学敏、王珊珊：《循环经济"子牙模式"：内涵、问题与发展思路》，《再生资源与循环经济》2011 年第 4 期，第 18—20 页。

利益诱动的综合过程，绝大多数国家的生态工业示范园区都是综合驱动型的。

以三钢集团公司为主体的循环经济工业区（以下简称三钢工业区）就是综合驱动型循环经济运作模式的典范。三钢工业区是以三钢集团为龙头主体，联合闽光冶炼公司、明光新型材料公司、马尾钢、三化集团、三明煤气公司、厦工三重、潘洛铁矿、阳山铁矿以及相关水泥企业组建的虚拟式循环经济工业区。资源、利益、技术、需求、政府在三钢工业区发展过程中都发挥着重要作用。第一，钢铁产业是典型的资源依托型产业，三钢的铁矿石最初来源于三明永安、大田，目前除了本地区内的矿区外，还依托漳平潘洛、安潘潘田两大矿区，具有先天资源优势，具有资源启动型的特征。第二，工业区内通过打造"资源—生产—社会"的"动脉系统"和"废弃物—再生利用—再资源化"的"静脉系统"，已形成了钢铁冶金、钢铁制品深加工、煤化工、建材、发电、建筑安装、现代物流、机械制造、耐火材料、商业贸易、工业气体等相关产业，实现了新产业链的延伸和产品的多样化，这些产品在国内外具有较大的市场空间，给三钢工业区内的企业带来了巨大的市场回报。2013 年，三钢集团通过发展循环经济，在对标挖潜、节能节电方面创效 5 亿元以上，在行业普遍亏损的情况下，仍然创造了 2.56 亿元利润。因此，钢铁产业实践循环经济既是受需求拉动，同时也是受经济利益吸引的。第三，大批清洁生产和循环经济关键技术的突破是三钢工业区规模快速扩张的重要因素。通过采取产学研综合运作模式，整合园区内外部的智力资源，构建全方位、宽领域、多层次的科技创新科研体系，区内企业拥有细晶钢开发、烧结机全密封、炼钢系统工艺优化、轧辊制造、垃圾压实处理等一大批具有自主知识产权、国内领先的集成控制技术。其中，三钢集团通过建立省级企业技术中心，设立科技攻关百万元奖项，从学习模仿到自主开发、自主创新，采取的是一种技术推动型战略。第四，近年来，三明市政府先后出台了"十一五""十二五"循环经济发展专项规划，"十一五""十二五"环境保护和生态建设专项规划等政策措施，积极开展三钢省级循环经济示范园区建设，投资建成了三明市海峡西岸金属材料制品市场、三明现代物流产业开发区、城区物流园等；为加快钢铁等传统产业的转型升级，三明市政府还设立了产品转型升级开发资金，2012 年和 2013

年该项资金分别达 2000 万元和 2500 万元，专项用于补助工业企业研制开发新产品，三钢工业园内企业累计获得财政扶持资金近 500 万元，这些都是政府引导的具体体现。

第三节　循环经济发展的推进模式

一　发达国家发展循环经济的几种模式

（一）美国循环型企业模式

组织厂内物料循环，是循环经济在微观层次的基本表现。企业内部的循环利用，最具代表性的是美国化学制造业的龙头——杜邦化学公司。杜邦公司通过组织厂内各个工艺之间的物料循环，延长生产链条，减少生产过程中物料和能源的使用量，最大限度地利用可再生资源，尽量减少废弃物和有毒物质的排放，达到少排放甚至"零排放"的目标。

杜邦公司成立于 1802 年，至今已经有 200 多年的历史，是世界上第一家以"将废弃物和排放物降低为零"作为奋斗目标的大公司。20 世纪 80 年代末，杜邦公司的研究人员把工厂当作试验新的循环经济理念的实验室，创造性地把"3R"原则发展成为与化学工业实际相结合的"减量化、再利用、再循环制造法"。

杜邦公司通过放弃使用某些环境有害型的化学物质、减少某些化学物质的使用量以及推出回收本公司产品的新工艺，到 1994 年，已经使生产造成的塑料废弃物减少了 25%。同时，杜邦公司回收废塑料（如废弃的牛奶盒和一次性塑料容器）并从中提取有用的化学物质，开发出了耐用的乙烯材料维克等新产品。杜邦公司管理层认为，制定零排放目标可以促使员工不断提高工作的创造性。越着眼于这个目标，就会越认识到减少废弃物、循环利用的巨大意义。

一般来说，厂内废弃物再生循环包括下列几种情况：（1）将流失的物料回收后作为原料返回原来的工序之中；（2）将在生产过程中生成的废料经适当处理后作为原料或原料替代物返回原生产流程中，如铜电解精炼中的废电解液，经处理后剔除其中的铜再返回到电解精炼流程中；（3）将生产过程中生成的废料经处理后作为原料返回工厂内其他生产流程中。①

（二）丹麦循环工业园模式

区域生态工业园区模式，又称卡伦堡模式。基本特征是：按照工业生态学的原理，通过企业间的物质集成、能量集成和信息集成，形成产业间的代谢和共生耦合关系，使一家工厂的废气、废水、废渣、废热成为另一家工厂的原料和能源，建立工业生态园区。丹麦的卡伦堡生态工业园是生态工业园区的典型代表，这个工业园区的主体企业是发电厂、炼油厂、制药厂和石膏板生产厂，以这四个企业为核心，通过贸易方式，将上游企业的副产品或废弃物作为下游企业的生产原料，依次建立工业共生和代谢生态链关系，努力实现工业废弃物的"零排放"。这种循环利用方式和过程，不仅减少了废弃物产生量和处理的费用，还产生了很好的经济效益，形成经济发展和环境保护的良性循环。

卡伦堡工业园区通过建立一个协作网络，使本企业的生产剩余或副产品成为其他企业从事生产的资源或半成品，本着循环经济的实践，使得工业污染降低了，水污染减少了，浪费减少了，但利润却得到了提高。据报道，过去20年卡伦堡总共投资16个废料交换工程，总投资额约为7000万美元。到2002年为止，节约的经济效益已达到2亿美元，投资平均折旧时间短于5年，取得了巨大的环境效益和经济效益。

（三）德国废弃物回收模式

1. 德国二元系统公司简介

循环经济已发展成为德国的一个重要行业。官方统计数字表明，德国垃圾再利用行业每年要创造410亿欧元的价值。在德国，"垃圾处理"这个词也是指垃圾得到最大限度的重新利用。在德国，最具代表性的循环经济模式当属双元系统模式，即德国的包装物双元回收体系（Duales System Deutschland，简称DSD），也被称为绿点公司，DSD是一个专门对包装废弃物进行回收利用的非营利中介组织，由500多家生产和销售企业组成，有着规范严格的法人治理结构。DSD公司为民间所有，为公众利益服务，又在国家环境政策要求的前提下，以收费经营的方式，协调地方政府、废弃物管

---

① 吴季松等：《循环经济综论》，新华出版社2006年版。

理部门与回收公司各方的利益，明晰各方职责和权益，使回收工作得以顺利开展。它接受企业委托，组织收运机构对它们的包装废弃物进行回收和分类，送达相应的资源再利用厂家进行循环利用，其中可以直接回用的包装废弃物则送返原制造厂商再次规整利用。

2. 二元系统的运作

二元系统的运作有两种体系：街头回收系统和上交式回收系统。街头回收系统是二元系统最基本的模式，其方法是用黄色的袋子或回收箱来回收轻型材料包装，如铝、铁皮、塑料、纸箱和软饮料包装。一些公用的分类垃圾箱往往被放在居民小区内，免费回收居民的不同颜色的玻璃瓶以及纸和纸壳箱。对凡是印有"绿点"标志的包装废弃物，DSD公司通过"送"和"取"两个系统进行回收。对量大的玻璃、纸和纸板废弃物及边角废料，公司通过"送"系统，用垃圾箱袋集中包装后派车送到再生加工企业进行回收再利用；对分散的包装废弃物，在公司居民区、人行要道附近设置垃圾收集箱，垃圾箱有大、中、小三种型号，根据需要设置；垃圾箱还分为不同颜色，以便对废弃物进行分类收集，蓝色垃圾箱收集纸箱、纸盒；黄色垃圾箱收集各类废弃的轻包装物，如塑料、马口铁罐、易拉罐等；灰色或棕色垃圾箱收集其他综合杂物。

另一种模式是上交式回收，就是DSD公司在距离居民生活区不远的地方设置了专门的回收站点。居民必须将所有用过的包装物直接交到当地回收站，由回收站对废弃物进行分选，或直接进行处理，或交给废弃物再循环承包商，由他们的企业负责处理或交给产品生产商，由生产者自行处理。

DSD双向系统对包装废弃物的回收再生运作流程是：包装产品制造商把包装物卖给生产企业进行包装或灌装，生产企业向双向系统缴纳绿点费，生产企业的一次性包装产品可印上绿点标志，交给商店销售，消费者消费后废弃包装由绿点公司用其投资制作的垃圾收集箱回收，由绿点公司或与其签约的回收商将废弃物分类收集后运到再加工工厂，生产再生原料，再返回包装产品制造厂商那里生产再循环制品。

（四）日本循环型社会模式

循环型社会是日本的一个新提法，其基本构想如下：

日本根据扩大生产者责任的"3R"原则，重视设计制造阶段对"3R"

的考虑，通过"创模"方式，把"零排量"概念列为形成区域环境与经济协调的社会基本构想，并以此作为区域振兴的基础来推广。

1. 循环型经济体制的构思

日本现在面临着垃圾最终处理场紧缺以及资源稀缺问题。这些将成为日本今后可持续发展的瓶颈，所以垃圾处理和再利用成了重要课题。

建设循环型经济体制的基本想法出现在1999年产业结构审议会（以下简称"产构审"）的书面报告中，即"面向循环型经济体制的建设"。报告指出，为进一步扩大再利用（"1R"），有必要推行所谓的"3R"。报告书还设定了向企业、国民、地方公共团体推行"3R"的规则，并提出广泛利用市场体系扩大对"3R"的研发投资，促进新的环境产业的发展。

2. 扩大生产者责任"3R"的推进

扩大生产者责任，被定义为"把产品制造企业的责任扩大至商品寿命周期之后阶段的经济手段"。在日本，"容器包装再利用法"就体现了这一理念。

根据扩大生产者责任的观点，在设计阶段就开始考虑"3R"，消费者、地方自治团体、国家共同分担责任，促进企业家致力于考虑环境影响。比如，汽车用铅蓄电池、弹簧床垫、喷雾器罐等在市、町、村难处理的品种，统一集中处理。

3. 设计制造阶段对"3R"的考虑

在设计制造阶段，为了向消费者提供更充分的信息，需要按"3R"原则来考虑设计问题。如以家电产品作为样品进行研究，制订具体方案。

4. 区域资源循环体制的构成

为解决废弃物再利用的问题，考虑到各地的实际情况，如何把循环商业编入地方经济规划对国家建成循环型社会是很重要的。到目前为止，多数运用"创模"（创建国家环境保护模范城市）来支持地方推行的资源循环型体制。在大多数地区积极推行废弃物再利用事业以后，最近，有些地方尝试由本地企业和市民联手培养可持续的循环商业模式。

5. 国内创模与国际交流

国内创模是指通过评比、宣传、推广创模城市经验实现以点带面的目标。此外，日本还非常重视国际交流和吸纳专家学者的意见。第一，创建国家环境保护模范城市。"创模"是把"零排量"观念列为协调经济社会发展与区域环境关系的基本构思，并以此作为区域振兴的基础。都、道、府、县或者是政府指定的城市，向环境部以及经济产业部提出申请，制订具有区域特性的环境协调型城镇建设方案。环境部和经济产业部认定"创模方案"后，广泛征求地方公共团体以及民间团体的意见，以获得他们的支持，促进具有经济性、社会性、地理性、历史性特色的环境产业的发展，谋求更高的环境效率。第二，高度重视国际交流。由于创建循环型社会是国家层面的行动，所以，日本在循环型社会建设中高度重视国际交流，借鉴国际经验，倾听国际专家意见。

二　国内循环经济发展模式

（一）生态农业模式

生态农业是农业循环经济的重要发展模式，它首先由美国土壤学家威廉姆·阿尔伯卫奇于1970年提出。生态农业是指在环境与经济协调发展思想的指导下，按照农业生态系统内物种共生、物质循环、能量多层次利用的生态学原理，因地制宜利用现代科学技术与传统农业技术，充分发挥地区资源优势，依据经济发展水平，运用系统工程方法，全面规划，合理组织农业生产，实现农业高产、优质、高效持续发展。据调查，我国生态农业试点地区的粮食增产幅度一般在15%以上，试点单位的农民人均收入比当地平均水平高12%[①]。

农业部科技司2002年向全国征集到370种生态农业模式或技术体系，专家通过反复研讨，遴选出具有代表性的十大类型生态农业模式和配套技术，并作为今后一段时间农业部的重点任务加以推广。这十大典型模式和配套技术是：北方"四位一体"的生态模式及配套技术；南方"猪—沼—果"生态模式及配套技术；平原农林牧复合生态模式及配套技术；草地生态恢复与持续利用模式及配套技术；生态种植模式及配套技术；生态畜牧业生产模式及配套技术；生态渔业模式及配套技术；丘陵山区小流域综合治理模式及配套技术；设施生态农业模式及配套技术；观光生态农业模式及配套技术[②]。

---

　① 黄敬华：《我国循环经济发展模式研究》，硕士学位论文，东北师范大学，2006。
　② 农业部科技司：《中国生态农业十大模式和技术》，《农业环境与发展》2003年第3期，第17—18页。

1. 北方"四位一体"的生态模式

"四位一体"的生态模式是在塑料大棚内建沼气池和养猪，猪粪尿入池发酵生产沼气，沼气用作照明、炊事、取暖等，沼渣、沼液用作蔬菜的有机肥料或猪饲料添加剂，猪的呼吸、有机物发酵及沼气燃烧还可为蔬菜提供二氧化碳气肥，促进光合作用。这种模式实现了种植业（蔬菜）和养殖业（猪或鸡）的有机结合，是一种能流、物流良性循环，资源高效利用，综合效益明显的生态农业模式。

2. 南方"猪—沼—果"生态模式

南方"猪—沼—果"生态模式是指利用山地、农田、水面、庭院等资源，采用"沼气池、猪舍、厕所"三结合工程，围绕主导产业，因地制宜开展"三沼"（沼气、沼渣、沼液）综合利用，以达到对农业资源的高效利用和生态环境建设、提高农产品质量、增加农民收入等目标的模式。

3. 平原农林牧复合生态模式

平原农林牧复合生态模式是指借助接口技术或资源利用在时空上的互补性所形成的两个或两个以上产业或组分的复合生产模式。主要包括以下几种具体模式："粮食—猪—沼—肥"生态模式；"林果—粮经"立体生产模式；"林果—畜禽"复合生产模式等。这些模式可以进一步挖掘农林、农牧、林牧不同产业之间相互促进、协调发展的能力，能够充分利用自然资源和农牧业的产物，对于改善生态环境、减轻自然灾害有重要作用。

4. 草地生态恢复与持续利用模式

草地生态恢复与持续利用模式是指遵循植被分布的自然规律，按照草地生态系统物质循环和能量流动的基本原理，运用现代草地管理、保护和利用技术，在牧区实施减牧还草，在农牧交错地带实施退耕还草，在南方草山草坡区实施种草养畜，在潜在沙漠化地区实施以草为主的综合治理工程，以恢复草地植被，提高草地生产力，遏制沙漠东进，改善人们的生存、生活、生态和生产环境，增加农民收入，使草地畜牧业得到可持续发展的模式。这种模式具体包括牧区减牧还草模式、农牧交错带退耕还草模式、南方山区种草养畜模式、沙漠化土地综合防治模式、牧草产业化开发模式。

5. 生态种植模式

生态种植模式是指根据生态学和生态经济学原理，利用当地现有资源，综合利用现代农业科学技术，在保护和改善生态环境的前提下，进行高效的粮食、蔬菜等农产品生产的模式。在生态环境保护和资源高效利用的前提下，开发无公害农产品、有机食品和其他生态类食品是种植业的发展重点。具体模式主要有："间套轮"种植模式、旱作节水农业生产模式和无公害农产品生产模式。"间套轮"种植模式是指利用生物共存、互惠原理，采用间作套种和轮作倒茬的方式进行耕作的模式。这种模式可以充分利用空间和地力提高产量，还可以调和用工、用水和用肥等矛盾，增强抗击自然灾害的能力。旱作节水农业生产模式是指通过工程、生物、农艺、化学和管理技术的集成，提高自然降水利用率，消除或缓解水资源严重匮乏地区的生态环境压力、提高经济效益的模式。无公害农产品生产模式是指在农产品生产过程中，注重农业生产方式与生态环境相协调，推广农作物清洁生产和无公害生产的专用技术的模式。生产无公害农产品，对于提高农业生产的经济效益，形成农业生产的良性循环具有重要意义。

6. 生态畜牧业生产模式

生态畜牧业生产模式是指利用生态学、生态经济学、系统工程和清洁生产思想、理论和方法进行畜牧业生产的过程，以达到保护环境、资源永续利用的目的，同时生产优质畜产品的模式。具体模式主要有：综合生态养殖场生产模式；规模化养殖场生产模式。前者有相应规模的饲料粮（草）生产基地和畜禽粪便消纳场所；后者缺乏相应规模的饲料粮（草）生产基地和畜禽粪便消纳场所。

7. 生态渔业模式

生态渔业模式是指遵循生态学原理，采用现代生物技术和工程技术，按照生态规律进行生产，保持和改善生产区域的生态平衡，保证水体不受污染，保持各种水生生物种群的动态平衡和食物链的合理结构，确保水生生物、水资源的永续利用的模式。这种模式可以充分利用土地资源，提高资源的利用率，创造出比单一的养殖或种植模式更高的经济效益。生态渔业综合养殖模式主要有：基塘渔业模式、"以渔改碱"模式。

8. 丘陵山区小流域综合治理模式

丘陵山区小流域综合治理模式主要包括丘陵山区"猪—沼—果（茶）"生态模式：利用山地资源，发展无公害水果种植和有机茶生产，采用"沼气池、猪舍、厕所"三结合工程，围绕主导产业，因地制宜开展"三沼"（沼气、沼渣、沼液）综合利用，沼液和沼渣主要用于果园、茶山施肥，沼气供农户日常烧饭点灯用，达到农业废弃物资源化利用和生态环境建设的目的。

9. 设施生态农业模式

设施生态农业模式是在设施工程的基础上以有机肥料代替或部分代替化学肥料、以生物防治和物理防治措施为主要手段进行病虫害防治、以动植物的共生互补良性循环实现系统的高效生产等生态农业技术来实现无害化生产和生态系统的可持续发展，最终达到改善设施生态系统环境、减少连作障碍和农药化肥残留、实现农业持续高效发展的目的。其典型模式主要有：设施清洁栽培模式；设施种养结合生态模式；设施立体生态栽培模式。

10. 观光生态农业模式

观光生态农业模式是指以旅游为载体，以生态价值观为导向的经营模式。交通发达的郊区或旅游区，可根据自身特点，以市场需求为导向，以农业高新技术产业化开发为中心，以农产品加工为突破口，以旅游观光服务为手段，在促进传统产业发展的同时，培植名贵瓜、果、菜、花卉和特种畜、禽、鱼以及第三产业等新型产业，建设农业观光园。

（二）工业循环经济模式

工业循环经济是指仿照自然界生态过程物质循环的方式来规划工业生产系统的一种工业发展模式。在工业循环经济系统中各生产过程不是孤立的，而是通过物质流、能量流和信息流互相关联，一个生产过程的废弃物可以成为另一过程的原料。工业循环经济追求的是系统内各生产过程从原料、中间产物、废弃物到产品的物质循环，从而达到资源、能源、投资的最优利用。这种模式使不同企业或工艺流程实现了横向耦合及资源共享，为废弃物找到下游的"分解者"，建立了工业循环系统的"食物链"和"食物网"，能够实现变污染负效益为资源正效益的目的。[1] 在我国，发展工业循环经济有两种模式：一种是工业企业内部的循环；另一种是工业企业间的循环，可以通过建立生态工业园区的方式来推行。

---

① 初丽霞：《循环经济发展模式及其政策措施研究》，硕士学位论文，山东师范大学，2003。

1. 工业企业内部循环模式

这种模式可称为企业内部的循环。企业根据循环经济的思想设计生产过程，促进原料和能源的循环利用，通过实施清洁生产和 ISO 环境管理体系，积极采用生态工业技术和设备，设计和改造生产工艺流程，形成无废、少废的生态工艺，使上游产品所产生的"废弃物"成为下游产品的原料，在企业内部实现物质的闭路循环和高效利用，减轻甚至避免环境污染，节约资源和能源，实现经济增长和环境保护的双重效益。鲁北化工股份有限公司在攻克了磷石膏废渣制硫酸联产水泥技术的基础上，建成了我国第一套磷铵、硫酸、水泥联合生产装置（见图 6-5），用生产磷铵排放的磷石膏废渣制硫酸联产水泥，硫酸返回用于生产磷铵，整个生产过程没有废弃物排出，资源得到了高效循环利用，形成了一个较为完善的生态工业产业链，既有效地解决了磷铵生产废渣堆存占地、污染环境、制约磷复肥工业发展的世界性难题，又开辟了硫酸和水泥生产的新的原料路线，创出了一条经济效益、社会效益、环境效益有机统一，工业生产与环境保护相互协调的可持续发展之路。

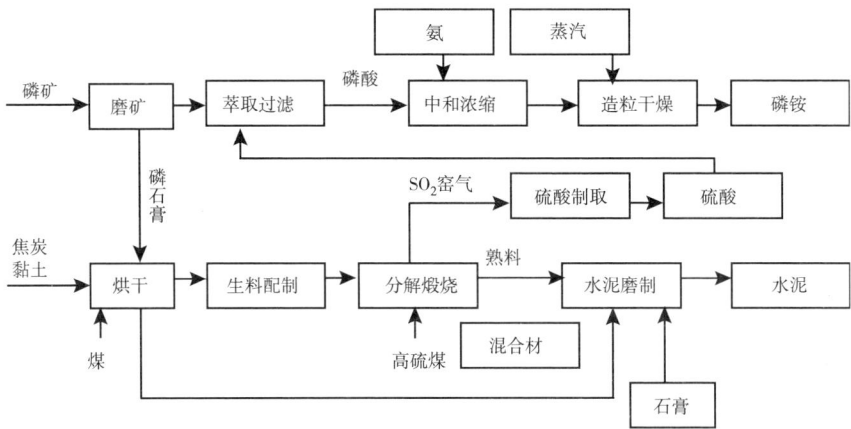

图 6-5 磷铵、硫酸、水泥综合联产

2. 生态工业园区模式

生态工业园区（Eco-industrial Parks，简称 EIPs）的概念是由美国 Indigo 发展研究所在 1992 年最先提出的。它采用企业与企业之间的循环，是继工业园区和高新技术园区的第三代工业园区，是指以工业生态学及循环经济理论为指导，生产发展、资源利用和环境保护形成良性循环的工业园区建设模式，是一个能最大限度地发挥人的积极性和创造力的高效、稳定、协调和可持续发展的人工复合生态系统。

生态工业园区是按照自然生态系统的模式构建的，强调实现工业体系中的闭环循环，其中重要的是实现工业体系中不同工业流程和不同行业之间的横向共生。这一模式通过模拟自然生态系统建立工业系统"生产者—消费者—分解者"的循环途径和食物链网，采用废弃物交换、清洁生产等手段，通过不同企业或工艺流程间的横向耦合及资源共享，为废弃物找到下游的"分解者"，建立工业生态系统的"食物链"和"食物网"，实现副产品的信息共享与交换，最终达到变污染负效益为资源正效益的目的。

与传统工业园区比较，EIPs 有三个特点：第一，园区的基本理念以产业共生与产业生态学为核心，从根本上消除发展与环境的矛盾，使一系列人为生态系统同全球生态系统相结合；第二，由企业组成的社区，不是单个企业的简单加总，而是通过协作产生新的生产力（1 + 1 > 2）；第三，通常，一个企业的废料与另一个企业的进料并不完全相同，因此，园区管理者和成员企业必须探索新技术、新方法，改变某种产品设计或改良某种副产品的质量，以求该副产品适应另一企业进料的要求。

在我国，广西贵港国家生态工业示范园区（见图 6 - 6），以蔗田系统、制糖系统、酒精系统、造纸系统、热电联产系统、环境综合处理系统为框架，通过盘活、优化、提升、扩张等步骤建设生态工业示范园区。各系统通过产品和废弃物的相互交换而互相衔接，使园区内的资源得到最佳配置，废弃物得到有效利用，环境污染降低到最低水平。其中，甘蔗—制糖—蔗渣造纸生态链、制糖—糖蜜制酒精—酒精废液制复合肥生态链以及制糖（有机糖）—低聚果糖生态链这三条主要生态链，相互构成了横向耦合的关系，并在一定程度上形成了网状结构。物流中没有废弃物概念，只有资源概念，各环节实现了充分的资源共享，变污染负效益为资源正效益。

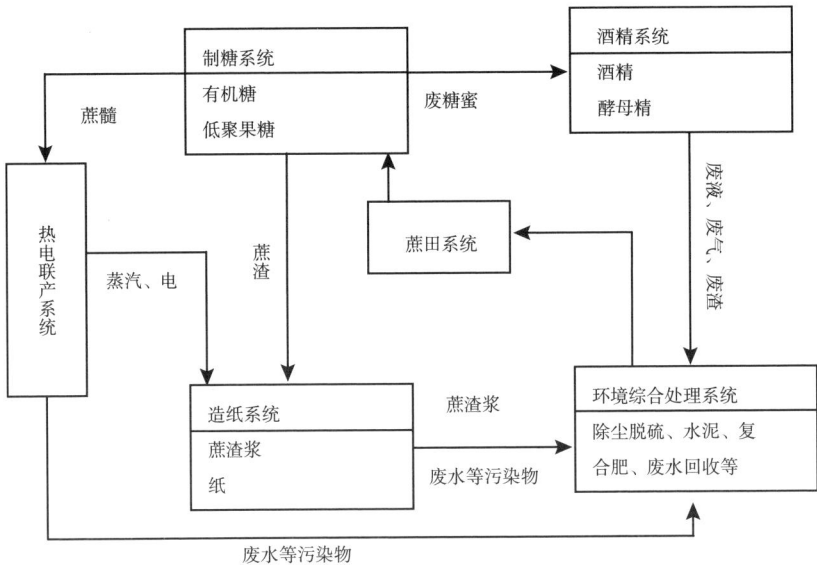

图 6-6 贵港生态工业园模式

(三) 区域 (城市) 循环经济模式

在城市发展循环经济，主要有城市垃圾资源化和城市污水循环利用两种基本模式。

1. 城市垃圾资源化

（1）现状与问题

目前，我国主要采取填埋、堆肥、焚烧和综合利用这几种方式处理垃圾，其中填埋的占 70% 左右[①]。前三种方法都存在一定问题，如填埋法占地面积大，而且会对土壤、地下水和大气造成现实的影响和潜在的危害；焚烧对热值低的废弃物来说是比较浪费资源的，而且在焚烧的过程中易产生烟尘、二恶英等而形成二次污染；堆肥技术在中国主要应用在动物的粪便和农业废弃物上，堆肥的方式比较传统和过时，不能得到高质量的肥料，而且好氧堆肥需要输入能量去曝气，又会产生温室气体。近年来，随着化石能源的日渐枯竭和垃圾回收利用技术的不断成熟，城市垃圾资源化已成为关注的焦点。

---

① 刘冈、刘健、何恩良：《城市垃圾资源化与循环经济》[EB/OL]，http://www.cn-hw.net/html/32/201102/25314.html。

（2）我国城市垃圾资源化系统

从循环经济的角度来看，城市垃圾资源化就是循环经济的一部分，是循环经济的具体化。这个系统包括企业、产业和国民经济等多个层面，各个层面的协调运行又有赖于各级政府的综合协调作用，建立健全相应管理模式和法律制度是比较重要的（见图6-7）。

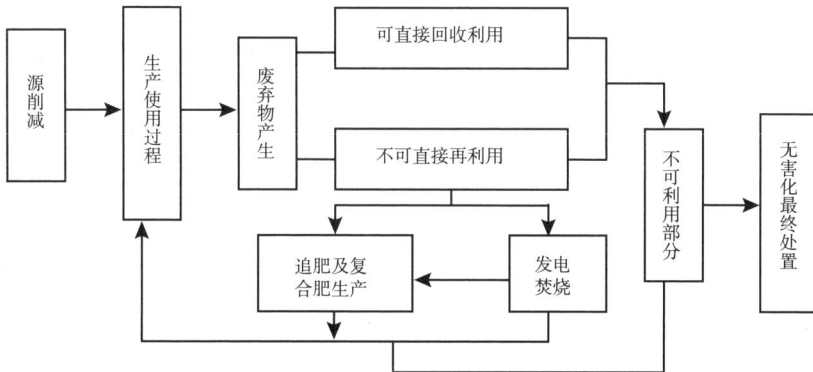

图6-7　垃圾处理的循环利用体系

①垃圾的分类收集系统

分类收集系统是资源化利用的基础。包括结合地方实际，建立起科学的垃圾分类标准和通过经济的、政策的因素诱导，居民自觉地进行垃圾分类以及倡导良好的生活习惯，做到垃圾产生的减量化等。

②资源的回收系统

回收系统是生活废弃物资源化利用的关键。没有加工生产企业，生活废弃物资源化利用将成为一句空话。该系统包括应用高新技术手段，对已分类的生活废弃物进行回收、加工成原料与生产成品，保障"变废为宝"顺利地实现，同时消纳处置生活废弃物。

③再生资源利用系统

再生资源利用系统是生活废弃物资源化的重要环节。因为整个利用系统的正常运转，回收、分拣、加工成本的收回都依赖于产品的销售。如果产品销售不畅，或不符合应用要求，就会导致整个利用系统的失败。

④政府综合协调系统

　　垃圾的资源化系统涉及城市的方方面面，还牵涉不同的利益群体。因此，需要政府从宏观角度出发来进行协调，从城市产业发展政策、管理体制、相关政策法规、发展战略等方面，协调推进其他各系统正常运作与互相衔接配合。一些发达国家甚至通过立法的形式来解决这个系统中可能发生的一些问题。我国应该从国情出发，在很多方面进行指导和调控。例如，垃圾分类标准的建立，良好生活习惯的倡导，大型垃圾回收企业的建立，以及最终产品的销售都有赖于政府的大力扶持。[①]

　　2. 城市污水再利用

　　废水的循环再生利用，削减了生产过程中废水的排放，减少了对水环境的污染和水生态的破坏，具有巨大的经济效益和环境效益。我国每天都产生大量的污水，而仅有一小部分污水经过了污水处理厂的处理，大部分污水没有经过处理或只经过简单处理就排放到自然界中，给水体带来巨大的污染压力，同时由于没有进行适当处理，无法进行循环利用，造成水资源的巨大浪费。因此要发展循环经济，就必须对水资源进行循环再生利用。

　　根据我国城市用水的特点，应做到以下几点：首先，建立城市用水的综合规划，在城市范围内对水源、供水、污水处理、中水回用、工业用水等进行统筹规划，制定城市可持续发展的用水规划，并设立城市水规划审批制度。其次，发展循环用水、一水多用、废水回收再用等节水技术。提高钢铁、电力、煤炭、石油等工业领域的工业水回用率，发展化工、草浆造纸、酿造、电镀、皮革、纺织印染等企业废液中有用化学物质的回收利用技术，提高废液回收利用率，减少污染。最后，促进工业清洁生产，从源头减少废水量，通过清洁生产达到节水、减污的目的，以保障污水回用的安全性。

　　[①]　刘刚、刘健、何恩良：《城市垃圾资源化与循环经济》，《企业经济》2005 年第 8 期，第 8—9 页。

第 七 章
循环经济发展的具体机制

第一节 区域循环经济系统的发展机制

循环经济系统是以物质、能量、信息、价值为构成要素的有机体,根据构成要素及其交互关系的复杂程度,可以将该系统划分为宏观、中观、微观三个层次。宏观循环经济系统实现的是"大循环",根据系统范围的不同,宏观循环经济又可以划分为区域循环经济、城市循环经济、农村循环经济等不同类型。我国地域辽阔,不同区域在资源禀赋、产业结构、经济发展水平等方面存在明显差异,区域循环经济的实践模式、发展水平差距较大,笼统地研究区域循环经济显然并无太大的现实意义。发展水平相当的地区,其循环经济发展的基础、方向、重点、方法和手段相似,发展水平不同的地区则不同。因此可以从我国的行政区划出发,根据循环经济发展水平来划分循环经济系统的类型,从而分别研究发展阶段不同的地区,发展循环经济的重点、任务和实现机制,以满足发展过程中不同层次和不同阶段的差异化要求。

第二篇对我国省域循环经济发展水平的空间分布进行实证研究的结果显示,2009 年我国 30 个省、市(区)循环经济发展水平可分为四个梯队。其中北京、上海、天津、山东、江苏、浙江、福建和广东 8 省市位居第一梯队,可称其为领先型地区;辽宁、河北、山西、陕西、河南、安徽、湖北 7 省位居第二梯队,可称其为挑战型地区;内蒙古、吉林、黑龙江、四川、重庆、湖南、江西、海南 8 省市位居第三梯队,可称其为追赶型地区;青海、宁夏、云南、贵州、广西、甘肃和新疆 7 个省份位居第四梯队,可称其为后进型地区。各地区循环经济发展所处的阶段不同，具有不同的阶段性特征，循环经济发展正是通过这些特征的量变和质变逐渐由低级向高级阶段演进。因此，依据不同发展水平循环经济建设的重大需求，以系统化的理念引导各地区选择和建设适宜本地的循环经济发展战略，对于各地循环经济综合绩效的提升具有显著意义。

一　领先型地区发展机制：引领示范机制

领先型地区的经济发展已经达到较高层次，产业结构和产业布局较为合理，经济发展与资源、环境日益协调，资源产出效率较高，资源综合利用程度较高，废弃物排放量较低。这类地区的循环经济实践起步早，政府从一开始就重视循环经济发展，财政支持拨款多，在循环经济技术方面的 R&D 投入较充分，科技成果转化为现实生产力的水平高。同时，这类地区环保意识较强，环境治理投资大，"三废处理率"高，政策落实也比较好，因而其循环经济发展水平在国内处于领先地位。这类地区已经积累了较为丰富的循环经济实践经验，循环经济技术基础好，能够起到带头示范作用。下一阶段的发展重点，一是要进一步提高管理水平和推广先进技术，促进循环经济水平的全面提升。二是要发挥辐射、带动、示范效应，推广循环经济经验，带动其他地区发展。针对这两大发展重点，下一步的关键是建立和实施全面提升机制和示范推广机制。

领先型地区虽然在国内处于领先地位，但是与欧、美、日等发达国家相比仍然存在较大的差距，同时区域内部的发展也不均衡。因此，应当探索经济发展转型的方式，突破循环经济发展的各种限制，在循环经济技术、制度、治理、产业、空间规划等方面实现全面创新发展，以实现区域经济的生态化转型。领先型地区的循环经济水平全面提升，是以实现循环经济技术的突破、循环经济理念的升华、循环经济实践的政策制度创新为基础的。因此，探索循环经济的技术突破，推进循环经济的制度文化升华，发展循环经济的产业网络链接的新路径，形成以创新为核心驱动力的循环经济发展新模式成为循环经济全面提升的关键。具体做法：一是应通过政策制度设计、行业规则和技术标准制定、知识产权保护等规范的市场行为，促进循环经济领域的知识创新；二是应对区域循环经济发展的价值进行准确定位，培育开拓精神、冒险精神、创业精神以及团队精神等，从而实现资源环境价值的再发现、再恢复和再创造；三是紧密结合区域自身的独特优势，选择具有技术突破潜力的产业领域，建立区域循环经济技术创新、技术扩散、技术转移的制度与文化环境。

领先型地区应依托自身现有的发展优势，提高循环经济发展的质量和速度，塑造循环经济发展的典型形象，形成区域循环经济发展的品牌效应和示范效应，带动其他地区循环经济的发展。领先型地区应系统总结循环经济发展的具体做法和成功经验，主动向其他地区介绍、宣传、推广循环经济发展的技术、知识和管理经验，在全国范围内推广循环经济典型模式，促进其他地区的循环经济实践上升到新的高度。具体做法是：第一，从国家层面上采取"行业共建、区域共享"的方针，建立大规模、跨区域、多行业、多方位的循环经济信息资源共享平台，公开循环经济技术、市场、生态、人才、金融等信息，为企业之间的需求搭桥牵线；第二，采取直接投资或资金扶持等形式，建立专门的示范项目推广机构，加大循环经济技术、装备和产品的示范和推广力度，通过点、线、面的小、中、大循环，建立循环型企业、循环型生态社区、循环型工业园区，最后建成循环型社会。

二　挑战型地区发展机制：竞合突破机制

挑战型地区的经济发展在我国属于中上水平，这些地区的自然资源都较为丰富，近年来依托资源优势推进循环型企业、生态工业园区、城市资源循环型社会和资源再生产业基地等的建设，循环经济实践取得了显著成效，涌现出一批先进的循环型企业、循环型产业园区。经过多年的努力，挑战型地区的产业结构已经得到较大的优化，经济发展与资源、环境日益协调，其循环经济发展水平较高，表现为资源综合利用率较高，废弃物排放量较低，但是其资源消耗量偏高，资源产出率偏低。这类地区的循环经济实践起步较早，尤其是辽宁、山西等资源型省份，政府对循环经济发展较为重视，财政支持力度较大，但是由于其经济基础不够雄厚，科技发展水平不够高，科技成果转化能力不强，循环经济发展到一定阶段后，出现了瓶颈，难以获得新的突破。因此，这类地区在新阶段的工作重心是充分利用自身的资源优势，采取竞合突破机制，实现区域循环经济的跨越式发展。

挑战型地区的循环经济发展应落实"竞合—赶超"战略,通过竞争与合作,实现循环经济新的跨越发展,赶超领先型地区。该战略的核心是区域间的竞争与合作。第一,建立区域间的竞争机制,循环经济发展的关键是发挥市场配置资源的决定性作用,市场机制的核心是价格机制与竞争机制,而落实到区域层面,关键就是竞争机制。挑战型地区由于其循环经济发展水平与领先型地区差距较小,应当树立赶超的决心,统筹规划,注重培育,加快集聚,选择有潜力和有爆发力的产业予以优先扶持。就选中的重点循环经济产业制定出台专项发展政策,使资金、人才、技术、信息等生产要素向这类产业集中,项目用地、资金信贷和财税政策等政府资源向这类产业倾斜。建立完善的集政策扶持、项目开发、产品研发、市场开拓为一体的循环经济产业发展机制,打造富有竞争力的循环型企业和循环型产业园区,打造区域循环经济竞争优势。第二,建立区域协调与合作机制,循环经济发展到一定程度后都会遇到瓶颈,如何突破瓶颈关系到循环经济的后续发展。在周边近邻处借力并获得他们的支持,将成为区域循环经济水平跃升的重要支撑,直接关系到区域循环经济发展的深度与广度。因此,追赶型地区应利用自身的区域优势,最大限度地在经济模式转型升级中寻求区域、全国乃至国际的支持与合作,通过区域合作、资源整合,为自身循环经济的高效运转提供充足支撑。在选择区域合作落脚点的过程中,应当从自身产业链出发,在更大范围内寻找延伸自身产业链的资源。在区域合作过程中,政府应当按照循环经济发展的要求,加强与周边地区的交流与合作,利用区域差异化实现互补性合作的双赢。

三　追赶型地区发展机制:引导提升机制

追赶型地区处于工业化快速发展阶段,其经济发展水平还不高,虽然其产业结构已经得到较大程度的优化,但其经济发展方式处于粗放型向集约型转变的过渡阶段。因此,这些地区的循环经济发展水平还不高,水耗和能耗偏高,水资源、能源和土地资源大多缺乏,固体废弃物综合利用率偏低,垃圾处理总体上还停留在无害化处置阶段,资源化、减量化程度低,尚未进行垃圾分类处理,还没有形成单独的处理系统对大件垃圾、有害垃圾及餐厨垃圾进行集中处理。公众和企业节约资源的意识不够强，资源浪费依然严重；节约制度与措施、奖罚机制不够完善，循环再生产市场刚刚起步，循环经济技术研究还比较薄弱，循环经济服务体系的建立和落实还有待加强。政府在循环经济领域的投资逐年增加，但增长缓慢，造成资源回收再利用产业发展缓慢，环境治理能力得不到快速提高。目前大多数企业已经意识到循环经济的重要价值，循环经济建设已经逐步从企业层面延伸到园区层面，致力于循环经济产业的培育和产业化。企业已经有了一定的循环经济实践基础，动力也日益增强，但是循环经济发展仍然比较零散和无序，这时候只要进行恰当的引导和规范，就能起到立竿见影的效果。

追赶型地区循环经济发展的关键在于引导和规范，应通过多方引导，建立循环经济发展新机制。一是政府引导。追赶型地区政府应通过制定规划和政策，督促企业实现节能减排目标，进行清洁生产，鼓励节能技术设备优先进口，开展经验交流和国际合作，不断发展和完善循环经济的引导机制。二是宣传引导。应利用广播、电视、报纸、网络等宣传工具和手段，引导人才、资金、信息向循环经济领域集聚，宣传可以表明政府的决心，通过宣传地区发展循环经济的优势和潜力及政府的鼓励政策，可以吸引投资。三是典型引导。发展循环经济必须充分发挥先进典型的示范作用，形成推动力，要注意发现典型，培育典型，组织力量宣传报道资源节约、环境保护成效显著的先进企业，曝光高耗能、过度浪费资源的事例，让一大批先进典型脱颖而出，使之成为其他企业学习的标杆。要特别注意爱护典型，保护典型，大力表扬典型企业的循环经济行为，优先采购该类企业生产的循环型产品，并给予优惠政策支持。四是投入引导。政府应建立投入保障机制，增加专项资金投入总量，规定财政支持循环经济发展的增长比例，确保其增长率超过GDP增长率。金融部门应有计划地安排一部分贴息贷款，择优扶持循环经济龙头企业。五是服务引导。政府应理顺管理体制，消除循环经济发展的体制障碍。应建立协调沟通机制，共同制定发展规划，协调解决发展中遇到的各种问题；应弱化部门分割和管理职责，强化综合服务职能；应进一步优化发展环境，想方设法地改善循环经济发展所需的硬件设施，并积极创造促进循环经济发展的软环境。

四　后进型地区发展机制：学习促进机制

后进型地区的经济发展水平普遍较低，产业结构以"高污染、高能耗和资源性"为基本特征，循环经济发展的政策法律缺失，政府财力有限，对循环经济的投资强度小，缺乏一套有效支撑循环经济发展的技术体系，循环经济人力资源匮乏，科技成果转化能力差，园区、企业实践循环经济的积极性、主动性不高，整个社会对循环经济的宣传教育不够，公众参与意识不高，这些问题导致这类地区资源产出效率低，资源综合利用程度低，废弃物排放量较高，循环经济发展水平落后，处于循环经济发展的雏形发育阶段。区域发展循环经济除了需要一定的硬件设施，更需要技术、管理经验、政策、理念、社会意识等。考虑到经济发展基础，后进型地区发展循环经济需要借鉴、引入外部先进的循环经济技术、管理经验、政策、理念等。区域学习是后进型地区实现循环经济水平提升的关键要素。因此，后进型地区循环经济发展的基本战略是学习与模仿，应在大力发展经济的基础上，采取学习、模仿的方式，循序渐进地引入循环发展模式，引导经济良性发展。

后进型地区循环经济发展应落实"引进—吸收—创新"的战略，其核心是区域学习。后进型地区根据自身的产业实际，确定学习模仿对象，组织企业到领先地区考察，学习他们的先进技术和管理经验，促进区域循环经济技术创新、文化创新和制度创新，实现后进型地区循环经济发展由学习与模仿向自主创新转变。区域学习强调组织之间的集体学习，不同主体之间的交互式学习在后进型地区循环经济的发展中发挥着重要作用。在该过程中，企业作为循环经济的主体和实践者，其学习能力与动力直接影响了以大学、科研机构为核心的循环经济知识生产系统和以中介机构为核心的扩散系统的运行效率，大学、科研院所与企业间的交互式学习与交流为区域循环经济创新、循环经济技术扩散提供了途径及创新源。区域内不同类型的中介服务体系促进了区域政产学研合作，实现了区域不同主体之间循环经济知识的流动。政府的职责是制定适合的循环经济发展政策、制度，构建和维护区域循环经济学习网络，引领区域循环经济学习与发展的方向，规范区域学习与发展的行为，调控区域学习与发展的进程，以此保障后进型地区循环经济生产、创新、扩散的有序进行。

在具体做法上，应坚持内外学习互动，在区域内外建立广泛的网络联系。一是建立内向型学习机制，建立后进型区域内不同主体之间的交互学习和互动机制，政府通过搭建平台，如创建网络平台，建立文化交流中心，建立引导型基金，促进企业与高校、科研院所的交互式学习，各行为主体通过学习从对方身上获得互补性的资源，进一步提高后进型地区循环经济发展的创新能力。二是建立外向型学习机制，不断往来能够促使后进型地区持续获得循环经济技术、政策、制度等方面的知识。因此，可以通过区域外部关系网络与同层级、更高层级区域网络的连接沟通，建立后进型与领先型地区之间的稳定合作关系。领先型地区通过对口支援，采取技术转移、直接投资、经验推广、人才派遣等形式帮助后进型地区提升循环经济发展水平。三是发挥循环经济龙头企业的作用，政府应通过各种办法帮助他们与领先型地区建立合作关系，企业也应主动拓展知识边界，充分利用外部知识资源。龙头企业还应积极与各类科技学会、行业协会等建立联系，通过积极开展形式多样的学术交流和培训、教育（如循环经济推广月、科学节、讲座、学术报告）活动，促进企业对外部知识的吸收和利用。

第二节　不同产业部门循环经济的发展机制

一　循环型工业发展机制：产业链多维度对接机制

（一）产业链多维度对接机制

工业是国民经济的支柱产业，也是对自然生态系统影响最大的产业。因此，研究并建立循环型工业的发展机制是循环经济实践的核心任务。循环型工业是根据清洁生产和产业生态学的原理，对工业生产活动进行规划和设计，通过系统内资源共享、物质循环利用，形成互补共生的工业体系，最终减少物质能量消耗和废弃物排放。循环型工业包含"资源生产""加工生产""还原生产"三大部分。其中，资源生产部门相当于生态系统的初级生产者，主要承担不可再生资源、可再生资源的生产和永续资源的开发利用，并以可再生的永续资源逐渐取代不可再生资源为目标，为工业生产提供初级原料和能源。加工生产部门相当于生态系统的消费者，以生产过程无浪费、无污染为目标，将资源生产部门提供的初级资源加工转换成能满足人类生产生活需要的工业品。还原生产部门将各副产品进行再资源化或无害化处理，使之转化为新的工业品。循环型工业是循环经济最重要的载体，是产业生态化的重要依托。

建立循环型工业模式需要系统化、整体化的思路，形成由生态工业、生态工业链和生态工业园所构成的循环型工业系统。循环型工业活动主要集中在三个层次：企业、企业群落和整个国民经济。在企业层次，根据生态效率的理念，实行清洁生产，要求企业减少产品和服务的物料以及能量消耗量、减少有害物质排放、加强物质循环、最大限度地利用可再生资源、提高产品的耐用性、提高产品和服务的质量，建设生态型企业；在企业群落层次，按照工业生态学原理，实现企业群落的物质集成、能量集成和信息集成，建立企业与企业之间副产品和废弃品的输入输出关系，实现产业共生，建设生态工业园区；在国民经济层次，实现消费过程减量化和消费后能源的无害化、资源化，建设宏观循环经济系统。因此，循环型工业的建设必须从产品层面、企业层面到园区层面再到社会层面逐层展开、层层深化，建立跨企业、跨园区和跨区域的投入产出关系，从而构成从微观层面到宏观层面的产业链联系。产业链联系是循环型工业升级的基础和落脚点，产业链对接是建立产业链联系的基本形式，发展循环型工业，产业链创新与对接是关键。循环型工业的产业链对接是一种基于企业间产品互供所构成的纵向链接，主要是通过副产品或者废弃品的互供，形成共生关系。

循环型产业链的对接是一种多维度的对接，不仅表现为宏观、中观和微观的对接，还表现为产业链上的产品链、技术链、价值链和生态链的对接，既有"点与点"的对接，"点与线"的对接，"线与线"的对接，还有"链与链"的对接。"点与点"的对接，是一种表示生产环节和产业层次的客观存在，描述的是生产环节上的节点，表现为产品链的链接；"点与线"的对接，是产业链的载体和具体表现形式，是同一产业链不同环节所有企业之间的线型链接，主要表现为企业与企业之间的链接；"线与线"的对接是空间链接，它是指同种产业链条在不同地区的分布，如果产业链在地理上具有集中的特点，就形成产业链的集聚。"链与链"的对接是价值链接，它是引领产业链形成和发展变化的重要关系链。产业链的对接，首先从产品链和技术链对接开始，引起企业链的对接，并形成一定的空间布局，产业链的空间集聚实现了价值链的对接，在产品链、技术链和价值链的对接过程中都要与生态链对接，产业链在"四维"对接的作用下，不断延伸、拓展和升级。

（二）典型案例：福建南安石材产业

作为全国乃至东南亚地区最大的石材生产加工基地和集散中心，南安市近年来积极引导石材业转变发展方式，从建设生态友好型和资源节约型产业入手，通过对石材产业链接技术的不断研发、突破，做好石材资源综合利用，构建起了较为完整的石材生态产业链，大力促进节能降耗，掀起了石材产业的"二次革命"。在这个生态产业链中，石材原料从本地和外地购入，通过石材企业加工形成产品进行销售。石材企业将石材加工过程中产生的石粉和碎石变废为宝，石粉用来制作建筑材料，碎石用来加工成大理石和工艺饰品等，解决"石粉满天飞、碎石满地堆"的资源浪费、环境污染难题，整个石材产业基地实现了经济效益和社会效益的双赢。上下游产品的供需方的链接，形成了企业间的产业链运作模式，其产业链如图7-1所示。

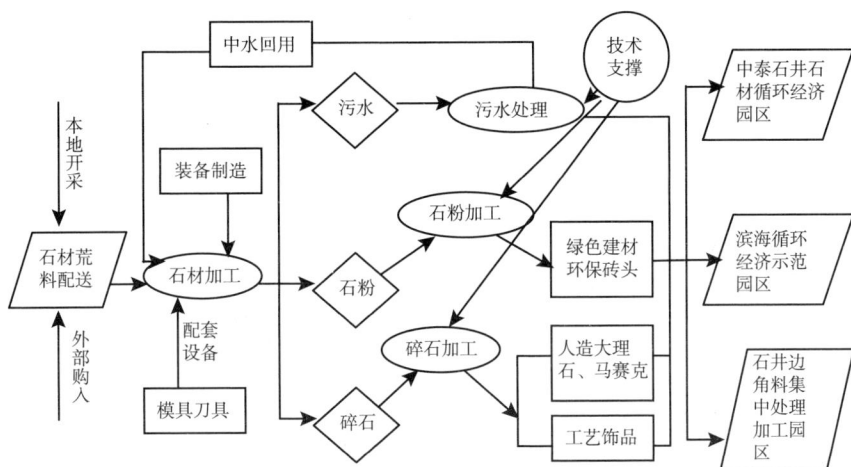

图7-1 南安市石材产业生态产业链

南安石材产业链的多维度对接体现在：（1）产品链的对接，石材—石粉—砖头，石材—碎石—人造大理石，石材—碎石—工艺饰品正是基于产品链的对接所形成的废弃物综合利用产业链。（2）技术链的对接，南安石材产业链的快速形成和延伸，很大程度上取决于技术链的对接，从石材加工的对剖式切割技术、喷砂加工技术，到石材复合板免烧基材的研制技术，再到花岗岩石板材加工尾料生产的大颗粒干拌通体仿古外墙砖及其生产方法、金属釉生产方法，都体现了技术链的成功对接带来的产业链拓展。（3）价值链的对接，石材的产业链涉及石材矿石开采、加工、异形雕刻、幕墙装饰设计与施工、进出口、物流、销售展示、生产加工、设计创新、科技研发及废料再利用等环节，其中，产品设计、原料采购、物流运输、订单处理、批发经营、终端零售是整条产业链中最有价值的环节。近年来，南安石材产业已经逐步摆脱了在全球产业价值链中的末端地位。由于产品链和技术链的对接，南安石材产业园吸引了大量企业入驻，改变了低价竞争、破坏环境的困境。南安石材产业园通过全球化采购、建设石材物流园区、建设石材批发专业市场、承办石材博览会、开启石材网络营销等方式，实现了石材产业价值链的提升。如康利、环球、溪石等纷纷在海内外收购矿山，高时石材集团投资的水头国际荒料物流园更是将海关、银行等配套服务融为一体。（4）生态链的对接，南安市目前拥有滨海循环经济示范园区、中泰（石井）石材循环经济园区和石井边角料集中处理加工园区3个石材循环经济产业园区，园区内企业正是基于生态链的衔接，矿石—石材—石粉—砖和矿石—石材—碎石—马赛克都是处于不同生态链上的产品。南安石材产业链的升级动力来自四维对接，升级过程内在表现为技术链、产品链的变化和价值链的增值，既消化了石材加工产生的石粉、碎片，又生产了具有多种附加值的产品。正是通过产业链的多维度对接，园区内企业的能流、水流、物流、废弃物流、信息流等得以重新集成，开拓了多途径、多层次的循环利用，打造了一个集矿山开采、石材加工、磨具磨料制造、检测仪器、批发市场、出口贸易、承揽工程业务等门类齐全的生态产业园。

二　循环型农业发展机制：一体化多主体参与机制

（一）一体化多主体参与机制

循环型农业是尊重生态系统和经济活动系统的基本规律，以经济效益为驱动力,以绿色 GDP 核算体系为导向,通过优化农业产品生产至消费整个产业链的结构,实现物质的多级循环使用和产业活动对环境的有害因子零(最小)排放的农业经营模式。循环型农业作为循环经济有其一般特征,以资源高效利用和循环利用为核心,以低消耗、低排放、高效率为基本特征。循环型农业也有其特点,主要表现在:(1)注重农业生产环境的改善和农田生物多样性的保护;(2)提倡农业的产业化经营,实施农业清洁生产,改善农业生产技术,适度使用对环境友好的"绿色"农用化学品,实现环境污染最小化;(3)利用高新技术优化农业系统结构,按照"资源—农产品—农业废弃物—再生资源"反馈式流程组织农业生产,实现资源利用最优化,延长农业生态产业链,通过要素耦合方式与相关产业形成协同发展的产业网络。与工业循环经济发展相类似,农业循环经济发展也具有层次性,可以划分为:农产品生产层次、农业产业内部层次、农业产业间层次、农产品消费过程层次。其中,农产品生产层次通过推行清洁生产,全程防控污染,使污染排放量最小化;农业产业内部层次通过物质与能量的相互交换,互利互惠,使废弃物排放量最小化;农业产业间层次通过相互交换废弃物,使废弃物得以资源化利用;农产品消费过程层次通过物质能量循环,使农产品被消费后产生的废弃物返回到农业生产过程。

过去的"猪+沼+粮"模式、"林果+鸡"模式、"草+鹅+鱼"模式都是以小农户为主体的半封闭式的、分散的、小规模的、简单的循环。近年来,全国各地以资源禀赋为基础,加大农业循环经济的资金、科技、人才等的投入,因地制宜,探索出多种极具实践价值的种养循环模式。典型的模式有:农业废弃物价值化模式、种养结合产业链延伸再循环模式、能源综合利用循环农业模式、农业生态园循环模式等[①]。这些循环农业模式在全国各地均有不同程度的发展,在节约资源、降低污染、产品提档升级、改善农户生活质量、提高农民收入以及优化产业结构、规避产业风险等方面具有显著成效。这些模式体现了循环型农业规模化、精细化、系统化、标准化以及多极

---

① 郭晓鸣、廖祖君、张鸣鸣:《现代农业循环经济发展的基本态势及对策建议》,《农业经济问题》2011 年第 12 期,第 10—14 页。

性、多样性、互动性和共生性等新特征。因此，需要建立一种在空间上多层次、时间上多序列、行为上多主体参与的循环型农业发展机制，即一体化多主体参与机制。循环型农业空间上的多层次性不仅表现为将处于不同生态位且具有不同特点的各生物类群（如林木、农作物、鱼、家禽畜、药材、食用菌、饲料、有机肥料等）在系统中复合在一起形成立体复合型的种养模式，而且可以将处于不同地区的农业资源进行系统整合，形成虚拟循环型农业产业园。循环型农业时间上的多序列性不仅表现为不同农作物具有不同的栽种季节和成长周期，因此可以套种不同的农作物使不同生态位的生物类群在系统中各得其所；而且可以通过分时段栽种，实现以地养地、增肥地力的目的。由于循环型农业不仅强调物质利用、种养产业布局、生产组织管理等农业内部体系，而且对统筹协调资金、技术、人才、信息、中介组织等的前后向关联产业的依赖程度更高，随着循环型农业产业链的不断延伸，需要金融、研发、培训、设施建设、品牌评估等非农主体的参与，"企业＋农户＋基地"模式、"企业＋合作社＋农户＋基地"等多元主体模式将成为现代种养循环农业的主要组织形式。

（二）典型案例：福建大科柏洋生态产业园

下文将以福建大科柏洋生态产业园为例说明循环型农业的结构、功能及其运行。福建大科柏洋生态产业园地处国家风景名胜区太姥山麓硖门畲族乡西北部，占地 8800 亩，其中产业园占地约 3500 亩。大科柏洋生态产业园以生态农业开发为基础，以创造和谐的生态环境、生产优质的绿色农产品为宗旨，走农业观光、农村休闲度假之路。在生产上以禽畜类生态养殖、加工、销售为一体，利用生物技术、生态循环技术、新能源技术等进行农产品的生产和深度开发，包括有机肥的制作、优质果蔬的种植、有机茶的生产及农产品加工等。在观光上以"农游合一"的形式，坚持"保护第一，开发第二"，形成"保护—开发—保护"的模式，开发出形式多样、新奇的专题旅游项目。大科柏洋生态产业园以生产与观光相结合，形成了相互促进的互利共生网络，通过资源共享和农副产品交换，实现了不同产业间物质和能量的逐级传递，从而创建农业生态园、生产加工基地、物流配送中心及终端销售网络一体化的大科生态农业产业链，打造和谐的生态农业产业。其循环经济模式如图 7 - 2 所示。

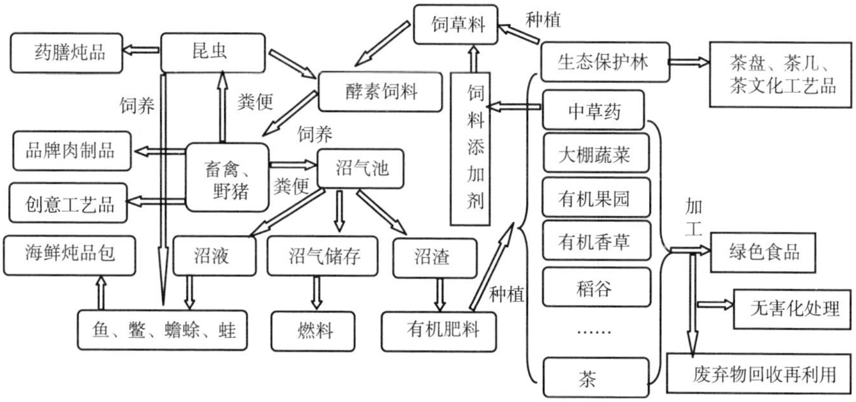

图 7 – 2 大科循环型工农业复合产业网络

在大科工农业复合产业网络中，畜禽的粪便用以养殖多种昆虫（黄粉虫、蝇蛆、蛴螬、蚯蚓等），然后将这些昆虫与由生态林中种植的有机牧草及中草药制成的饲料添加剂混合，利用生物技术酵化成营养价值高的酵素饲料，这些饲料又是畜禽、野猪等的主要食物；畜禽宰杀后加工成品牌肉联产品，畜禽的羽毛经过蒸煮水解、真空干燥加工，生产出高蛋白饲料，部分羽毛与当地民俗文化相互融合，制成精美的创意文化工艺品。过剩的畜禽粪便放入沼气池处理，产生的沼液用于养殖淡水鱼类，产生的沼气用作生活能源，产生的沼渣用作加工有机肥料的原料，然后将其作为果树、茶树、蔬菜、稻谷等作物的肥料，种植的作物加工成各类品牌食品，目前已形成高端粮油、菌类干货、山林土特产、特色调味品、营养净菜等系列生态食品，有近百个品种。

在大科工农业复合产业网络中，饲养的昆虫除了作为生产酵素饲料的原料外，还直接用于养殖河鲫鱼、中华鳖、中华蟾蜍、棘胸蛙等水产品，养殖水产品充分挖掘了循环型农业时间上多序列性的特点，进行科学套养，养过虾子养鲫鱼，养过鲫鱼养蟾蜍和蛙，一年四季连轴转。这些水产品一部分直接销售，一部分进行二次加工，制成易于保存和异地销售的干货、炖品包；部分昆虫还作为原料与其他药材搭配加工成药膳炖品，目前已经形成了海产干货、养生药膳、优质冷鲜排酸肉等系列产品，有50余个品种。

大科注重生产技术与废弃物利用技术的融合，尽可能回收利用加工过程中产生的各式"废弃物"，如利用鱼类废弃物生产鱼油和鱼粉，鱼油用以生产鱼肝油，鱼骨加工成骨粉等，对于无法回收利用的副产品也尽力做到无害化处理，以免对环境产生污染。目前食品加工过程中产生的一些副产品还不能完全得到利用，部分副产品低价销售给其他公司，但集团已经在不断加大研发投入力度和技术合作深度，不断拓展废弃物循环利用渠道，提高废弃物的综合利用水平，促进产业链的延伸和发展。

大科柏洋生态产业园循环经济模式的最大特点就是"一体化、多主体参与"，其"一体化"在效益上表现为经济效益—社会效益—生态效益的综合，以生态效益为主要目标，并作为园区考核的重要依据；表现为产业层次的"一体化"，即生产—加工—销售的农、工、商、旅的综合经营；表现为农业内部实行农—林—牧—副—渔的"一体化"，其加工业比重超过养殖业，养殖业比重超过种植业；表现为不同生态位的各生物类群在园区形成复合型的立体循环经济模式，实现种植业、养殖业、加工业和旅游业的有效衔接，以及与居住区的相互融合；表现在生物链的延长，实行植物—动物—微生物一体化的综合经营，发挥相互依存与促进作用，将用畜禽的粪便养殖的昆虫（黄粉虫、蝇蛆、蛴螬、蚯蚓等）和种植的有机牧草利用生物技术酵化成最佳营养酵素饲料；表现为不同农作物、禽类的套种套养，将台湾嘉宝果、钙果、莲雾、巨峰葡萄、红柚等水果进行套种，鸡、鸭、鹅等禽类动物进行套养。其"多主体参与"表现为该生态农业园除了福建大科柏洋生态产业园有限公司作为直接投资方和经营管理方以外，还有园内农民、园区管委会、有机饲料加工厂、有机肥料加工厂、茶叶加工厂、食品加工厂以及禽畜产品加工厂、贸易公司、物流公司、大型商超以及福建农林大学、福建中医药大学、福建省农业科学院、福建省畜牧兽医总站等高校和研究机构的多元主体的共同参与。另外，大科柏洋生态产业园有限公司还同日、韩等国以及中国台湾地区的农业先进生产企业进行广泛的技术交流与合作，其合作网络已经突破区域限制，实现了技术的跨区域、跨国界转移。由此可见，循环型农业的发展需要实行一体化、多主体参与的经营管理机制，通过不断完善农业产业链，多种循环发展模式同时推进，促进农业产业化发展。

三　循环型服务业发展机制：多层面差异化推进机制

（一）多层面差异化推进机制

服务业是重要的物资集散和消费产业，产生的废弃物量大、面广，如餐饮业、旅游业、水运行业等会对水体环境造成影响，交通运输行业的飞速发展会给大气带来污染，娱乐行业以及房地产行业会给环境带来噪声污染，零售业、饮食业的快速发展产生的大量废弃包装物等会给环境带来污染等。服务业对环境造成的污染日益严重，循环经济思想与方法为服务业的发展提供了一种新的思路，因此积极构建基于循环经济的服务业产业链，实施服务业循环经济发展战略，是实现服务业可持续发展的理性选择。

循环型服务业是指将循环经济的理论与清洁生产的思想贯穿于服务业生产的全过程，实现资源投入最小化、资源利用高效化、污染排放最小化从而实现循环发展的模式。整个服务周期都要减少服务主体、服务对象和服务途径对环境产生的直接与间接影响，并带动服务对象积极参与，实现可持续发展[①]。

与传统服务业相比，循环型服务业具有鲜明的特点：（1）循环型服务业必须遵循"3R"原则；（2）服务业发展与人们的日常生活和消费联系紧密，是连接其他产业、社会生活的纽带，循环型服务业以促进第一产业、第二产业和循环型社会的发展为目标；（3）循环型服务业强调采用开放型减量化循环经济模式，而不强求采用完全闭合的循环经济模式；（4）循环型服务业不仅从社会整体循环的角度发展废旧物调剂和资源回收产业（日本称之为社会静脉产业），还从物质能量的传递（物质流）、循环经济发展的技术（资金投入）、循环经济意识形态的培养（文化教育）等环节为循环经济整体建设提供服务支持；（5）循环型服务业的发展可以分为两个层次，即循环型服务业的行业内部生态化运作以及循环型服务业与其他产业、行业之间生态耦合关系的建立。

服务业是一个广泛的概念，包括金融保险、信息服务、文化教育、科技服务、现代物流、商务会展、中介服务、房地产、商贸流通、旅游休闲、社区服务、体育卫生等，这些行业都具有其特有属性和运行机制。因此，

---

① 黄贤金：《循环经济：产业模式与政策体系》，南京大学出版社2004年版。

循环型服务业的发展模式比循环型工业、循环型农业更为复杂和多样化，研究循环型服务业的发展模式必须落实到具体的行业上。近年来，随着循环经济战略的推进以及现代服务业的迅猛发展，全国各地根据自身产业条件，探索出了一系列循环型服务业模式，如在循环型旅游业模式方面，就有产业组合式循环型旅游、环境保护式循环型旅游、清洁生产式循环型旅游和生态城市式循环型旅游；在信息服务产业方面，有污染过程控制模式、信息服务传输的减量化模式及开放模式等；在物流业方面，有企业绿色物流作业模式、逆向物流模式、社会对绿色物流的管理控制模式、绿色物流与三大产业的交叉模式等。服务业的复杂特征，决定了循环型服务业发展不能建立起普遍适用的模式和运作机制，因此应当考虑不同服务业的独特特征，采取差异化的发展模式和推进机制，如邮电仓储业应侧重于减量化，交通运输业应侧重于清洁化，住宿、餐饮和娱乐业应侧重于绿色化，旅游业应侧重于生态化，物流业应侧重于循环化，金融、保险、咨询等其他服务业应侧重于多元主体创新化等。因此，应当在行业范畴内，从不同层面，创新循环经济发展机制，构建多层面差异化的推进机制。循环型服务业的多层面表现为服务业分为多种不同的行业，必须从企业、园区、产业以及城市等多个层面全方位推进循环经济发展，同时还应该综合考虑循环型服务业发展所需要的投入要素，从要素出发，构建全方位的要素机制；循环型服务业的差异化表现为不同行业之间的物质流、能量流、信息流和价值流存在差异，其交互过程也不一样；各行业所需要的支撑要素也不一样，构建的具体机制，如公众参与机制、投融资机制、环境保护机制、合作交流机制的侧重点也不同。

（二）典型案例：福建大科柏洋生态产业园

近年来，我国旅游业发展迅猛，但随之而来的问题是旅游资源开发过度，旅游设施落后，景区管理不善，旅游产业产生大量废弃物，污染问题日渐突出，以旅游业为研究对象具有较强的现实意义。这里以福建大科柏洋生态产业园为例，探讨循环型旅游业发展的多层面、差异化机制，为循环型服务业发展提供借鉴。循环型旅游业具有保护性、专业性、差异性等特点，因此应注重旅游资源的科学开发利用，尽可能地消除旅游开发商、旅游者、旅游企业和从事旅游服务的当地居民对环境造成的负面影响，实现旅游清洁化、绿色化和可持续发展。循环型旅游业以清洁作业技术为支撑，整合旅游资源，通过产品创新、服务水平提升，推进旅游生态环境建设，加强景区环境整治保护，实现固体废弃物减量化、资源化管理和无害化处理。

大科柏洋生态农业产业园是集生产、销售、观赏、度假、科普为一体的现代综合性休闲观光农业园区，通过种植名优水果、特色花卉、有机茶叶、生态笋竹、名贵树木，建成四季果木郁绿、花卉飘香的生态休闲"大观园"。"大观园"内配套建设休闲度假木屋，健身、娱乐、休闲、特色餐饮等功能一应俱全，农业观光、休闲旅游有机融合，相得益彰。旅游项目包括农业生产观光、四季特种花果蔬采摘观光、特种养殖观光、现代农事 4D 教育观光、DIY 农事观光、有氧休闲运动等。大科柏洋循环型旅游模式如图 7-3 所示。

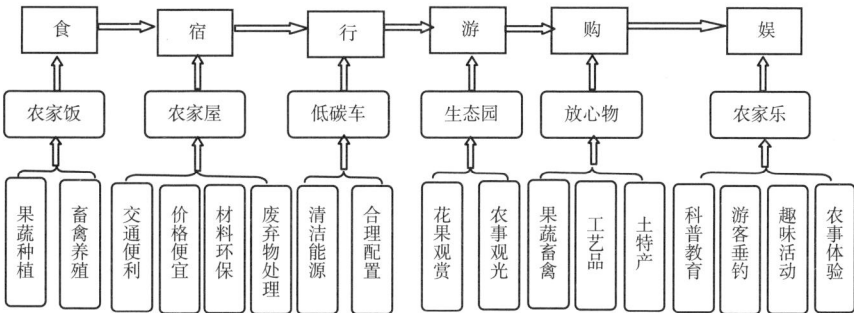

图 7-3　大科循环型生态农业旅游模式

大科柏洋循环型生态农业旅游模式的核心是"3R"原则，重点保障园区旅游资源与环境的可持续利用与发展，即通过景区污染物的减量化以及再循环、再利用，逐步降低旅游成本，保证或增加环保投入，改善生态环境，获得更高的经济效益和社会效益，从而形成良性循环。在旅游项目的推进及运作过程中，大科柏洋生态农业园实现了农业、休闲旅游的和谐统一，让游客们真正体验到"吃农家饭、住农家屋、坐低碳车、游生态园、购放心物、娱农家乐"的快乐。（1）景区在规划阶段就注重生态环境保护，做到适度开发，就地取材，其餐饮原材料基本上是园区内种植的果蔬和养殖的畜禽，节省了物流费用；厨余垃圾进行分类收集与加工，以用于畜禽饲养、加工成有机肥料或进行无害化处理。（2）对于游客而言，住宿在农家屋，具有交通便利、价格便宜等优点，大大降低了资源的消耗，节省了旅游时间和旅游成本。（3）景区以电能驱动的电瓶车为交通工具，并对乘客进行合理配置，达到节约经营成本和控制噪声污染的目的。（4）在进行旅游产品设计时，做优做活"游"环节，游客可以欣赏各种名优水果、花卉、树木，同时可进行四季特种果蔬采摘和观光，感受人与自然的完美融合。（5）提倡绿色消费与理性消费，除出售绿色果蔬及园区饲养的畜禽之外，还通过优惠让利活动进行名优特色食品、文化创意工艺品的营销推广，以及让游客参与工艺品的制作过程，让游客买得实惠，吃得放心，用得开心，旨在通过游客的"口碑效应"，进行大科系列产品的品牌推广。（6）做大做强"娱"环节，开展果蔬采摘、DIY 饲养、鱼鳖垂钓、露营、野炊等趣味活动，深入挖掘地方民俗风情资源，融合畲族、农耕、茶、酒、养生、饮食、福禄等多元文化，设计与众不同的民俗表演与展览活动，增强游客体验，激发游客的兴趣。除此之外，将生态旅游与科普教育结合起来，提高休闲游的质量，让人们在休闲、娱乐中轻松快乐地接受科普教育，达到寓教于乐的效果。

四　循环型产业融合发展机制：产业间跨行业整合机制

（一）产业间跨行业整合机制

从循环经济系统组织的演化进程来看，循环经济发展将经历循环型企业、循环型产业链、循环型产业园区（集群）和循环型产业网络四个阶段，循环型产业网络是循环经济发展的高级组织形态，是循环经济发展的必然结果。循环型产业网络是一种特殊的产业网络，其特殊性就体现在它是基于产业生态学原理和循环经济模式而形成的经济网络组织，是在特定的空间范围内，以物质流、能量流、价值流、信息流为纽带，由若干在生态上产业共生共荣、在经济上价值共创共享、在关系上利益互补互惠的产业链条耦合而成的产业共同体，它能够实现物质能量的多层次梯级利用，可以通过资源利用最大化和环境污染最小化，实现经济、社会、生态等多重目标的协调统一。因此，循环经济的发展将不会停留在产业链的层面上，而是由不同产业链基于产业共生关系形成复杂的产业网络，三次产业也不会孤立地发展，而是逐步实现融合发展，逐渐实现农、工、商一体化。产业共生是三次产业融合发展的基础，不同企业（或产业）通过物质流动和产品利用形成利益关系，在产业共生关系形成的过程中，通过基础设施共享、技术共享、信息共享、品牌共享、环境共护、利益共生，实现产业发展和生态环境系统之间的物质交换和能量利用，建立高效率、低消耗的循环型产业网络。三次产业之所以能形成共生耦合关系，也是基于三次产业之间资源、能源、原材料以及其他物质产品的循环。虽然工业在国民经济中占据主导地位，但是工业的发展离不开农业和服务业的支持。因此，应当在工业产业链的基础上，以其原材料需求和废旧物品利用、产品的流通等为突破口，拓展主导产业链，构建共生网络。农业要着眼于降低资源消耗、提高生物能源的利用率和实现有机废弃物的再利用和再循环，最大限度地减轻环境污染，可以通过发展都市农业、观光农业、生态农业等，与二、三产业链接，形成农、工、贸相结合，产、学、研一体化的现代农业生态系统，为工业、服务业提供基本的原材料，并解决工业、服务业产生的有机废弃物，同时为居民提供生产、生活所需要的产品。服务业是为社会生产和生活服务的产业，因此服务业与其他产业耦合发展往往是为其他产业服务、以其他产业循环型发展模式为主导的，如"农超对接""观光旅游农业""绿色物流"等，意在通过与服务业的链接促进循环型农业的发展。可以说，服务业与其他产业融合的生态发展模式是将生态服务业理念嵌入其他产业，协同促进其他产业实现循环经济。由此，三次产业之间基于共生关系形成了网状的相互依存、密切联系、协同作用的循环经济型产业体系，三次产业之间的跨行业整合关系如图7-4所示。

（二）典型案例：安徽"老乡鸡"农牧科技有限公司

"老乡鸡"农牧科技有限公司（原称"肥西老母鸡"），位于安徽省肥西县，是一家专门从事优质老母鸡饲养和鸡肉产品深度开发的农业龙头企业。公司通过30年的励精图治，从一个"孵鸡小作坊"发展到目前引领安徽家禽产业发展、在全国颇具知名度的"禽业航母"。"老乡鸡"获得成功的关键就在于其独创了产业间跨行业整合模式。经过30年的努力，"老乡鸡"探索出了以"肥西老母鸡"为品牌，以优质良种固业、生态养殖稳业、规模加工强业、连锁餐饮旺业、休闲旅游活业、文化创意兴业的全产业链农业产业化经营模式，走出了一条以公司为主导、合作社为桥梁、农民为主体、

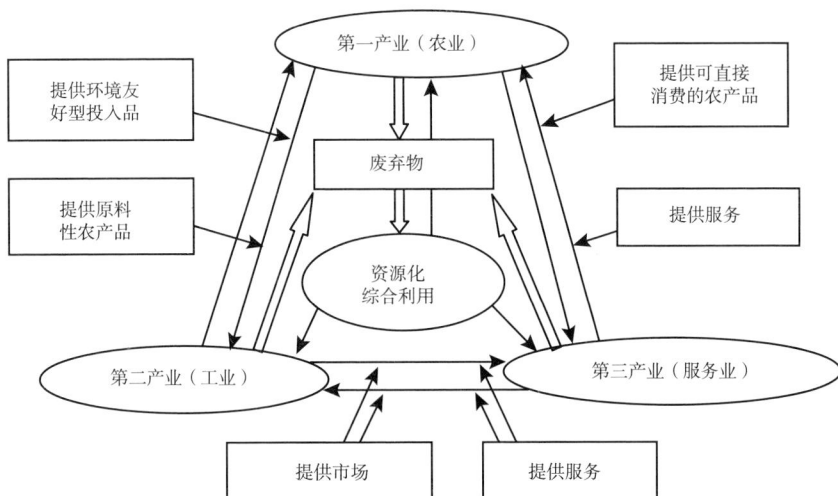

图 7 - 4   三次产业间跨行业整合关系图

产业链齐全、利益链紧密、纵向一体化程度较高的高效生态现代农业产业化发展之路①。

可以将"老乡鸡"的跨行业整合模式的特点概括如下：以生态化、规模化养殖为特点的第一产业是产业链的基础；以活鸡专卖和快餐连锁为特点的第三产业是产业链的龙头；以规模化、现代化加工及配送为特点的第二产业是产业链的中轴；以鸡文化休闲与创意为特点的知识密集型服务业是产业链的灵魂，由此打造出集养殖、加工、餐饮、旅游、文化为一体，相互融合、互为促进的产业融合发展经营模式。该模式可以用图 7 - 5 表示。

"老乡鸡"之所以能够有效发挥龙头企业的主导与带动作用，第一，得益于产业多功能的发展战略和产业间跨行业整合的发展机制。"老乡鸡"通过资源的综合利用，将三次产业有机地连接起来，为企业与农户创造了广阔的发展空间与增值空间。育种养殖业为餐饮业和食品加工业提供了原材料，养殖业所产生的粪便成为观光园林的肥料，而对养殖场所进行的系

---

① 黄祖辉、米松华、陈立辉：《农业产业化的全产业链经营模式与机制创新——"肥西老母鸡"的实践及其启示》，《农业经济与管理》2011 年第 6 期，第 45—50 页。

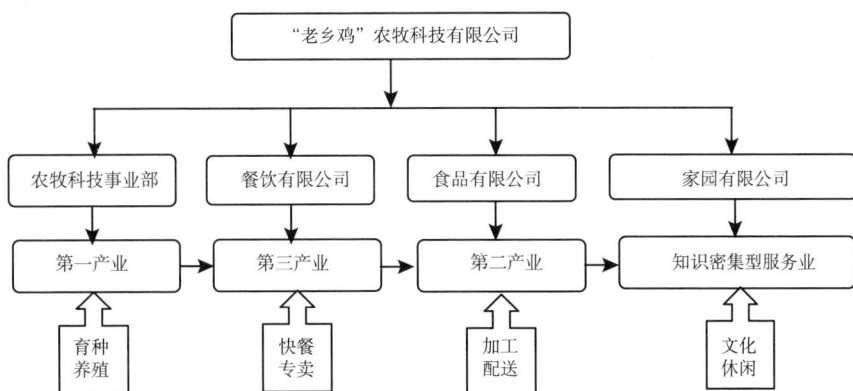

图 7 - 5　"老乡鸡"产业融合发展经营模式

统规划又使其成为观光休闲的好去处；观光旅游场所又开设餐厅和超市，销售其生产的产品。除此之外，"老乡鸡"依托鸡文化历史，创作鸡文化动漫歌谣、老母鸡故事、鸡宝宝乐园、鸡宝宝吉祥物，协助拍摄电视剧等，然后通过快餐、食品以及观光旅游手册进行宣传，不仅提高了企业的品牌价值，同时对区域经济也产生了正外部效应。第二，建立起以公司为主导、农民为主体、合作社为桥梁这一产业组织体系，并对各个利益主体的角色进行准确定位并科学设计利益机制，"公司 + 合作社 + 农户"的产业组织链接形式与利益机制的安排，保障了产业间跨行业整合机制的有效运行。

第三节　中观循环经济系统的发展机制

循环经济系统是以物质、能量、信息、价值为构成要素的有机体，根据构成要素及其交互关系的复杂程度，将该系统分为宏观、中观、微观三个层次。循环经济运行的中观层面是相对于微观层面循环经济实施主体而言的，体现为生态产业园区、循环型产业集群和城市社区。在一个成熟稳定的中观循环经济系统中，物质和能量都应该得到高效的循环利用，物质的循环是闭合的，主要是减少废弃物的产生，尽量达到零排放，从而实现物质和能量的高效利用以及物质的闭路循环。

一　生态工业园循环经济发展机制

国家环保总局在《生态工业示范园区规划指南（试行）》中这样定义生态工业示范园区：生态工业示范园区是依据清洁生产要求、循环经济理念和工业生态学原理而设计建立的一种新型工业园区。它通过物流或能流传递等方式把不同工厂或企业连接起来，形成共享资源和互换副产品的产业共生组合，使一家工厂的废弃物和副产品成为另一家工厂的原料或能源，模拟自然系统，在产业系统中建立"生产者—消费者—分解者"的循环途径，实现物质闭环循环、能量多级利用和废弃物产生最小化①。也就是说，生态工业园要求一定地域内的不同企业间以及企业、居民和生态系统之间实现物流和能流的优化，达到内部资源、能源的高效利用，外部废弃物最小化排放的目的。

（一）循环型生态工业园的内涵与特征

循环型生态工业园要求园内企业彼此紧密合作，实现各种副产品和废弃物的交换、能量和水的梯级利用、基础设施的共享以及信息的交换等，即要求生态工业园不仅要实现资源、能源相互间一对一的简单循环，而且要实现一个区域总体的资源、能源的增值，改善环境。生态工业园是循环经济实践的重要形态和实现区域社会、经济和环境的可持续发展的重要途径。在生态工业园内发展循环经济，能够有效地优化园区的产业链，增强园区的系统性，强化园区的技术链以及提高园区的适应性。

循环经济生态工业园是模拟自然生态系统"生产者—消费者—分解者"的循环路径而形成的共生网络。依据工业生态学原理，通过物流或能流的传递可以把两个或两个以上的生产体系连接起来，充分利用各种物质和能源，延伸产业链，形成资源共享和废弃物互换的工业共生系统。这个共生系统包括生产者企业、初级消费者企业、次级消费者企业和分解者企业，系统内一家企业的产品或废弃物可以成为另一家企业的原料或能源，从而减少废弃物的排放，实现物质闭路循环、能量多级利用，如图 7 - 6 所示。

---

① 国家环保总局：《生态工业示范园区规划指南（试行）》［EB/OL］，http：//baike. baidu. com/view/2691242. htm，2003。

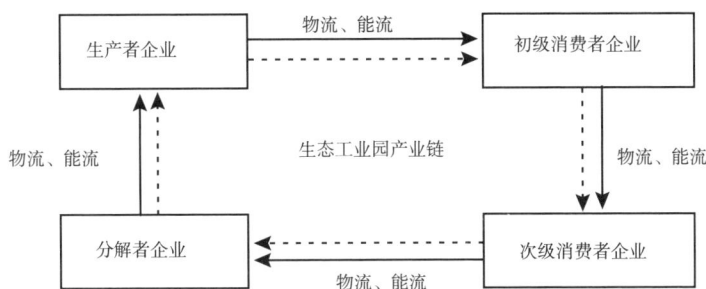

图 7 - 6 生态工业园产业链示意图

循环型生态工业园具有不同于一般工业园的特征，具体体现在：（1）生态环保性，循环型生态工业园着眼于将经济活动与环境保护融于一体，通过在园区内开展清洁生产、发展循环经济，变废为宝，实现资源和能源的循环和再生利用；（2）闭路循环性，循环型生态工业园通过信息与资源共享系统和先进的科学技术，将上游企业的废弃物作为下游企业的生产原材料，把原本线性的生产流程"循环"起来，使物质和能量在工业生态链中逐级传递，实现物质和能量的闭路循环；（3）资源共享性，循环型生态工业园呈现出物质能量集成、企业相互合作、各种资源和基础设施共享以及知识、科技和信息交换等特点，使物质、能源和信息在更大范围内循环流动；（4）持续稳定性，循环型生态工业园通过不断完善面向管理者、技术人员以及其他各类人员的培训与教育体系，不断吸收新企业来延伸产业链，填补生态工业园产业链的空缺，从而达到提高园区发展的可持续性和稳定性的目的。

（二）循环型生态工业园发展机制构建

循环型生态工业园内的企业通过上下游企业的主副产品和废弃资源的衔接关系构成了若干生态产业链。产业链上的企业所生产的废弃物，经过必要的处理回用于原来的生产过程，构成了链条的纵向闭合；不同链上的消费者企业之间利用主、副产品和废弃资源之间的横向耦合、协同共生关系，组成一个纵横交错的生态网络。循环型生态工业园发展的基本动力主要是企业内部的拉动机制和外部的推动机制，如图 7 - 7 所示。

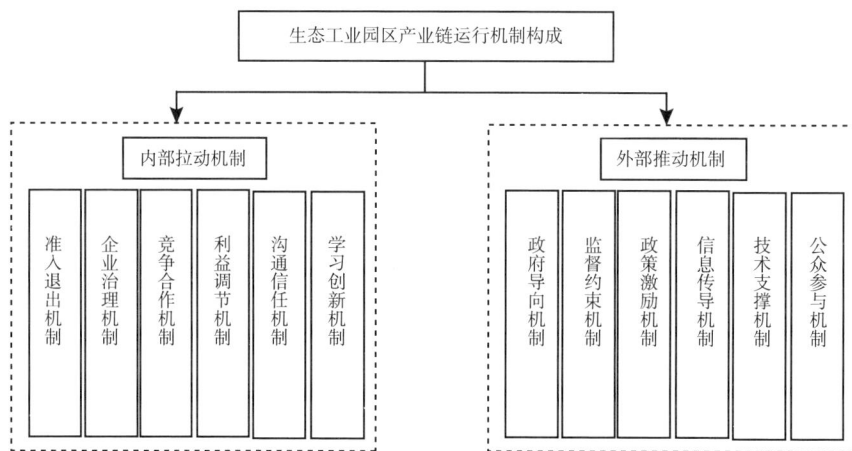

图 7 - 7　生态工业园区产业链运行机制示意图

1. 内部拉动机制

(1) 准入退出机制

在循环型生态工业园规划建设初期设定准入标准，提高准入门槛，建立准入机制和退出机制，坚决拒绝污染严重和排放治理不达标的企业进入生态工业园区，监督并淘汰高耗能低产出的企业，并通过行政手段对循环型生态工业园企业进行干预，建立考核淘汰制度。园区在引进企业时要按照行业中各个指标标准对其生产流程进行严格的审查和考核，对不能达到国家节能减排标准和技术不过关的企业实施退出机制。同时，为了进一步健全园区的生态系统，延长工业园区产业链，可以有选择地将一些补链企业引入生态工业园中来。

(2) 企业治理机制

循环型生态工业园区内的企业是循环经济最重要的实施主体。企业要强化自身的社会责任感和使命感，在生产服务中培养生态意识和社会责任意识并提升自律意识，把发展循环经济建设生态园区作为企业的主动追求和最终追求。企业要开发节约原材料的技术，控制使用原材料资源，尽可能回收和循环利用各种废弃物。如对于生产包装容器的企业，有责任在设计、制造等环节提高产品的耐用性，标明其材质组成成分，并回收废弃产品和包装废弃物。

（3）竞争合作机制

将竞争与合作机制引入循环型生态工业园实践中，对激励企业的品牌意识和科学发展意识、开展清洁生产和保护环境具有重要的意义。通过在工业园区内营造发展循环经济的竞争与合作氛围，增强产业链上企业间相互信任、相互依靠、相互协作的合作与竞争关系，有利于循环型生态工业园内企业之间以及企业与本地相关主体在提高资源利用效率、减少环境污染方面达成共识，共同发展。

（4）利益调节机制

当前循环型生态工业园存在问题的根源在于企业间利益分配机制的不完善，工业园区内部企业发展循环经济，重在建立起一种更为科学的利益分配机制，要让园区内企业看到发展循环经济带来的实实在在的好处，如财政支持、税收优惠、价格优势、技术支撑、优先补偿等，建立这种利益机制，要着重处理好当前与长远、企业与社会的关系。

（5）沟通信任机制

循环型生态工业园内企业相互之间建立沟通信任机制对产业链的稳定运行起着极为重要的作用。由于循环型生态工业园内的企业之间是一种自我实施交易行为的关系，信用约束能力是有限的，所以要在园区内建立企业联合诚信制度、信用评级制度、信息披露制度等，引入信息中介机构并在园区内建立企业信息数据库进行信息化管理。同时，要建立并形成有效的惩罚机制，并将其嵌入生态工业园区产业链或共生系统中。

（6）学习创新机制

由于企业间存在着竞争和挑战关系，产业链上的企业只有在产品设计、开发、包装、技术和管理模式等方面具有优势才能脱颖而出，因此企业要不断学习和进行技术创新，各个企业应建立一套完善的学习创新机制，积极参加行业内的各种产品交流会和技术研讨会，通过交流和学习增进协作，积极进行技术革新和管理模式创新，降低成本，提升效益，以适应迅速变化的市场需要。

2. 外部推动机制

（1）政府导向机制

政府的引导对循环型生态工业园的建立和发展起着至关重要的作用。政府可以通过规划引导、政策激励、协调统筹、监督考核、宣传教育等手段，对园区的可持续发展进行调控，通过投资、价格、税收、排污收费等经济杠杆，规范园区企业在生产、加工、服务、消费领域的行为，将循环经济的发展理念贯穿到生态工业园的可持续发展中。

（2）监督约束机制

建立监督约束机制是保证循环经济各项法规和政策得到执行的重要手段。循环经济标准和目标制定出来后，能否执行是关键，而严格有效的监督和约束机制是企业向循环经济方向转变的"推动器"。生态工业园区要建立一套科学的监督和约束机制，对园区内企业节能、节水、节源和污染排放的情况进行监督、干预和指导，引导企业采购绿色环保产品，树立绿色消费观念和意识，确保循环经济发展的实效，对未能按照制度严格实施的企业给予指导、帮助和一定的惩罚，以保障循环型生态工业园的良性发展。

（3）政策激励机制

对园区内开展节能减排、保护环境、清洁生产、引进绿色器械和设备的企业给予金融财政上的支持和税费政策上的优惠，并实施税收减免、价格补贴等激励政策。积极树立典型示范企业，表彰那些在资源综合利用、土地集约利用、材料节约和科技创新等方面做出显著贡献的单位或个人，通过建立各种优惠政策和激励机制等方法，积极引导和带动更多企业加入生态工业园产业链建设中。

（4）信息传导机制

通过广播电视、报纸杂志、互联网等媒体对循环型生态工业园的建设情况进行宣传，在园区内加强宣传循环经济知识、绿色消费理念和绿色生产理念；加强宣传关于促进废料再生利用和清洁生产等方面的信息；通过宣传提高企业的节约率和废弃物回收利用率，逐步使循环型生态工业园内企业树立生态意识，共同节约资源，开展清洁生产，保护环境。

（5）技术支撑机制

技术创新是循环型生态工业园稳定运营和可持续发展的基础。建设循环型生态工业园需要以相关的技术作为基础，因此应从系统和可持续发展的角度进行探索，建立一系列技术标准、技术创新机制和技术创新鼓励制度，加大对科学技术创新的投入和支持力度，鼓励园区内的企业积极进行技术创新，同时加强"产、学、研"的交流与合作，借助科研院所的科技成果，并从国内外项目成果交易会上引进支持循环经济发展的生态技术，有效解决循环型生态工业园遇到的技术问题。

（6）公众参与机制

公众参与和监督是推进循环型生态工业园不断延伸产业链并健康发展的关键。要使资源节约和环境保护成为全民的主流意识，必须充分发挥民间组织、社会团体、媒体、中介组织、居民的作用，积极鼓励公众参与到政府规划、方针、政策、措施的制定和实施中；建立监督检举和奖惩制度，积极鼓励公众参与到循环型生态工业园的建设中，参与监督工业园区内企业的生产、加工、废弃物排放和环境污染情况。

（三）典型案例：邵武金塘循环型生态工业园

金塘生态工业园是邵武市委、市政府为发展循环型精细化工产业集群而规划建设的生态工业园。2008年金塘生态工业园被福建省经贸委列为"循环经济示范试点工业园区"。金塘循环型生态工业园区的产业链主要由氟化工生态产业链、煤化工生态产业链和林产化工生态产业链构成。这三条产业链分别有各自的产品，各产业链之间通过中间产品和废弃物交换而相互衔接，从而形成一个比较完整和闭合的生态化工产业网络，使园区内资源得到最佳配置，废水、废渣等废弃物通过污水处理平台和垃圾处理平台得到集中处理和有效利用，各类资源综合利用率显著提高，对环境的影响降到最低程度。整个产业网络可以用图7-8表示。

为了达到打造绿色化工、生态化工、精细化工专业园区的目标，园区坚持以技术为支撑、政策为保障，科学规划、系统推进、分步实施、重点突出，形成政府主导，企业和公众参与的生态工业园监管和运行机制，打造具有地方特色的循环经济产业园区。金塘生态工业园在推进园区建设过程中构建了多维度的促进机制，主要体现在以下几个方面。

1. **政府引导机制**

为了加强对园区的管理与协调，邵武市政府专门成立了金塘工业园管理委员会，管委会的主要任务是：负责辖区的总体规划，指导工程建设、招商引资、环保用地等各项工作，管理区内各项经济开发事务。实施全程"保姆式"服务，"零收费"管理。为入驻企业提供"一站式"的优质便

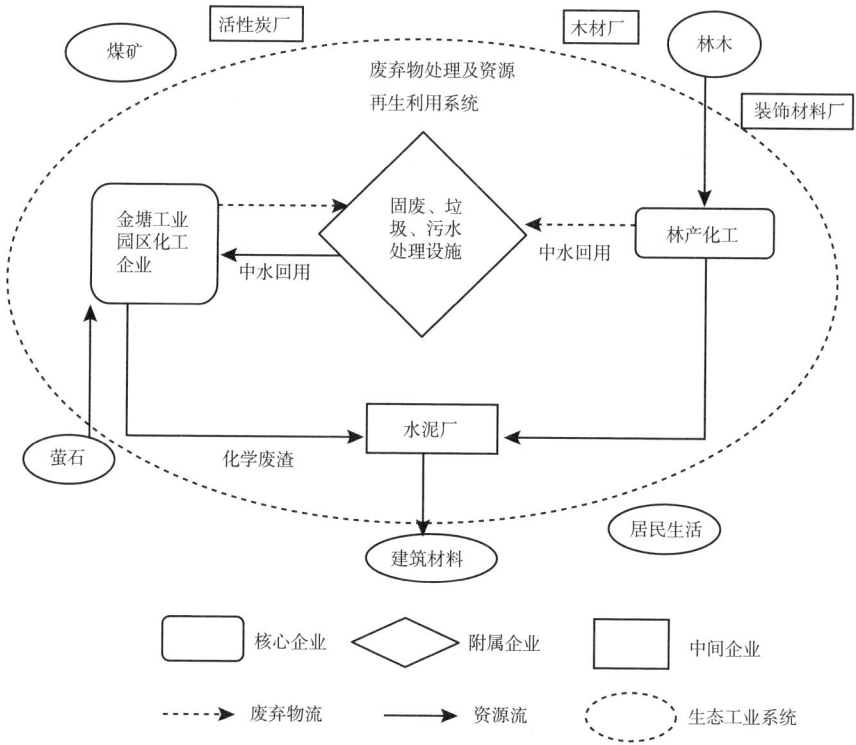

图 7 - 8   金塘循环型生态工业园总体架构

捷服务，并与福建省化工设计院和环科院签订合作协议，依托他们的技术优势，为入园项目的科研、环评、安评及工艺设计等提供服务和技术支持。

2. 政策激励机制

邵武市为金塘生态工业园区提供了一定的财政支持，在园区土地征用方面给予了极大的优惠，出让价每年一定，在 2008 年年底前，以优惠价 3 万元/亩包干出让，投资商首付 30% 地价款，即可进场动工。入园企业固定资产投资达 500 万元以上，由市政府发给"客商证"，享受市委、市政府出台的所有优惠政策，如税务部门按照国家鼓励资源综合利用的税收优惠政策，给予免征增值税的优惠。对投资额度达到亿元以上的企业，市委、市政府根据"一厂一策"的原则专门给予优惠。

3. 银企合作机制

园区分别与建行、农行、工行、中行等商业银行及农村信用联社建立合作关系，由园区牵头，采取每半年召开一次银企座谈会，邀请银行深入园区企业实地考察等形式，主动帮助企业开展金融对接服务，扩大企业信贷规模。截至 2011 年底，全市商业银行已为园区内企业提供信贷资金近 1 亿元，为企业的发展提供了有力的保障。

4. 准入退出机制

在园区工业生产环节严格执法，严格处理那些破坏环境的企业，严格环境监理工作，根据对园区和环境的污染程度实施退出机制；在征收企业排污费时，按照国家有关政策、规章要求，将达标企业和不达标企业区分开来，以鼓励企业进行污染治理，鞭策排放不达标的企业。

5. 技术支撑机制

金塘生态工业园积极寻求校企合作，与科研院校建立产学研基地。2011年，金塘依托"6·18"交易会，园区内企业与近百个科研项目实现对接，如厦门大学与鑫森碳业公司共同研发活性炭空气净化机，除甲醛、除苯、除氨效率可分别达到 92%、95%、90% 以上，粉尘净化率可达到 95% 以上。同时，通过"6·18"平台聚才引智，南京林业大学、复旦大学、北京钢铁研究总院等一大批科研院校在邵武建立产学研基地或与企业进行新技术开发对接，有效地推动了项目、技术、资本的科学配置，形成了以企业为主体的产学研合作机制和创新机制。

二　产业集群循环经济发展机制

产业集群是经济系统中观尺度上的经济主体。自 20 世纪以来，集群以其聚集优势在为区域经济增长做出巨大贡献的同时，也造成了资源短缺、环境污染及生态破坏等负效应。循环经济作为一种新兴的经济发展模式，如能与产业集群相结合互动发展，不仅可以拓展循环经济的发展空间，也可以为产业集群实现生态化和可持续发展提供一个有效的路径。对产业集群与循环经济的互动发展机制进行研究，能够为二者的结合提供理论依据，并且在此基础上探讨二者互动发展的有效模式和结合路径，真正实现产业集群的生态化和可持续发展。

（一）产业集群与循环经济的相互作用机理

1. 产业集群对循环经济的影响机理

（1）产业集群的资源集聚效应有助于降低循环经济成本

产业集群内众多企业、科研单位、社会中介组织等在地域上集中和集聚，形成庞大的产业链和完善的基础设施，物质、能量和信息数量巨大集中且流动频繁，为循环经济提供了一个以尽可能少的资源消耗和尽可能小的环境代价，取得最大的经济产出和最小的废弃物排放，实现经济、环境和社会效益相统一的条件。在集群范围内实施循环经济可以降低企业之间合作的搜寻成本、谈判成本、交易风险。循环经济能借助产业集群内已有的条件，进行一定的重构、拓展、延伸来实现生产者、消费者、分解者的合理专业分工，实现企业清洁生产和企业之间的绿色采购，达到产业链的绿色化。

（2）产业集群的规模经济效应有助于资源的再利用和再循环

单个中小企业生产流程相对简单，不容易构建"分解者"，且企业的规模小，废弃物数量不够多、不够集中，独立循环利用资源在经济上不具备可行性。而产业集群由几十家、数百家甚至几千家企业构成，产业集聚区内不同的种群有不同的要素需求，废弃物数量足够大，可以引入"分解者"企业对这些物质进行分解，他们通过开发废弃物资源化技术，将一个产业或企业的废料变成另一个产业或企业的"食粮"，增加了物质资源的利用环节，延长了物质资源在系统内的流动链条，实现了资源的再利用和再循环，可以达到节能减排甚至污染物零排放的目标。

（3）产业集群的竞争合作效应有助于提高循环经济产业链的稳定性

产业集群内的企业之间既存在广泛的合作关系，同时也存在激烈的竞争关系，这种竞争不仅来自集群内部的同类企业，更来自集群外在市场环境的变动，如上游行业在技术上的变革。在激烈的竞争中，集群内部有些企业被淘汰，而存活下来的企业将变得更加强大。同时，竞争使集群内企业的创新活动非常活跃，技术不断进步并在集群内扩散。集群内企业通过合作竞争，整个集群对市场的反应更加敏捷，集群的综合竞争力更加强大。产业集群是在市场机制作用下形成的一种发展模式。当循环经济与产业集群相结合发展时，能借助产业集群灵活的企业进入退出机制、完善的合作与竞争机制使循环经济具有持久的市场生命力和持续发展的内在动力。

（4）产业集群的学习创新效应有助于提升循环经济竞争力

目前，循环经济园区主要通过企业之间物质和能量的循环利用、多级利用来降低成本，通过实行清洁生产来减少企业在环境污染治理方面所承担的成本等手段提升竞争力，较少通过循环经济园区及其内部企业的相互合作与学习挖掘竞争力潜力。产业集群特有的学习创新效应能有效提升循环经济的竞争力。产业集群内部的学习效应可以促进知识的快速扩散和持续创新机制的形成，这不但是产业集群不断发展的内在动力和法宝，还能通过企业技术的不断创新和企业间的学习机制来提升整个循环经济的产品技术含量和质量水平，增强产品的市场竞争力。

2. 循环经济模式对产业集群的影响机理

（1）发展循环经济有助于提高资源利用率，优化集群环境

第一，在产业集群内发展循环经济，是在对自然生态系统模拟的基础上，合理组织产业链，在产业集群原有的专业化分工的基础上进一步分工，克服集群内物质循环缺陷和生态缺陷，完善产业集群系统内生产者、消费者、分解者的专业化分工，在产业的纵向、横向上建立企业间物质资源的循环使用和能量的多级利用机制，使集群内各企业之间形成互利共生的组织网络。同时，遵循"3R"原则，将清洁生产、生态设计、绿色消费、资源综合利用等有机融合在一起，如此才能很好地将企业生产的负外部性内在化，发挥资源的最大效用，提升废弃物消化能力，实现对自然环境的无害排放甚至"零排放、零污染"。第二，循环经济模式能对污染进行全过程控制，使产品从设计、制造、包装、运输和使用到报废处理的整个生命周期对环境的负面影响最小，使原料和能源能够循环利用，使经济效益、环境效益和社会效益协调优化，从而大大减少需要末端治理的污染物总量，减小治理设施的建设规模，减少由于末端治理产生二次污染的机会，进而实现企业与环境的和谐发展。[1]

（2）循环经济能够促进集群内产业链的延伸与升级

按照循环经济的理念，在产业集聚的过程中，不仅要加强核心企业及其

---

[1]　张小兰：《对产业集群与循环经济关系的研究》，《改革与战略》2007 年第 7 期，第 16—18 页。

相关支持企业的建设，还要大力建设以企业集群生态废弃物为主要生产原料的企业，即构建"分解者"，完善集群内生产者、消费者、分解者的专业化分工，形成一个互利共生的组织网络。这将在相当大的程度上延长集群内产业链的长度，提高产业链的合理性与循环性，并且使以前需要花费一定费用才能处理掉的废水、废气、废渣变成企业新的利润来源，增强集群内企业的盈利，增强产业集群的竞争力和生命力。

（3）循环经济有助于促进产业集群创新

首先，在产业集群内建立起来的循环经济体系，能模拟自然生态系统专业化分工中的生产者、消费者、分解者，构建合理的产业链，建立物流、能流的"闭路再循环"体系，会带动集群产业组织网络体系的创新和商业模式的创新。其次，实现低开采、高利用、低排放，生产技术是关键，比如，水重复利用技术、能源综合利用技术、回收与再循环技术、替代技术等。产业链中各横向企业在相互竞争、相互协作中常常会由于集群利益结成技术联盟，形成协同创新，从而促进生产技术创新。最后，由于产业链上各纵向企业之间衔接紧密，上游企业的技术创新会影响下游企业的原料供给，从而促进下游企业不断进行技术创新。这样，企业间能形成既互利共生又竞争创新的局面，有利于提高产业集群的创新能力，从而推进产业集群的演进[①]。

（二）产业集群与循环经济互动的发展过程

产业集群与循环经济的互动发展，是一个由局部、低层次的互动，到有组织的、有规范的互动，再到全面的、系统的高级互动状态的转变过程，具体分为以下三个发展阶段。

1. 自发互动阶段

产业集群在不断向前发展的过程中，由于市场的竞争效应，最先凭借资源集聚效应和规模经济效应等形成的低成本优势将逐渐弱化。低成本优势的消失、产业集群竞争力的下降以及可持续发展观念意识的不断增强将迫使集群内部追求利润最大化的各企业开始在企业层面引进循环经济理念，提高资

---

① 陆辉：《基于循环经济视角的产业集群演进的战略选择》，《改革与战略》2009 年第 9 期，第121—123 页。

源能源的利用率和实现废弃物的再循环利用率。一方面，集群内部各企业主动积极研发循环再生技术，提高生产流程中资源能源的利用率，减少消耗，减少废弃物的产生与排放，节约资源能源，进而节约成本；另一方面，集群内部各企业自发采用替代技术和替代能源，减少对相对稀缺的可耗竭资源能源的使用，节约成本。该阶段的互动体现在集群内各企业的节能降耗和清洁生产方面，实践了循环经济减量化、再利用、再循环的原则，是集群与循环经济应对外部市场环境的变化发展而自发形成的互动，是局部、低层次、不完善的早期企业内部层面的互动。

2. 政府宏观管理阶段

产业集群内部企业大量集聚，产生了严重的环境生态问题，造成了巨大的外部不经济性和庞大的社会成本。为此，政府开始逐步制定政策法规致力于解决产业集群的环境污染、生态破坏和可持续发展问题。首先，政府对产业集群的投入、产出以及废弃物排放按照循环经济理念进行严格规范，实现生产的清洁化，加大对集群内环境的监督力度和污染的治理力度。例如，规定集群内企业环境达标标准，污染严重的企业限期整改，不达标者限期停产等。其次，引导和扶持产业集群专业化分工、分解者的进驻和产业链的纵向延伸等，实现产业集群的循环经济转型。最后，政府对资源综合利用企业和环保产业进行生态补偿，比如给予其采取无息贷款、税收减免优惠、转移支付等。由此，产业集群与循环经济步入政府规范和引导的互动发展阶段。在这一阶段的互动发展中，产业集群进行了较为彻底的循环经济改造，是有组织的、线性的、规范的互动。

3. 高级互动阶段

产业集群与循环经济的高级互动阶段是建立产业集群生态系统。产业集群生态系统是指集群内一家企业产生的废弃物是另一家企业的生产原料，这些企业依照上下游的顺序形成高效率的生态产业链，系统中的物质、能源、信息的流动与储存效仿自然生态系统而循环运行。具体而言，首先，产业集群生态系统彻底规避了集群发展过程中资源、环境问题的制约，延长了产业集群的生命周期，提升了集群竞争力。其次，产业集群生态系统中完善的专业化分工，多样化、趋异化的企业机构等实体间的协作共生关系，以及物质、能量和信息的流动使其成为一个相互依赖的共生整体，具备很强的自组织能力的适应性和动态调整性。再次，产业集群生态系统遵循"3R"原则，减少输入端的物质能源的输入，资源化处理废弃物，实现了物质能源的多级多层次利用，减少了资源消耗和环境污染，同时也增强了低成本优势。最后，产业集群生态系统具备极高的网络组织化程度和协同创新能力。产业集群生态系统是产业集群与循环经济全面的、系统的互动发展结果，是高级的互动发展模式，也是产业集群与循环经济与发展的共同目标。

（三）产业集群与循环经济互动发展模式

1. 产业互动发展模式

产业互动是产业之间存在的以关联产业为基础，彼此之间相互作用、相互影响的一种社会协作关系。产业集群与循环经济产业互动主要表现在两个方面。

第一是产业带动互动模式。产业带动互动是两个互动的产业中一个产业对另一个产业产生持续而稳定的带动效应，从而实现产业互动发展，产业带动互动的基础是一种新兴的共性技术。就基于循环经济理念的新兴生态技术促使产业集群内部产业互动发展而言，科学研究带动了基于循环经济理念的高新生态技术的发展，如原料使用和废弃物处理技术，而高新生态技术会促使新的生态产品面市，新的生态产品会引导新的生态产业形成，新的生态产业凭借其各方面的优势将逐渐成为集群内主导产业，并为其他产业的发展提供新的空间、新的产品和新的服务生产方法，带动其他产业的发展。于是，集群内的产业互动以主导产业为核心向外辐射，沿着不同产业组成的链条不断向下传递，下游产业的发展又通过产业链条内部的投入产出关系来进行反馈①。

第二是产业耦合互动发展模式。产业集群模拟自然生态系统，调整集群内产业结构，引进消费者产业和集群废弃物分解产业。消费者产业以集群内原有产业的产品作为中间产品，加工制造出新产品，开辟出一个新的产品市场，从而扩大对集群消费者产业的需求，使消费者产业得到迅速发展，消费者产业又反过来促进原有上游生产者产业的发展；同理，分解产业以生产者和消费者产业产生的各种废弃物为生产原料制造新产品并迅速发展起来，反

---

① 彭亮：《产业互动模式的背景及其现实因应》，《改革》2010年第10期，第68—72页。

过来，分解产业通过为集群内上游产业解决废弃物处理问题，解除上游生产制造产业发展的障碍，促进了上游各产业的可持续发展。生产者、消费者和分解者产业在价值链上交错组合，耦合互动，最终形成闭合的循环产业链，可持续地向前发展。

2. 网络互动发展模式

产业集群网络包括核心网络层和支撑网络层。产业集群与循环经济互动主要体现在产业集群的核心网络层——企业网络。企业网络是以独立个体或群体为节点，以彼此间复杂多样的经济连接为线路而形成的介于企业与市场之间的一种制度安排。企业网络在横向上由核心企业、互补企业和有竞争合作关系的企业组成，在纵向上主要体现在产业链的上下游企业（供应商、生产制造商、代理销售商）的合作关系。所以，产业集群与循环经济网络互动又分为横向互动和纵向互动两种。

横向互动。产业集群内在的横向网络关系能够在核心大企业发展循环经济后带动其互补企业与合作竞争企业进行循环经济改造，实现集群的横向循环经济化，这也将使集群的横向网络关系更为密切。我们知道，在核心大企业中发展循环经济要实现企业层面的小循环：根据生态效率理念，通过产品生态设计、清洁生产等措施，减少产品和服务中资源和能源的使用量，实现污染物最少排放。互补企业主要指产品互补企业，核心大企业的主导产品的需求量与互补产品的需求量呈正相关关系。主导产品经过生态设计和清洁生产后，一方面，核心企业为了避免互补产品的生态绿色值不达标而影响其主导产品的销售，会督促集群内互补企业发展循环经济；另一方面，可持续发展、清洁生产和生态产品无疑是未来发展的趋势，互补企业为了更好地实现其产品与集群主导产品的互补效应，也会主动进行循环经济改造。对于与核心企业有着外包合作关系的中小企业，其产品是核心企业生产的一部分，发展了循环经济的核心企业必然会要求外包产品具有生态性，于是各中小企业也将进行循环经济改造，实现生态生产。而对于集群内部与核心企业进行良性竞争的同构企业而言，核心企业利用循环经济技术提高了竞争优势，处于劣势地位的同构企业必须有所改变，而改变的方式便是学习和借鉴优势企业的经验和技术，发展循环经济。

纵向互动。首先，循环经济提高了生产过程的可拆分性，细化了产业集群的纵向专业化分工，延长了产业链。产业集群纵向分工有技术条件和经济条件，其中技术条件便是生产过程的可拆分性①。基于循环经济理念的绿色创新技术，比如清洁生产技术、能源综合利用技术和废弃物回收再循环技术等增强了集群生产过程的可拆分性，使纵向分工更为细化和专业化，为在纵向上形成更多的工序企业提供了可能，延长了产业链，扩大了市场规模。其次，产业集群与循环经济相结合，模拟自然生态系统的食物链，建立"生产者—消费者—分解者"的产业生态链，并把产业链的各个环节都连接起来形成封闭的循环。这使得产业集群内部物流、能流和信息流顺畅流转，使得各个环节之间资源、能量和信息的相互交换和循环利用成为可能。② 最后，产业集群的纵向网络为实施循环经济、模拟自然生态系统食物链提供了一个很好的依托，方便了循环经济的实施，促进了循环经济的发展。

3. 制度互动发展模式

制度是产业集群和循环经济发展不可缺少的重要因素，它决定了生产过程中的资源分配与利益分配形式。制度分为正式制度和非正式制度。正式制度是指人们有意识创造的一系列政策制度的总和，包括政治制度、经济制度以及由此形成的等级结构。非正式制度是指人们在长期的交往中无意识形成的、具有持久生命力的并代代相传的一部分文化，一般包括价值观念、伦理道德、风俗习惯、意识形态等③。

产业集群与循环经济制度的制度互动也包含了正式制度和非正式制度的互动，大致表现为以下四个方面。

第一，产业集群的市场机制是循环经济的良好依托。循环经济往往带有极强的计划指令色彩，在当今全球性市场经济中难以独立发展壮大。而产业集群的特有市场形成机制正好弥补了循环经济模式的不足，即可以为循环经济建立市场制度，是循环经济发展的良好依托。第二，集群中的行业协会为在集群内发展循环经济提供了保障。行业协会通过制定正式规则来协调企业间的关系，是一种第三方的治理机构。行业协会的信息提供机制、集体行动

---

① 周振华：《产业融合中的空间结构：产业群集扩展》，《改革》2004年第3期，第8—15页。
② 赵相忠：《论循环经济对产业集群的优化效应》，《生产力研究》2007年第23期，第99—101页。
③ 霍丽、惠宁：《制度优势与产业集群的形成》，《经济学家》2007年第6期，第71—75页。

机制、协调机制以及其作为第三方的权威性能建立有效的核算和监督制度，包括绿色会计制度、绿色审计制度等。第三，产业集群的非正式制度形成了集群的社会资本，可以在集群内营造各种基于资源和技术共享的合作氛围，有利于资源的充分利用和信息的快速流动，为循环经济的实施提供了规范、有效的非正式制度环境。第四，产业集群与循环经济本身都是一种基于企业间开放式分工协作的制度安排，物质和信息等要素沿着特定的产业链推移和流动，在一定的企业群和空间内形成相对闭合的产业体系。同时，二者的经济活动已经或者能够在特定地点集聚。地方产业集群内的产业链形成回路后，就构成了一个循环经济体系，而众多基于循环模式的企业在特定区域的集聚则构成了一个产业集群。因此产业集群和循环经济的制度安排存在着互为因果、互相促进的互动关系。

（四）典型案例：南安市石材产业集群

1. 南安市石材产业集群概况

（1）南安市石材产业集群经济发展概况

南安市石材产业集群依托港口优势和国内外资源，由最初的几个石材企业聚集于内，发展为福建省内小有名气的石材集散地，在强大的产业集聚效应带动下，产业供应链配套不断齐全，如今已成为全国大型石材生产基地和最大的集散基地。目前，南安市石材产业集群已基本形成集矿山开采、石材加工、磨具磨料制造、检测仪器、批发市场、出口贸易、工程业务承揽等门类齐全的石材产业链；石材产品品种多、花样齐，集群内企业利用花岗岩、大理石普通板材生产加工大规格板材、薄型材、超薄型材、工艺材等高级装饰装修材料，并把边角废料、石粉、石渣制成人造大理石、马赛克、石粉砖等新型产品。截至 2009 年底，南安市石材产业集群有石材企业 1500 多家，石板材年生产能力达 1 亿平方米，工艺、异型材达 650 万平方米，生产能力占全国的 40% 以上，石材年产销量占全国石材年产销量的 30% 以上。2009 年，雄踞全国三大石材生产出口基地之首的南安市水头镇实现规模以上工业产值 101.4 亿元，上缴工商税收 37791.6 万元，其中规模以上石材企业 121 家，产值 71.1 亿元，占规模以上工业产值的 70%，上缴工商税收 27304.4 万元，占全镇税收总额的 38.8%。在产业集群集中度不断提高的同时，南安市政府高度重视环境污染治理，大力推进循环经济，制定了《南安市发展循环经济专项规划（2009—2015）》《南安市人民政府关于发展循环经济的实施意见》《中泰（石井）石材集聚区循环经济试点园区实施方案》等规划，积极引导宏发集团、协进建材等一批重点企业制定循环经济实施方案。目前，南安市已被列为福建省石材产业综合利用循环经济示范市（县），中泰集控区被列为福建省级循环经济试点园区，已初步形成了南安市循环型石材产业集群。

南安市石材产业集群虽然庞大，但在发展中也存在不少问题：第一，产业集群发展缺乏总体规划、产业组织规模偏小、创新能力不够、科研力量不足，影响了规模经济的形成和企业技术的进步、经营效率的提高，产品同质化现象严重，产品技术含量低，高附加值产品少，致使绝大多数企业依靠低成本战略来形成竞争优势；第二，能耗高，资源利用率较低，环境污染比较严重。石材加工业单位产品能耗高，比国际先进水平平均高40%以上，石材资源利用率与国家先进水平相比仍然较低，大多数矿山荒料利用率低于50%，石材加工企业生产中产生的大量石粉、碎石、污水对周围环境造成了严重污染；第三，相关配套设施不足，相关社会化服务系统极不完善。集群内中小型企业尤其是生产类企业过多，而金融、风险投资、人才培训、市场咨询、法律援助、科技服务等支持性服务机构发展滞后，人才软环境建设较差，无法留住科研人才。

（2）南安市石材产业集群循环经济发展概况

南安市石材产业集群是典型的传统产业集群，其竞争优势是建立在低廉的资源成本之上的。虽然产值巨大，财税贡献较大，但石材产业工艺、治污技术的相对落后及污染防治设施的缺乏等多种因素均使生产过程中产生了大量的污水、石粉、碎石、废料，给空气、水源以及土地造成了严重的污染。进入21世纪以来，尽管环境污染已经有所减弱，但情况仍不容乐观。近年来，为解决石材产业集群快速发展带来的环境问题，南安市全面发展水循环利用、石粉综合利用和碎石综合利用三方面的石材产业集群循环经济。

第一，水资源利用方面。南安市广泛推广使用石材行业污水处理系统，以提高工业用水率，实现水资源的循环利用。石材污水处理系统可以将活水与沉淀物分离，活水能够再次用于工业生产，沉淀物经过压滤可形成工业废渣。形成的工业废渣实行统一清运、集中规范处置，而经过系统净化处理的污水能全部循环利用，大大节约了工业用水，保护了人类赖以生存的水资源。目前，南安市石材行业用水基本上可实现循环利用，到2010年底，可做到废水集中处理并实现"零排放"。

第二，石粉综合利用方面。以石粉为原料生产加气混凝土砌块、蒸压砖、烧结砖等，是石材产业集群石粉综合利用的主要做法，既可年均综合利用废弃物石粉100万吨，又延伸了石材产业链。在石材企业的带动下，传统制陶企业纷纷开始利用石粉废料代替矿石生产瓷砖，高达30%的石粉替代比例不仅消化了废弃物石粉，减少了矿石的开采，还节约了生产成本，实现社会效益与经济效益的双赢。目前，南安市石材产业集群的石粉综合利用率可达65%，到2010年底，石粉综合利用率约达90%。

第三，碎石综合利用方面。以废弃石板材边角料、碎石、石粉为主要原料生产的各类岗石使南安市石材产业集群的废弃边角料、碎石得到充分利用，缓解了环境压力，减少了生产成本，赢得了市场和良好的口碑。此外，以边角料制作工艺装饰品和石拼油画则是综合利用碎石的另一种做法。目前，南安市碎石综合利用企业有100多家，碎石综合利用率可达90%，至2010年底，碎石综合利用率约达到95%。

2. 南安市石材产业集群与循环经济互动发展的机制

（1）南安市石材产业集群是循环经济的重要实现途径

一方面，石材产业集群为发展循环经济提供了物质基础。2005—2009年，南安市石材企业由1100多家快速增加至1500多家，年均增加100家，规模以上产值由108亿元跃至190亿元。产业在不断集聚的过程中为当地贡献了巨大的财税，同时也带来了大量的石粉、碎石、污水等。南安市石材产业集群每年产生的石粉碎石废料等超过100万吨，"垃圾只是放错地方的资源"，大量废弃物的堆积正好为发展循环经济提供了必备的资源基础。南安市组建专门的运输队伍，清理石材企业的石粉、碎石，集中运输到相关的石粉碎石综合利用企业进行废弃物回收，集中处理，统一运作，既避免了人力、财力等资源和能源的浪费，又大大减少了石粉、碎石等对环境的污染。其中，福建国能新型建材公司是南安市"吃"石粉"出"环保产品的主要企业之一，投资建设的石粉加气混凝土砌块和蒸压砖制品项目一年可消耗本地石粉污染物 60 万吨；万灵石艺有限公司利用边角料制成马赛克工艺装饰品和石拼油画，经济效益显著，年可利用边角料 50 万吨以上。在国能和万灵等石粉、碎石综合利用企业的共同努力下，南安市目前年均可消耗石粉 100 万吨、碎石 110 万吨，石粉和碎石综合利用率分别达 65% 和 90%，基本消除了石材产业造成的环境污染。

另一方面，石材产业集群为发展循环经济提供了技术支持和合作机会。石材产业集群的集聚效应为群内企业发展循环经济带来了群外企业所不具有的优势，如对含有难以沉淀的磨屑、磨粒的大量污水的处理，最初是由少数几个企业（一般是技术力量比较雄厚的核心企业）引进集群外部新的知识和技术，研发污水处理技术，在不断的摸索中逐渐提高了水循环利用率，基于地理的邻近性，集群内其他企业通过合作、技术人员的内部流动、干中学等途径共享技术溢出效应，从而加速了污水处理技术的扩散。目前南安市所有石材企业污水"自产自销"，成功实现生产废水全部循环回用，水循环利用率超 70%，其中东星石材、明超石材一天能处理污水 3500 吨。由此可知，由于集群处于一个开放性系统之中，基于核心企业知识和技术的外溢加快了循环经济技术的扩散，集群网络企业通过内部消化吸收转化为自身可以接受的方式，并在此基础上进行技术创新，从而进一步推动了循环经济技术的发展，促进了水循环利用。此外，南安石材产业集群集合了核心企业和外围配套生产企业，基于规模经济和外部范围经济的专业化分工协作在很大程度上降低了企业的生产成本；在共同的文化氛围和制度环境下，南安传统的信任文化使企业间的交易成本减少和合作机会增加。

（2）循环经济是石材产业集群壮大与持续发展的重要推动力

首先，循环经济发展对与石材相关的产业集群形成了推动作用。国能和万灵经济效益和社会效益的双赢吸引了越来越多的企业加入石粉、碎石综合利用队伍中，但由于绝大多数企业生产规模小，生产流程相对简单，生产技术能力和专业化水平有限，因此，在单个中小企业内部实现资源的完全循环利用和再利用是不现实的，同时石粉、碎石综合利用企业的厂房随意沿江择地而建、散乱无规划也加大了当地产业环境治理的难度。为了解决这些问题，加快产业集聚，进一步推动石粉、碎石集中收集、处理、回收加工利用，南安市规划建设了三个石材循环经济产业园区，一方面严格控制区域外新建石材企业，另一方面资助综合利用企业的交通匝道等配套建设，双管齐下，引导石材企业入驻工业园区。目前，三大园区已初步形成各具特色的产业格局。其中，滨海循环经济示范园区，通过引进国能、莱特、南星等石粉、碎石综合利用企业，做到碎石、石粉等固体废弃物不出园区，变废为宝；中泰（石井）石材循环经济园区，采取水固液分离技术和中水处理净化技术，实行水资源循环利用，使整个处理过程透明化，同时配套建设石材加工工艺研发机构，对固体废弃物和石渣、石粉集中收集回收利用，基本消除了粉尘向周边的扩散，同时配套建设下游产品开发生产车间；石井边角料集中处理加工园区，对石材加工企业产生的边角废料进行分类堆放、集中处理，根据碎石的不同形状、用途和性质等特点进行分拣，以充分利用碎石荒料，加工成石材再利用产品，而一些暂时难以利用的荒料则集中起来，用于建设石材假山景观，以另一种方式减少对环境造成的污染。

其次，循环经济推动了石材产业集群的持续发展。产业集群是一个开放系统，具有耗散结构特征，其内部的有序态是以环境中的熵增无序为代价换取的，当外界混乱无序以至于无法提供持续的物质、能量、资金、信息等负熵流时，就会不同程度地引发产业集群发展的不可持续性问题。南安石材在快速发展的过程中，的确为当地经济做出了巨大的贡献，但其加工产生的污水、石粉、碎石却极大地污染了环境，使生态不再平衡，生活环境恶劣，生产无法正常运行，产业集群系统自然难以维持和进化。意识到环境治理的重要性，南安市运用循环经济的"3R"理念重构石材产业集群活动流程，推动产业集聚系统向新的稳定有序状态跃升，使其持续发展。跃升的过程需要一系列技术的支撑，因此南安市积极推行"科技联姻"——与大学、教育机构、研发机构、技术传播组织等合作，深入开展技术攻关，加快污水处理技术、石粉和碎石综合利用技术的研发。目前，南安规模以上石材企业基本实现污水零排放，石材产业能耗为每万元工业增加值消耗 0.43 吨标煤，比其他产业的 0.7 吨低了近 40%，每年排出的 270 万吨碎石和石粉超过 75%得到了循环利用，130 多家从事石粉和碎石的综合利用企业产值超过 12 亿元，从而使南安石材产业集群成为国内最大的石材循环经济产品生产基地，在解决环境污染的同时也获得了实实在在的经济效益，2009 年规模以上企业产值超过 190 亿元。石材产业集群在从无序状态跃升至稳定的有序状态的过程中完成了向产业集群生态系统的进化，也使自身得以持续发展。此外，南安石材产业集群循环经济的发展不仅带动了相关配套产业的持续发展，其社会效益、生态效益和经济效益上的"三赢"也给当地其他产业树立了典范，使其争相走上了发展循环经济的快车道。

从图 7-1 的南安市石材产业生态产业链中可以清楚地看出，南安市石材产业集群在不断壮大的过程中，产生了石粉、碎石、污水等，而产生于产业集群内部的问题应该也只能以产业集群为载体来解决。在依托产业集群发展循环经济、解决污染问题时，产业集群的产业链不断延伸，石材配套产业逐渐齐全，集群可持续发展能力不断增强，反过来带动、衍生了新的产业集群，同时也进一步促进了产业集群循环经济的发展，二者循环往复，互动发展，不断进化成为一个更高级的产业集群生态系统，同时实现了经济效益和社会效益的双赢。

三 城市社区循环经济发展机制

大多数人从事工商业及其他非农业劳动的社区一般称为城市社区，它是人类居住的基本形式之一，是一定区域内由有特定生活方式并且具有成员归属感的人群所组成的相对独立的社会共同体。一般而言，包括相互联系的三个方面：一是特定的地域范围；二是一定的人口；三是居民之间有共同的利益与意志，社会联系比较紧密，是一个利益共同体①。

从循环经济发展的角度来看，作为消费者的个人是产品终端使用者，这就使得社会层面的循环经济发展，特别是以生活垃圾的分类回收利用为主的静脉产业，应当从个人的层次展开。但是，由于循环经济具有规模经济性，个人的循环经济行为，诸如对垃圾的分类，并不能对循环经济的发展产生决定性的影响。例如，即使个人对垃圾的分类很充分，但是由于处理的垃圾量太少，无法形成规模。而某一社区或者若干社区，基于"群体意识"等采取一致行动的时候，循环经济的发展便在一定程度上成为可能，甚至会带动周边区域的发展。因此，城市社区是发展循环经济的有效载体，社区参与是

---

① 李景峰、李金宝：《中国社区发展的历史、现状及问题探析》，《长春理工大学学报》2004 年第 4 期，第 65—69 页。

发展循环经济的有效途径，大力发展循环经济将有效促进社区建设和环境保护的和谐统一。

（一）城市社区发展循环经济的内涵和基本特征

1. 循环型城市社区的内涵

循环型城市社区的主要特点如下：以城市社区的可持续发展为目标和出发点，通过制定并落实城市社区发展循环经济的政策制度，建设生态建筑和循环型生产生活体系，倡导社区居民绿色消费，使社区的物流、能流、信息流遵循"减量化、再利用、资源化"原则，得以高效循环利用，从而促进城市社区内部人与自然、人与人之间的和谐共处。循环型社区是生态型的社区、节约的社区、便捷的社区、和谐的社区。建设循环型社区能够动员更多的市民参与发展循环经济，建立起与循环型产业相适应的流通和消费环节，完善"生产—流通—消费"协调一致的循环经济体系。

2. 城市社区发展循环经济的基本特征

（1）低能耗，强调社区充分利用可再生能源。城市社区发展循环经济首先应从源头上进行控制，在社区生产和生活的整个过程中强调资源的节约和有效利用，最大限度地降低资源的投入，充分利用可再生资源（如太阳能）。

（2）再利用，强调社区废弃物的内在消化及资源化。城市社区发展循环经济在中端的特征主要体现在资源再利用和循环回收利用方面，具体表现为对在社区生产和生活中产生的废弃物进行分类回收和综合利用，最大限度地实行废弃物资源化，从而提高资源的再利用率。

（3）低排放，强调社区废弃物无害化处理。城市社区发展循环经济在末端的特征体现了无污染、零排放原则，具体表现为：对社区废弃物进行无害化处理，最大限度地降低废弃物对社区居民生存环境的污染和破坏。

（4）全民参与，倡导绿色生活方式。城市社区发展循环经济重点强调社区居民的全面参与，倡导绿色的生活方式，塑造新型文化，将循环型社区的构建内化为一种社区居民共同参与的行为和时尚，从而减缓资源消耗和环境污染，构建人与自然和谐相处的健康、舒适和高效的社区生活环境。

（5）参与社会大循环，实现社区与城市循环系统的高效联动。循环型城市社区注重参与社区外的社会大循环，强调社区与城市循环系统的高效联动。这主要体现在两个方面：其一，中水回用系统，将城市社区排出的污水纳入市政污水处理厂，通过中水回用系统将污水处理成中水返回到社区进行循环利用；其二，建立垃圾分选和废弃物回收体系，由社区物业管理处牵头，从源头即每个家庭开始分类，对一些危险的废弃物如电子垃圾等，设置专门的收集点进行回收处理，社区清洁部门进一步细分，将可回收的废弃物出售给再生资源企业，将有机垃圾就地处理后转化为肥料用于社区绿化，最后由城市垃圾处理厂负责处理剩余垃圾，对可燃又无法循环利用的生活垃圾可选择性地进行焚烧发电，做到垃圾处理的无害化、资源化和再利用。

（二）城市社区循环经济发展的运行机制

城市社区循环经济发展的运行机制是以构建循环型社区为出发点，以激励引导和约束监督的政策体系为导向，以社会中介服务体系为纽带，以社区居民的节能环保、节约资源和绿色消费等活动体系为形式，以社区居委会和物业管理处所建立的节能环保管理体系为基础的四位一体的网络互动机制，既有各体系内部运行的独立性，又有体系间乃至与社会的协调和互动。

1. 组织管理机制

建立以街道办事处、社区居委会、社区物业管理处为主体的循环型社区统一管理机构。城市社区发展循环经济应以街道办事处为政府主要管理部门，以社区居委会、社区物业管理处为主要活动组织者，全面负责循环型社区构建过程中各相关部门之间的协调，跟踪、检查、监督各有关政策法规措施的具体落实情况，定时向循环型社区提出建议，建立以循环型社区统一管理机构为主导、社区居民自觉主动参与的循环型社区组织体系。

2. 利益激励机制

从政策层面给予正确引导和支持，结合市场机制的作用，调动社区街道办事处、社区居委会和物业管理处、房地产商、社区中介组织和社区居民构建循环型社区的积极性。为激励引导各利益相关者参与循环型社区的构建，针对社区开展的回收利用废弃物、使用太阳能与生物能源、节能减排与环境保护的经济行为，可运用财政补贴和税收优惠、试点项目的服务跟踪和技术指导、先进典型的示范与推广来加以激励和引导。

3. 监督约束机制

建立健全构建循环型社区的法规政策体系，以约束和监督社区街道办事处、社区居委会、物业管理处、房地产商、社区中介组织和社区居民的行为，使城市社区朝低碳环保和资源节约、循环利用的方向发展。建立社区居民、社区中介组织监督循环型社区构建的有效机制。社区居民和社区中介组织不仅要积极参与构建循环型社区，而且要监督环境执法，维护其共同环境权益。要逐步完善社区居民和政府相关部门的沟通机制，有效地促进社区居民整体环境意识的提高，发挥各自优势，资源互补，形成政府、社区和社团的合力作用，共同促进城市社区发展循环经济。

4. 民主管理机制

构建城市社区发展循环经济的民主管理机制，坚持和发展以社区治理、参与管理、协商共决、共谋发展为基本特征的适应现代城市社区发展循环经济的内在要求的民主管理制度，着眼于社区的整体利益与市民的具体利益的和谐统一。充分发挥居委会、物业管理公司、业主委员会、义工联等组织的积极作用，共同做好社区各项工作。

5. 技术支撑机制

为城市社区发展循环经济提供必要的技术支撑，使循环型社区的构建具有可行性。城市社区循环经济发展技术包括三个环节，即输入端、过程控制端、输出端，从而实现减量化、再利用、资源化的有机结合。循环型社区对技术需求主要侧重于基础设施建设方面，包括垃圾综合处理系统、太阳能利用系统、污水处理系统等。同时，由于高新技术的推广牵涉面较广，政府应制定相应的循环经济技术规范，促进构建循环型社区相关技术研发与应用的标准化。

6. 绿色考核机制

为促进城市社区开展循环经济，社区街道办事处应与社区居委会、物业管理处签订"构建循环型社区责任状"，落实社区居委会、社区物业管理处在构建循环型社区的过程中各自应承担的责任，同时街道办事处将构建循环型社区工作列为社区文明建设的考核目标，并与社区年终考核直接挂钩。制定循环型社区构建计划，根据计划将创建目标分解到相关部门和具体人员，进一步强化目标责任意识，确保各项工作目标按时完成。

7. 主动参与机制

在产品消费使用阶段，社区居民应响应国家号召，自觉消费资源节约型产品，进行多次性、耐用性消费，如尽量减少使用一次性产品、避免使用过度包装产品、选择租赁等。在废弃物产生和回收阶段，社区居民应自觉主动对生活垃圾进行分类，减少日常生活给环境造成的压力。在社区管理方面，将循环型社区建设工作进行公示，广泛听取社区居民和社会各方的意见，按照居民意见不断改进建设工作。

8. 自我约束机制

市民是组成城市社区的主体，城市社区发展循环经济的具体成绩直接取决于市民的自我约束情况。全体市民要树立发展循环经济的理念，转变消费方式，树立绿色消费理念，在生活中形成节能、节水、节源的自我约束意识，推广节能建筑、节水器具等节能设施和强化资源综合回收利用，做到约束从自我开始，节约从自我做起，从身边的点滴做起。

（三）典型案例：深圳梅山苑社区

1. 社区基本情况

深圳梅山苑社区占地 12 万平方米，住户 4000 余户。小区利用自身优势，将城市形态、公园景观、人文气息元素加以融合，营造出"人—建筑—自然"的和谐居住小区。梅山苑示范社区采用新工艺、新技术、新材料、新设备进行屋顶绿化、雨水回收、中水处理、太阳能利用、智能化等技术和项目的应用试验与推广，具体措施包括以下几个方面。

针对深圳空气污染较严重和热岛效应、温室效应明显等问题，开展住宅区屋顶绿化与屋顶经济作物种植试验。完成梅山苑屋顶绿化约 5000 平方米，种植屋顶草莓园约 700 平方米。

针对深圳缺水、住宅区污水排放严重污染境内河流域等问题，开展住宅区生活污水处理回用试验。建成 1 个日污水处理量 50 吨的人工湿地污水处理系统，通过在人工建造的湿地上选铺特定填料与栽种植物，以生物无害化处理形式净化、降解生活污水中的杂质，并将处理后达到国家相关标准的水回用于小区绿化灌溉等。

尝试人工湿地与屋顶经济作物种植两种技术的结合试验与推广工作。在梅山苑另建成 1 个日污水处理量 10 吨的人工湿地污水处理系统，将富含氮、磷等营养的水处理后提升至屋顶清水池，用于滴灌屋顶草莓种植区，降低屋顶种植的经济成本，并起到节能、省地、节水、环保的作用。

针对深圳一次能源稀缺、电力等能源供应紧张问题，开展住宅区太阳能技术应用试验。建成梅山苑太阳能利用技术应用系统，进行太阳能供热水设备、太阳能路灯、太阳能宣传栏试验。

针对建筑工程建设工期长、质量难以保证等问题，开展住宅建设工厂化、标准化技术试验。建设梅山苑住宅产业化技术综合示范屋 6 套，试验环保型整体浴室与整体厨房、室内整体饰板、住宅建筑工厂化施工与装饰等技术。

利用梅山苑住宅产业化技术综合示范屋，开展室内环境污染治理、住宅智能化控制、建筑节地等技术试验，并在示范屋外墙建设中，采用聚苯三合一系统等多项技术，进行外墙节能、隔热、降噪系统的试验。

在循环型社区的创建与管理中，坚持以宣传鼓动、思想教育为先行，以贴近社区、面向公众的方式来设计创建，积极引导社区居民自觉参与，力求提高社区公众的绿色生活理念，循环型社区创建工作取得了显著成效。

2. 循环型社区发展机制

（1）科学的组织管理机制

梅山苑社区在构建循环型社区过程中专门成立了领导小组，小组成员包括社区居委会、物业服务公司、社区学校和居民的代表等，统一运行机制，提高了创建效率。城市社区建立以社区居委会和居民代表为主体的社区环境管理机构，组织和开展日常环境管理活动，同时与物资回收部门配合工作，提高居民废旧物资的二次回用率；建立健全社区环境保护的监督管理机制，加强对社区企事业单位和商业网点的环境管理，定期收集居民反馈的对社区环境管理的意见，形成创建循环型社区扎实的组织基础和高效合理的环境管理机制。

（2）多元的资金筹措机制

循环型社区建设需要一定的基础设施与之配套，如节能照明、节水装置、垃圾分类装置、小区绿化等，需要投入一定资金。梅山苑社区在前期建设阶段，采取政府财政拨款和贷款组合的方式实现；在后期的维护过程中，采取政府投一点、社区支持一点、企业赞助一点和居民自筹一点的办法筹集资金，在社区内相应地方修建了各类循环经济设施，使城市居民基本上做到节水、节电、零排污、垃圾充分回收。社区还成立了循环经济实践奖励资金，对积极参与社区循环经济建设并取得重大示范和推广意义的单位和个人，予以鼓励和支持。

（3）畅通的沟通交流机制

梅山苑社区每年都制定工作计划，内容涵盖本年度社区将开展的一系列主题活动，通过开展各类群众喜闻乐见的活动，为群众搭建了沟通交流的平台。建立了循环型社区网络平台，创建社区论坛，开通了社区 QQ 群、社区网络聊天室，形成了通过社区论坛收集各类群众的舆情、意见、建议等信息的工作方式，达到内外资源共享、交流与互动，进一步激发社区居民参与循环型社区建设的热情，及时解决发展中存在的问题，从而促进社区内居民之间、社区和居民之间、社区之间的信息沟通。

（4）多渠道的宣传教育机制

通过多种渠道，如电视、报刊和网络等，加强循环经济建设宣传，并倡导居民绿色消费；居民小区环保节约宣传除采用黑板报、宣传栏等方式外，还通过定期开展文艺活动、智力竞赛等形式多样的现场互动宣传活动来吸引居民踊跃参与。此外，政府环保部门也参与到循环型社区的建设中来，指导小区居委会编制环保节能、循环经济等专题小册子并发放至居民家中，引导社区居民在日常生活中自觉节电、节水，回收利用废弃物，优先采购各种有环境标识产品和绿色产品，减少使用一次性物品，逐步形成有利于循环型社区发展的节约、健康、文明的生活方式和消费模式。注重对居民家庭及居民自身的引导与鼓励，除了加强环保教育外，还推行了环保日记制度，社区每天都把小区消耗的电量、煤气、汽车燃油等按规定折算成二氧化碳量，定期进行公布，让每个社区居民都知道自己社区的环保状况，从而增强其发展循环经济的紧迫感和责任感。

第四节　微观循环经济系统的发展机制

循环经济系统是以物质、能量、信息、价值为构成要素的有机体，根据构成要素及其交互关系的复杂程度，可以将该系统划分为宏观、中观、微观三个层次。循环经济的微观层次就是循环经济实践的微观主体，主要包括政府、企业、中介和社会公众（消费者）。政府既是制度的供给者、行为的示范者，同时也是产品的主要消费者，尤其在我国，政府实际是循环经济实践的主导者。企业作为资源消耗、污染排放的主要责任者，是循环经济微观分析的主要对象。社会公众是消费者，社会公众参与是现代微观治理的重要途径，在循环经济建设与实现的过程中，公众有权通过一定的程序或途径参与与循环经济有关的活动；中介等第三方组织在社会监督、审核、评估中发挥着重要作用，在发展循环经济的链条上，不能少了中介组织的参与。从根本上说，社会经济系统的运行及其外在表现——经济现象，都是由微观层次上的人的经济行为及其相互作用决定的。因此，探讨这些微观主体在循环经济发展实践中扮演的角色和作用发挥的途径，有着积极的现实意义。

一　宏观调控机制

市场失灵及外部性是导致资源浪费、生态破坏、环境污染的原因之一，良好的生态环境是最公平的公共产品，具有非竞争性与消费的非排他性，这就决定了政府是良好的生态环境这一公共产品的提供者。因此，政府在循环经济发展中具有不可替代的作用。政府在推进循环经济发展中始终扮演着引导者和调控者的角色，即以制定奖惩制度、环境政策为主，并辅之以必要的行政干预手段。

（一）政府调控行为与市场运作机制的契合

1. 契合效应中的效率与公平

公平与效率在一定程度上是相互矛盾的，如何在公平与效率之间找到一个平衡点是人们越来越关注的问题。传统经济学将生态环境视为一种非短缺要素，认为它是经济系统的外部条件，不受其限制与约束，导致人们在追求其他要素使用效率的同时忽视生态环境的有效性[①]。直到工业化进程加快、资源消耗增长、环境质量下降威胁到人们的经济效益时，循环经济的发展才受到极大关注。循环经济作为一种先进的经济发展形态，其发展过程同样分为萌芽、发展、成熟及变革四个阶段，不同阶段所受到的经济规律的制约情

---

① 齐建国、尤完、杨涛：《现代循环经济理论与运行机制》，新华出版社 2006 年版。

况不尽相同，而且各国政府对不同发展阶段的循环经济实践所采取的扶持和管制政策也不完全相同。市场失灵决定了循环经济的发展需要政府的调控和推动，而政府失灵现象的存在又要求政府在循环经济发展的不同阶段因时制宜、因地制宜，通过法律、监督和市场机制进一步规范政府行为，努力纠正政府调控的错位、缺位和越位现象。

2. 二者相辅相成，互为补充

目前，我国经济发展正处于转型时期，微观领域仍然存在着市场失灵现象，市场不能在现在与未来之间进行有效的资源配置，且环境污染与资源短缺的现状使经济运作面临着巨大的挑战。厉以宁教授曾经有一个非常恰当的比喻，他将市场比作一台搅拌机，政府就是搅拌机的管理者。各种生产要素进入市场这个搅拌机后，通过市场的自发调节，最终实现资源的有效配置。我国市场经济建设更多地要求政府发挥间接的调控作用，主要通过经济、法律手段，辅以必要的行政手段对市场进行宏观调控，引导和影响市场主体的行为。就循环经济而言，政府干预的目标就是让市场机制更好地包容循环经济活动。市场经济自身的弱点而引致的市场失灵现象，使得政府的干预成为必然。政府调控的目的在于构建一个完善的市场体系，即建立一种市场与法制相结合的推动循环经济发展的制度安排，结合市场实际运作状况，及时调整政策目标、调控方式以及治理的具体对象，最终实现循环经济的发展由"政府资助型"向"政府服务型"的转变。

3. 政府和市场同时发挥作用的循环经济发展理论模型

依据"杠杆平衡条件"构建的政府和市场同时发挥作用的模型如图7-9所示。杠杆平衡条件是作用在杠杆上的两个动力与阻力面积相等，即"动力×动力臂＝阻力×阻力臂"；循环经济发展的最终目标是构建有序运行机制，在经济发展与生态环境保护之间找到平衡点，实现经济社会与资源环境的可持续发展。基于杠杆原理，图7-9表明：在市场经济条件下，循环经济发展受天平两端，即市场机制与政府调控的双重作用。一方面，变量 X1—X6 产生的阻力，使循环经济发展呈现无序状态，图中 A 区域表示的是市场机制缺陷的阻力面积；另一方面，政府通过中介变量 Y1—Y3 来矫正市场失灵，并健全市场机制的基础因子 S1—S3、构建调节变量 Z1—Z6，形成 B 区域，即宏观调控的动力面积，用以弥补天平左端的受力，使得动力与阻力相抵，杠杆最终平衡，循环经济得以有序发展。

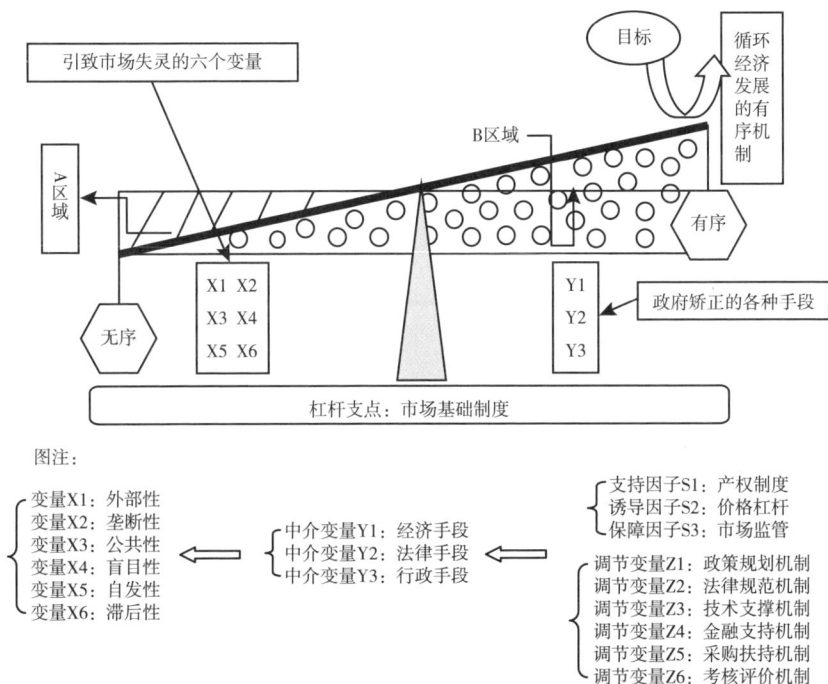

引致市场失灵的六个变量

目标

循环经济发展的有序机制

B区域

A区域

有序

X1 X2
X3 X4
X5 X6

无序

Y1
Y2
Y3

政府矫正的各种手段

杠杆支点：市场基础制度

图注：

变量X1：外部性
变量X2：垄断性
变量X3：公共性
变量X4：盲目性
变量X5：自发性
变量X6：滞后性

中介变量Y1：经济手段
中介变量Y2：法律手段
中介变量Y3：行政手段

支持因子S1：产权制度
诱导因子S2：价格杠杆
保障因子S3：市场监管

调节变量Z1：政策规划机制
调节变量Z2：法律规范机制
调节变量Z3：技术支撑机制
调节变量Z4：金融支持机制
调节变量Z5：采购扶持机制
调节变量Z6：考核评价机制

图 7-9　政府和市场同时发挥作用的循环经济发展理论模型

（二）循环经济发展中政府调控的路径优化

1. 健全市场机制

（1）市场建设支持因子——合理界定自然资源产权

循环经济的发展始终依存于市场经济的土壤，因而要充分培育循环经济发展的市场条件，使资源和环境的价值在市场中得到充分体现，促进市场主体自愿选择循环经济发展模式。首先，完善市场化产权制度，根据不同市场主体、自然资源的公共性和外部性的大小，采用拍卖或分配的方式赋予不同的主体主权；其次，对于外部性较强、产权边界模糊的自然资源，设立统一的公共产权主体，并行使所有者的管理权；最后，建立使用者付费制度，依据自然资源的公共属性，有区别地确定其使用权和经营权，且根据自然资源的不同用途，划分不同的获取途径、制定阶梯式的税费标准等。

（2）动力推进诱导因子——充分利用价格杠杆

一个较完善、较合理的资源价格体系，至少包括三个方面：其一，资源开采过程中的合理补偿标准（体现为合理的资源税、能源税、环境税和土地税等）；其二，资源开采、运输、使用过程中的各项成本（直接投入成本）；其三，资源消耗过程中对环境污染治理的间接成本（环境成本）。因此，健全市场机制的核心是重新配置自然资源，并将生态环境视为基本生产要素，使用价格杠杆重构价格形成机制，适当提高水、电、气等资源的价格，不仅计算其生产成本，还要考虑废水、废气、废渣等的后续处理成本和达标排放成本。

（3）驱动力量保障因子——全面进行市场监管

基于物流分析的政策措施和管理手段是发展循环经济的核心调控手段，因而只有掌控市场物流的走向，才能提高市场监管力度。首先，定期分析原料消耗、资源节约、再生利用、废弃物排放、环境污染等基本状况，完善循环经济市场运作的信息服务体系；其次，充分利用循环经济评价指标体系，将资源产出与消耗、静脉产业发展水平、废弃物排放等主要指标纳入国民经济和社会发展的统计体系以及对各级政府的政绩考核体系中；最后，拓展传统市场监管视域，增强政府、市场与公众三者之间的互动。通过构建透明的生态信息服务体系，加强公众与市场的信息交流，提高产品信息对称度，形成有利于循环经济发展的政府调控推动、市场主体运作、公众自觉参与的市场监管机制。

2. 优化宏观调控路径

（1）革新政策规划机制

首先，根据适度的基础财政政策，设立循环经济发展专项资金，为循环经济贷款项目提供政策支持，安排合理的产业发展政策以提高区域循环经济发展水平；其次，通过分析各区域、各产业的循环经济运作情况，因时因地地择取有条件的地区进行政策创新，对于资源产权制度、排污权交易制度、生态补偿制度、国民经济绿色审计制度等进行创新性实践，并以政策形式加以保障；最后，建立适当的奖惩约束制度，提高循环经济试点、工业园区或产业集群的制度规范化水平，使项目在一定的制度框架下有序运行。

（2）创新法律规范机制

适当弥补以往循环经济立法存在的缺陷，有效借鉴国内外循环经济立法的经验教训，立法时关注所制定的法律法规之间是否协调、是否能够相互促进，在法律法规中重新规范市场主体的行为；同时，明文规定行为主体所负的法律责任和所拥有的权利；再者，除了正确区分强制性、激励性、引导性的法律法规外，应在《中华人民共和国循环经济促进法》的基础上，结合具体实践，进一步研究和修改相关配套法规，强化可操作性和匹配性。

（3）变革技术支撑机制

第一，应为科技进步和自主创新能力的提高提供制度平台。建立统一的循环经济技术指挥机构是科技研发和推广的前提，相应的科技资金投入和科技人员的有效配置是科技研发和推广的基础，推动政府机关、科研院所、高等院校和相关企业、民间研究机构的共同参与则是通过技术进步促进循环经济协调发展的基本保障；第二，出台相关的配套技术达标政策，对于如何进行科技项目管理、如何遵循相应的资源回收率标准、如何做好科技成果管理和推广工作，都应有一个明晰的概念，大力扶持涉及循环经济发展的技术项目。

（4）完善金融支持机制

第一，专项资金支持机制。按照一定资金使用标准与筹资方案，建立国家循环经济专项资金使用制度。用途包括：按一定比例和实际发展水平，对循环经济发展的领先型、挑战型、追赶型和后进型区域，以及国家级、省（市）级的重大循环经济发展项目分别给予资助；按技术发展的程度和经济发展所处的阶段，以及政产学研合作状况，对重大循环经济技术研发项目进行专项支持；按各区域资源环境的承载能力和经济发展现状，对循环经济产业化示范项目和清洁生产技术推广中亟须解决的"瓶颈"问题给予足额补助和贷款贴息等。

第二，经济调控手段支撑机制。对循环经济项目的投资给予税收优惠，运用灵活的、倾斜性的税收政策，吸引市场资本进入循环经济运作领域。可通过免税、退税、减税以及特殊的"生态补偿税""大气污染税""污染源税""垃圾填埋税"等方式进行，也可以借鉴发达国家的绿税制，分门别类，从燃油税、电力消费税、航空旅行税、垃圾处理税、污水税等方面着手。

（5）强化采购扶持机制

第一，制定合理的绿色采购政策，政府部门办公产品采购主要以节能环保产品、资源循环利用产品为主，提高公务人员的节约循环意识，以起到带头示范作用；第二，建立广泛且有效传递绿色采购信息的网络，制定政府绿色采购产品的建议清单，同时通过各种渠道进行绿色宣传，并对采购制度进行跟踪、反馈和评价；第三，制定《绿色采购法》，对现行政府采购制度补充相应的"绿色"内容，不断完善我国环境标识制度。

（6）改进考核评价机制

其一，全面把握各行政区域循环经济发展的现状，考量行政区域内单位GDP资源和能源各自的消耗量、单位GDP污染物的排放量、城市社区废弃物再生利用率以及污染物的处理率等，并将考量结果与政府绩效挂钩；其二，制定不同产业和行业、企业和生态工业园区等运作过程中的生态建设指标，定期对相关产品的环境质量达标率、废弃物循环利用率、企业循环经济技术发展情况进行考核，并以考核结果为标准，对违规运作行为予以制约，对理性发展模式予以奖励。

二　企业家创新机制

循环经济是一种创新型生产方式，而企业家是创新的行为主体，循环经济产生与演进的过程离不开企业家这一重要角色。因此，以企业家为微观基础和主线探索循环经济演化规律，有助于深化循环经济理论，从而更好地指导循环经济发展实践。目前，企业家的作用尚未引起足够的重视。因此，从企业家精神和企业家网络这两个层面展开循环经济动力机理和路径的研究，并结合国内典型成功案例，从实践角度加以解释，为我国循环经济的推进提供借鉴。

（一）循环经济企业家的内涵及特征

1. 循环经济企业家的内涵

为了清晰界定循环经济企业家，首先应当明晰循环型企业的概念。循环型企业是在资源强约束、环境高压力背景下企业运营运作的模式，是以资源的高效利用和循环利用为核心的微观经济组织，它是以物质闭环流动为特征，以"减量化、再利用、再循环"为原则的生态经济型企业。循环型企业是投入最少、排放零化、消除浪费、成本最低、产出最大、资源循环利用的高效益企业。熊彼特认为，创新就是"生产要素的重新组合"，并把新组合的实现称为"企业"，把职能是组建新组合的群体称为"企业家"。[①] 循环经济实质上就是对生产要素的重新组合与优化配置，是对传统经济增长方式的"创造性破坏"，这是企业家的职责。因此，本研究认为循环经济企业家是积极实践循环经济理念，在企业中积极实施循环经济行为，主动构建物质闭环流动循环的企业家。循环经济企业家从属于企业家范畴，并且从事循环经济领域的相关经营活动。

2. 循环经济企业家的特征

循环经济企业家除了具有一般企业家的共性特征，如旺盛的精力、坚强的毅力和果断独立等品格外，还有一些特点。（1）循环经济企业家首先是节约型的企业家，循环经济企业家经营企业的目标同样是利润最大化，但是其利润的获取主要是通过高效地利用资源、减少消耗、减少浪费实现的，即用更少的资源创造更大的价值；（2）循环经济企业家是生态型企业家，循环经济企业家通过进行循环型技术、工艺、材料、组织创新，引进集约、高效、无害化的生产方式，生产出适应市场需求的绿色产品；（3）循环经济企业家是科技型企业家，循环经济需要在资源节约和综合利用以及资源循环技术、再利用技术、减量化技术、零排放技术、系统化技术和信息化技术等方面寻求技术支撑，这就要求循环经济企业家必须是科技型企业家，能够使高科技与经营管理紧密结合；（4）循环经济企业家的行为具有两重性，循环经济企业家不仅要遵循市场经济规律，同时还要遵循自然生态规律，应当在关注经济效益的同时，兼顾生态效益。总之，循环经济企业家是节约型、生态型、科技型企业家，并且具有很强的社会责任感。循环经济企业家是循环经济技术的引导者，是循环经济制度设计的代理人，又是商业生态圈的铸造者。

（二）企业家精神对循环经济发展的影响机理

1. 企业家精神的维度

随着学者对企业家理论研究的不断深入，企业家精神成为重要的研究对

---

① 〔美〕约瑟夫·熊彼特：《经济发展理论》，何畏、易家详等译，商务印书馆1991年版。

象，马歇尔、奈特等著名经济学家都对其进行过界定。从目前的研究成果来看，企业家精神的概念呈现多样化的特点，不同的学者提出了不同的见解，比如创新性、开拓性、冒险性、突破资源限制、前瞻性、超越现有能力的渴望、财务获取能力、企业控制力、合作精神、敬业精神、社会责任等。这些界定主要是基于企业家与一般群体的比较，关注的是企业家的显性特征，并且存在重复和交叉，这种过于宽泛的概括，未能真正把握企业家精神的本质。奥地利学派在前人研究成果的基础上，以企业家精神为基础探索经济增长的实现机制和实现过程，明晰地界定企业家精神的三维要素：熊彼特的创新要素，米塞斯（Ludwig von Mises）的冒险精神和柯兹纳（Israel M. Kirzner）的机会敏感性。虽然，其他经济学流派（如芝加哥学派、制度学派、演化经济学派等）也对企业家精神与经济增长的关系进行了研究，但对企业家精神的界定本质上并没有脱离或超越奥地利学派的研究结论。管理学大师德鲁克也认为创新是企业家的具体工作，并将企业家精神界定为创新精神①。因此，可以认为创新精神、冒险精神和机会识别是企业家精神的三大要素，循环经济企业家属于企业家的范畴，当然也应具备这三大要素，而且循环经济企业家要能够更好地诠释这三大要素。

2. 企业家精神与循环经济发展存在内在一致性

（1）企业家创新精神是循环经济发展的源泉

熊彼特认为：企业家是创新的主体，企业家具有打破常规的能力，是现有秩序的破坏者和市场均衡的创造者，企业家只有通过创造性地打破市场均衡，才能抓住获取超额利润的机会。经济活动与资源环境生态之间的矛盾是贯穿于人类发展历程的普遍矛盾，这一矛盾典型地表现为：具有增长型机制的经济活动对资源需求的无限性和具有稳定型机制的生态环境对资源供给的有限性之间的矛盾。工业化在带来巨大社会财富的同时，也激化了这对矛盾，人类的可持续发展迫切需要从传统的"大量生产、大量消费、大量废弃"，转向"最优消耗、最适消费和最少废弃"，从经济、社会和自然三个维度把握经济发展的统一和均衡。这一转变的过程实质上是经济结构由低级均衡向高级均衡的演化与变迁。循环经济作为一种新型经济形态，以资源存量、环境

---

① 〔美〕彼得·德鲁克：《创新与企业家精神》，蔡文燕译，机械工业出版社 2007 年版。

容量和阈值为限度，通过"减量化、再利用、再循环"，实现资源的高效利用和循环利用，其实质是对物流、信息流和价值流等生产要素的重新组合与优化配置，最终实现资源消耗和污染的减量、生产效率的提高以及成本的降低。传统生产方式下的经济已经陷入了"经济增长悖论"这种低水平的均衡状态，经济学家称之为"低水平均衡陷阱"，而循环经济无疑是打破这种"低水平均衡陷阱"，使经济发展到更高层次均衡状态的利器。循环经济的核心在于生产要素的重新优化组合，"资源—生产—消费—再生资源的循环流动"的关键就是对废弃要素的再利用、再循环，企业家则是实现这一组合的支配者，企业家创新是实现要素组合优化的源泉。马歇尔认为企业家的真正作用是承担、发现和修正非均衡的市场[1]，低水平的均衡本质上就是不均衡，发展循环经济能够实现对非均衡经济状态的修正，这一过程需要由企业家来完成。

（2）企业的循环经济行为需要企业家的冒险精神

米塞斯认为：市场过程是由对纯利润进行积极的富有冒险精神的追求所驱动的一个不断纠错的过程。循环经济企业家实施循环经济行为同样是受利润驱动的。但是，由于循环经济市场发育不完善，循环经济发展中面临着多重障碍，包括价格障碍、成本障碍、制度障碍、技术障碍和信息障碍等，即存在"市场失灵"，这给循环经济企业家的战略决策的实施带来了极大的风险。就价格障碍而言，循环经济生产方式意图通过"3R"实现经济效益，但由于循环经济再利用和再生技术发展滞后，新技术的研发推广成本较高，各种废旧产品和废弃物的集中回收、加工利用成本高，规模效益差，造成循环型企业产品定价过高；同时由于严格监管和生产者责任延伸（EPR）制度的缺位，企业使用原材料开发和加工的成本低，所需支付的废弃物处理费和排污费远低于污染治理费用，使循环经济产品不具有价格优势和大众消费者对循环经济产品认同度不高。在这种情况下，经营循环经济企业的利润就很难得到保障，企业家的循环经济行为是一种高风险的行为。

另外，从循环经济系统组织演化的进程来看，循环经济发展将经历循环型企业、循环型产业链、循环型产业园区（集群）和产业生态网络四个阶

---

[1] 〔英〕马歇尔：《经济学原理》，廉运杰译，华夏出版社 2005 年版。

段，产业生态网络是循环经济发展的高级组织形态，是循环经济发展的必然结果，丹麦卡伦堡产业共生体、贵港国家生态工业（制糖）示范园区都是比较成熟的产业生态网络。这种产业生态网络的最大特征是企业之间的依存度很高，如果某个经营环节发生变化，比如原材料或产品品质的调整、数量的增减以及工艺技术的改造等都会迅速波及其他企业，如果不能及时对废弃物链、产品链和产业链进行补充，就会导致循环经济综合优势的丧失。从这个意义上讲，即使循环经济发展到高级组织形态，也可能由于循环经济技术壁垒无法跨越，循环链条断裂，带来经营风险。因此，创办循环型企业，实施循环经济技术开发、传播和转让，进行清洁生产，制造易于使用和修复的循环经济产品等，都需要企业家具有冒险精神。

（3）企业实施循环经济行为是一个机会识别与选择的过程

柯兹纳认为：企业家的机会识别和利润追逐过程导致了社会的进步。在柯兹纳看来，市场信息是不对称的，企业家精神的本质就是对以前未被认识的机会具有敏感性，也就是说，其具有发现机会的能力[①]。企业家的机会识别过程表现为各种各样分散的追逐利润的活动。企业之所以冒险发展循环经济，是因为循环经济蕴涵着巨大的商机，循环经济价值链由发现潜在价值的各个环节组合而成，价值发现贯穿于整个物质流动过程。循环经济价值链具有链条长、节点交叉、方向迂回等特点，能够带来更多商机。以城市垃圾为例，目前进行处理的方法有三种：进行垃圾填埋气发电、垃圾焚烧回收热能发电和通过生物工程技术处理使垃圾变成肥料，无论哪种方式都有无限的商机。但是，循环经济中的商机却有一个共同的特性——隐蔽性。由于传统经济是线性经济，传统价值链是外显价值的创造过程；而循环经济是一种物质闭环流动型经济，产业链的闭合需要挖掘潜在价值，其关键是从废弃物中发现资源的残留价值，其目标是对资源残值的"吃干榨尽"，这种潜在价值的发现显然需要依托一定的技术创新、组织创新和制度安排，是更为复杂的过程。企业家对未来更敏感、更有判断力，他们能够更早地意识到循环经济中蕴涵的商机，提前组织研发循环经济新技术或主动寻求技术援助，将循环经济技术市场化、产业化，以收获丰厚的利润。而从现实来看，发展循环经济不仅

---

① KIRZNER IM. *Competition and Entrepreneurship*. Chicago：University of Chicago，1973.

可以为企业带来直接的经济效益，同时能够获得政府的一系列支持，能够改善消费者对企业及其产品的态度，还可以获得投资者的青睐，是一项"一举多得"的有效战略。因此，企业家如能挖掘到循环经济价值链中某个环节的商机，将会有意想不到的收获。

3. 企业家精神对循环经济演进的影响机理

企业家是潜在盈利机会的掌握者、最能动的创新主体以及创新风险的承担者，也是循环经济的塑造主体，同时也是循环经济持续演进的推动主体。由于循环经济演进进程中充满着大量的不确定性，因此需要敢冒风险、有判断力和能捕捉信息的企业家。一般来说，循环经济的演进过程分为萌芽期、成长期、成熟期和变革期四个阶段。在萌芽期，企业家主观上从社会责任的角度出发，考虑环境保护的问题，关心的是污染物产生后如何治理以减少其危害，即环境保护的末端治理。在循环经济的成长期，虽然循环经济理念和价值尚未得到普遍的认可，但循环经济技术研发能力较弱，循环经济产品品质不高，消费者的接受度低，生产循环型产品获利微薄，甚至无利可图。但是，一些有远见的企业家逐渐发现废弃物中存在着有价值的成分，注意到采用资源化的方式处理废弃物将获得额外的收益，他们通过加强工艺流程创新、技术创新、产品创新、组织创新等途径，并借助政府的减税、补贴、政府采购等优惠扶持政策，高标准推出了循环经济产品。以深圳格林美为例，董事长许开华先生是中南大学兼职教授，曾经在中南大学从事教学、研究工作，是典型的科技型企业家。2004年公司成立之时，他就提出了"消除污染，再造资源"的循环产业文化，并通过技术创新，开发出世界先进的循环技术，并积极探索技术产业化的路径，实现从再生资源到高技术产品的高端循环，成为中国循环经济的实践者和领头羊，公司成立短短几年就成功登陆A股市场。显然，许开华们的企业家精神有力地推动了我国循环经济的快速发展。

在循环经济的成熟期，循环经济的综合优势得到了极大释放。在循环经济领域取得成功的企业家日渐增多，他们通过创新取得了显著的经济绩效。循环经济企业家的创新往往具有公共产品属性，能够产生较强的外部效应。这典型地表现为，循环经济企业家在循环经济理念、技术、管理、制度等方面获得的创新成果会快速地向外传播即外溢，从而对其他经营者产生示范效应。同时，随着循环经济理论与实践的成熟，发展循环经济的风险、复杂性也大大降低，而预期收益却提高，市场上就会出现大量的模仿者和追随者。这种示范效应不仅能够成为循环经济发展的催化剂，也可以去除循环经济发展的技术障碍，延长循环型产品的生命周期。另外，这种示范效应能够使企业加强交流与合作，为循环经济产业链的形成奠定基础，而若干条循环经济产业链基于资源环境目标在空间上的集聚，便形成了生态产业网络。在生态产业网络内部，各种企业、产业以一定的链条为纽带得以连接，紧密合作，发挥系统的组合功能。即使是在生态产业网络内部，企业之间也会存在竞争关系，某个企业家的创新活动及其创新绩效会给其他竞争对手形成压力，并形成创新动力，迫使其他企业家加大创新投入，从而不断提高生态产业网络整体的技术水平，提高资源利用效率。随着循环经济创新成果传播范围的扩大，循环经济产业链就能在全国范围内得到推广。例如，南安石材循环经济产业链形成之后，其他石材生产基地纷纷效仿，带动了全国石材产业发展循环经济的热潮。企业家作为制度创新的代理人，其完善循环经济制度的需求会加速制度创新的进程。虽然最初的循环经济制度创新主要是依靠政府的力量推动的，但是在企业家精神得到很好发挥的地方，与循环经济相关的制度创新会更加频繁，将大大加速循环经济的发展。由循环型企业到循环经济产业链再到生态产业网络，以及循环经济企业家从"单枪匹马"到建立循环经济联盟，都体现着循环经济企业家创新所产生的示范效应。当循环经济进入成熟期一段时间后，企业存在两种不同的发展路径，一是获得新的突破和发展空间，二是发生衰退。如何保证企业能够获得新的突破呢？关键在于保持持续创新的状态，持续创新是循环经济成功的关键。持续创新可以保证循环经济技术创新成果不断涌现，从而催生新的产品、新的机会，形成新的生态产业链和生态产业网络，而这需要企业家及其领导下的企业团队队员富有企业家精神。

（三）企业家网络对循环经济发展的影响机理

1. 企业家网络的概念

企业家是作为社会中的一分子而存在的，也就是说，企业家是嵌入于社会网络中的。同样，企业家也处在一个与外部组织和个人相互作用、相互影响的多元网络组织环境中。企业家网络一般可分为产业网络和社会网络两种类型。产业网络是以产业为纽带所建立起来的互信、互利和互补的关系联盟，而社会网络是指个人之间的关系网络，包括家庭成员、朋友等。很显然，社会网络对循环经济发展的影响较小，虽然凭借私人网络可以获取一定的商业机会，掌握竞争对手的最新信息，甚至获得非核心的商业秘密，但毕竟是有限的，而且往往带有灰色性。产业网络所形成的关系联盟对循环经济发展有着更为显著的影响。根据网络的行为主体划分，企业家产业网络可以划分为三个维度：企业家外部横向关系网络，即企业家与其他企业成员之间的关系网络，代表企业之间的联系；企业家外部纵向关系网络，指企业家与各级政府官员之间的关系网络，代表企业与政府的关系；企业家内部纵向关系网络，指企业家与内部员工之间的关系网络，代表企业家对企业运营的控制。[①]企业家网络是一种经济资源，能够相互提供相关信息和资源，减少交易成本、交易风险以及提高创新能力，对企业家的行为动机、决策和绩效等都有显著影响。随着企业家经济交往的延伸，企业家网络的规模和紧密程度都将随之发生适度调整。

2. 企业家网络对循环经济发展的影响机理

企业家网络的三维要素对循环经济发展的影响主要是通过网络效应实现的。从循环型企业到循环经济产业链再到产业生态网络的演化，并不是一个简单的自组织过程，而是通过企业家的地方网络相互交融形成的有机系统。企业家网络是促进循环经济物流、信息流、价值流向其他企业扩散的重要途径。调查发现，拥有密集的、开放性网络的企业家对创新的感知往往十分敏锐和迅捷，有利于缩短创新扩散的时滞。就目前我国循环经济发展的情况来看，企业家网络的三维要素对循环经济发展的影响是有差异的。由于我国循环经济发展初期的路径是自上而下的，政府在循环经济发展中占据主导地位。因此，在发展初期及成长期，企业家外部纵向关系网络的作用最为显著，企业家在实施活动中需要考虑政府的因素，与政府建立良好的关系成为企业发展的重要资源。企业家可以通过与政府建立良好的关系，获得一定的利益，比如减税、补贴、金融支持、通过政府搭建的平台实现技术引进、利用政府平台进行产品宣传等。但是，这种强干预在一定程度上扭曲了企业家

---

① 钱锡红、徐万里、李孔岳：《企业家三维关系网络与企业成长研究——基于珠三角私营企业的实证》，《中国工业经济》2009 年第 1 期，第 87—97 页。

的行为，随着市场化改革的深入，政府对资源的支配权逐渐减弱，这种纵向的关系网络效应也将逐步弱化。

企业家外部横向关系网络有利于循环经济的发展，目前我国循环经济已经进入了相对成熟阶段，政府在循环经济中的职能定位也日渐清晰。在该阶段，企业家外部横向关系网络的影响将日益强化。循环经济中的企业之间的联系比传统企业更为紧密，因为循环经济各个企业之间往往以资源为纽带建立联系，充分挖掘上下游中流动的废弃物的价值和潜力，一条循环经济产业链中不仅有供应商、生产者、消费者，还有分解者，他们之间是相互依存的，尤其是在产业生态网络内部，一家企业的产品或副产品会成为另一家企业的原料和能源，从而形成产品链和废弃物链。为了实现资源共享、产品链延伸和副产品互换，企业之间必须相互了解，这就需要依托强大的企业家横向关系网络，可以说，网络为企业家的决策提供了丰富的信息和市场机会。企业家横向关系网络使企业家扩大了对循环经济技术和信息的接触面，为企业家选择合适的技术方向和轨迹提供了基础。另外，网络还将引致创新示范效应，企业甚至可以进行联合研发，共同承担创新风险，实现产业网络的协同进化。再者，企业家可以依托该网络平台，如企业家协会、商会等提高对政府决策的影响力，促使政府为其提供基础设施服务和政策优惠。目前，北京通信信息协会光电与光通信专委会和中关村电子贸易商会牵头成立了"电子产品循环经济发展联盟"，这一联盟的实质就是发挥循环经济企业家横向关系网络效应，建立具有自主创新特性的电子产品循环经济体系，为电子产品循环经济体系新技术、新方案、新模式以及低碳社会建设与循环经济的有机结合提供协同攻关的平台。

企业家内部纵向关系网络代表着企业家对企业的运营控制，建立和谐的企业内部关系是企业成长的重要因素。循环型企业要想成功光靠企业家是不够的，激发员工的创新精神才是持续发展的关键。只有建立强大的内部关系网络，企业家精神才能逐级地向员工传递和被接受，不至于使企业家创新精神逐级衰退和递减。循环经济企业是科技型企业，不应采取集权式模式管理企业员工，而应通过授权，给员工自由，鼓励其创新，容忍其失败，并对他们在循环经济领域取得的各种创新成果予以奖励，从而激发员工的创新精神。

三　合作博弈机制

在循环经济运行模式下，资源所涵盖的范围被放大，传统的"废料"成为有用的"资源"，对资源的有效利用成为循环经济的核心。在这种运营模式下，单个企业利用资源的效率会受到企业自身的约束，因此，为了获得更好的资源循环利用效果，往往需要多个企业进行合作，形成所谓的"循环经济产业链"。而循环经济产业链的构建，必须充分考虑产业链上下游企业对资源需求的互补性，还需要确定产业链的成员厂商对"资源"的承载或"消化"能力，以及企业对其所得利益的满意度等。因此，针对"废弃物"这种特殊资源，变废为宝，走废弃物资源化道路，使废弃物利用链上下游企业进行有效和稳定的合作显得尤其重要。

（一）循环经济产业链的内涵及特征

循环经济产业链是运用循环经济原理，根据企业间的供需关系构建的，以自然资源为核心，以节约资源为宗旨，以技术创新为手段，以经济合理性为准则，通过物质的闭路循环和能量的梯级利用，实现生态效益、经济效益和社会效益共赢的企业联盟，实现资源在区域范围内的循环流动。有计划地构建循环经济产业链，可以从根本上缓解资源约束的矛盾，减轻环境压力，增强国民经济整体素质和竞争力，既是贯彻落实科学发展观的根本体现，也是产业结构优化升级的重要途径，更是实现经济发展方式转变的一场革命。

1. 循环经济产业链能够有效减少资源浪费

循环经济产业链注重设计、开发和实施的合理性，提高资源的利用率，进而从可持续发展的层面上减少传统产业链的资源浪费。循环经济以"减量化、再使用、再循环"为原则，通过废弃物回收和技术处理，可以有效减少生产过程中的资源浪费。"减量化"要求以较少的资源投入来达到既定的生产目的，进而控制生产源头资源的消耗和减少生产过程中的污染；"再使用"是为了提高产品的使用率，通过多次使用产品，避免出现一次性产品；"再循环"要求废弃物能够回收再利用，成为再生资源[①]。循环经济产

[①]　李春棠：《以循环经济促进法为指导　提高资源综合利用水平》，《再生资源与循环经济》2009年第 5 期，第 12—14 页。

业链遵循"3R"原则，不仅使资源得到充分利用，而且有效代谢了自身产生的污染物，实现了经济效益和环境效益的统一。

2. 循环经济产业链通过资源循环再生利用，不断稳定、延长和深化产业链条

循环经济产业链根据现代生态学原理，把生态系统物质循环利用和能量梯级利用的规律运用到经济社会发展中，以达到节约资源（低投入）、增加产品（高产出）、减少排放（甚至零排放）的要求。它强调低开采、高利用、低排放，完全不同于传统产业链的大量开采、大量生产、大量消费、大量废弃。循环经济产业链通过纵向主导与横向耦合的方式，提高产品附加值，寻找新的经济增长点，增强企业抵御市场风险的能力，实现产业结构的优化升级，从而促进产业链的持续发展。构建循环经济产业链的意义在于将具有产业衔接关系的企业连接在一起，形成战略合作伙伴关系，以提高资源的利用效率来获取竞争优势，由此通过企业的缔结联盟构成"产业增值链"。

3. 循环经济产业链是一种新型的价值链形态

传统产业链最大限度地开发和利用自然资源，并将其当作"原料厂"和"垃圾堆"，它追求的是经济增长，忽视环境保护和资源节约。而循环经济产业链将其视为人类赖以生存的基础，按照科学发展观的要求，把可持续发展作为最终目的，以科学技术作为重要推动力，重视和保护生态环境，以实现循环经济发展。因此，循环经济产业链是一项系统创新工程，它的构建以技术创新为基础，通过探讨各产业之间"链"的链接结构、运行模式、管理控制和制度创新等，找到产业链形成的产业化机理和运行规律，并将技术创新、管理创新和制度创新有机地融为一体，开创一种新型的产业系统。

（二）循环经济产业链的企业合作模式

1. 基于上下游业务的延伸型合作模式

业务延伸型合作模式主要是指合作双方基于上游业务关系而形成的合作关系。具体来讲，就是在双方企业主营业务领域不同的条件下，一方与另一方因业务上的紧密联系形成上下游关系，此时由一方为另一方提供服务。业务延伸型合作的主动权在上游企业，由上游企业选择下游企业进行合作，上游企业将未能实现交换的废弃物交给下游企业进行加工和处理。实际上双方企业间的关系是下游企业附属于上游企业。当这种供需关系以产业链的形式固定下来时，上下游企业之间基于产业链所建立的合作关系就确定了。合作的结果是通过合作上游企业使自身业务趋于完整或降低企业整体运营成本，下游企业扩展了业务量。

业务延伸型合作模式的基本特征有两点。一是非产权关系属性。从合作双方关系的紧密程度的角度分析，在延伸型合作模式下企业之间的合作关系相对松散。合作双方均不进行资产融合，不发生产权上全部或部分的转移，在产权不发生转移的前提下，形成具有特定生态功能的联合体。在由契约约束的特定环保活动范围之外，合作双方均具有绝对的独立自主性。二是合作关系从属性。上游企业在合作过程中通常拥有主导权，处于强势地位，下游企业则主要依照上游企业的指令完成具体操作层面的加工工作或提供服务。

2. 基于独立需求的互补型合作模式

互补型合作模式是指合作双方基于具有独立需求特征的不同业务而形成的合作关系。其中具有独立需求特征的不同业务有两重含义：一是业务功能完全不相关；二是业务功能可能一致但从地域角度来看完全不同。这两种情况都属于具有独立需求特征的业务，都可以认为业务领域是相互独立的。虽然循环经济产业链上的企业业务范围不同，但仍有合作的可能性。这是因为循环经济产业链涉及的业务较多，范围较大，因此几乎没有一个企业能涵盖所有业务，这就给在不同业务领域开展业务的企业创造了客观的合作条件。在互补型合作模式下的企业双方的业务具有互补性，因此合作企业间的关系是平等的，双方都拥有合作的主动权，合作中的业务分工取决于各自的业务类型。合作的基础是双方具有的业务优势，结果是互补，扩展服务领域，从而共同作用于同一需求主体或分别服务于各自的需求主体[1]。

互补型合作模式的基本特征有两点。一是契约稳定性。一般来看，互补型合作关系建立在对对方优势业务有需求的基础上，因此互补型合作可能较延伸型合作的关系更为紧密，甚至有可能存在股权转移。因此这种合作模式

① 张涵：《中外物流企业合作模式研究》，《物流技术》2008年第12期，第16—19页。

具有相对的稳定性,是一个较长时期的合作。二是技术结合紧密性。互补型合作模式旨在弥补双方业务上的不足以提升整体竞争实力,更好地服务于主体企业,因此双方企业的战略具有高度的统一性,可以表现为信息共享、行动一致、标准一致,在资金、技术、人力资源配置方面很可能进一步融合,甚至使用同一品牌。

　　3. 基于可替代业务的互换型合作模式

　　互换型合作模式是指上下游企业基于可替代的业务开展合作,相互交换部分业务,进行业务的整合或者重新分配。这种可替代的业务一般存在于合作双方的业务范围或者业务功能趋同的情况下。互换型合作模式的基本特征:一是存在相互制约关系。实力相当的主导企业在主营业务领域相同的情况下,由于业务间替代性强,会存在制约关系。如果实力悬殊,实力较弱的一方则可能被市场竞争所淘汰或者被整合。二是强调等价交换。受业务关系和双方实力的制约,合作双方往往出于利益均衡原则强调等价交换。三种基于循环经济产业链的上下游企业的合作模式的特征如表7-1所示。

表7-1　上下游企业基于循环经济产业链的合作模式比较

项　目	延伸型合作模式	互补型合作模式	互换型合作模式
合作目的	整合对方业务,完善自身服务	弥补自身不足,共同提高服务能力	整合对方资源提高服务水平,避免恶性竞争
业务领域	不同业务	不同业务	相同业务
业务关系	上下游连续业务	间断业务	并行业务
业务特征	业务连续,可延伸,属相关需求	业务独立,可互为补充,属独立需求	业务并行,可替代,制约性强,属相关需求
服务对象	服务于上游的客户	可为共同的也可为各自的客户服务	为共同市场中各自的客户服务
双方关系	从属关系	平等关系	竞合关系

(三) 循环经济产业链中上下游企业之间合作的博弈分析

　　1. 理论基础

　　(1) 纳什均衡

　　纳什均衡是指这样一种策略组合,在其他参与人的策略选择既定的前提下,每个参与人都会选择自己的最优策略(每个参与人的个人选择均依赖于其他参与人的选择，不依赖的情况只是例外），所有参与人的最优策略组合就是纳什均衡，即在给定其他人策略的情况下，没有人有足够理由打破这种均衡。从实质上说，纳什均衡是一种非合作博弈均衡。纳什均衡的重要性体现在：一方面，某一参与人发现自己单方改变策略便可以获取更多利益时，他会毫不犹豫地改变自己的策略，博弈自然也就没有达到均衡；另一方面，纳什均衡是所有其他均衡概念的基础。

（2）混合策略

混合策略是指，设 A 和 B 是一个博弈的两个局中人，他们的纯策略集分别记为：$S = \{s_1, s_2, \cdots, s_n\}$ 和 $T = \{t_1, t_2, \cdots, t_n\}$。

x 和 y 是两个概率向量，即：

$$x = (x_1, x_2, \cdots, x_n); x_i \geq 0 (i = 1, 2, \cdots, n); \sum x_i = 1$$
$$y = (y_1, y_2, \cdots, y_m); x_j \geq 0 (j = 1, 2, \cdots, m); \sum y_i = 1$$

若 x 表示对局中人 A 的纯策略集 S 的全体策略的一种概率选择；y 表示对局中人 B 的纯策略集 T 的全体策略的一种概率配置，即：

A 以概率 x_1 选择策略 s_1，以概率 x_2 选择策略 s_2，直到以概率 x_n 选择策略 s_n；B 以概率 y_1 选择策略 t_1，以概率 y_2 选择策略 t_2，直到以概率 y_m 选择策略 t_m，则称 x 为局中人 A 的混合策略，y 为局中人 B 的混合策略。混合策略的实践意义是表示局中人对各个纯策略的偏好程度，或是对多次博弈达到均衡结局的各个纯策略选择的概率估计，因此体现了主观概率的意义[1]。

（3）混合策略纳什均衡

混合策略纳什均衡是指在博弈中每一个参与人都根据对方所属类型的概率分布推测对方可能采取的行动，从而决定使自己效用最大化的行动，最终使每个参与人预期效用都实现最大化的一种均衡状态。

对于双矩阵对策，可这样描述其混合策略纳什均衡：

对于 $(x^*, y^*) \in X \times Y$，如果对 $\forall (x, y) \in X \times Y \forall$，都有 $xAy^* \leq x^*Ay^*$，$xBy^* \leq x^*By^*$，则 (x^*, y^*) 为双矩阵博弈的混合策略纳什均衡。

① Kim, Linsu. *Imitation to Innovation：The Dynamics of Koreas' Technological Learning* . Boston, Massachusetts，Harvard Business School Press，1997.

2. 上下游企业之间合作机制的博弈分析

循环经济产业链是由上下游企业等不同主体所构成的，链上各主体首先是作为独立的经济实体而存在和发展的，由于涉及的主体较多，其主体价值导向往往不一致，从而导致目标多元化、行为范式多样化，直接表现为循环经济产业链各环节主体及关联主体在资金、土地、信息等要素上存在着行为冲突，最终表现为投入效率不高，损失较大，甚至影响整个产业链的波动；同时，他们又是利益相关者，共生与耦合成为他们共同的目标，其互动可以视为一个动态的合作博弈过程。通过建立基于上下游企业合作的博弈模型，并分析混合博弈均衡条件，可以提出促进企业合作的策略，保证循环经济产业链持续健康发展。

（1）循环经济产业链中上下游企业合作的博弈模型构建

在循环经济产业链中，企业间因副产品交换建立起的关系网络非常复杂，一个企业可以同时扮演副产品或废弃物的提供者和接受者。企业间副产品和废弃物的互换是构建循环经济产业链的基本条件。为简便起见，我们规定了这两个企业的类型：企业 A 是生产过程中产生副产品或有废弃物需要处理的上游企业，企业 B 是可以把上游企业的副产品或废弃物进行加工处理并作为原材料进行生产的下游企业。两者的合作是一个动态过程，也是一个不断的选择过程，而这个过程中企业 A 和 B 都有两种基本的策略——合作与不合作（假设进行副产品的循环利用为合作策略，其余均视为不合作）。为了建构模型和简化计算，做如下假设：

第一，如果企业之间互相信任并且有合作意愿，则两个企业采取合作策略。设需要处理的副产品或废弃物量为 Q，企业合作成本为 c，这里的合作成本包括搜寻成本、企业间的谈判成本和处理废弃物的成本等，并且 c 与处理量 Q 成正比，即 $c = QL$，其中 L 为两个企业的单位合作成本。而两个企业各自的合作成本按其双方协调洽谈的比例进行分配：设 K_1、K_2 为 A、B 企业各自承担的成本占总成本的比例，则 $K_1 + K_2 = 1$。副产品或废弃物的交易价格按照双方意愿规定为 λ_1。

第二，如果 A、B 企业都没有合作的意愿，则双方都采取不合作策略，那么要处理企业 A 产生的副产品或废弃物以免影响生产而需要花费的排污费用为 f，它与排放的副产品或废弃物的产量 Q 成正比，γ 为排污收费系数；

企业 B 按原来渠道购买原材料，设原材料价格为 λ_2，并且 $\lambda_2 = \beta\lambda_1$，且 $\lambda_2 > \lambda_1$，$\beta > 1$。

第三，如果 A 企业合作但 B 企业不合作或者 B 企业合作而 A 企业不合作，那么由于合作的企业已经购买了副产品处理设备，由于处理设备具有专用性，所以该企业只有采取紧急避险行为或去寻找其他愿意合作的上、下游企业从而发生额外费用，设其额外费用的大小与它在合作时承担的废弃物处理成本成正比，比例系数为 α（$\alpha > 0$），可以将其理解为企业对风险的应对弹性系数，并且找到的其他上、下游企业与该合作企业交易的副产品价格不变，仍为 λ_1。同时假定不合作方的费用与双方不合作时该方的费用相同。[①]

（2）基于博弈模型的混合策略合作均衡条件分析

在企业 A 与企业 B 合作的博弈中，设 A 企业采取合作策略的概率为 p，相应地采取不合作策略的概率为 $1 - p$；B 企业采取合作策略的概率为 q，相应地采取不合作策略的概率为 $1 - q$。根据以上假设，可以构造出 A、B 企业合作时的得益矩阵（见表 7 - 2）：

表 7 - 2　A、B 企业合作时的得益矩阵

<table>
<tr><td></td><td colspan="3" align="center">企业 B</td></tr>
<tr><td rowspan="3">企业A</td><td>状态（概率）</td><td>合作（q）</td><td>不合作（$1 - q$）</td></tr>
<tr><td>合作（q）</td><td>（G_{1A}, G_{1B}）</td><td>（G_{2A}, G_{2B}）</td></tr>
<tr><td>不合作（$1 - q$）</td><td>（G_{3A}, G_{3B}）</td><td>（G_{4A}, G_{4B}）</td></tr>
</table>

其中，

$$G_{1A} = \lambda_1 Q - K_1 LQ \qquad G_{1B} = \lambda_1 Q - K_2 LQ \qquad (7 - 1)$$

$$G_{2A} = \lambda_1 Q - K_1 LQ(1 + \alpha) \qquad G_{2B} = -\lambda_1 Q \qquad (7 - 2)$$

$$G_{3A} = -\gamma Q \qquad G_{3B} = -\lambda_1 Q - K_2 LQ(1 + \alpha) \qquad (7 - 3)$$

$$G_{4A} = -\gamma Q \qquad G_{4B} = -\lambda_2 Q \qquad (7 - 4)$$

---

① 孙斌：《浅析知识产权保护中混合策略纳什均衡模型的应用》，《技术经济与管理研究》2010 年第 3 期，第 16—19 页。

从企业 A 的角度考察得益函数，此时企业 A 对自己的策略具有完全信息，而对企业 B 有不完全信息。企业 A 是选择合作还是选择不合作，通常使用的指标是选择合作时（$p = 1$）的期望得益与选择不合作时（$p = 0$）的期望得益之差 ΔG_A，$\Delta G_A = \lambda_1 Q + \gamma Q - K_1 LQ - (1 + \alpha)(1 - q) K_1 LQ$，即当 $\Delta G_A \geq 0$ 时采取合作策略。这里我们把 ΔG_A 称作企业 A 的合作倾向。

由 $\Delta G_A \geq 0$ 得企业 A 选择合作策略的条件：在其他条件不变的情况下，企业间的合作成本必须有一个上限，高出这个上限，企业 A 就会不愿意合作；排污收费率必须有一个下限，低于这个排污收费率收费，那么企业 A 对副产品或废弃物进行再处理卖给企业 B 就毫无利益可言；企业对风险的应对弹性系数必须有一个上限，否则企业 A 所面对的合作风险太大，便不愿意选择合作。

从企业 B 的角度考察得益函数，可以得到企业 B 是否选择合作取决于 B 的期望得益之差 ΔG_B 的大小，其中 $\Delta G_B = \lambda_2 Q - \lambda_1 Q - K_2 LQ - (1 + \alpha)(1 - q) K_2 LQ$，由 $\Delta G_B \geq 0$ 考虑到 $\lambda_2 = \beta \lambda_1$，由此可以消去 λ_2，从而得到企业 B 选择合作的条件：在其他条件不变的情况下，企业间的合作成本必须有一个上限，高出这个上限，企业 B 也会不愿意合作；而企业对风险的应对弹性系数必须有一个上限，否则企业 B 所面对的合作风险太大，便不愿意选择合作。

此外，企业 A 的合作意愿随着企业 B 采取合作策略的概率 q 的增大而增大。同理，企业 B 的合作意愿随着企业 A 采取合作策略的概率 p 的增大而增加。

（3）基于博弈模型的促进上下游企业加强合作的策略

根据前文企业间合作的博弈分析，应从以下几个方面入手促进循环经济产业链中上下游企业间合作的博弈均衡的实现，促进企业之间的合作。

第一，提高 γ 值。当排污收费系数越大时，企业如果不进行副产品的再利用而依然保持废弃物的达标排放，则其毫无利润可言，企业合作的愿望就越强，因而提高 γ 值有利于增强博弈均衡的稳定性，进一步促进企业间合作均衡的出现。因此，政府可以通过加大排污收费的力度来改变企业的合作态度。

第二，降低 α 值。当其他条件不变时，企业对风险的应对弹性系数 α 越小，说明企业所面对的合作风险越小，即一旦对方不合作时，自己采取应急措施或寻找其他上下游企业发生的额外费用不大，不会产生难以弥补的损失，则越能提高博弈均衡的上限，两企业的合作空间越大，企业也越倾向于合作。降低 α 值的措施：一方面政府要合理配置产业结构，保证上下游企业对副产品的供求配套，避免链条过于单一，即刚性结构所带来的负面影响；另一方面可以通过改善企业的内部结构，增强企业对风险的快速反馈和应对能力。

第三，降低 L 值。L 为两企业的单位合作成本，L 值越低，也就意味着企业双方合作的利润空间越大，双方也更愿意合作，因而降低 L 值有利于提高企业合作的博弈的稳定性，进一步促进合作均衡的出现[1]。

（四）循环经济产业链上企业之间的共生耦合机制

1. 资源循环利用机制

（1）资源循环利用的内涵

循环经济产业链的核心是要实现资源在产业链上的循环利用，变废为宝，提高资源利用效率，减少资源投入与环境污染。资源的循环利用是根据资源的成分、特性和禀赋对自然资源进行综合开发，实现能源原材料充分加工利用和废弃物回收再生利用，通过各环节的反复回用，发挥资源的多种功能，使其转化为社会所需物品的生产经营行为[2]。

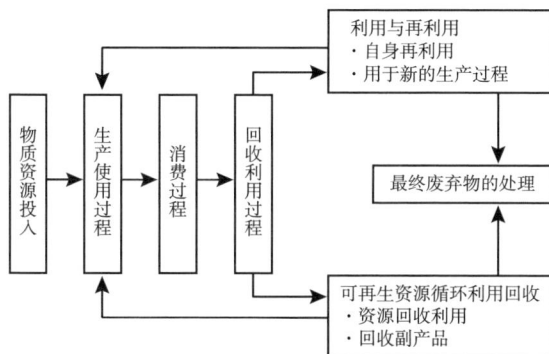

图 7-10　资源循环利用示意图

---

① 任海英、孙明：《生态工业园中企业间合作的博弈分析》，《经济论坛》2008 年第 1 期，第 60—62 页。

② 陈德敏：《资源循环利用论》，博士学位论文，重庆大学，2004。

循环经济产业链上的资源循环利用包括三个不同而又有序衔接的层面。

一是企业层面的"小循环"。循环经济产业链上的各类企业要按照资源循环利用的要求,在各项生产活动中,减少废弃物排放,甚至实现"零排放"的目标。

二是循环经济产业链层面的"中循环"。"中循环"的理论基础是工业代谢和工业共生原理,即链条上不同企业产生的废弃物集中处理,使之得到再利用。

三是循环经济产业链与社会区域层面的"大循环"。由于环境具有巨大的外部性,政府应确立以公权性环境权为主线的环境资源保护立法体系,以确保产业层面的资源循环利用能够得到有效监督并实现社会福利最大化,把资源循环利用纳入区域经济发展和社会发展规划中。

只有进行上述三个层面的循环,循环经济产业链的共生耦合才具有载体支撑和物质基础,循环经济产业链才能与区域经济有机统一,也才能达到资源利用减量化、循环化和综合化的目标。

(2)资源循环利用的实现途径

第一,源头控制。源头控制须符合循环经济的减量化原则。企业在资源和物质的流动中处于循环经济产业链的最前端,因此源头控制最重要的就是要求企业在生产和消费过程中减少物流和能流,节约资源,同时减少生产过程中污染物的产生,控制排放量,提高利用率。

第二,过程控制。过程控制须符合循环经济的再利用原则。再利用原则要求产业链上的企业采取环境危害最小化、经济效益最大化、利用合理化的生产方式。在循环经济产业链耦合的各个环节中,应加快组织开发和示范有重大带动和推广意义的能源节约以及可再生能源开发利用技术、延长产业链和相关产业链技术、绿色再制造技术等,提升产业链整体技术水平。

第三,终端控制。终端控制须符合循环经济的资源化原则。终端控制就是尽可能地回收可利用的资源,将其重新纳入生产和消费的循环过程中。资源化原则就是在企业活动的终端尽可能地把废弃物再次变成资源,这个"终端"不仅是企业活动的"终端",而且是链上每一个活动主体的"终端",也是整条产业链的"终端"。

2. 生态价值补偿机制

（1）生态价值补偿的内涵

循环经济产业链既强调生态价值，又强调经济价值，二者缺一不可。如果循环经济产业链上企业主体的经济价值不能得到有效保障，缺乏经济驱动力，则无法保证其生态价值的实现。生态价值补偿实质上就是将经济活动所产生的负外部性内部化，让循环经济产业链主体的经济理性与生态理性统一。生态价值补偿机制就是协调相关链上主体的环境利益及其经济利益分配关系，是改善、维护和恢复生态资源价值系统"额外成本"的一种补偿机制。

（2）实现形式

第一，反哺模式。循环经济产业链中的上游企业，将其产生的污染物作为再循环利用的资源传递给下游企业的前提是对污染物进行无害化处理，这就出现两种情况。其一是由上游企业进行处理后，传递给下游；其二是传递给下游后由下游处理。而这两种处理方式的实质是治理污染的费用在产业链上下游企业之间的相互转嫁。反哺式模式就是指在生态关联性高、相对独立的生态系统中具有受益者和损失者，受益者按适当比例对损失者进行补偿。反哺式模式的实质是企业之间的补偿。

第二，混合模式。这种模式指在对产业链上的企业进行生态价值补偿时，既有来自政府的补贴，又有来自产业链上下游企业的反哺。只有发挥政府与企业的双重积极性，环境成本才能得到内部化。

3. 合作的利益分配机制

（1）合作的利益分配机制的内涵

产业链合作的利益分配机制是指链上的各个主体将一定时期内一起所创造和实现的利益按照一定的原则进行分割和分配的过程，它是循环经济产业链上企业耦合的内在要求。生态产业链的兴起和发展，正是根源于各参与主体对该产业的投入能够得到满意回报和收益的预期。这客观上要求参与者在生态产业链上获得的效益大于未参与之前的效益，产业链承担风险的能力大于未构建前各主体的风险承担能力。生态产业链是由不同的经济利益主体联结起来的，如果利益关系处理得不好，链条就会不稳甚至断裂。由于循环经济产业链上各个节点主体的收益率不同，因此在产业链的利益分配过程中，要特别注意保证不同合作利益相关者的利益所得①。

（2）合作的利益分配的实现模式

关于产业链利益的分配模式，常见的有产出分享模式、固定支付模式以及混合模式。循环经济产业链中企业之间合作的利益分配可以借鉴这三种分配方式，但更应该提高产业链的管理水平，建立现代企业制度，使分配方式趋于多样化、合理化。

第一，产出分享模式。这种模式是指产业链的各个主体按照投入的比例或约定的分配比例从共同的总收益中分得自己的一份收益。

第二，固定支付模式。这种模式是指产业链的各个主体根据事先协商好的酬金从最后创造的共同总收益中收取固定的报酬。在这种模式下，一般是核心企业向链上一般企业主体支付固定报酬，然后，核心企业再享有剩余的全部利润。

第三，混合模式。这种模式是前两种模式的结合。在这种模式下，产业链上的大型企业既向其他成员支付固定的报酬，也按一定的投入比或事先约定的比例从总收益中抽取一部分支付报酬，这部分报酬也称为"浮动报酬"，即"固定报酬＋浮动报酬"模式。在实际运作中，这种模式具有很大的灵活性，也具有一定的激励性。

四　社会责任机制

企业社会责任（Corporate Social Responsibility，简称 CSR）是指企业在追求利润最大化和对股东负责的同时，兼顾员工、消费者等其他利益相关者的需要，以实现长期的经营战略②。企业社会责任要求企业必须改变以前企业以获取经济利益为最终目标的观念，在企业生产经营过程中加强对人力资本的关注，加强对环境、对社会的贡献。一般来说，企业社会责任包括经济责任、法律责任、伦理责任、慈善责任等。中国科学院发布的《中国企业社会责任蓝皮书2009》指出，中国企业履行社会责任的整体情况不是很乐

① 齐振宏、王培成：《博弈互动机理下的低碳农业生态产业链共生耦合机制研究》，《中国科技论坛》2010年第11期，第136—141页。

② 吴军红：《建立完善的企业社会责任体系》，《红旗文稿》2012年第3期，第27页。

观。按其评价体系，得分最高的是市场责任指数，平均得分为 37.6 分；得
分最差的是环境责任指数，平均得分仅为 27.0 分。这说明我国企业对于自
身所承担的社会责任认识不足，尤其是对承担的节约资源、保护生态环境、
节能减排等责任不够重视。

当今时代，随着世界经济的不断发展和进步，经济发展与环境保护之
间的矛盾日益加重。走可持续发展之路、发展循环经济已经成为各国的共
识。在这种环境下，社会、企业乃至个人的生存和发展，除了依赖物质和
人的可持续发展之外，还越来越多地依赖环境、生态、自然资源的循环利
用和低碳发展，由此产生的企业社会责任已经从过去的外部补偿转向了内
部控制。

（一）环境资本——循环经济视角下企业生存发展的三重路径依赖

现代经济增长的多元性决定了在企业发展与竞争中物质资本的地位日益
下降，而人力资本、环境资本的地位则日益上升。物质资本体现了企业的所
有权，人力资本体现了企业的经营权，环境资本则体现了企业的实现权。
"三权"基于"三重路径依赖"，三重路径缺一不可。作为企业的"第三种
资本"（The Third Capital）——环境资本（Environmental Capital）日益重要
起来，并已逐渐成为社会经济发展的战略性资本。

1. 环境资本的概念

环境资本包括自然环境资本和社会环境资本两个重要的组成部分，环境
资本通常是由自然环境、供应商、客户、股东、员工、社区等企业的利益相
关者提供的，企业通过缴纳税收等方式予以资本回报。

环境资本概念的提出对于社会经济的可持续发展具有重要的现实意义。
在经济发展初期，由于原始资本积累的迫切需要，人们往往只注重追求经济
利益，而忽视了生产过程中环境保护的问题。但实际上，在生产过程中，企
业一方面使用了大量的自然资源，另一方面也向大自然排放了废弃物，这些
生产中的投入在某种程度上都可视为在消耗具有价值的环境资本。企业在追
求经济利益时通常都会尽可能地降低成本、提高产出，从而获得更高的利
润。同样，如果企业可以做到低消耗、低排放、高产出，就等于在减少对环
境资本的消耗，在获得经济效益的同时也获得了社会效益和生态效益，符合
走可持续发展之路的要求。

2. 环境使用权与生产者责任

（1）环境使用权的起源与发展

环境使用权的理论基础可以追溯到庇古税。庇古认为人们的生产活动对环境造成了影响但是并没有将其计入成本之中，产生了负外部性。应根据生产对环境造成的污染对排污者进行征税，根据污染所造成的危害程度对排污者征税，用税收来弥补排污者生产的私人成本和社会成本之间的差距，使两者相等，同时对有正外部性的活动给予补贴。庇古税是最早的环境税。

环境使用权交易制度（排污权交易制度）起源于美国。1968 年，美国经济学家戴尔斯最先提出了排污权交易理论。1986 年美国政府颁布《排污交易政策总计报告书》，报告书指出美国的排污交易制度主要包括总量控制、排污补偿和排污削减等内容。我国政府在环境保护方面也做出了积极的探索，但总体上看有关环境使用权交易的政策和法律还比较落后。2008 年初，我国相关部委开始联手研究环境税征收问题。2010 年 7 月，环境税征收方案初稿已经出炉，开征的时间表也已经初步确定。

（2）环境使用权的本质与特征

根据国内学者吕忠梅的定义，环境使用权是环境利用人依法对环境容量资源占有、使用和收益的权利。其本质是环境容量的物权性[①]。

环境使用权首先是一种益物权，它包括对环境容量占有、使用和收益的权能。其主体为一般民事主体，客体为环境资源，企业作为一般民事主体，在生产经营过程中一方面开发利用自然资源，另一方面又向环境中排污，便是占有并使用了一定的环境容量，并从中获取了收益，因此也需要为此付出相应的成本。提出环境使用权概念的根本目的是保护环境，使人类行为对环境的使用保持一定的度，从而保护环境的更新能力，实现可持续发展。

（3）生产者环境责任和生产者延伸责任

学者在企业社会责任和外部性内部化理论的基础上，提出了生产者环境责任和生产者延伸责任的概念。"生产者延伸责任"作为环境保护的预防性政策，最早在 1990 年由瑞典隆德大学的学者托马斯·林赫斯特（Thomas

---

① 吕忠梅：《论环境使用权交易制度》，《政法论坛（中国政法大学学报）》2000 年第 4 期，第126—135 页。

Lindhqvist）在向瑞典环境与自然资源部提交的一份报告中界定和使用，他认为生产者必须承担的责任包括环境损害责任、经济责任、物质责任、所有权责任、信息披露责任等。经过长期的探讨研究，经合组织（OECD）将生产者延伸责任定义为"一种环境政策，该政策要求生产者对其产品行为上和（或）经济上的责任延伸到产品生命周期的消费后阶段"[①]。

生产者延伸责任是对现有的生产者环境责任的补充，从而使生产者承担环境责任。已有法律规定的生产者环境责任，一般是指在生产产品的过程中要注意预防污染，对生产过程中产生的废弃物进行合理的处置和利用，基本上是指企业应承担的清洁生产的责任。而生产者延伸责任则将生产者环境责任向生产的上游和下游延伸，生产者既要在进行产品设计时注重原材料的节约和绿色环保，又要在产品销售之后负责对其进行回收利用与相关的处置，使企业的环境责任形成一个联动的循环链。

在我国现行的法律法规中，《清洁生产促进法》、《固体废弃物污染环境防治法》、《中华人民共和国循环经济促进法》和《废弃电器电子产品回收处理管理条例》等都对生产者延伸责任制度进行了相关的规定，并在逐步完善之中。

（二）三重路径依赖的企业实现方式：环境成本内化

环境成本是企业生产经营中所消耗的环境资源价值以及环境保护和再生支出等。对应生产者延伸责任，企业环境成本产生于上游、中游、下游的生产链中，如自然资源耗减成本、环境管理成本、环保运行成本、环保采购和销售成本等。

发展循环经济要求企业实现环境成本内化，既要把环境成本纳入企业成本之中，又要将环境成本控制贯穿于产品周期的全过程。企业实现环境成本内化的主要途径包括：以环境成本控制的理念进行企业项目决策、积极推进原材料节约、大力推行清洁生产、切实加强资源综合利用、建立包含环境成本的微观核算制度、构建环境成本内化的科技创新体系等。

1. 以环境成本控制的理念进行企业项目决策

根据环境保护权与生产者延伸责任的理念，企业环境成本的控制应从生

---

① 黎富兵、何华：《低碳经济对企业环境成本控制的影响及对策》，《中国注册会计师》2011 年第 11 期，第 114 页。

产项目的选择与决策的环节开始。

（1）选择符合循环经济发展理念的生产项目

企业在选择生产项目时，应充分考虑环境成本的问题，将环境成本纳入项目预算之中。涉及钢铁、冶金、石油、化工、机械制造等行业时优先选择可以利用节能技术和能够实现资源综合利用的项目，其他应优先在节能环保领域中选择。此外，还要充分考虑计划的生产项目可能对环境造成的影响及产生的相关费用，将环境成本纳入投资成本之中进行分析和评估。

（2）产品进行环保设计

相关研究表明，产品80%的环境成本在设计阶段就已经决定了，因此必须充分重视产品设计阶段的环境成本控制工作。采用绿色环保设计的办法来控制产品的环境成本是超前控制的一种重要手段。企业应根据"低消耗，低排放，高产出"的原则，在产品设计阶段对环境成本进行全面的考虑。在进行产品设计时应充分考虑生产产品所需的原材料类型和数量、所需使用的设备和能源，以及产品在生产、使用的过程中和废弃后可能对环境产生的影响。综合考虑各方面的环境成本之后，选择最优的设计方案。

2. 积极推进原材料节约

企业应坚持资源开发与节约并重的原则，通过加强自主创新减少原材料投入、改进产品包装等，从生产投入的源头做到减量化，逐步形成节约型、环保型的生产方式。

（1）加强自主创新，减少原材料投入

企业应注重引进高层次科技创新人才，建立自主研发中心，不断提升自主创新能力，选择或自主开发新型原材料替代传统原材料。企业应在引进先进生产设备、吸收先进经验的基础上大力研发和推广新的生产工艺，设计低耗能生产线，优化生产流程，运用先进技术减少原材料的投入，提高生产的投入产出比。同时增强节约意识，倡导原材料的节约利用与回收循环利用。

（3）改进产品包装，节约包装材料

企业应转变包装观念，根据产品的特点选择适当的包装材料和包装方式。产品包装实行简洁设计，大力压缩无实用性材料的消耗，减少包装资源的浪费，推广使用可降解、易回收、污染小、成本低的绿色包装材料和新型包装材料。建立包装回收体系，对包装实行逐级回收，进行循环利用，同时尽量减少一次性包装的使用率，减少废弃包装物对环境的污染。

3. 大力推行清洁生产

在生产过程中推行清洁生产是企业将环境成本内化、发展循环经济的重中之重。企业必须树立清洁生产的意识，积极主动地开展清洁生产工作。

（1）积极主动进行清洁生产审核

按照 ISO14000 环境管理标准，开展环境管理体系认证。制定和实施切实可行的清洁生产方案，落实开展清洁生产的措施。要求企业通过改进设计、使用清洁能源和原料、采用先进工艺技术与设备、改善管理、综合利用等措施，提高资源利用效率，减少生产、服务和产品使用过程中污染物的产生和排放，以减轻或者消除对人类健康和环境的危害。清洁生产审核是企业实施清洁生产的主要手段，无论是否在强制清洁生产审核范围内的企业，都应积极主动地开展清洁生产工作，进行清洁生产审核。

（2）推进技术改革，提高清洁生产水平

企业要加强科技创新，提升清洁生产技术水平，研究推进生态设计，开发清洁生产技术和产品，在产品生产的全过程实施清洁生产控制，促进清洁生产向更高层次发展。如推动化学需氧量削减技术、氨氮削减技术、二氧化硫削减技术、氮氧化物削减技术、重金属污染物削减技术等先进技术在不同行业使用，全面提高清洁生产水平。

4. 实行高效的销售和运输方式

销售过程中的环境成本往往被企业所忽视，但这其实也是重要的一个环节，近年来得到越来越多的关注。

（1）采取绿色营销方式。采用优化、便捷的销售方式，缩短销售流程，减少销售过程中的成本。近年来较为突出的是绿色营销方式，绿色营销是指企业在营销中要重视保护地球资源环境，防治污染，保护生态，充分利用并回收再生资源以造福后代。绿色营销要求企业在进行销售活动时，除了要考虑一般因素外，还要充分考虑环境成本，要将环境效益和生态效益放到重要的位置，使经济效益、社会效益、生态效益有机地结合，从而产生绿色效益。

（2）提高运输效率。在产品运输过程中选择合理的运输工具，规划高效的运输线路，尽量使用清洁燃料等，实现节能减排的目的。企业要加入现代化的物流体系，鼓励使用集装箱、厢式、冷藏、液罐、城市配送、甩挂运输等专用运输车辆和多轴重载大型车辆，推广集约、高效的运输模式，全面提高车辆实载率。

5. 切实加强资源综合利用

以优化资源利用方式为核心，以提高资源利用效率和降低废弃物排放量为目标，强化资源的节约和循环利用，减少自然资源的消耗和对自然环境的破坏。

（1）生产过程中的资源综合利用

根据不同的产业特点，实施资源的回收与综合利用，从而提高资源的使用效率，降低成本，也减少对环境的污染。以石板材加工业为例，在石板材原材料开采和加工的过程中会产生大量的废渣，企业可以综合利用矿山开采废弃的乱毛石制造建筑人工砂、建筑条石、块石、碎石、铺道石、工艺石等，剩余的用作填方平整造地，从而实现矿区资源的循环开发利用。在石材加工生产过程中产生的石渣、石粉及其他边角料，可用于生产标准砖、隔墙板、环保砖等节能型建材和新型墙体材料，作为化工产品填充剂、防水材料、建筑涂料，作为公路、铁路、机场跑道路基、海滩造地等填方材料，用于制造建筑人工砂石和各类人造石等，做到变废为宝，通过固体废弃物的综合利用节约原材料，减少对环境的污染。

（2）产品的回收处理再利用

依据产品的不同属性，某些产品在销售给消费者进行使用之后，也是需要回收再处理的，例如废旧电池的回收与处理。《中华人民共和国循环经济促进法》将生产者对废弃产品或者包装物的延伸责任分为回收、循环使用和无害化处置等。企业应根据不同废弃物的特性进行分类，或回收利用，或采用净化、填埋、热解、焚烧等技术对废弃物进行适时处理，最终达到废弃物无害化、减量化、资源化的目标。

（3）危险固废的无害化处理与利用

在工业生产中，危险固废对环境的破坏程度最大，若处理不当甚至会影响到他人生命和财产安全，因此相关企业必须高度重视危险固废的无害化处理与利用。生产过程中会产生危险固废的企业要在内部建立健全各项环境管理制度，通过各种措施逐步实现危险固废的减量化和无害化，并定期将危险固废的产生和处置情况向当地环保部门报告。

6. 建立包含环境成本的核算制度

将环境成本计入生产成本或产品价值，规范成本核算制度，这也是环境成本内化的关键。应使企业承担其经营活动造成的环境成本，并能从环保投资中获得利益，消除环境保护投资动力不足的问题，激励企业进行源头治理与预防，从而实现经济的可持续发展。

（1）明确环境成本核算内容

依据"资源有偿使用""污染者付费"等原则和我国现有法律法规的相关规定，明确企业环境成本核算的内容。企业会计人员要合理地理解和判断生产活动对环境产生的影响，根据不同的生产活动设计不同的环境成本（包括环境使用成本、环境污染成本等）的确认与计量方法，以便明确需要加入企业成本核算的环境成本的内容，进行合理的计量。

（2）设计具有可操作性的核算方法

除明确环境成本核算内容和使用基本的测量核算方法外，企业还应研究并运用现代企业成本管理办法，积极推进产品生命周期法、作业成本法、完全环境成本法等方法的使用。将环境成本引入企业成本核算框架，规范环境成本项目的确认、计量与计价，并将财务的、非财务的、对内的和对外的环境成本信息加以揭示，为环境成本的核算提供信息管理基础。

7. 构建环境成本内化的科技创新体系

企业要加强环境成本内化的技术创新，过去可能更多研究的是如何治理环境问题，现在需要将重点转移到新资源、新工艺、新流程的技术创新上，应成立循环经济技术研究中心，提高自主创新能力，研发提高资源利用率的先进技术工艺。可通过技术创新提高资源的利用率，减少对环境的污染。此外，大力发展环保产业，生产环保产品，获得经济效益和环境效益的双赢。

（三）第三重路径依赖的政府实现方式：环境规制

在实现循环经济发展的过程中，企业是主体，但也不能缺少政府的引导，政府在循环经济发展过程中也发挥着重要的作用。政府通过制定一系列环保法律法规，进行相关的环境规制，以促进循环经济的良好发展。

1. 建立清洁生产标准体系

清洁生产标准体系是国家环境标准体系的重要组成部分。原国家环保总局（现国家环境保护部）自 2002 年 1 月启动了全国清洁生产标准的编制工作。经过十几年的实践和研究，国家对清洁生产标准体系已经有了较为明确的定位，提出了清晰的框架结构，也已经有若干个行业的清洁生产标准颁布并实施。从标准属性的角度看，清洁生产标准体系主要包括行业清洁生产标准、清洁生产审核方法标准、行业清洁生产审核指南等。清洁生产标准体系对于我国企业实行节能减排、发展循环经济具有重要的作用，为清洁生产的实施、审核和评估提供了法规依据，而这也是在今后的工作中需要不断完善的，要根据不同行业的特点建立不同的标准和审核方法，促进清洁生产的发展。

2. 构建企业环境责任评价体系

企业环境责任是企业社会责任的重要组成部分，构建企业环境责任评价体系有助于提高企业对环境责任的认识，促进企业承担环境责任，同时也能够为企业的相关行为提供依据和指导。但是，目前国内学者及科研机构、地方政府缺乏系统和全面的对企业环境责任的评价，大部分将环境责任作为社会责任的一部分进行评估，全面性较差、具体操作性较低，尚未形成具有权威性的企业环境责任评价体系。企业承担环境责任的需求将迫使环境责任评价逐渐独立和完善起来。

3. 完善排污权交易制度

排污权交易是指在满足环境要求的条件下，建立合法的污染物排放权利即排污权（这种权利通常以排污许可证的形式表现），并允许这种权利像商品一样被买入和卖出，由此进行污染物的排放控制。排污权交易能够有效降低排污量，有利于降低治理污染的成本，有利于在保护环境的同时促进经济增长。因此，建立和完善排污权交易制度具有非常重要的意义，具体可以从以下两个方面入手：一是将排污权交易制度纳入相关环保法律，以法律的形式进行确认，并推进排污权交易的法制建设。二是健全排污权交易的市场机制，建立协调的管理体制，充分利用市场力量推动资源流动和合理配置。

五　中介协调机制

实施循环经济不仅需要政府的提倡、引导、激励，企业的自律，更需要广大社会公众的积极参与，使三大主体充分发挥推动循环经济发展的作用，需要中介组织在其中发挥桥梁沟通作用。中介组织在循环经济发展中是一个不可或缺的环节，中介组织扮演着信息传递与反馈、促进物质循环的作用。健全的社会中介组织是克服循环经济发展障碍，促进循环经济法规贯彻实施的重要保障。

（一）循环经济拓展资源环境中介的发展空间

循环经济赋予中介组织新的内容，拓展了资源环境中介的发展空间。具体来说，促进循环经济发展的中介组织包括：咨询系统（法律咨询、技术咨询、政策咨询等）、社会服务系统（如社区和工业园区资源环境服务等）、技术服务系统（如循环经济技术的开发和设计）、信息系统（如废旧物资交换的信息）、物资回收系统以及培训和管理系统等。资源环境中介组织可以承接政府允许而企业因为利润过低而不愿参与、政府又无力增加投入的与发展循环经济有关的公共产品生产和公共服务项目，以弥补这类公共产品供给不足的矛盾。

当前我国发展循环经济存在思想观念落后、信息不畅通、有效机制缺失、科技水平低及市场体系不健全等障碍，决定了资源环境中介组织的主要任务是：（1）扫除循环经济发展的障碍，推进循环经济理念的普及；（2）建立各种类型的中介组织体系，培育资源环境市场；（3）发挥协调作用，推动相应的法律、法规和政策得到贯彻和实施；（4）提供针对企业和公众的信息服务和物资回收服务，保障信息和物流的畅通；（5）提供技术咨询服务。

（二）国际上社会中介组织参与循环经济发展的经验

1. 德国的双轨制回收系统

DSD 是一个专门组织，是对包装废弃物进行回收利用的非政府组织。它接受企业的委托，组织收运者对他们的包装废弃物进行回收和分类，然后送到相应的资源再利用企业进行循环利用，能直接回用的包装废弃物则送返制造商，避免造成不必要的浪费。DSD 系统的建立极大地促进了德国包装废弃物的回收利用。

2. 日本的回收情报网络

日本大阪的有关部门建立起了一个畅通的废品回收情报网络，专门发行旧货信息报《大阪资源循环利用》，介绍各类旧物的相关资料。旧货报及时向市民发布信息并组织旧货调剂交易会，如旧自行车、电视机、电冰箱等均可拿到交易会上交易，为市民提供一个淘汰旧货的机会。日本通过这样的信息中介组织将市民、企业、政府联系起来，沟通信息、调剂余缺，推动垃圾减量运动的发展。

3. 蒙特利尔的中介活动

加拿大蒙特利尔在发展循环经济中更为重视发挥中介组织的作用：一方面，政府注意加强与大学、研究机构和环境组织的联系，引导他们参与政策的研究、法规的制定、理论的探讨和工作的推进；另一方面，政府重视发挥社区组织的作用，促进政策更好地得以贯彻实施。近年来，蒙特利尔政府与全市社区组织签订合同，还专门出资聘请了社会著名人士进行监督检查，协助政府推进相关事业的发展。

4. 美国的社区协调中介机构

在美国，实行会员制的中介组织代表政府与厂矿企业及社区联系。他们在政府部门的支持下，和其他公共机构一起推行"环保兰星"项目，获得极大的成功。他们采取多种方式加强废弃物的回收处理、污染源的治理，使废弃物的回收和排放逐步走上规范有序的轨道。

（三）中介组织在循环经济发展中的协调机制

1. 评估咨询机制

随着循环经济产业的日益崛起，循环经济技术转让等活动日趋增多，如江苏省推广的 GS 镀铬添加剂技术，曾使江苏省一年节省原料开支费用 2000 万元。然而，这么好的使用技术却没有合理进行无形资产估值，因而也难以进入商品市场拍卖。发展资源环境中介组织能有效弥补这个缺陷，既能保护资产所有者的合法权益，避免经济纠纷，又能使循环经济技术尽快纳入市场经济的运行轨道。

2. 信息交流机制

资源环境中介组织通过建立一个畅通的废品回收信息网络，梳理废弃物的性质、来源及企业的技术等信息，规范信息的收集、合成、传输、反馈等机制，建立信息交换平台，把这些信息当作一种稀缺资源，进行市场化运作，并利用网络等现代化的传媒工具，及时向公众发布信息并组织旧货调剂交易会，把信息承载的价值迅速转变为市场信号，以达到沟通信息、调剂余缺、垃圾减量的目的。这样，可以转变目前存在的环境信息不对称状况，为我国循环经济快速健康的发展奠定坚实的基础。

3. 监督管理机制

目前，循环经济相关行政主管部门在循环经济发展中一手抓环评和项目审批，一手抓可行性论证，有时还直接干预治理，容易产生权钱交易的现象。中介组织由于超然于政府和企业之外，以独立性、客观性、技术性为特征，因而具有为社会和企业提供公正鉴定的独特功能。中介组织可承担由政府转移出来的执行性行为，特别是政府转变职能后，需要有一个能与政府和企业沟通的中间层次，去承担监督和管理等执行性职能，如对企业进行污染审计，摸清企业污染物的排放数量、时间和去向，协助环保部门依法行政，提供裁决中所需的法律依据或部分证据等。

4. 自我约束机制

中介组织是自我管理、自我调节、自我监督的行业自律组织，自律是社会自主治理的一种重要形式，对于规范市场行为和社会行为发挥着重要的作用，既可在一定程度上矫正"市场失灵"现象，又可作为政府监管和社会管理的助手和补充。例如，我国包装联合会循环经济委员会的目标就是在包装行业内建立一个以资源高效利用和循环利用为核心，以"减量化、再使用、再循环"为原则，以清洁生产为重要手段的绿色包装生产、消费和循环再生利用系统，促进包装行业的持续、快速和健康发展。

我国在发展循环经济的过程中应该推动中介组织的建立，充分发挥中介组织的作用，尤其是要尽快成立行业协会。中介机构行业协会要健全规章制度，特别是要制定合理的奖惩制度；政府主管部门委托行业协会行使某些具体事权，如进行行业准入，制定行业标准、行业规划，进行行业统计、行业培训等，政府或社会负责对行业协会的运作情况进行管理或监督。

六　公众参与机制

公众是循环经济发展的动力基础。公众作为循环经济的基本主体，应当享有全面参与循环经济的权利。为有效地维护自身的权益，公众必然要求有发展循环经济的知情权，行使参与权、监督权和诉讼权。公众在行使自身权益的同时，也会提高循环利用、环境保护、资源节约意识，从而进一步推动循环经济的发展。

（一）公众参与的局限和不足

公众在循环经济中不断发挥自己的作用，也形成了自己的特点，但受各种条件的限制，仍存在许多局限和不足：（1）公众多以政府主导下的"自上而下"的形式参与循环经济实践，缺乏系统性和持续性，而且参与程度和效果在很大程度上取决于主管行政部门的态度。所以，如不涉及根本利益，公众很难实现真正意义上的对政府决策和政策执行的有效监督；（2）公众参与循环经济的具体范围、程序、方式、期限及知情权和参与权的保障措施等不完善；（3）参与过程主要侧重于末端，不利于及时、有效地预防社会纠纷和危害；（4）公众的文化素养和法制意识普遍不高。总体来看，我国公众参与循环经济的总体水平偏低、参与意识不强、参与程度不高、参与效果不理想。

（二）公众参与机制

从国际经验特别是日本的公众参与经验来看，可以将公众参与机制归纳为四个方面。

1. 预案参与机制

预案参与是指公众在环境法律法规、政策、规划制定过程中和开发建设项目实施之前的参与，是一种高层次的参与。政府主要通过设立审议机构、健全听证会制度、依据民意调查制定政策等措施，使公众能够在环境法律法规、政策、计划等的制定过程中及重大环境治理行动进行之前发表自己的见解，并影响决策过程和结果。

2. 过程参与机制

过程参与是指公众在环境法律法规、政策、规划、计划及建设开发项目实施过程中的参与，是公众参与循环经济的关键，是一种监督性的参与。各项环境法律法规、政策、规划及建设项目、区域开发等决策的实施，要随时听取公众意见、接受舆论监督，可采用环境信箱、热线电话、新闻曝光等方式充分发挥公众的监督作用。同时，定期召开公开的信息发布会，一方面保证公众的知情权，另一方面使广大公众明白、理解、支持环保工作，以保证环境、经济行为的全过程符合人民群众的利益和意愿。

3. 末端参与机制

末端参与是公众参与环保的保障，它与过程参与并无严格的区分，也属于一种监督性的参与。目前，我国出台的关于公众参与的规定，基本上是针对环境污染和生态破坏发生之后的，即末端参与。如《环境保护法》第 6 条规定"一切单位和个人都有保护环境的义务，并有权对污染和破坏环境的单位和个人进行检举和控告"。公众应当对一切破坏资源、违反循环经济法律、侵害公众权益和国家、集体利益的行为进行举报、信访和诉讼。

4. 行为参与机制

行为参与是公众参与环保的根本，是一种自觉性的参与。主要是指公众的绿色消费行动，如公众自觉维护环境卫生，绿化美化环境，不做破坏环境的事情等。在这一层面，公众的参与已由思想意识转变为自身行为，但还只停留在自律的层面。

第四篇

循环经济发展的政策研究

随着经济的快速增长和人口的不断增加，我国水、土地、能源、矿产等资源不足的矛盾越来越突出，生态建设和环境保护的形势日趋严峻，大力发展以资源高效利用和循环利用为核心的循环经济，已经成为解决经济增长与资源短缺的"供需矛盾"和保持经济社会可持续发展的有效途径。资源成本和环境代价等要素的引入，使循环经济已经不单纯是一种自发的经济发展模式，它的发展需要政府通过政策来支持和引导，通过法规来规范和约束。第三篇已经就宏观系统、中观系统和微观系统三个层面构建循环经济的发展机制进行了详细探讨，本部分立足于发展循环经济过程中的市场失灵和政府失灵现象，在合理定位政府角色和全新认识政策功能的基础上，从政府的角度提出宏观系统、中观系统和微观系统发展循环经济的政策。宏观系统涉及国家层面、区域层面和产业层面，中观系统包括产业集群、工业园区和社区，微观系统涵盖政府、企业、公众和中介等主体。本部分将以案例分析的形式具体研究实施主体发展循环经济的思路和政策。

第 八 章

循环经济政策研究的理论基础

　　日本、德国等发达国家在发展循环经济的过程中，已建立起较为完善的政策体系，各项政策在推进循环经济发展方面起着至关重要的作用。本章在吸收国外发达国家已制定的循环经济政策的基础上，全新阐释政府在发展循环经济中承担的角色及其制定的公共政策所起的作用，厘清我国循环经济政策的演进路径和主要特点，从多个层面对比分析循环经济政策的供给和需求差距，并为构建循环经济发展的政策体系框架提出对策。

第一节　政策研究范畴

一　循环经济政策的含义与特性

（一）循环经济政策的含义

　　循环经济政策涉及经济社会发展的各个领域，是推进生态文明建设、绿色发展和可持续发展的重要力量。从其制定的过程来说，可以分为制定、执行、评估及改善四个方面。从政策范围而言，有广义和狭义之分。广义的循环经济政策是指组织机构为缓解资源环境压力、增强可持续发展能力而制定的与循环经济相关的方针、策略、文件，广义政策中所指的组织不仅包括国家权力机关、政党组织、政府机构，还包括企业、社会团体等。而狭义的循环经济政策是指国家和地方各级权力机关、政党组织、政府机构为解决宏观系统、中观系统、微观系统循环经济发展的问题、促进经济发展和社会和谐而制定的法律法规、决策、对策、方案、意见、条例、计划、方针、指示、纪要等，并以文件的形式进行颁布和宣传①，目前大部分学者都从狭义角度研究循环经济政策。本研究也主要讨论狭义循环经济政策。

（二）循环经济政策的特性

国家权力机关、政党组织、政府机构制定的循环经济政策具有强制性、层次性、公平性等特性。

1. 强制性

国家权力机关、政党组织、政府机构制定的循环经济政策以国家的强制力为坚强后盾，具有高度的权威性，是在全国或某个区域强制执行的政策。这一方面要求政策对象严格遵守政策内容和要求，另一方面要求国家机关工作人员监督政策执行过程，依法惩处违反政策要求的组织和个人。

2. 层次性

按照政策的对象范围，可以将循环经济政策分为面向全国大众的国家政策，限于省市地区执行的地方政策和面向乡镇、农村的基层政策。而按照循环经济政策的内容结构可分为政策一般、政策群和政策链、具体个别政策三个层次。政策一般即元政策，是制定循环经济或可持续发展政策所遵循的原则；政策群是指在较长时间内制定和实施的内容各异但理念同源、导向相近的政策集合体，政策链是指为解决绿色发展问题而先后制定的内容上具有一致性、形态和功能上具有差别的系列政策；具体个别政策是为解决特定循环经济发展问题而制定的政策。②

3. 公平性

公平性是循环经济政策区别于企业制定的政策的本质特性。国家权力机关制定的循环经济政策以推动社会循环发展、维护生态环境、高效循环利用资源为出发点和归宿点。循环经济政策的公平性要求政策制定者必须以资源环境现状为出发点，以经济社会可持续发展为目标，所制定的政策不能带有个人或团队的利益色彩和偏好。同样，要求政策执行者在执行政策的过程中按照政策要求执法，不越权，不滥用权力，不以权谋私。

---

① 宁骚：《公共政策学》，高等教育出版社 2003 年版。
② 宁骚：《公共政策学》，高等教育出版社 2003 年版。

二　循环经济政策的研究范畴

日本、德国、美国等循环经济发展程度较高的国家已基本构建起发展循环经济的政策体系，这为我国制定相关政策提供了重要的参考。近年来，国内外部分学者加强了对循环经济政策的研究，成果较为丰富，也为进一步开展相关研究奠定了理论基础。我国制定循环经济政策必须遵循因地制宜的原则，必须立足中国国情。循环经济涉及范围广，主要包括节能、节水、节地、节材、清洁生产和资源综合利用。同时，循环经济政策贯穿于产品的原材料引进、制造加工、运输、消费、废弃物回收利用等全过程。这决定了发展循环经济政策应以目前颁布实施的相关政策为基础，并全面了解各个领域的政策供给和需求，从更高、更广、更深的角度提出有针对性的循环经济政策。基于此，本研究从宏观、中观、微观三大层面出发，不仅研究宏观系统的国家、区域、产业三个层次的循环经济政策，也研究中观系统的工业园区、产业集群地、城市社区的循环经济政策，同时针对微观系统的政府、企业、公众及中介组织提出发展循环经济的政策建议，力求从三个层面探索具有中国特色的循环经济政策体系。

第二节　政府角色与政策功能

市场失灵与政府失灵一直以来都是理论界争论和探讨的焦点问题。市场经济被大部分理论学者认为是迄今为止最有效率且最具活力的经济体制。市场经济极大地促进了生产力的发展，提高了资源配置的效率。但市场并不是万能的，市场中存在的垄断和不完全竞争、外部性、信息不对称和不完全、公共物品和公共资源等，导致市场失灵，无法有效地配置资源。同样，受政府体制、运行制度、工作人员素质等因素制约，政府活动也存在政策无效、工作低效、寻租等失灵的问题。在矫正市场失灵的问题上，部分学者坚持政府干预理论，提出了政府规制的公共利益理论、规制俘获理论和规制经济理论，为解决市场失灵问题提供了理论指导。而在治理政府失灵的问题上，以詹姆斯·布坎南为代表的公共选择学派提出了改革政府决策规则、设立竞争机制、用制度改革的宪法主义观念来规范和指导政府行为等治理政府失灵的措施。当然，在治理市场失灵和政府失灵时，采用市场化的方式和政府干预的手段各有利弊，必须将二者有机结合，协同处置相关问题。而我国在发展循环经济的过程中，同样存在市场失灵和政府失灵的问题，因此，引进政府干预有其必要性。

一　循环经济发展中的"市场失灵"

(一) 市场失灵的主要表现

1. "小循环、中循环、大循环"运转不畅

从小循环层面来看，企业发展循环经济的意识薄弱，例如，发展仍以分散的个人决策为基础，规模小，节能减排等技术革新步伐缓慢。从中循环层面来看，循环经济工业园区、产业集群内部企业的耦合程度较低，信息交互平台尚未完善，存在重复建设和浪费现象。从大循环层面来看，发展循环经济的短期收益小，无论是企业、工业园区还是社会层面发展循环经济的动力都不足，政策激励不够，项目搁置现象也较为普遍。

2. "信息不对称"引致的"信息怪圈"重重设阻

当前，企业、工业园区、社会层面的循环经济发展都不同程度地存在着"信息怪圈"。如政府与企业信息不对称——企业对政府出台的一些激励性政策不感兴趣，而政府制定的规制性政策无法有效地传达到企业，抑制了企业的发展动力；企业与公众信息不对称——公众对节能环保产品了解较少，绿色生态产品需求量小，制约了节能环保产品市场的进一步发展；政府与公众信息不对称——公众对循环经济理念不清晰，支持循环经济发展的意识欠缺。

3. "循环经济热"偏离正常运作轨道

第一，从区域经济发展层面来看，国内掀起的"循环经济热"，导致部分企业和地方政府盲目上项目，比如一旦出台发展循环经济的激励政策或有补贴项目招标，部分企业或地方政府不考虑当地资源环境特点和产业发展特色，就一窝蜂涌上。而很多企业规模小、资金少，限于自身条件，循环经济项目实施过程中遇到的问题较多，产生的效益较小，造成资源、资金的浪费。第二，从技术和装备层面来看，发展循环经济的配套技术仍然比较落后，技术推广未按常规出牌，还有一些投机主义者往往打着发展循环经济的幌子，

背地里却趁机捞取政策和资金支持，严重影响循环经济政策体系的正常运转。

（二）市场失灵溯源

1. 外部性

循环经济以资源的减量化和再利用为导向，能给社会带来福利性效应，体现的是代际公平与环境保护。然而，这些利益仅仅针对环境而言，多数时候并未能通过市场直接让经济活动主体享受福泽。此外，循环经济产品本身的生产成本相对较高，市场经济主体生产与消费这类具有正外部性效应的产品的动力不足，难以形成内在动力使其全面发展。加之传统经济增长观念认为，经济活动主体并不需要支付废弃物排放、资源消耗的成本，导致负外部性在经济活动中大量显现，经济活动主体自然不愿意放弃这种对自己有利的行为。

2. 行政垄断性

当前，在循环经济领域，合理的资源价格机制尚未形成，资源配置中的"行政性垄断"色彩浓重，许多自然资源和初级产品的价格受到政府的严格控制和干预。例如，受政绩观的影响，部分地方政府低价出让土地，肆意扭曲土地资源价格，导致土地价格大幅增长。而在遗留下来的体制下，各地的工业企业是当地政府重要的财政来源，很多面临改造或需要淘汰的企业与政府的财政命脉息息相关，政府对其"又爱又恨"，因此垄断现象一直无法彻底改变。

3. 公共性

资源与环境都具有公共物品的本质属性，即非排他性和非竞争性。公共物品的非排他性容易导致公共物品搭便车问题，非排他性又使获益者得到避免付费的激励。在不清晰的产权制度、不尽完善的生态补偿机制下，人们可以无偿开采和使用稀缺的自然资源，享受开采不付费的特权；而私人市场上类似资源或环境这样的公共物品的供给量不足，在一定程度上减少了人们通过资源循环利用、清洁生产和绿色消费等措施来节约资源、消除环境污染的热情①。

4. 盲目性

在市场竞争机制下，经济增长率成为一些地方政府、企业衡量发展的唯

---

① 杨辉：《制约煤炭企业发展循环经济的因素及对策》，《安全生产与监督》2007年第2期，第54页。

一标准。当前，我国循环经济建设仍处于初级阶段，各方信息的不对称容易造成"跟风"现象。而且，盲目追求"示范"与"典型"的循环经济热潮，也使得不少工业园区存在产业趋同现象，在规划、组织、建设生态工业园和设计生态产业链时，难以真正形成集聚效应。盲目性使得一些企业或地方政府的行为违背循环经济发展的初衷，达不到预期目标，以亏损告终。

5. 自发性

市场主体的多元化，使企业、政府、公众、中介机构致力于循环经济发展的运行机制尚未形成，致使市场主体在经济利益的驱使下，多数为"自发形成"，自主选择"生产方式"，横向耦合性、系统稳定性、纵向闭合性等不尽完善，难以形成"规模效应"。虽然近几年来我国大力开展循环经济示范企业、园区、项目等多层次的探索与实践，但目前在生态工业园、产业集群以及城市社区的运作过程中，组织机构、管理制度等运行机制的建设仍相对滞后，微观系统中各主体的资源循环利用能力与生产能力、管理能力的发展步调不一。

6. 滞后性

提高资源使用效率是发展循环经济的目的，实现这一目标必然会增加生产成本，使利润在短期内下降，此外，经济运作过程中投入与产出的不确定性容易引致企业的短期行为。生态工业园区中相关项目的研发和推广，都需要大量的资金投入和长期的资金扶持，然而，其经济效益并非是"立竿见影"的，而是需要通过长期的努力才能够显示出来。时间的滞后性往往让循环经济发展主体对经济效益失去信心，而纯粹的市场经济自发运作又无法将各种分散力量，如技术、资源和资金等组织起来。

二　循环经济发展中的"政府失灵"

（一）政府调控缺位

第一，制约和规范循环经济主体行为的相关法律法规的运作机制不健全。虽然近年来我国相继制定了《节约能源法》、《清洁生产促进法》、《环境影响评价法》和《中华人民共和国循环经济促进法》等，但实施这些法律法规仍需要较长的时间，有些条例的具体适用范围仍需实践的检验。司法机关运用法律机制监督和保障循环经济发展的意识仍需不断强化，管制手段的效率仍需进一步提高。

第二，引导和推进循环经济主体行为的行政执法运作机制不完善。当前，我国环保部门制定的监管和处罚措施仍然不足以规范企业的废弃物和污染排放行为，税收部门对废弃物排放所征收的税费偏低，调控部门对循环经济基础设施建设的管理仍十分薄弱，经济部门尚未形成科学的管理体系对园区和企业进行管理，统计部门掌握的循环经济发展指标和数据仍不够完整，科技部门促进科研成果转化为直接生产力的职能仍有待进一步强化，等等。

（二）政府调控方式失灵

首先，政府调控过程中的局部性战略有偏失。一些循环经济政策仍未细化，与财政、金融和产业等政策不尽协调，配套措施不够完整，导致一些地方按照部门利益和业绩需要"有选择"地执行某些政策，不良政绩观严重干扰了相关政策的实施，重经济增长、轻环境保护等问题仍然严重存在。同时，现有国民核算体系和政府绩效考核标准仍缺乏对生态环境、资源节约层面的关注，致使个别官员为了追求经济利益和政绩而不惜牺牲资源和环境。

其次，尚未形成有效的投融资制度。有些地方虽有循环经济项目，但却缺少资金供应链，无法按调控要求完善相应的基础设施和提高建设能力。产权交易市场发育不良、交易费用过高使政府经济手段的运用受到限制；政府对循环经济主体的激励不够，使企业投资开发稀缺资源替代品的动力明显不足，许多企业以低成本取得矿产资源开发权和污染排放权，在一定程度上损害了循环经济发展的宏观经济基础。

最后，对稀缺资源的调控失灵。近年来我国自然资源的稀缺性不断上升，低廉的价格不能反映资源的真实价值和稀缺程度，致使种种滥用资源的行为难以得到有效遏制，直接影响了企业发展循环经济的积极性，资源利用效率难以有效提升。以水价为例，我国的水价与发达国家相比仍偏低。供水价格结构不尽合理和重供水、轻污水处理的倾向，导致水资源的稀缺性未能得到很好的反映。[①] 用水成本低使企业认为与其花钱对废水进行处理和回用，还不如从市场上直接购买，也就是说，企业循环用水的积极性一直不高。

---

① 李仕林：《中国水价的喜与忧》[EB/OL]，http://www.h2O-china.com，2004。

（三）政府调控"雷声大、雨点小"

第一，一些企业被政府树立为典型，并被称为"循环经济标杆"企业，但环保资金的投入增加了企业的生产成本，因此，到循环经济实施的后期，企业往往将循环经济视为一种负担，缺乏内在积极性。"运动式"的示范工程，使得政府部门往往只注重前期工作，而忽视了对企业中期运营的监督检查和对实施效果的有效评价，技术指导的缺乏和资金支持的不足，使企业的热情日渐削减，最后甚至不了了之。

第二，目前我国部分工业园区存在先天不足、后天发育不良的现象。一味树立典型，而未对其中一些约束条件进行适时改造，容易使示范项目无法实现预期的目标。其一，有些类型的园区因自身的经济基础、资源条件、产业布局在先天上就处于弱势，持续创新与改造的内生动力不足；其二，政府对园区"揭牌建园"后的运作重视不够，园区组织机构不健全、资金链条不完整以及互惠互利的共识仍未达成，直接导致一些项目在得到批复后，由于种种原因未能开展实际工作，建设项目被搁置，久而久之便成了"纸面工程"。

（四）政府权力寻租

其一，自然资源价格机制的扭曲。就目前的情况而言，许多自然资源的价格都变相地受到地方政府的控制和干预。以土地价格为例，受政绩观的影响，政府滥用手中的行政权力低价出让土地，肆意扭曲土地资源价格，导致了工业用地的价格战。

其二，管理机制漏洞引致的寻租。一些部门监管工作机制不健全，责任落实不到位，监管职能缺位，导致"权力寻租"现象长期存在。例如在处理企业污水污染事件时，一些环保部门与当地企业紧密联系，当媒体揭露某些企业违规排放污水时，地方环保部门虽公开表示要将事件彻查到底，但实际却不采取行动。不可否认，近几年来执法部门的执法力度不断加强，但寻租空间也在相应扩大，官商勾结的色彩仍然比较浓重，致使违规行为屡有发生。

三　政府的角色定位

在循环经济中，政府扮演着市场缺陷弥补者的角色。这要求政府有高度的宏观把握能力。

（一）调控人

调控人负责对宏观经济总量进行调节和控制。政府一方面通过经济政策、立法和行政手段来调控经济总量，以实现资源优化配置；另一方面则利用其在信息方面的优势，制定循环经济发展规划和产业政策，从宏观上指导循环经济的发展重点，微观上引导经济主体的经济行为，促进循环经济健康发展。

（二）公益人

公益人负责实现并维护一定的公共目标。政府作为公益人主要承担以下几种职责：其一，建立合理的产权制度、生态补偿机制，提供公共物品和准公共物品；其二，通过法律法规来制止垄断行为，保证微观主体竞争机会的平等，防止对公共利益造成损害。

（三）管制人

管制人负责对私人经济部门（厂商或家庭）的活动进行某些限制和规定，以防止自然垄断、过度竞争、资源浪费和环境污染。政府应把发展循环经济纳入公共管理范围，成为发展循环经济的制度与规则的设计者、法律法规的执行者和市场行为的监督者。

（四）仲裁人

仲裁人的职责超越于各经济主体之上，从而协调、处理经济主体之间的利益冲突①。当循环经济市场主体的利益发生冲突且难以化解时，政府应根据既定的"游戏规则"，用手中公正的刀剑加以量裁，使循环经济主体受益，惩罚违反循环经济相关法律政策的经济主体，维护循环经济市场的正常运转。

（五）守夜人

守夜人负责防止和打击经济领域的违法犯罪行为，维护社会经济生活的正常秩序。政府应严格惩处循环经济发展过程中的违法行为，以维护市场运作的正常秩序。诸如限制高耗能、高污染行业、企业的发展，依法严厉惩处严重污染环境、滥用资源、肆意破坏正常经济秩序的行为等。

---

① 郗永勤：《政府经济管理》，经济科学出版社 2006 年版。

四 政策的功能阐释

(一) 引导功能

政府主要通过制定有关循环经济和节能环保的法律法规、设立引导循环经济发展的具体职能部门、完善相应的基础设施等形式来发挥引导功能，从而在全社会营造发展循环经济的氛围。其一，采取利益驱动和技术支持等措施鼓励企业优化生产工序，加快节能降耗技术的研发步伐，大力推行清洁生产；其二，积极引导产业集聚，通过推广生态工业园等模式，形成循环经济产业集群；其三，强化循环经济理念，引导各类社会组织建立闭路循环模式。

(二) 规范功能

政府应从宏观层面、中观层面和微观层面设定循环经济运行的规则。政府可通过建立法律法规对符合循环经济运行原则的行为进行正激励，对违背循环经济运行原则的行为进行负激励。可以利用金融手段、财政政策、产业政策、环境资源合理定价和产权制度、生产者责任延伸制度等，并设计循环经济发展的指标体系、技术标准、行业准则，以规范各部门、企业、产业、城市社区在市场经济条件下的循环经济行为。

(三) 协调功能

应本着实现市场效益、资源循环利用与环境保护的原则，遵循价值规律，协调和指导企业内部、生态工业园区内外系统、生态区域和循环经济试点内部的交易与竞争活动。同时，按照循环经济发展的总体目标与阶段目标，以实现公平与效率为出发点，制定协调循环经济生产、经营、科研活动的相关政策，或通过政府力量优化设计并支持循环经济项目的实施。应集人力、物力与财力，实现全方位的宏观综合协调，促进循环经济持续稳步发展。

(四) 激励功能

由于资源存在外部性，如果没有外在约束，市场机制就不能直接引导追求利润最大化的企业自发地发展循环经济。政府可以通过财政等手段，对资源节约和循环利用项目进行补贴，对优先采购循环经济产品，提高市场主体积极性的行为进行正激励。同时，通过税收调节手段来提高资源税率，对不利于循环经济发展的生产和消费行为加重税赋；通过收取生态补偿费、产品费、预付处置费等手段对违约违规行为予以惩罚，实现负激励。

（五）服务功能

当前，我国在构建服务型政府的过程中，应当秉持"最能服务于公民的政府才是好政府"的理念定位政府职能，以改进"服务态度、服务标准、服务手段"来优化主题，尤其是在循环经济发展的过程中，作为"公益人"的政府应当把职责转向"服务"。因此，政策制定的前提是强化公共服务职能，提高服务质量和专业服务水准，进而为企业技术创新和项目运作服务，为生态工业园区的信息共享和高效运作服务，为循环经济的总体规划与建设服务。

第三节　循环经济政策的演进、特点与供需分析

一　我国循环经济政策的演进路径

自 20 世纪末我国政府开始进行循环经济实践以来，循环经济在我国的发展大致经历了理念倡导（20 世纪末—2002 年）、国家决策（2003—2005年）、试点示范（2006—2008 年）三个阶段，并开始进入全面推进阶段（2009 年至今）[1]。发展循环经济既要充分发挥市场的自发作用，又要强调政府的主导作用，需要政府综合运用法律法规、规划、标准以及财政、税收、金融、投资、产业、价格等政策手段来推动循环经济的发展。从当前政策的作用、手段和实施效果来看，我国的循环经济政策主要有两类：一类是以法律法规为载体、以直接管制为主的规制性政策，这类政策主要通过行政强制手段规范和调节循环经济的发展；另一类是以经济政策为载体，以间接调控为主的市场性政策，这类政策主要是通过价格、税费等经济手段来支持和引导循环经济的发展。在此分类的基础上，结合我国循环经济的发展实践，循环经济政策的演进过程大致分为如下四个阶段。

（一）萌芽时期（20 世纪末—2002 年）

1985 年颁布的《国务院批转国家经委〈关于开展资源综合利用若干问

---

[1]　任勇、周国梅等：《中国循环经济发展的模式与政策》，中国环境科学出版社 2009 年版。

题的暂行规定〉的通知》要求社会各个领域积极开展资源综合利用，并出台《资源综合利用目录》，对国家鼓励的回收利用活动进行了详细梳理。从某种意义上说，该规定标志着中国开始实施循环经济政策。当时我国刚进入循环经济理念的倡导阶段，这一时期我国循环经济政策还处于萌芽状态，政府主要是从生态环境保护、废弃物回收利用等角度制定政策，政策零散且多分布于环保、土地、矿产资源、水等其他类型的政策中。在这一时期，我国循环经济政策侧重资源综合利用、环境保护，注重对静脉产业、环保产业的支持和引导。出台的主要是规制性政策，陆续颁布了《中华人民共和国固体废弃物污染环境防治法》《中华人民共和国节约能源法》《中华人民共和国清洁生产促进法》等一系列与循环经济密切相关的法律法规，以此推进循环经济发展。同时，这一时期我国也陆续出台了一些市场性政策，通过所得税和增值税优惠政策对资源综合利用、节水、节地、节材等涉及循环经济领域的行为给予支持和鼓励。总体来说，这一时期我国循环经济政策以规制性政策为主，这些政策对于节约资源、减少废弃物对环境的污染发挥了重要的作用。但是这些政策着眼于对废弃物的被动回收，仍然属于末端治理，不能从根本上解决经济快速发展与资源相对短缺、环境污染日趋严重的矛盾。

（二）初步形成时期（2003—2005 年）

2002 年 6 月 29 日，《中华人民共和国清洁生产促进法》通过，标志着中国循环经济政策进入了一个新的发展时期。清洁生产是指不断采取改进设计、使用清洁的能源和原料、采用先进的工艺技术与设备、改善管理、综合利用等措施，从源头上削减污染，提高资源利用效率，减少或者避免生产、服务和产品使用过程中污染物的产生和排放，以减轻或者消除对人类健康和环境的危害。清洁生产是循环经济的主要内容之一，也是发展循环经济的有效途径。2003 年，国家发改委等部委颁布的《关于加快推行清洁生产意见的通知》、国家环保总局颁布的《关于贯彻落实〈清洁生产促进法〉的若干意见》及国家经贸委、国家环保总局公布的《国家重点行业清洁生产技术导向目录》（第二批）等一系列政策是对萌芽时期《关于推行清洁生产的若干意见》和《中华人民共和国清洁生产促进法》等政策的贯彻和延续。这一时期，我国政府通过在企业全面实施清洁生产来大力发展循环经济。但在这一时期，清洁生产更多地是通过行政手段来实现，政府运用强制性清洁生产政策对企业生产的各项指标进行审计，敦促企业降低消耗，控制资源浪费。因此，这一时期中国循环经济政策从总体上来说依然以规制性政策为主，但已经开始注重源头治理，并逐步形成以清洁生产政策为主要内容的一系列循环经济政策，政策思路由零散逐渐变得清晰。

（三）快速发展时期（2006—2008 年）

2005 年 7 月出台的《国务院关于加快发展循环经济的若干意见》成为指导我国循环经济发展的宏观文件，为推动我国循环经济的快速发展指明了方向。从此，我国循环经济政策进入了一个以全面规划为引导、以试点示范为特征的快速发展时期。2005 年，国家发改委会同原国家环保总局等 6 部委联合发布了《关于循环经济的试点通知》，在重点行业、重点领域、产业园区和部分省市开展循环经济试点工作，并于 2007 年启动了第二批试点。这一时期我国循环经济政策注重对试点企业、园区、基地及城市的规划和指导，推广试点单位发展循环经济的成功经验，从小循环、中循环和大循环三个层面整体推动我国循环经济发展。此后，我国地方政府、工业园区、重点企业在循环经济政策的引导下，纷纷编制循环经济规划和实施方案，引导和规范循环经济发展。这一时期，我国政府通过出台一系列法律法规、评价指标体系、标准等规制性政策来指导循环经济的发展，如《中华人民共和国可再生能源法》《关于印发循环经济评价指标体系的通知》等。从总体上来说，这一时期的循环经济政策已经由以规制性政策为主逐步向以市场性政策为主转变，政府通过设立专项资金鼓励企业、园区和城市开展循环经济实践，通过实施政府绿色采购政策引导循环经济的发展，通过产业调整政策鼓励节能、环保产业发展。2008 年 8 月 29 日，十一届全国人大四次会议通过《中华人民共和国循环经济促进法》，这是中国首部综合性循环经济法，该法对循环经济的管理制度、激励措施、法律责任等均做出了明确规定。《中华人民共和国循环经济促进法》是一部促进我国经济结构调整和经济发展方式转变的基本法，它的出台标志着中国循环经济政策开始进入相对成熟时期。

（四）相对成熟时期（2009 年至今）

随着 2009 年 1 月 1 日《中华人民共和国循环经济促进法》的正式实施，我国循环经济政策开始进入相对成熟时期，一个以《中华人民共和国循环经济促进法》为核心、相关配套政策措施不断完善的循环经济政策体系正在逐步建立起来。目前，我国已陆续出台《循环经济发展战略及近期行动计划》等相关指导性文件，建立起比较完善的发展循环经济的法律法规体系、政策支持体系、体制与技术创新体系和激励约束机制，并开始了"城市矿产""园区循环化改造"等循环经济十百千工程建设工作。这一阶段我国循环经济政策已经由以行政命令为主转向以法律法规和经济政策为主，政策范围也逐步由企业、园区扩大到区域和社会，政策侧重于体系的构建，注重对区域、社会层面的支持和指导。同时，国家开始重视公众参与循环经济发展的作用，逐步加大循环经济信息公布和宣传教育的力度。

二 我国循环经济政策的特点

我国循环经济政策从一开始就注重向国外发达国家，特别是德国、日本等国家学习。但是，综观我国循环经济政策的演进历程，可以发现我国循环经济政策有着自己鲜明的特点。

（一）政策重点由资源有效利用向经济社会资源环境的可持续发展转变

与德国、日本等发达国家从废弃物的循环利用入手来制定政策、推动循环经济发展的做法相比，我国政府所倡导的"循环经济"无论是外延、内涵，还是范围都更加宽泛，它是一种以有效利用资源和保护环境为基础、以促进经济快速增长为目标的经济发展模式。我国循环经济政策的演进历程表明，我国循环经济政策的发展是一个思路逐渐清晰、范围不断扩大、重点逐步调整、体系不断完善的过程。在我国循环经济政策的萌芽阶段，政府主要从有效利用资源和保护环境等角度来制定循环经济政策，主要是把发展循环经济作为有效利用资源、减轻环境污染的途径。而后，随着我国循环经济理论研究和政策实践的不断深入，政府制定循环经济政策的重点逐渐由有效利用资源和保护环境转向转变经济发展方式和实现经济社会资源环境的全面、协调与可持续发展方面。2009 年实施的《中华人民共和国循环经济促进法》第一章第一条就明确："为了促进循环经济发展，提高资源利用效率，保护和改善环境，实现可持续发展，制定本法。"2010 年出台的《关于支持循环经济发展的投融资政策措施意见的通知》再一次明确提出，将发展循环经济作为实施可持续发展战略的重要内容。

（二）政策范围从企业和园区逐步扩大到区域和社会层面

在德国和日本，对循环经济的解释是建立在根据"3R"原则对废弃物进行管理的基础上的，这是因为发达国家的循环经济政策都是以废弃物的减量化、再利用及再循环作为出发点和核心内容的。我国的特殊国情是，目前尚处在以重化工为特征的工业化中期阶段，在生产领域实施清洁生产和建设生态工业园区、保护生态环境等都成为关注的重点。我国的循环经济是一种独特的发展模式，它的特点是从企业"小循环"到工业园"中循环"再到社会"大循环"。自1997年国家环保局颁布《关于推行清洁生产的若干意见》以来，中国政府通过试点示范、规划指导等一系列政策措施，全面推动企业、园区和城市的循环经济建设；2006年国家环保总局发布了关于生态工业园区建设的规划、标准，2009年国务院批复了我国第一个针对区域循环经济发展的《甘肃省循环经济总体规划》。综观我国循环经济政策的演进历程可以发现，我国循环经济政策的实施范围是从企业到园区，到区域，再到社会，不断发展、逐步扩大的，目前已经深入经济社会活动的方方面面，涉及生产、流通和消费的整个过程。

（三）政策手段由以行政方式为主向以法律法规和经济政策为主转变

在现行经济体制下，单纯依靠行政手段是不能适应循环经济发展的需要的，作为一种新的经济发展模式，循环经济的发展迫切需要政府加强支持和调控，要求政府充分利用财政、金融、产业、分配等宏观经济政策和法律法规来推动循环经济的发展。从20世纪末中国开始进行循环经济实践以来，我国政府先后颁布了《中华人民共和国固体废弃物污染环境防治法》《中华人民共和国节约能源法》《中华人民共和国清洁生产促进法》《中华人民共和国可再生能源法》《中华人民共和国循环经济促进法》等多部涉及循环经济的法律及《关于开展资源综合利用若干问题的暂行规定》《关于推行清洁生产的若干意见》《关于加快发展循环经济的若干意见》等一系列政策文件。经济政策方面，中国政府先后公布了一系列促进产业结构调整，所得税、增值税优惠，循环经济投融资政策措施来激励循环经济的发展，并于2005年和2007年启动了两批循环经济试点。2009年实施的《中华人民共和国循环经济促进法》以对循环经济进行引导、鼓励、支持和保障的法律规范为主要内容，不侧重直接进行行政控制和制裁，这也是该法被称为"促进法"的主要原因之一。到目前为止，我国已初步形成了以法律法规和经济手段为主的支持循环经济发展的政策体系。

（四）政策方法由末端治理向源头治理再向全过程治理转变

循环经济是一种以资源的高效利用和循环利用为核心，以"减量化、再利用、资源化"为原则，以低消耗、低排放、高效率为特征，符合可持续发展理念的经济增长模式，是对"大量生产、大量消费、大量废弃"的传统增长模式的根本变革①。循环经济的实质是以尽可能少的资源消耗、尽可能小的环境代价实现最大的发展效益。它将传统经济"资源—产品—废弃"的物质单向线性流动方式改变成为一种按照生态规律、把经济活动组织成为"资源—产品—再生资源"的闭环反馈式循环流程的经济发展模式。我国循环经济政策在萌芽时期比较注重对废弃物的回收利用，是一种注重末端治理的政策，但随着我国循环经济政策的不断演进，到了初步形成时期，伴随着清洁生产政策的实施，已经开始重视源头控制。近几年来，随着《中华人民共和国循环经济促进法》的颁布，在全社会范围内优化配置资源的理念逐步树立起来。从废弃物回收利用到清洁生产再到循环型社会建设的历程表明，我国循环经济的政策方法正在实现由末端治理到源头治理再到全过程治理的根本性转变。

（五）政策实施者由以政府为主导向以企业和公众为主导转变

国际发展循环经济的经验表明，明确政府、企业和公众各自的责任和义务是确保循环经济政策有效实施及循环经济顺利发展的关键。尽管政府在促进循环经济发展的过程中发挥着主要作用，但是循环经济的成功实施还需要生产企业和消费者的积极参与。政府主要通过制定政策法规支持和引导循环经济的发展而不是过多地参与循环经济实践。企业作为循环经济实践的主体，必须意识到自身的社会责任，要通过有效实施和贯彻政府清洁生产、生产者责任延伸及污染者付费等一系列政策措施来推动循环经济的健康发展。公众要积极参与到循环经济的社会实践中来，积极响应国家政策号召，化被动为主动，自觉进行绿色消费、生活垃圾分类、节水、节电等一系列循环经

---

① 马凯：《贯彻和落实科学发展观　大力推进循环经济发展》，《人民日报》2004年10月19日。

济活动。2005 年，我国发布的《国务院关于加快发展循环经济的若干意见》提出了将坚持以企业为主体，政府调控、市场引导、公众参与相结合作为发展循环经济的基本原则，同时加大了循环经济的宣传教育力度，通过"循环经济月""节能周"等形式逐步将循环经济的理念融入企业日常生产和公众生活之中。

三　我国循环经济政策的供需分析

（一）供给分析

1. 总体政策供给分析

总体看来，可以将我国的循环经济政策概括为七大类：第一类是综合类，即起携领、统筹作用的政策法规，如 2005 年出台的《关于加快发展循环经济的若干意见》、2009 年 1 月起实施的《中华人民共和国循环经济促进法》；第二类是专门的政策法规，即针对不同行业和部门的具有针对性的政策规范，如不断完善的《中华人民共和国清洁生产促进法》、针对废旧资源综合利用的管理和优惠政策等；第三类是评价指标和评价标准，如生态工业园区标准、《循环经济评价指标体系》等；第四类是有关生态工业园区建设，国家级、地方级示范基地建设的政策；第五类是绿色消费及绿色采购类政策，通过相关政策措施，引导社会民众和政府部门形成绿色消费意识；第六类是循环经济试点的经济政策，从资金投入、税收调节、价格调整等方面支持循环经济发展；第七类是区域性循环经济发展规划及政策法规，如各省市循环经济发展专项规划、节约能源条例等。这七类针对循环经济发展的政策法规，在循环经济实践中起到了至关重要的作用，对推动我国循环经济的健康发展意义重大。

2. 重点领域政策供给分析

在重点领域政策的供给方面，我国先后出台了《建筑及材料回收法》《废旧轮胎回收利用管理条例》《包装物回收管理办法》《废弃电器电子产品回收处理管理条例》《废旧汽车回收管理办法》《钢铁工业发展循环经济环境保护导则》《纺织染整工业废水治理工程技术规范》等法律文件，但这些法规大都集中在废弃物回收、管理和相关优惠政策方面，目前尚未形成涉及具体行业的发展政策以及重点领域专项规划等较为完整的政策，尤其对于工业固体废弃物处理及建材、煤炭、电力等重点行业发展，仍缺乏相关专项规划和技术规范，在一定程度上制约了我国循环经济的深入发展。

（二）需求分析

1. 总体需求状况分析

依据政策目标的层次性，可以从三个层面探讨总体需求状况。在大循环层面，需要有一个统领性的法律法规指导循环经济发展，相关配套的政策措施、指标体系、考核办法、奖惩手段等将全社会纳入循环经济发展的轨道上来。2009 年 1 月起实施的《中华人民共和国循环经济促进法》以及近期颁布的《循环经济发展总体规划（2011—2015）》是这一层面的典型代表。在中循环层面，需要出台全面推动工业园区、产业集群和城市社区发展循环经济的政策法规及指标体系。在小循环层面，需要相应的责任延伸政策、激励约束政策等来支持循环经济的持续发展。三个层面因实施主体的不同而形成对政策的不同需求，这些不同的需求将我国循环经济政策紧密联结在一起形成政策体系。

2. 重点领域需求分析

钢铁、煤炭、电力、石油化工、轻工、纺织、橡胶等是我国污染排放高、能源消耗大的重点行业，也是亟须发展循环经济的重点领域。一是需要根据各行业的不同特点，制定有针对性的行业发展规划，从宏观角度指导其发展循环经济；二是应不断完善相关产业发展的技术政策，通过转变发展方式、加大技术改造力度、建立技术指标体系等方式提高资源消耗、废弃物产生等环节的资源综合开发和利用效率以达到节能减排、清洁生产的目的；三是需要制定引导重点行业在节能、节水、节材、节地、资源综合利用等方面工作的发展规划和政策措施，为不同行业深入开展循环经济提供规划指导和政策支撑。

（三）供需对比分析

从前文可以看到，我国循环经济政策需求与供给相对应的正向发展关系尚未完全形成。一方面，集中出台的政策法规涉及范围或大或小，缺乏针对性和实用性，往往政策出台后客观经济环境已经发生了较大变化，致使现行政策无法适应循环经济发展的需要；另一方面，在某些领域，循环经济政策长期供应不足的现象还明显存在，政策空白需要填补。

从企业角度看，已出台的政策法规为企业发展循环经济提供了法律保障，但有关废弃条件的设置、强化回收和回用目录的建立、回收和回用率的确定、循环利用信息的公开、生态税收和生态补偿等，还缺乏明确的规定，有待进一步进行立法规制。同时，关于企业开展循环经济活动的激励手段以及针对企业利益保护的相关措施，也缺乏明确阐述，这对于循环经济的有效运行是很不利的。

在地方层面，地方性循环经济政策供给不足。长期以来，指导我国循环经济发展的政策大部分是中央制定的相关法律、法规，而各个地方只是出台循环经济发展规划、实施意见和相关鼓励措施，强制性的实施细则、规定和办法并不多见。尤其是在一些能源消耗大、环境污染严重、以工业为主导的省份，循环经济政策的缺失和不足往往会导致发展循环经济成为一种口号，而无法真正融入实际的运作中。

在具体法规层面，以目前对我国循环经济发展具有全局指导作用的《中华人民共和国循环经济促进法》为例。一方面，循环经济相关的配套法规和办法还不完善，特别是包装物回收利用、汽车零部件等机电产品再制造、餐厨垃圾资源化管理办法等至今尚未出台，致使该部法律的实施效果大打折扣；另一方面，《中华人民共和国循环经济促进法》实施过程中的激励措施有待加强。截至目前，循环经济发展的专项资金尚未建立，循环经济发展所需要的统计制度、考核制度、目标责任制度、准入制度和淘汰制度等有待完善，节能监管体系和高效节能产品的推广也有很大的空间。这些政策制度的缺失和不完善，可能导致在开展相应活动的过程中因缺乏政策扶持而产生一系列纠纷。

由此可见，我国循环经济政策的需求与供给之间仍然存在一定的缺位或错位现象，循环经济政策还不能适应循环经济发展的要求。第一，虽然我国已经制定和修订了部分法规，《中华人民共和国循环经济促进法》也已付诸实施，但循环经济是一项系统工程，仅靠一部《中华人民共和国循环经济促进法》无法解决所有问题，还需要进一步完善相关法律法规。第二，已有法律法规的可操作性不强，主要表现为：一方面，在我国现行行政管理体制下，地方缺少与中央配套的法规，执行循环经济的主体、程序、条件没有根本明确，地方循环经济执行力度不足①；另一方面，缺乏循环经济执行联动机制体制，当循环经济活动在地区、区域之间开展时容易出现"盲点"，在这种情况下，该由谁管、谁去执行、人员如何配套等问题没有明确的规定，这会导致在执行过程中出现无从下手的尴尬局面；第三，引导和鼓励公众参与的政策较少。发展循环经济需要政府、企业、科技界和社会公众的共同参与，而目前我国公众参与循环经济建设的途径有限，存在政策上的空白，需要加以完善。

第四节　循环经济发展的政策体系构建

一　政策体系构建的总体要求

（一）指导思想

坚持以中国特色社会主义理论为指导，以科学发展观引导循环经济政策体系的构建，立足于我国资源环境承载力状况、产业结构发展情况、经济发展现状及现有政策内容结构，充分借鉴国外循环经济发展程度高的国家的经验教训，以转变经济发展方式为核心，以节能、节水、节地、节材、清洁生产和资源综合利用等为主要内容，以调动宏观系统、中观系统、微观系统发展循环经济的积极性为突破口，以实现我国经济社会和资源环境的全面、协调与可持续发展为出发点和归宿点，构建全方位、多层次、宽领域、协调有序的符合中国及区域特色的发展循环经济的政策体系。

（二）基本原则

1. 市场导向原则

我国实行社会主义市场经济体制，发展循环经济的政策体系必须遵循市场规律，遵循市场竞争机制和价格机制，必须坚持市场导向的原则。政府在构建循环经济政策体系的过程中，政策内容应与市场规律相一致，较少涉及能够依靠市场自身运行规律解决的问题，重点把握市场在促进循环经济发展

---

①　周达：《我国循环经济政策现状、环境及导向研究》，《兰州商学院学报》2010 年第 2 期，第 46 页。

中缺位的环节，有效运用市场力量和政府力量共同推进资源节约型和环境友好型社会的建设。

2. 政策激励原则

目前我国循环经济还未在全社会、各产业园区基地和社区、各企业全面推广，全社会还未形成发展循环经济的强烈动力，因此循环经济的政策体系应更多地以激励手段调动全社会的积极性，应加大对产业、企业发展循环经济的支持力度，加强政策激励，以点带面实现经济效益、社会效益和生态效益的有机统一。

3. 因地制宜原则

虽然国外发达国家如日本、德国以及国内某些区域在发展循环经济方面取得了一定成效，但发展循环经济的政策体系必须坚持因地制宜的原则，坚持有主有次，应根据当地的生态环境状况、资源状况、产业布局结构情况及发展现状、企业开展循环经济活动情况、公众循环经济意识等实际，在了解制约当地发展循环经济的关键性因素的前提下，制定符合当地实际的发展循环经济的政策体系，促进地区产业结构优化升级和生态环境的改善。

4. 可操作性原则

可操作性是政府制定任何政策都必须遵循的基本原则，不具备可操作性的政策无法切实贯彻落实、无法进行监督管理，从而导致政府人力、物力、财力等资源的巨大浪费。发展循环经济的政策体系涉及宏观系统、中观系统、微观系统等领域，涉及节能、节地、节水、节材、清洁生产、资源综合利用等主要任务，因此更应具备可操作性。一方面要求政府在《中华人民共和国循环经济促进法》等指导性政策的指引下根据当地实际制定更多实施细则和规范标准，为公众、企业、园区和社会提供丰富的循环经济策略；另一方面要求政策内容注重规范政府、生产者、消费者等主体在发展循环经济过程中的权利、责任和义务，为政策的有效执行和监管提供可靠的现实依据。

（三）发展目标

1. 构建覆盖宏观、中观、微观系统的全方位政策体系

以"政府推动、市场引导、企业实施、公众参与"为方针，以现有支

持发展循环经济的政策内容为基础，进一步健全完善法律法规、教育政策、经济政策、科技政策、产业政策、消费政策和配套政策等政策内容，针对宏观系统、中观系统、微观系统的实际情况，构建覆盖宏观、中观、微观系统的全方位政策体系。

2. 切实为转变经济发展方式、优化产业结构布局服务

以构建发展循环经济的政策体系为手段，切实为转变经济发展方式、优化产业结构布局服务。大力发展循环型农业、工业和服务业，支持静脉产业、环保产业、节能产业的发展，增强经济发展活力；合理规划产业园区和基地布局，推动清洁生产和资源综合利用；重点解决农村地区、边远山区、西部等地发展循环经济的关键性问题，以先进型地区带动后进型地区的循环经济发展。

3. 积极为建设资源节约型、环境友好型社会服务

立足于我国资源环境的特色、优势和主要问题，坚持工业化、城镇化、产业化、市场化的基本方向，以健全完善发展循环经济的政策体系为手段全面改善我国生态环境，提高资源利用效率，切实为实现生态文明、加快建设资源节约型和环境友好型社会服务。

二 研究思路与基本框架

本部分基于充分认识制定发展循环经济政策的重要性和必要性，从宏观、中观和微观三个层面提出构建发展循环经济的政策体系。目前，在发展循环经济的过程中，市场失灵和政府失灵现象较为普遍，也是制约循环经济向市场化、专业化、规模化发展的主要因素。因此，必须引进政府干预，加强政府宏观管理和服务，明确政府在发展循环经济过程中所承担的角色以及政策的功能。同时，详细总结近年来我国循环经济政策的演进历程及其特点，从供给与需求的角度分析目前我国循环经济政策的主要缺陷。基于此，从宏观、中观、微观系统的角度提出发展循环经济的政策体系。其中，宏观系统循环经济政策体系涉及国家、区域和产业三大范畴的政策构成，中观系统循环经济政策体系包括产业集群、工业园区和社区三个领域的政策安排，微观系统循环经济政策体系涵盖了政府、企业、公众和中介四个层面的政策设计。基本框架如图 8 - 1 所示：

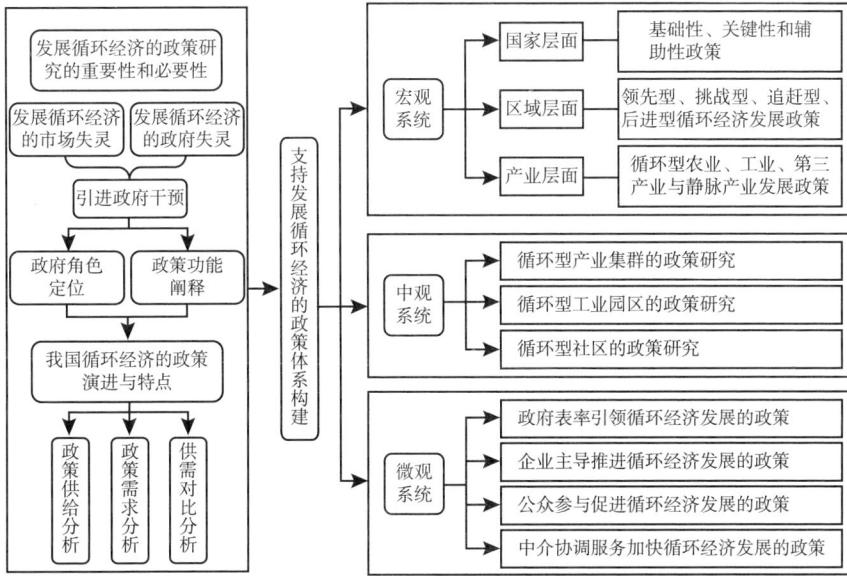

图 8-1　发展循环经济的政策研究的基本框架图

第 九 章

宏观系统发展循环经济政策研究

　　宏观系统发展循环经济主要涉及国家、区域和产业三大层面，而针对这三大层面发展循环经济的政策立足点和着力点又有所区别。国家层面的政策大多是起指导性作用，为地方政策的制定指明方向；区域层面的政策是从某一区域的资源环境状况和经济社会发展情况出发，提出具有本区域特色的、符合区域发展趋势的循环经济发展政策；而产业层面的政策更多地是围绕解决产业发展与资源环境矛盾的问题，以调整产业结构、构建生态产业体系和发展节能环保、资源综合利用等相关产业为主要方向。

第一节　国家层面发展循环经济的政策体系

　　按照政策的地位和作用，可将国家层面发展循环经济的政策分为基础性政策、关键性政策和辅助性政策三大类，三大类别的政策有机结合、互为补充（见图9－1）。

一　基础性政策

　　基础性政策是促进循环经济发展的最根本、具有普遍适用性、超越传统经济政策和资源环境政策的综合性政策①。自然资源为经济社会发展提供了资源保障，优质的生态环境为经济社会发展提供了良好的外部环境，而经济社会的健康发展也将反哺资源环境。基础性政策体现了经济发展与资源环境

---

　　①　谢海燕：《中国循环经济政策体系研究报告》，知识产权出版社2010年版。　.

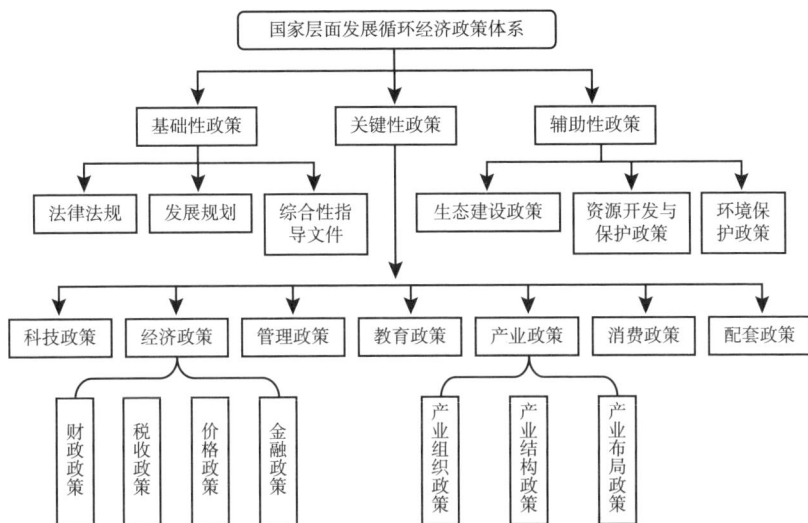

图 9 - 1　国家层面发展循环经济政策体系

保护的有机融合，从更高的角度对发展循环经济的指导思想、发展目标、主要任务和制度体制提出要求。

（一）**法律法规**

目前，我国逐步形成了以《中华人民共和国循环经济促进法》为核心，以《环境保护法》《节约能源法》《中华人民共和国清洁生产促进法》《可再生能源法》《民用建筑节能条例》《公共机构节能条例》等系列法律法规为补充的循环经济法律法规体系，但各项法律的耦合性、配合度不强，配套的法规还不够完善。建立和完善发展循环经济的法律法规，要以《中华人民共和国循环经济促进法》为核心，进一步理清其与《水污染防治法》《大气污染防治法》《环境保护法》《中华人民共和国清洁生产促进法》等相关法律的关系，在实际状况的基础上，注重对现行法律的修订，使生产、消费和流通过程都能够体现循环经济发展的理念。加快制定和完善促进循环经济发展的各项专项法规，如制定《包装法》《电子产品、电器的流通回收及处理法》《废旧家电回收利用法》等废旧物回收利用专项法，对资源的节约、回收、再生利用做出特殊的规定，以弥补这方面的空白。

（二）**发展规划**

循环经济的推行是一个系统工程，不仅涉及经济、环境、社会的各个层面，还涉及许多技术、市场的细节。因此，必须制定科学、合理的长期发展规划，以规划统领循环经济的发展。专项规划应解决循环经济的目标、重点、路径选择、保障措施等问题，为制度、法规、政策的制定和实施提供依据，同时专项规划还需要同国民经济与社会发展规划的发展方向和主要任务配合，并与其他专项规划相衔接。要用循环经济的理念指导国民经济与社会发展规划、各类区域规划、城市总体规划及其他专项规划的编制，使循环经济从规划阶段就全面纳入社会经济发展的全过程，做到层层有规划目标，期期按目标进行考核，使循环经济发展理念渗透到宏观的国民经济层次和微观的企业规划层次，形成推动循环经济发展的氛围。此外，还应组织编制包括钢铁、有色金属、煤炭、电力等重点行业废弃物综合利用、再生资源集成市场建设、再生金属利用等重点领域的循环经济发展规划，指导特定领域发展循环经济。

（三）综合性指导文件

我国自 20 世纪末开始逐渐注重通过制定综合性指导文件引导企业、园区、社会开展循环经济活动，涉及资源综合利用、清洁生产、节约型社会建设、节能减排等问题时，以国务院或办公厅的名义发布，为其他政府部门制定相关实施方案、细则提供总体上的指导。综合性指导文件的内容必须与《中华人民共和国循环经济促进法》及相关法律法规、循环经济发展专项规划等法律政策所确定的基本原则、发展目标、主要任务、管理制度相一致，符合经济社会发展趋势以及循环经济发展方向。落实综合性指导政策，引导产业体系和社区体系将发展循环经济的理念贯彻到原材料购进、生产、加工、销售、消费、回收利用等全过程，提高全民的循环经济意识，形成社会全力推进循环经济发展的良好局面。进一步理清目前循环经济发展过程中存在的主要问题和突破重点，突出抓好重点环节，集中优势力量突破关键领域的技术和管理等问题，重点出台节能环保产业和资源回收利用产业发展、循环经济市场的建立、绿色生态技术研发、再生资源回收体系建设等指导文件，推进循环经济向规模化、高端化、市场化、专业化等方向发展。

二　关键性政策

关键性政策是指直接作用于循环经济发展的政策，政策的立足点、导向都基于循环经济的发展。主要有产业政策、经济政策、科技政策、教育政策、管理政策、消费政策和配套政策等。

（一）产业政策

产业政策与循环经济之间存在密切的关系，合理的产业政策可以推动循环经济的发展，而循环经济的发展又会促进产业政策目标的实现，两者相互影响、相互作用。推进循环经济发展的产业政策主要包括产业组织政策、产业结构政策和产业布局政策。

1. 产业组织政策

产业组织政策是政府为获得理想的市场干预效果，同时调整市场结构和市场行为而制定的政策，其实质是政府通过协调竞争和规模经济的关系，建立正常的市场秩序①。循环经济的产业组织政策要引入生态环境和资源利用因素作为重要参数，积极鼓励和推动企业开展循环经济相关工作，增强企业环境保护的能力，激发企业参与环境保护活动的动力，并对某些高消耗、高污染企业实施直接管制。一方面，要加大对中小企业的支持力度，中小企业因受规模、资金、技术等因素制约，已成为循环经济中的薄弱环节，因此政府要通过多种方式扶持中小企业开展循环经济工作；另一方面，要制定反垄断和反不正当竞争政策，打破地区封锁和行业封锁，扩大节能环保产业的规模，从整体上提高环境综合治理能力。

2. 产业结构政策

循环经济的产业结构政策是指政府以生态环境和资源利用率作为重要指向，采取必要的政策措施，为促进产业结构的调整和优化，促进产业绿色化和生态化而制定的政策。我国循环经济的产业结构政策主要通过对主导产业、传统优势产业和战略性新兴产业的调整优化等体现。在进行主导产业、传统优势产业和战略性新兴产业的政策取向上，可根据其不同的产业特色做出选择。主导产业发展循环经济必须以打造生态产业链、推进产业园区（基地）化、提高资源利用效率为核心，进一步提高绿色生态型主导产业的发展水平；在传统优势产业中发展循环经济必须立足于严格淘汰落后产能，同时制定优惠政策鼓励企业积极利用节能、节水、清洁生产、资源综

---

①　简新华等：《产业经济学》，武汉大学出版社 2006 年版。

合利用等高新技术来增强产业的可持续发展能力；在战略性新兴产业发展循环经济的政策选择上，必须以关键核心技术为先导，不断壮大节能环保、新能源、资源循环利用产业的规模，通过技术研发和创新不断延伸产业链条，以此推动循环经济的发展，同时注重相关配套产业和服务设施的建设和完善。

3. 产业布局政策

发展循环经济的产业布局政策是指政府在制定和实施产业政策时，以生态环境的破坏和污染最小化以及产业耦合度最大化为导向，使产业在空间分布和组合上达到充分利用环境的容量和净化能力，并使高污染产业和企业相对集中，便于集中治理、集中处理、集中排放。按照产业集群和生态产业链的发展要求合理布局产业的形态、区位分布，构建起区域内的物质、能量、信息的流动与交换系统，将区域内相关企业、行业链接成一个循环发展的整体。在产业组合形态上，要根据区域内资源环境发展状况，充分利用区域资源优势发展循环经济，比如在能源产地发展能源深加工产业，特别是在煤炭产区，通过对煤炭初步洗选加工，生产出洁净煤，或直接将煤炭转换为电能。

（二）经济政策

目前，在我国发展循环经济的政策中，经济政策是最为普遍、最有效率的政策之一。积极协调运用财政、税收、价格、金融等经济政策，能有效激励和规制经济主体的经济活动，保障循环经济市场的正常运行。

1. 财政政策

财政政策在促进循环经济发展方面有独特的作用，已经成为世界各国调控循环经济的主要手段之一。政府应根据我国具体国情和循环经济发展状况，确定财政支持的领域和力度。

在企业方面，财政应给予研发资源节约和替代技术、废弃物加工再生技术、固体废弃物处理技术等循环经济相关技术的企业资金支持，以弥补企业对循环经济技术研发投入的不足，并采取有效的激励手段，促进有关循环经济的科技研发成果得以推广。在产业密集区，推进企业规模化生产、生态工业园区建设和区域循环经济网络的构建，并安排专项资金支持生态工业园的设计以及园内相关循环经济的基础设施和配套设施的建设；对跨地区的循环经济合作，在每年的财政预算中给予一定的扶持，如通过贷款贴息的方式鼓励跨地区的生态产业链的建立；而对于落后地区的环境治理和资源保护，财政必须给予必要的资金扶持，防止地方政府仅以 GDP 为目标盲目发展经济而忽视生态环境保护。政府方面应积极实施绿色购买行为，对购买绿色"清单"产品的给予一定的价格补贴，引导整个社会的生产和消费。

2. 税收政策

税收既是国家财政的主要来源，又是国家宏观经济管理的重要手段。政府应为有利于可持续发展的科技进步与创新提供优惠的税收政策。因此应在现有税收优惠政策的基础上，重点制定针对污染防治、环境改善、能源使用效率提高等科技进步与创新的税收优惠政策，如对开展清洁生产技术研究与开发的企业给予所得税减免，对促成生态园区内部和生态园之间的技术合作的重点企业给予减免增值税和所得税的优惠政策，同时对投资于"减量化、资源化和再利用"的企业实施税收抵扣。相反，对不符合资源循环利用、污染环境的企业取消原有的税收优惠政策，如针对一次性产品不仅不能有任何优惠，还要运用税收手段迫使其停产或转产。

此外，我国循环经济税制的设计还存在一些缺陷，因此需要进一步完善税收政策。如应扩大资源税征收范围，尽快将森林资源、水资源等纳入征税范围，适时提高重要资源的税率，从按销售数量和自用数量计征改为按生产或开采数量计征，促使纳税人以销定产，以有利于资源的保护和节约；将增值税的优惠政策从产品的生产、购买等环节扩充到产品的研发和产品废弃后的回收环节；扩大消费税的征税范围，将塑料包装物、一次性餐具、电池、含磷的洗涤剂、高档电器等消费品纳入其中，并提高高耗能、高污染消费品的消费税率；借鉴国外先进经验，尽快开征专项的环境保护税以代替现行的环境保护费等。

3. 价格政策

促进循环经济发展的价格政策包括支持性价格政策和限制性价格政策两大类。在当前的经济条件下，制定促进循环经济发展的价格政策必须处理好资源的初次利用和可再生资源重复利用等价格调节问题。

在资源的初次利用上，需加快价格体系的市场化改革，积极调整资源性产品与最终产品的比价关系，并建立资源交易市场，对资源进行全成本定价，让资源以价格的形式真正体现出自身的价值，完善自然资源价格形成机制。资源和资源产品的初次利用适用限制性价格政策。对于高消耗、高排放和高污染企业，一方面要利用直接定价或行政干预等办法，使其产品价格低于市场中同类产品，所耗费的成本不能通过价格得到补偿；另一方面收取高于以同一时间、同一地区、同一市场均衡为条件的环境补偿费用，提高高排放、高污染企业的生产成本，使其价格利润弥补不了企业的成本支出，最终使这些企业放弃高消耗型的生产方式。

在可再生资源的重复利用上，对于利用再生资源生产的企业，需要利用价格补偿的政策机制，保证这类生产企业能获得正常的利润。以高成本的再生资源作为原材料的生产企业生产的产品的价格，应高于一般产品，以使其能得到生产和经营同类产品大体相同的利润；对国家给出指导价的商品，可以视该商品在市场中的稀缺程度而采取不同的价格政策；对于完全由市场调节的商品，可能出现利用再生资源生产最终产品的利润不足以弥补利用再生资源的成本的现象，国家实施的补偿价格政策要与财政税收政策相互配合，共同发挥作用。

4. 金融政策

在宏观上，金融投资政策要保持"四个结合"，即与发展循环经济的产业政策、货币信贷政策、地方政策和区域循环经济相结合，从而做到政策配套、措施协调。人民银行、银监会等宏观管理部门应加强支持循环经济发展的金融法律体系和监管制度建设，增强绿色信贷体系的监管力度，引导商业银行向循环经济项目倾斜，确保金融机构能真正为企业循环经济项目提供资金支持。在具体金融政策上：首先，应进一步完善商业银行"绿色信贷"体系，使商业银行成为支持循环经济发展的金融主力军[1]，加大对循环经济相关项目的贷款力度，同时创新金融资源，将节能降耗、资源综合利用、污染物排放等指标纳入贷款、投资和风险评估体系中，设计开发绿色环保信贷的产品和服务；其次，建立循环经济发展的政策性金融机构，成立各类政策性担保机构，为循环经济项目提供优质的金融服务；再次，积极引导外国资

---

① 齐美东、柯贤发：《基于投入—产出模型的循环经济金融支持实证分析》，《经济问题》2011 年第 10 期，第 108 页。

本投资，充分发挥外商直接投资的外溢效应，并充分利用高额的外汇储备发展循环经济，引进国外循环经济的先进技术和设施设备，加快循环经济发展；最后，积极培育和发展资本市场，鼓励循环型企业上市融资，优先核准符合循环经济发展要求的企业和建设项目发行债券，建立循环经济创业板市场，以拓宽循环经济项目的融资渠道。

（三）科技政策

2000 年以来，我国开始重视科技政策在推动循环经济发展方面的重要性，制定了防治印染废水污染、生活垃圾污染、危险废弃物污染、废电池污染等技术政策和节水、节能、清洁生产等技术政策，不断引导企业的技术开发活动。制定发展循环经济的科技政策，必须以相关先进技术的研发和推广应用为依托，以科技研发政策、技术咨询服务政策和技术标准为主要内容。在科技研发政策上，要加大政府财政投入，可设立产业发展专项资金、节能环保专项资金以及循环经济技术开发资金等，以支持循环经济技术的开发和推广，尤其应加大对重点产业发展循环经济的共性技术的研究和开发的力度，促进高耗能、高污染行业的技术进步。技术咨询服务能够加快循环经济先进技术的推广和应用，应制定相关政策支持循环经济技术服务机构的成立和发展，并建立相关信息系统和网络平台，完善循环经济技术咨询服务体系。而在技术标准上，应加快完善与循环经济相关的生产运作、清洁生产、共生链接、节能减排等技术标准体系，建立循环型区域、生态工业园区、循环经济示范企业的技术标准，为示范试点工作奠定技术依据。

（四）教育政策

发展循环经济涉及各行各业和千家万户，需要政府、企业和社会的共同努力。因此，要借助各级组织、宣传媒体、教育部门的力量，采用丰富多样的宣传教育形式，大力宣传发展循环经济的重要性和迫切性，加快转变全民的思想观念，使发展循环经济成为全社会的共识。就目前出台的循环经济政策而言，对循环经济的培训和教育仅散见于循环经济的综合性文件中，还没有专门针对循环经济教育培训的政策。因此，应从更高的角度出台一套提升全民循环经济意识的教育政策。首先，针对政府部门、公众和企业等主体，制定循环经济培训政策，定期对政府工作人员、公众和企业员工开展培训活动，将循环经济理念贯彻到政府工作、公众行为、企业生产等活动中，培育一批具有循环经济知识和技能的管理人才、技术人才和服务人员。其次，出台相关政策积极开展绿色教育，把循环经济教育纳入义务教育的范畴，把资源循环利用、建设节约型社会等知识编入中小学教育、高等教育、职业教育和技术培训体系之中。最后，充分利用广播电视、报纸杂志、互联网等现代化宣传工具，普及循环经济知识，提高全民循环经济知识水平。

（五）管理政策

资源环境的"公共物品"的特殊属性，决定了循环经济工作的管理主体必须是政府。制定管理政策的目的是解决各级政府、政府各职能部门在管理循环经济工作中所出现的缺位、越位、不到位等问题。针对目前存在的管理问题，建立管理循环经济工作的机构是当务之急。要成立统一、权威的国家一级的循环经济领导机构，制定发展循环经济的规划和工作计划，以保障各部门之间的沟通与合作，并对生产、消费和废弃物的回收利用等各环节进行综合性的规划、规范、协调、组织和监管①。按照"权责一致"的原则，切实明确经贸、环保、国土、建设、统计、水利等职能部门在循环经济发展中的职责和权限，在此基础上，提高各政府部门间的协调合作能力，形成强大的合力推动循环经济发展。按照"谁决策、谁负责"的原则，建立健全决策责任追究制度，实现权责的统一。加强对循环经济法律法规执行情况的监察监督，督促有关部门在建设项目审批中认真执行审批程序，严格把关。

（六）消费政策

绿色消费是循环经济在消费领域的具体形式，它要求人们的消费生活必须有利于环境保护、资源利用和人的整体素质的提高。培养绿色消费方式，建立一个以绿色生活方式为理念的消费体系，有利于促进节能环保产品的生产和资源节约。一是抑制各类奢侈消费，逐步以个人消费调节税取代个人收入调节税，并对奢侈消费征收较高的累进税。二是出台政策限制一次性物品的使用，使消费者少用或不用一次性物品；加强对塑料购物袋生产和使用的监管，抵制"白色污染"，杜绝不可降解的发泡塑料餐具的使用，减少塑料

---

① 辛余鹤等：《论循环经济法律监督体系的构建》，《河北科技师范学院学报》（社会科学版）2009年第2期，第53—58页。

袋的使用；完善垃圾分类回收制度，提高垃圾的分类收集率，将可循环利用的物质从垃圾中分离出来，分类放置。三是鼓励发展节约型交通，以公共交通工具代替私家轿车，大力发展铁路、地铁等交通设施。四是出台政策鼓励消费者购买节能产品，安排专项资金补贴节能产品的购买使用，并逐步完善家电、汽车以旧换新政策。

（七）配套政策

发展循环经济的配套政策是指与循环经济发展的产业、经济、科技、管理、教育、消费等政策的切实落实和执行相配套的政策，主要包括评价指标、考核制度、项目申报流程等。现阶段，应重点完善循环经济考核评价政策，为循环经济工作的开展、实施及成果提供数字化的评价依据。在评价指标体系上，按照科学性和实用性相统一、可比性与可靠性相统一、可操作性与简明性相统一的原则，进一步完善区域、工业园区、企业的循环经济评价指标体系，真正反映循环经济工作的开展情况、资源利用效率、生态环境现状以及取得的经济效益、社会效益和生态效益。在考核制度上，将循环经济发展指标纳入地方政府的考核体系之内，加大其在考核体系中的权重，并将节能减排指标、碳排放指标分解到各个园区、企业中，实施科学化的奖惩制度，督促经济管理主体按时完成规定的目标任务。

三　辅助性政策

发展循环经济的辅助性政策是指一切与节约集约利用资源和生态环境保护相关的，对促进循环经济发展和资源节约型、环境友好型社会建设有作用的政策，如生态建设政策、资源开发与保护政策、环境保护政策等。

（一）生态建设政策

生态建设政策主要是针对目前我国开展的一系列生态省、生态示范区等建设工作而制定的相关政策。生态建设政策涉及绿色社区、绿色学校、生态村、生态产业、自然资源开发与保护、环境污染治理与维护等相关内容，是生态环境维护与修复、自然资源持续利用的基础性政策。

（二）资源开发与保护政策

资源开发与保护政策是循环经济政策在自然资源领域的具体体现，涵盖土地资源、水资源、森林资源、矿产资源、海洋资源、湿地资源等。资源开发与保护政策应坚持"开发中保护、保护中开发"的原则，合理开发自然资源，加强对适度开发和限制开发类资源的管制，实现自然资源的可持续利用。

（三）环境保护政策

环境保护政策涉及水环境、大气环境、固体废弃物环境、噪声环境、土壤环境等领域，其中较为重要的是环境污染的治理与监管政策，包括污染物总量控制、环境影响评价、排污收费、排污权交易等。环境保护政策的有效落实，将有利于生态环境质量的提高和生活环境的改善，与发展循环经济的目标是一致的。

第二节　区域层面发展循环经济的政策体系

第七章已对我国各省份循环经济发展现状进行了综合评价，并将我国各省市循环经济发展水平分为四大类（因数据收集原因，西藏和中国台湾未参评）。领先型地区包括北京、上海、天津、山东、江苏、浙江、福建和广东8个省市，集中位于东部沿海地区；挑战型地区涵盖辽宁、河北、山西、陕西、河南、安徽、湖北7个省市，地域上极为集中；追赶型地区有内蒙古、吉林、黑龙江、四川、重庆、湖南、江西、海南8个省区；而后进型地区分别是青海、宁夏、云南、贵州、广西、甘肃和新疆7个省区，分别位于我国的西北和西南地区。不同类型的地区发展循环经济的基础和侧重点各有不同。这里选取福建省、山西省、湖南省和甘肃省分别作为领先型、挑战型、追赶型和后进型的典型地区，分析其在今后推进循环经济发展的过程中的策略和方案，并相应地提出不同类型地区发展循环经济的政策。

一　领先型地区循环经济发展政策设计

政策的支持与引导将为领先型地区循环经济发展创造有利的环境。作为循环经济发展的模范，领先型地区具备的良好的基础条件以及在多年循环经济发展中逐步累积的优势，将成为其发展循环经济、实现由经济增长向经济发展转变的有力支撑。而研究与探讨领先型地区循环经济发展政策，应结合该地区自身的发展情况。

（一）领先型地区发展循环经济的基础条件

1. 经济社会条件较好，市场化程度高

领先型地区的经济社会条件较好，这为循环经济的发展奠定了良好的基础。较高的经济发展水平为区域开展循环经济工作提供了充裕的资金保障；而区域较高的技术水平和结构完善的人才队伍又为循环经济的发展提供了良好的条件。同时，循环经济通过前端、末端的清洁生产以及生产过程的物质循环等为区域经济增长带来了强大动力。领先型地区的市场化程度较高，市场机制的运行状态较好，随着市场竞争的日趋激烈和对外开放型经济的发展，企业将自主开展节能减排、清洁生产和资源回收利用等相关活动。

2. 产业结构相对合理

领先型地区产业结构较为合理，以第二、三产业为主，其中第三产业的比重正在不断扩大，传统优势产业有向中部迁移的趋势。领先型地区产业的一大优势在于科技水平高、人才充足，能够为循环经济发展提供技术、人才支撑。第二产业发展循环经济主要通过改善生产流程和生产工艺，实现物质循环利用和清洁生产，而领先型地区的生产工艺相对先进，产业层次较高，空间布局较为合理。大部分城市重视循环经济发展，对工业企业开展规范管理，而且通过建立示范园区、示范基地、示范企业的形式促进第二产业绿色发展。同时，具有生产效益好、科技含量高、资源消耗低、环境污染少等特点的高新技术产业在领先型地区的不断壮大，为其他产业发展循环经济提供了技术保障。

3. 循环经济示范带动作用显著

领先型地区开展循环经济的时间较早，涵盖面较广，在一定程度上对整片地区的循环经济发展具有较强的示范和带动作用。领先型地区已建立起一定规模和数量的循环示范园区、示范基地、示范企业，立足产业、依托项目，对全社会开展循环经济起到推动作用。作为国家第一、二批循环经济试点单位，北京、上海、江苏、山东、天津、青岛、深圳等省市开展循环经济的时间较早，已积累了一定的经验，并取得了较为丰硕的成果。以天津为例，自发展循环经济以来，天津经济技术开发区积极推进国家和市级循环经济试点建设，深化了综合性工业园区发展循环经济的"泰达模式"，并建立了子牙循环经济产业区，有效解决了废弃物拆解行业中的环境污染问题，引导资源循环利用产业向健康、规范的方向发展。

4. 节能环保产业快速发展，再生资源回收体系不断完善

节能环保产业在节约能源、资源综合利用、清洁生产方面的作用主要通过提供大量的环保设备来实现。以我国为例，2007 年全国装备脱硫设施的燃煤机组使得全国二氧化硫排放量同比减少 4.66%。一方面，环保产业是先进环保技术和设备的生产方，提供包括污水处理、垃圾处理、脱硫脱硝、高浓度有机废水处理等设备。另一方面，环保产业在提供先进的环保设备的同时还开展了环保服务，主要包括设施运营维护、技术咨询等，从硬件和软件两个方面极大地推动了节能、资源综合利用以及清洁生产的发展。

同时，领先型地区的再生资源回收体系建设已经取得一定的成效，大多建立起了标准化的回收站点、专业规范的集散配送中心、再生资源加工示范基地和区域集散市场等系统的再生资源回收体系，不仅减少了环境污染，而且缓解了资源短缺问题，对循环经济的发展具有重要意义。

5. 公众的循环经济意识不断提高

领先型地区发展循环经济较早，循环经济发展涉及很多层面，其中包括公众层面。领先型地区较早开始在公众中宣传节能循环理念，培养绿色生活意识，通过生活小事培养民众参与循环经济实践的热情，如生活垃圾分类、生活垃圾回收利用、低碳交通工具的使用等，都体现出公众对循环经济认知程度的提升。同时，领先型地区经济发展水平较高，意味着生活成本也相应增长，在日常生活中培养循环经济意识有助于节约生活成本。

（二）领先型地区循环经济发展策略：以福建省为例

近年来，福建省节能政策体系和运行机制趋于完善，制定并实施了《福建省人民政府关于进一步加强节能工作的意见》《福建省"十一五"重点节能工程行动方案》《福建省节能减排综合性工作方案》等一系列政策性文件，能耗统计指标体系、监测体系和考核体系逐步完善；循环经济体系初步建立，一批循环经济型示范城市、综合性示范区域、产业园区、试点示范企业以及资源再生基地、无公害农产品基地、生态旅游基地逐步建立，一批经济效益好、资源投入低、环境污染少的清洁生产企业相继建成，资源耦合共生的产业链逐步形成。全省共建立了 5 个国家级循环经济试点单位和 14 个省级循环经济示范园区、94 家循环经济示范企业，181 家企业通过了资源综合利用认定；生态环境改善工程取得了一定成果，全省现有国际花园城市 2 个，国家园林城市 3 个，环保模范城市 3 个，国家和省级生态示范区试点 266 个，生态农业试点县 15 个，国家级和省级可持续发展实验区 15 个，国家级和省级水土保持示范城市 4 个、示范县 4 个。生态省建设全面推进，重点区域、行业环境整治得到加强。森林覆盖率达 63.1%，保持全国首位，城市建成区绿化覆盖率达 35%，城市污水处理率、垃圾无害化处理率分别从全国的第 18 位、第 6 位上升到第 10 位和第 4 位，生态环境质量综合评价指数位居全国前列。

但是，福建省循环经济的发展仍然面临着一些问题：产业结构还不够完善，服务业和高新技术产业的比重有待提高；沿海临港重化工业的发展对资源环境提出了更高的要求，环境和资源面临更大的压力；循环经济的科研能力还有待提高，推广应用平台仍不够完善，专业管理人员还比较缺乏。要突破以上几个关键问题，需从以下几点入手。

1. 全方位构建两型社会

构建资源节约型、环境友好型社会是解决经济发展和资源稀缺矛盾的内在要求，必须将两型社会的构建扩展到各行各业中去，全方位地推进两型社会的构建。重点在工业领域发展循环经济，重点对耗能企业进行监管，积极探索产业纵向闭合和横向耦合的循环经济发展模式，督促企业改进设备和技术工艺，进一步淘汰落后产能。积极开展交通节能，以排量及废气排放量为基准对车辆进行分类管理，对污染少的绿色标志车辆给予政策优惠或补贴，推广新能源汽车和小排量汽车，发展公共交通；推进商贸服务业循环经济发展，减少商品包装；打造绿色物流基地，包括物流作业环节和物流管理全过程的生态化；开展绿色旅游，在景区设立废弃物回收中心，同时对配套的酒店进行管理，打造绿色酒店。

2. 完善循环经济市场体系

积极推进合同能源管理、清洁发展机制、排污权交易市场的发展，放宽政府的约束和管制，进一步完善循环经济的市场体系。

首先，积极推行合同能源管理。合同能源管理是指节能服务公司与客户签订协议帮助客户开展节能技改，并在实现节能效益后与客户共享成果的一种市场化的节能机制。合同能源管理利用市场化手段提高客户开展节能改造的积极性，推动客户公司的设备改造、人员培训，拓宽节能改造的融资渠道，不仅有利于节能产品设备的使用，更是一种以节能为目的的财务管理方法，是发展循环经济的一种有力的市场化手段。

其次，推行清洁发展机制。推行清洁发展机制是完善循环经济市场体系的一个重要举措。清洁发展机制可以有效地将发达国家和发展中国家的节能减排任务结合起来，也就是说，发达国家可在发展中国家投资减排项目，并获取核准的减排量，以便帮助其履行在《京都议定书》中所承担的约束性减排指标的义务。清洁发展机制使得发达国家在无法完成本国减排任务时可以通过对其他国家进行减排投资来减轻自身的减排压力，这不仅有助于全球减排总量的增加，而且发达国家对发展中国家的减排投资和援助还有助于提升发展中国家的减排技术和能力。

最后，建立并完善排污权交易市场。排污权交易是根据地区的环境及经济发展状况对排污总量的上限做出明晰的规定，并将排污量按权重分配到企业中去，同时按照市场的方式对排污权进行交易。排污权交易市场的建立不仅从总量上对地区的排污进行了控制，而且可以通过初始分配市场和交易市场以及排污收费等方式达到降低排污率、提高环保效率的目的。

3. 大力培育和发展战略性新兴产业

战略性新兴产业具有效益好、科技含量高、资源消耗低、环境污染小的特点。发展战略性新兴产业主要涉及节能环保产业、新能源产业、新材料产业、新一代信息技术产业、生物与新医药产业、高端装备制造业、海洋高新技术产业七大产业。

第一，大力发展节能环保产业。节能环保产业从硬件上为循环经济的发展提供支持，同时为其他产业提供大量的服务，包括节能环保维修、技术服务等，为其他产业的循环发展提供了技术和设备支持。第二，积极培育和发展新能源产业。新能源产业具有效率高、清洁等特点，为经济社会发展提供清洁能源，能够有效降低能源消耗、维护生态环境。未来发展的重点应当是太阳能、风能、生物等新能源。第三，着力发展新材料、新一代信息技术、生物与新医药、高端装备制造业、海洋高新技术产业等战略性新兴产业。这是节能降耗、发展循环经济的内在要求。战略性新兴产业具有高效益、低污染、低排放的特点，发展这些产业可以取得从源头上遏制污染、减少排污量的效果。

4. 深入引进消化、吸收国际先进的循环经济技术和设备

发展循环经济必须依靠先进的工艺和设备，淘汰落后设备，改进生产流程，实现循环生产和清洁生产。相对于国外开展循环经济较早的地区而言，福建省循环经济起步相对较晚，因此必须引进国际先进的循环经济技术和设备加以利用，并加强研发学习能力，提高自身的自主开发和创新能力。可通过外派人员学习国际先进的技术及引进先进的设备，也可通过产品成果交易会等交易平台引进先进的技术设备等。同时，加强闽台合作，利用海峡西岸经济区的特殊政策和地理优势，积极吸收先进的技术和引进设备，为自主开发循环型产品打下基础。

（三）领先型地区循环经济发展政策

1. 采取激励与约束相结合的政策

政府应建立合理的市场准入制度和生产监督处罚制度，在建设两型社会的过程中，应对高耗能的企业设立较高的市场门槛，而对污染排放过高的企业采取一定的惩罚性措施，督促企业开展技改，淘汰落后的设备。同时，为企业的设备更新提供一定的市场优惠，如技术培训、新设备优惠、新旧设备更换和折扣等。采用约束性措施和鼓励性措施相结合的办法规范生产，推动企业走循环生产和清洁生产的道路。

2. 采取市场化政策

首先，政府推动，完善合同能源管理机制。出台相应政策鼓励节能服务公司开展合同能源工作，对技术成熟、效益高的服务公司予以奖励；运用经济手段和监管职能，规范合同能源市场环境，为合同能源管理提供法律和政策依据，建立第三方监管机构完善能源合同市场。

其次，为促进清洁发展机制的发展，政府应适当降低对国际合作的限制，主动与清洁发展经验丰富的国家合作。完善 CDM 申报机制，简化审批流程，推进 CDM 项目的实施。同时，通过建立 CDM 项目服务机构，为国内企业申报 CDM 项目提供服务和进行培训。

最后，建立和完善排污权交易市场。通过政府的作用，建立和完善法律机制，明晰排污权的归属；建立科学的排污评测机构，确定地区排污上限，为排污权定价提供基础和依据。对企业的排污行为进行监测，确保排污权实

施的公正和合理；以政府为主导建立公开透明的信息网络体系，保证交易市场的信息公开，保证各交易主体的市场平等。

3. 采取产业优化政策

发展循环经济要优化产业结构，大力培育战略性新兴产业。政府应加大力度对效益低下、耗能高的企业进行兼并和重组，调整产业内部结构，以低耗能的效益企业为牵引，推动产业内部的升级，解决产能过剩、产业素质不高的问题。优化产业布局，对工业园区的布局情况做出深入分析和探讨，出台政策引导不合理的产业进行转移，推进产业集聚，集中使用土地，集约使用资源，集中进行污染治理。

4. 采取技术引进与自主研发相结合政策

政府通过循环经济相关技术和设备引进政策，同国际循环经济发展较快的国家或地区签订协议，开展大宗技术和设备贸易，引进国际上先进的节能环保和循环经济设备、技术，并以成果交易会等为平台，大力开展与国外先进国家或地区的技术设备交流活动。同时，将科研机构和企业通过政府的政策引导结合在一起，在对国际先进技术设备进行消化和吸收的同时，培养自主创新能力，生产出具有自主知识产权的循环经济设备。

二　挑战型地区循环经济发展政策设计

挑战型地区涵盖辽宁、河北、山西、陕西、河南、安徽、湖北7个省市，地域上极为集中，挑战型地区重化工业特征较强，对能源、资源的需求旺盛，生态环境面临的压力较大，发展循环经济显得重要而紧迫。

（一）挑战型地区发展循环经济的支撑条件

1. 重化工业特征突出，循环经济效益显著

辽宁、河北、山西、陕西、河南、安徽、湖北7个省份的产业结构中工业普遍占了较大比重，重化工业特征突出，例如湖北省，重化工业为主的工业生产体系在全国占有重要地位。能源、钢铁、有色冶金、机械、化工、石油加工等高耗能、高耗水的能源原材料工业发达，在区域经济中发挥着骨干作用。重化工业发展过程消耗大量的能源、资源，产生较多的余热余压、工业废水、边角废料。利用再生资源发展循环经济，能够有效节约生产成本、提高生产效益、促进环境改善，使经济效益、环境效益、社会效益显著。

2. 高度重视资源型城市循环经济发展

对于资源型城市而言，发展循环经济有着极为重要的意义，我国政府高度重视资源型城市的循环经济发展，在资金方面给予了大力支持。充分发挥市场对资源配置和资源节约的决定性作用，以市场经济的效率性来推动循环经济的发展。同时，整合各类专项资金，重点进行循环经济共性技术攻关和向循环经济示范工程倾斜。利用财政、税收、价格等手段加大对资源节约、资源综合利用、新能源和再生资源开发、清洁生产、再生资源回收利用等的扶持力度，使循环经济占资源型城市经济的比重不断增加。银行等金融机构对循环经济示范试点园区和企业给予多元化信贷支持。多渠道拓展促进循环经济发展的直接融资途径。着力打造"绿色信贷"品牌和"低碳金融"示范区。通过信贷资金投向和利率杠杆作用，推动资源型城市循环经济发展，推进产业结构优化升级。

3. 循环经济技术与装备支撑能力明显增强

挑战型地区在发展循环经济的过程中已经积累了一定的技术与人才基础，循环经济技术能力与设备也逐渐得到更新。以辽宁省为例，"十一五"期间，辽宁省开展了97项国家环境保护标准的制定和修订工作，积极推广国家有关环境 BAT 和工程技术规范。建立了科技创新平台，编制完成"辽宁省环境科技管理信息系统"软件。积极参与国家科技重大专项的研究工作，仅在2008年就向有关部门推荐了30多项节能减排技术，大部分技术在全省减排工作中得到实际应用。为应对气候变化，截至2008年12月，辽宁省共有40个 CDM 项目获得国家发改委批准，7个项目在联合国 CDM 执行理事会（EB）成功注册，其中4个项目获得 EB 签发的减排交易额度（CERs）。

4. 产业类型相近形成发展循环经济的比较优势

挑战型地区的产业类型总体上较为相近，耦合较为容易，从而形成发展循环经济的比较优势，有利于形成较为完整的产业链，使能源、资源形成闭路的循环。循环经济正是依托传统产业来发展的。各产业在生产过程中产生的废弃物绝大多数具有较大的利用价值，较易回到本生产系统，或者为别的产业所利用。如煤矸石热值高，粉煤灰品质好，矿井水用途广泛等。这些都为循环经济发展奠定了基础，比如以煤为原料的焦化、电力、钢铁企业，与煤矸石、粉煤灰、废钢渣综合利用和废气、废水、余热回收等方面都有很强的关联性，为行业和企业走上循环经济之路提供了便利条件。

（二）挑战型地区循环经济发展重点：以山西省为例

山西省作为挑战型地区的代表省份，在循环经济发展方面已经取得了一定的成效：在煤博会期间组织召开循环经济研讨会，举办了多次循环经济论坛和交流会等，宣传普及循环经济理念，营造出发展循环经济的良好氛围。一批循环经济关键技术取得了突破，培育出了电厂脱硫脱硝、焦化废水处理、焦炉煤气化工合成和工业窑炉利用、煤矸石煅烧氧化铝、城市垃圾发电、减少水泥熟料配入量和高掺入工业废渣的高性能外加剂的应用技术等。自 2003 年以来关停改良焦化生产企业 1241 家，削减低品质焦炭产能 4000 多万吨，不仅控制了焦炭总量，还大大提高了质量，减排烟尘、粉尘 8 万余吨，减排二氧化硫 12 万余吨。在太原建成了国内最大的垃圾焚烧发电厂，年处理能力达 33.3 万吨；集中供热普及率达到 57.8%。总体而言，通过发展循环经济，山西省重点区域环境质量状况得到一定程度的改善，大气环境恶化的趋势得到了初步控制，走上了快速发展的道路。

为加快实现资源节约型和环境友好型社会的创建目标，山西省今后循环经济的发展重点将集中于以下几个方面。

1. 以发展循环经济为依托，全面改造提升传统支柱产业

山西第二产业内部结构不合理，高污染、高消耗的传统产业占绝对主导地位。从产业发展对国民经济增长的贡献率角度看，2007 年煤炭、冶金、炼焦、电力四大传统产业占全省规模工业的比重为 82.46%，对全省工业增长的贡献率达到 83.07%，虽然装备制造业、煤化工与材料工业等新兴产业发展较为迅速，但在全省经济总量中所占比重明显偏低。因此，山西在注重三次产业均衡发展的同时，应着重以发展循环经济为依托改造提升传统支柱产业，促进第二产业内部结构的优化升级。对于传统产业，以"资源能源消耗低、效益高、排污少"为特征，以"鼓励一批，限制一批，淘汰一批"为手段，按科学发展观的要求，对现有不合理、低效益、不环保的产业进行调整，改造提升传统支柱产业。

第一，就煤炭、焦炭、电力、冶金、建材等传统产业而言，应注重生态

工业技术力量的发挥，并促使相关装备升级换代，以更好地发挥传统工业的优势，提升其竞争力。对具有传统优势的潜力产业，应全面加以创新，使之成为新的支柱产业。当前应着力打造现代能源原材料产业，要进一步提高煤电产业的集中度，延长产业链，实施多元化发展战略。装备制造业要提升整体水平，形成煤机成套设备供应体系，提升竞争力。材料产业要在资源循环利用、产品质量提升、深度加工、市场开拓等方面取得新突破。围绕优质、节能、利废、节约、综合利用资源等，开展能源审计和清洁生产审计工作，淘汰传统支柱产业中粗放型落后的生产工艺和生产设备，解决节能减排和工业型结构污染的问题。

第二，把各种产业、各种产品的资源消耗和对环境产生的影响作为重要的考虑因素，严格限制能源消耗高、资源浪费大、污染严重的部分传统产业，取消对资源密集型产业的扶持和保护。按照生态功能和产业空间布局的要求，促进工业企业全面"退城进园"。重点淘汰位于水源地及其汇水区、城市中心区等重要生态功能区内的企业和属于国家产业政策明确限制的行业。

第三，传统支柱产业新建项目时，既要注重经济指标，又要实行环境准入制，要通过单位能耗、水耗、污染强度的审查，使得企业对环境的影响最小化。提高传统支柱企业环境管理的水平和国际竞争能力，从源头上严格控制资源能源消耗和污染排放。

2. 以高新技术产业和现代服务业发展为重点，不断增强支撑能力

山西作为全国最大的能源重化工基地，产业结构呈现出重型化与单一化的特征，煤炭、焦化、冶金、电力等传统产业在经济总量中占有绝对比重，而新兴产业发展相对滞后。受自身资源状况、国家投资重点和经济基础的影响，经过60余年的发展，山西形成了资源开采和原材料加工的主导产业，呈现一产弱、二产强、三产小的产业结构特点。三次产业比重不够协调，2006年，山西省三次产业的比重分别为5.8%、57.8%、36.4%，三产份额相对不足。产业及产品结构的不合理，是造成山西资源浪费大、能源消耗高、环境污染重的重要原因。为此，要转变山西经济的发展方式，应以发展高新技术产业和现代服务业为重点。

第一，大力发展科技先导型、资源节约型产业，大力研发和推广循环经济支撑技术，建设循环经济技术服务平台，为经济的生态转型创造条件。对依托能源资源优势发展起来的新兴产业，加大扶持力度，提升其整体水平。实施煤化工"绿色发展战略"，按照规模化、大型化、循环化、基地化的现代煤化工产业发展模式，走出具有山西特色的煤化工道路；推进高新技术产业向自主研发制造延伸，使高新技术产业逐步成为全省的亮点。

第二，加速发展效益好、污染少、带动就业能力强的现代服务业，提高其在国民经济中的比重和分量。在继续发展生活性服务业的同时，加快发展生产性服务业，促进现代服务业与制造业协调发展。大力发展新兴文化产业，改造提升传统文化产业，不断提高文化产业的总体实力。切实抓好增强自主创新能力这个中心环节，加强组织协调，制定扶持政策，抓好重点项目，为发展新兴产业提供保障。

3. 以产业特色为基础，构建行业共生的循环经济发展模式

加快产业结构调整，促进产业优化升级是发展循环经济的关键。调整产业结构必须坚持循环经济理念。发展循环经济要求加大产业关联和互动，使物质、能量实现最大限度的循环。

用循环经济模式改造、重塑传统能源、化工以及原材料产业，鼓励产业内部关联企业之间不断调整资源利用和废弃物排放的结构比例，实现资源的闭路循环和多级使用。重点对象是煤炭、冶金（钢铁）、电力、化工、有色金属、建材等产业的内部关联企业。逐步优化升级产业结构，形成具有山西特点的劳动密集和技术密集的产业结构，从而构建行业共生的循环经济发展模式。

4. 以社会领域为突破口，持续提升循环经济发展水平

重视城市、社区和镇村的建设，通过推进循环型城市建设，优化城市功能分区，着力塑造有特色的循环型城市；通过开展绿色社区创建活动，抓好社区绿化、美化、净化、亮化工作，推进循环型社区建设；通过深入实施"净化大地、美化家园"行动，推进"园林式村庄"和"生态庭院"建设，不断改善农村环境面貌，将循环经济理念贯彻到新农村建设中，加快循环型镇村建设步伐。另外，倡导绿色消费，树立可持续的消费观，提倡健康文明、有利于节约资源和保护环境的生活方式与消费方式，在生态环境的承载力限度内促进社会进步。

（三）挑战型地区循环经济发展政策

1. 财政政策

挑战型地区具有明显的重化工业特征，能源、资源消耗大，废水、废气、废渣排放多，因而在挑战型地区实行节能与资源综合利用有较大的难度。挑战型地区发展循环经济，大力进行节能减排与资源综合利用，一定的资金支持是必不可少的。政府在循环经济发展方面的资金投入是重要而且必要的，但并不能完全填补循环经济发展的资金缺口，这就需要市场进行必要的补充，故应积极运用市场手段，采取多种形式，切实加大对发展循环经济的投入。推行污染物排放指标拍卖、交易市场化运作，鼓励、引导社会资本投资循环经济项目；协助项目业主争取银行贷款；研究和探索以发行债券、设立开放式环境发展基金等方式吸收社会闲散资金，拓宽直接融资渠道；利用世行、亚行、联合国开发计划署等国际组织及外国政府赠款和长期低息、无息贷款，优先安排循环经济建设项目。积极策划实施清洁发展机制（CDM）相关项目，吸引外商投资。利用产业导向和优惠政策，鼓励外资投资污染防治、节能和资源综合利用项目，鼓励外商在挑战型地区设立循环经济研发机构。

2. 税收政策

在国家税收政策内，制定符合挑战型地区情况的税收政策。主要包括：允许循环经济示范企业的生产设备加速折旧；允许从事煤炭清洁利用的企业、新能源开发和利用的企业在税前提取一定的风险准备金；企业在原设计规定的产品以外，综合利用本企业生产过程中产生的、在《资源综合利用目录》中列举的资源作为主要原料生产的产品的所得收入，可在所得税计税收入中减计收入；企业利用本企业以外的大宗煤矸石、炉渣、粉煤灰作为主要原料生产建材产品所取得的收入，可以在计算应纳税收入中减计收入；企业为处理其他企业废气、在《资源综合利用目录》中列举的资源作为主要原料而兴建的企业，可酌情减征所得税；对企业从事节能、节水等节约资源的技术开发、技术转让业务和与之相关的技术咨询、技术服务所取得的收入，可以免征营业税。

对资源使用大户、污染排放大户提出资源化、减量化、再利用的具体指标和时间节点，并收取保证金；对行动迅速、效果明显的企业除退还保证金外，还给予相应的奖励；对行动不力、效果较差的企业除扣除保证金外，还给予相应的惩处，收费标准要达到或超过污染治理的投入。

经相关部门认定，对发展循环经济确有较大作用的单位和企业实施财政补贴或免税或税收返还政策，如回收利用资源补贴等。在实际运用中，要将回收补贴和有利于资源回收利用的各种经济支持政策结合起来，以降低政府的经济负担。

3. 产业政策

挑战型地区重化工业特征显著，资源、环境承受的压力较大，因而应从三个方面入手，促进产业结构合理化与优化升级，缓解以重化工业为主的现有产业结构所面临的环保压力。

第一，鼓励发展生态工业，限制污染产业，保证增量部分不再对环境造成新的危害；用生态工业学的观点改造现行工业系统，支持企业采用积极的方式和措施恢复生态环境，逐步弥补以前对环境的欠账。

第二，实施电子废弃物及危险废弃物收集资质政策。提高此类企业的准入门槛，由有专项资质的企业控制该类废弃物的收集、处理工作，建立生产企业和流通领域之间的回收网络，防止无序竞争和二次污染。

第三，大力发展第三产业，以旅游业和交通运输业为重点，加快发展现代物流经济、绿色交通、旅游业、商业等服务业，按循环经济理念进行生态化建设。在旅游业发展中及时解决发展所带来的生态破坏和环境污染问题，使旅游业更加环保和生态化；在交通运输业发展中重点解决能源、资源运输过程中产生的污染问题。

4. 消费政策

加快研究制定政府绿色采购和引导社会绿色消费政策。完善政府采购条例，编制绿色产品目录和政府绿色采购目录，针对纳入采购目录的生产企业制定相关的优惠政策；制定鼓励绿色消费、简化包装、减少使用一次性产品、垃圾分类回收的相关政策，积极引导社会进行绿色消费，促进循环经济的发展。

倡导消费未被污染或者有助于公众健康的绿色产品，支持绿色产品生产企业的发展；建立垃圾分类回收管理制度；引导消费者转变消费观念，改变公众的消费方式和行为，减少一次性产品的使用和对其的依赖。

三　追赶型地区循环经济发展政策设计

追赶型地区近年来发展较为迅速，但是由于工业基础较为薄弱，特别是高新技术企业发展较为缓慢，循环经济发展受到一定的限制。因地制宜地制定政策，促进追赶型地区的循环经济发展，是此类型地区面临的一项重要课题。

（一）追赶型地区发展循环经济的影响要素

1. 过度强调经济发展，忽视生态环境保护和资源的持续利用

当环境污染、资源消耗处于高峰期时，若不提高认识，过分强调经济发展，仍以资源过度消耗、环境的破坏为代价追求经济增长速度，将导致经济发展与生态环境保护以及资源持续利用相脱离，不利于地区的可持续发展。追赶型地区的经济发展水平较低，因此，面对经济发展的机遇，部分地区政府过度强调经济增长，大力发展工业，而忽视了生态环境保护和资源持续利用，导致资源被大量消耗，环境遭到严重破坏，经济发展与资源、环境的矛盾日益加剧，未来可持续发展面临考验。

2. 工业化程度不高，产业链的耦合力度不足

追赶型地区工业化程度不高，主要表现为企业总体素质不高、规模不大、实力不强；产业优势不明显，工业大项目偏少；产业集群程度不高，制约集群效应的发挥；高新技术产业和新兴服务业发展滞后等。追赶型地区还存在着产业结构不合理的问题，并且在短时间内难以彻底解决，一些产业内部呈单线式发展，产业链条较短，没有形成高度关联和有效互补的循环经济链网体系。总体表现为各产业之间相互关联、相互协调、相互配套的关系比较松散，上下游企业配套能力差，增加了企业的生产成本。

3. 高新技术产业发展缓慢，循环经济技术支撑力度不够

追赶型地区高新技术产业发展的特征是企业少、整体规模偏小、发展慢、技术力量单薄等。废弃物利用、清洁生产和污染治理等技术创新体系还不够健全；先进适用技术，特别是一些有重大带动作用的共性和关键技术开发还不够深入，有色、化工、建材、冶金等高能耗、高物耗、高排放领域存在一定的技术瓶颈。这主要是由于高新技术产业发展资金较为短缺以及企业研发和自主创新能力不足，技术上表现出"拿来主义"，不能够很好地把技术引进与消化、吸收、创新结合起来，导致产业自主创新能力不强，无法真正掌握核心技术和关键技术，制约了高新技术产业的发展。

4. 资源循环利用产业发展缓慢，再生资源回收体系亟待完善

追赶型地区受政策体制不完善、资源循环利用和回收技术不成熟等的影响，可再生资源回收利用成本高于耗竭性资源开发利用成本，致使许多企业不愿意涉足资源回收和循环利用产业。再生资源回收体系发展存在的问题主要体现为：回收率低，资源浪费严重；规模化程度低，产业链不完善；技术落后，行业发展缓慢等。资源循环利用产业和再生资源回收体系发展缓慢将成为制约追赶型地区循环经济发展的重要因素。

（二）追赶型地区循环经济发展任务：以湖南省为例

大力发展循环经济，走资源节约型、环境优化型经济发展道路，是湖南省缓解资源瓶颈、实现资源环境和经济社会发展之间平衡和协调的根本途径，也是推进经济增长方式转变、全面建设小康社会和提前基本实现现代化的战略选择。

近年来，湖南省积极鼓励和支持循环经济的发展。自 2005 年国家循环经济试点启动以来，湖南省株冶集团、智成化工公司、汨罗再生资源集散市场、泰格林集团、永兴县、株洲清水塘工业区 6 家单位陆续进入试点范围。湖南省委、省政府高度重视，制定并出台了《中共湖南省委湖南省人民政府关于大力发展循环经济建设资源节约型和环境友好型社会的意见》《湖南省"十一五"节能工作实施方案》《湖南省"十一五"循环经济发展规划》《湖南省地方税务局关于进一步促进循环经济发展若干税收问题的通知》《湖南省人民政府支持汨罗循环经济试点的有关政策措施》等规划和方案[①]。各有关部门大力推动，各试点单位积极探索发展循环经济的路径和模式，有效地促进了循环经济的发展。2008 年湖南省地区生产总值历史性地迈上万亿元台阶，达到 11000 亿元，增长 12.8%。高新技术产业增加值增长 30%，占生产总值的比重达 10%。城镇污水处理设施建设"三年行动计划"开局良好，城市污水和生活垃圾无害化处理率分别提高 5.7 个和 6.8 个百分点。新建农村沼气池 15.87 万口，补植补造冰灾毁损林地 500 万亩，植树造林和

---

① 钟芸香：《循环经济与湖南经济发展方式转变研究》，湖南大学出版社 2008 年版。

退耕还林 250.5 万亩；年度节能减排任务全面完成，循环经济发展取得一定的成效。

湖南省循环经济发展也存在着诸多制约因素，主要表现为：对生态环境重要性与加快生态环境建设的紧迫性认识不足，一些地方与部门比较重视和强调经济增长，忽视人与自然生态的相互协调，对如何科学推进循环经济建设缺乏认识；湖南省目前企业规模相对较小，不仅直接影响到资源利用率以及废弃物的资源化程度，而且污染监控成本较高，循环经济的技术推广成本也较高；政策体系有待完善，促进循环经济建设的政策支持力度有待进一步加大等。今后湖南省应将循环经济发展的主要任务重点放在以下几个方面。

1. 遵循循环经济理念，有选择地承接沿海产业转移

2011 年 10 月 6 日，国家发改委正式批复设立湖南省湘南承接产业转移示范区，衡阳、郴州、永州三市同时入列其中，是湖南继长株潭城市群"两型社会"综合配套改革试验区后，又一个纳入国家战略层面的区域规划。湖南省应充分利用这一有利机遇，遵循循环经济理念，利用沿海技术优势、市场优势、信息优势、资金优势，准确把握产业转移的规律和特点，充分发挥湖南省比较优势，选准产业转移的承接点，有选择地承接沿海产业转移，增强承接产业转移的针对性和有效性。湖南省特别注意与本省经济发展方式转变相结合，大力发展循环经济，努力建设成中部地区承接产业转移的新平台、跨区域合作的引领区、加工贸易的集聚区、转型发展的试验区。

2. 发展壮大产业体系，构建循环型产业网络

以发展循环技术为支撑，将自主研发、技术引进与消化、吸收、再创新相结合，逐步建立由节能和提高能效技术、清洁能源和可再生能源生产技术、新能源装备加工制造技术等组成的多元化循环技术体系，大力推进循环经济示范技术、示范项目、示范企业和示范模式建设，增强产业链耦合度，加强上下游产业的衔接，带动产业体系发展壮大，构建循环型产业网络体系。

3. 发挥区域特色优势，因地制宜构建循环经济发展模式

湖南省应发挥区域特色优势，从实际出发，坚持"有所为有所不为"的原则，加强分类指导，因地制宜地发展循环经济，在经济活动中合理运用资源优势，减少资源消耗和环境污染，追求经济效益最大化，构建彰显各地特色的循环经济发展模式。主要包括构建工业循环经济发展模式，促进工业高端高质高效发展；构建农业循环经济发展模式，提高农业可持续发展能力；构建服务业循环经济发展模式，优化全省循环经济产业体系。

4. 加快资源循环利用产业发展，协同处置多种固废资源

推进废旧物资特别是固废资源的回收、加工和再生利用，积极发展资源再生产业。应结合湖南省国民经济发展的主导产业特点与主要资源耗费情况，大力回收和循环利用各种废旧物资，鼓励企业使用再生资源，尤其是加强推进废钢铁、废有色金属、废旧轮胎、废旧汽车、废旧电子产品等的加工处理和再制造，加强废旧电池无害化处理。推动不同行业通过产业链的延伸和耦合，实现废弃物的循环利用，推进资源循环利用产业发展。以循环经济理念加快发展汨罗再生资源循环经济工业园，突出科技创新、管理创新、制度创新，大力研发技术含量较高、适应市场需求的产品，建设废旧再生资源集散交易市场，走加工经济与物流经济相结合的发展模式，努力把园区建设成为具有国际水准和自身特色的再生资源回收利用市场和加工示范基地。

（三）追赶型地区循环经济发展政策

1. 加强循环经济理念教育，增强循环经济发展意识

追赶型地区目前正处于发展较为快速的阶段，不少地区政府和企业往往过度重视经济的发展，而忽视了生态环境保护和资源的持续利用。加强循环经济理念教育，一方面可以强化各级干部和公众的可持续发展责任意识，另一方面也可以对各产业部门提出更加明确、更加具有强制性的资源和环境保护要求，进而营造良好的循环经济发展氛围。

2. 完善和落实投融资政策，加大资金扶持力度

由于追赶型地区的循环经济发展环境不佳，企业对于资源循环利用产业和再生资源回收产业的投资有限，政府应逐步加大投入，将发展循环经济作为政府投资的重点领域，通过直接投资或以资金补助、贷款贴息等方式支持循环经济建设。同时创新融资方式，拓宽融资渠道，通过调整财政、税收等政策，鼓励、引导民间投资，扩大社会投资渠道，充分利用国内外资本市场筹措资金。特别是重点支持城市再生资源回收体系的建设，鼓励和带动资源循环利用产业的发展。

3. 制定和完善激励政策，发展高新技术产业

制定政府奖励、税收优惠、政府优先采购、价格优惠等政策，鼓励相关企业加强自主研发和提升创新能力，重点推进发展循环经济所需要的废弃物利用、清洁生产和污染治理等层面的技术创新体系构建工作；结合产业政策调整，鼓励发展资源消耗低、附加值高的高新技术产业、服务业和用高新技术改造传统产业，同时增强产业链耦合力度，以发展形成一批规模较大、技术力量雄厚的高新技术企业。发展地区高新技术产业，增强对循环经济技术的支撑力度。

4. 鼓励发挥区域特色优势，因地制宜地构建循环经济发展模式

循环经济的发展既要符合自然规律，又要符合经济规律；既要考虑经济的承受能力，又要考虑技术的可行性。追赶型地区的不同省份各具特色，同一省份的不同地区也同样存在差异。各地区应充分发挥本地区的优势，加强分类指导，深刻分析各地区资源环境现状和经济社会发展情况，因地制宜地发展循环经济。在政策规划的制定过程中，尤其要注意界定不同地区不同的发展模式，秉持因地制宜的原则，根据本地区特点选择行之有效的政策支持和发展措施，并有针对性地制定出适合本地区循环经济发展的政策措施。

四 后进型地区循环经济发展政策设计

循环经济发展的后进型地区大多地处偏远，因此生态环境相对脆弱、经济基础薄弱、循环经济工作开展的力度不足、资金投入和人才支撑相对缺乏，严重阻碍着本类型地区发展循环经济。本部分以后进型地区的代表甘肃省为例，简要概括甘肃省近几年来在循环经济建设方面取得的成绩，并详细归纳总结出发展循环经济所面临的制约因素，建设性地提出了甘肃省建设循环经济的若干实施方案。最后，总结后进型地区循环经济发展政策。

（一）后进型地区发展循环经济存在的制约因素

1. 生态环境相对脆弱

本类型区域主要是我国西部偏远地区，而西部地区又是我国生态环境相对脆弱的地区。植被破坏严重，水土流失严重，荒漠化问题加剧。过度和不合理的开发，使草地退化加剧。森林覆盖率在该地区很低，如青海为2.59%，新疆维吾尔自治区为2.15%，宁夏为4.85%，甘肃为9.73%。水

资源严重失调,许多地方出现河流断流和湖泊萎缩、咸化、干涸的现象。资源破坏严重,本类型地区资源丰富,矿产储量很大,但多为不可再生资源。这一类型地区资源意识淡薄,宏观管理滞后,开发利用技术落后,保护工作滞后以及"有水快流,涸泽而渔"的掠夺式开发,导致了矿产资源破坏严重、资源消耗量大、利用效率低的严重后果①。

2. 经济社会发展水平不高

本类型地区都是我国欠发达的省份,经济社会发展长期滞后,产业结构不合理,效益较差,基础设施滞后。与东部地区相比,西部地区城镇化进程缓慢,各省份城镇化水平较低,城市功能单一,城市体系不完整,尤其是小城镇建设明显滞后。市场化运作模式不成熟,市场机制的资源配置作用没有充分发挥。市场机制是推动循环经济发展最有力的手段,但本类型地区经济发展相对滞后,市场化程度不高,依靠市场力量推动循环经济发展的动力不足。本类型地区的循环经济仍主要由政府推动,政府仍是社会软硬环境的管理主体。

3. 循环经济工作开展的力度不足

发展循环经济需要政府的大力推动,企业的积极参与,以及公众的热情支持。当前,循环经济工作开展力度的不足,严重阻碍了本类型地区循环经济的发展,突出表现在以下几个方面:一是政府推动机制紊乱。政府是发展循环经济的主导和驱动力量。由于主体利益视角的不同,在发展循环经济的战略上,中央政府态度积极明确,而地方部门往往迫于经济增长和就业压力,态度比较消极。二是企业发展循环经济的动力机制不强。企业是发展循环经济的主力军,然而,企业作为市场的主体,是以盈利最大化为目的的,发展循环经济必然要影响到企业的利益,这导致企业在发展循环经济的过程中积极性不高,资金和人员投入较少。三是公众参与意识和参与能力不强。信息机制的不畅通,使公众很难获得发展循环经济的信息资源,对发展循环经济的重要性认识不足,缺乏绿色消费观念和环境保护意识,社会参与意识薄弱。

---

① 赵夫鑫、张小瑛:《中国西部现代化建设中的生态环境脆弱瓶颈探讨》,《湖南财经高等专科学校学报》2010 年第 4 期,第 64 页。

4. 资金投入和人才支撑相对缺乏

发展循环经济需要相应的技术支撑，主要包括污染治理技术、再循环和再利用技术、清洁生产技术、产业链接技术。而这些技术的开发和推广又离不开资金的大量投入和强大的人才队伍。由于经济发展水平和教育水平落后，加之对发展循环经济的不重视，本类型地区对发展循环经济的资金投入长期不足，更难以吸引高层次人才在本类型地区从事循环经济的科学研究。

（二）后进型地区循环经济发展方案：以甘肃省为例

甘肃省是一个典型的资源型省份，曾为我国的社会主义建设提供了大量的资源和原材料，做出了巨大贡献，在此过程中，也逐步形成了特征非常明显的"两高一资"的工业结构，经济发展对资源特别是不可再生资源的依赖性极强，资源和环境压力巨大。长期以来，为了有效缓解资源约束矛盾，实现产业结构调整和发展方式的根本转变，甘肃省做了很多推进工作以支持循环经济的发展。2004 年以来，甘肃省人大、省政府先后出台了《资源综合利用条例》《关于加强节能工作的意见》等法规，开展了甘肃省循环经济发展规划研究，建立了循环经济专项资金，各级政府也都成立了循环经济管理或协调机构。2007 年甘肃省被列为全国循环经济试点省。各示范市、区按照产业耦合、特色明晰、规模经济、资源和基础设施共享的原则，先后制定了《循环经济发展规划》和《循环经济实施方案》，明确了发展目标、指标、任务、实施步骤与措施。白银市、嘉峪关市、武威市、金昌市、定西市5 市制定了循环经济规划，酒钢公司、白银公司、中石油兰州石化公司等重点企业制定了循环经济实施方案。2009 年国家发改委与甘肃省人民政府编制了《甘肃省循环经济总体规划》，提出到 2015 年将甘肃省建设成为国内发展循环经济的省级示范区。

但是，由于自然和历史的原因，循环经济虽在甘肃省得到了一定的发展，却依然面临一些问题，主要表现在以下三个方面：首先，甘肃省本身的工业增长主要依靠资源的初级开发和粗放经营，因而产品的技术含量和附加值较低。其次，整体的产业技术水平低下限制了循环经济的进一步发展。由于科学技术在提高资源利用率、替代资源能源的开发、降低资源的浪费等方面发挥着重要作用，因此循环经济的发展离不开技术水平的提升，但甘肃省综合技术水平的落后阻碍了资源的回收利用及环保产业的发展，阻碍了传统的高消耗产业的改造，从而也成为循环经济发展的桎梏。最后，甘肃省脆弱的生态环境也严重阻碍了循环经济的发展。其实施方案主要包括以下几个方面。

1. 强化生态环境建设，实现经济、社会、生态的协调发展

甘肃省生态环境建设应坚持以生态效益为主，以生态、经济和社会效益相结合为综合目标；生态环境的修复应坚持以生物措施和工程措施相结合，以保护、恢复现有生态环境为主与新辟环境建设基地相结合方式的实施。甘肃省生态环境建设的重点有：一是切实改善水环境质量，严格保护饮用水源，积极推进城市污水处理和回用工程设施建设，加强对工业废水污染源的监管，以实施"黄河甘肃段'十一五'水污染防治规划"为重点，落实"工业水污染治理、城市污水处理、监控能力建设"三大工程项目，全面推进全省各流域水污染防治工作；二是以兰州市大气污染综合防治工作为重点，努力改善城市空气环境质量，实施二氧化硫减排措施，推进工业大气污染源的治理力度；三是加强对危险废弃物和医疗废弃物的全过程环境监管，推动无害化处置设施建设，提高工业固体废弃物综合利用水平，建设完成"甘肃省危险废弃物处置中心"项目；四是贯彻实施《全国生态环境保护纲要》，把控制不合理的资源开发活动作为生态环境保护工作的重点，加强生态功能区和自然保护区的建设和管理，强化矿产资源开发的环境监管，积极推进甘南黄河重要水源补给生态功能区、黄河上游水土保持和综合治理等重大生态保护项目。

2. 充分发挥资源优势，注重在资源开发、利用的全过程中提高利用效率

甘肃是我国的资源大省，具有较大的资源优势。位居全国第一的矿种有10个，前5位的矿种有24个，前10位的矿种有55个。但由于我国长期以来存在的资源性产品与下游产品比价的扭曲，以及资源管理体制存在的问题，资源有优无势。资源优势并没有为甘肃经济发展带来巨大利益，相反，却使甘肃形成了过度依赖资源的产业结构，有些老矿山、老企业甚至面临资源枯竭的窘境。甘肃省应科学合理利用资源，依靠科技进步发展高附加值的深加工产业链，提高资源利用的经济效益和社会效益，努力实现由资源开采的传统模式向资源高效利用和综合利用的循环经济模式转变。矿产资源开发利用与保护的措施有：一是坚持市场配置与宏观配置相结合的原则，使矿产资源开采总量与经济社会发展水平相适应，落实国家调控政策，对钨、锡、稀土等资源严格执行国家下达的指标；二是根据全省矿产资源存量特征及矿产经济条件，落实区域发展战略，按照"统筹规划、突出重点、合理布局、规模开采、集约利用"的原则，促进矿产资源开发合理布局，积极推进开采规划区设置及管理，重点做好金昌镍铜矿业经济区、兰州—白银煤炭铜矿业经济区、陇东油气煤炭矿业经济区等国家级矿产经济区的建设；三是认真贯彻执行国家重点产业调整和振兴规划相关政策，调整矿产资源开发利用结构，通过矿山结构调整，积极推进矿产资源规模化开采，使矿山开采规模与矿区的资源储量规模相适应；四是进一步提高全省矿产资源综合利用水平，加强低品位贫矿资源的综合开发利用，缓解短缺资源的需求，加强对甘南迭部、碌曲一带铁矿、河西地区贫磷矿以及陇南地区低品位高砷（炭）金矿资源的开发利用，鼓励选冶企业对铜、金等及其共伴生矿种的综合利用技术研究，使有用元素在选矿、冶炼过程中得到回收，提高资源综合利用水平和企业经济效益。

3. 协调推进农业、工业、社会循环经济发展

把循环经济理念贯穿到农业、工业以及第三产业的发展过程中，构建资源节约型和环境友好型产业体系。根据当地经济发展状况、自然资源禀赋、区域地理条件以及生态环境状况等要素，围绕把甘肃建成国家循环经济示范区的目标，在全省范围内全面建设循环型农业、循环型工业和循环型社会三大体系。在农业、工业生产体系中，筛选实施一批循环经济重点项目，研发一批关键循环经济技术，产业化一批重要循环经济支撑技术，推广应用一批成熟的循环经济先进适用技术，把循环经济发展切切实实落实到项目和关键支撑技术上，不断推进农业、工业、社会循环经济的协调发展。

4. 大力开展循环经济示范试点工作，积极发挥示范效应

加大资金投入，通过改造提升，建成一批符合循环经济要求的试点示范企业、园区和基地，带动推进甘肃全省循环经济的发展。

第一，示范企业。依法加大企业清洁生产实施力度，着力降低工业生产过程中的资源能源消耗和污染物产生量，大力开展以节能、降耗、减污、增效为目标的清洁生产，重点实施化工、有色、钢铁、电力、建材和食品等行业的"零排放"试点示范工程。

第二，示范开发区。主要是对甘肃现有的省级以上开发区按照循环经济理念进行改造提升，着眼于实现资源共享和产业共生组合，通过完善循环经济链条、提升循环经济发展功能，优化项目布局和产业衔接，推动产业集聚发展、企业集中布局、污染集中处理和废弃物循环利用，努力把工业园区和开发区建成推进循环经济发展的重要载体和平台，逐步形成遵循循环经济"3R"原则的环境友好开发区。

第三，示范基地。除了在企业层次和园区层次大力发展循环经济外，还应在更大范围内形成循环经济的若干集聚区，即循环经济基地。这种集聚区的形成可以避免遍地开花所带来的负面影响，使集聚区在实现经济快速发展的同时，实现资源能源的有效利用和废弃物的就地资源化。循环经济基地建设必须考虑当地经济发展状况、自然资源禀赋、区域地理条件以及生态环境状况等要素，根据上述特点来规划每个基地的未来发展方向。

（三）后进型地区循环经济发展政策

1. 强化宣传教育，树立循环经济意识

一方面，要将循环经济纳入政府的教育计划和培训计划中，加强对后进型地区各级领导干部和企业管理人员关于循环经济知识的培训，使其全面认识循环经济的内涵和发展循环经济的重要性，转变重经济发展、轻环境保护的错误观念。应通过宣传教育，提高领导干部协调经济发展和环境保护关系的能力，促进企业树立循环经济发展的责任意识。另一方面，应调动公众参与循环经济发展和环保事业建设的主动性和积极性。通过各种传媒手段，在全社会倡导合理消费、适度消费理念，引导公众绿色消费，营造发展循环经济的社会氛围，引导公众树立循环经济的新理念、新思维。公众往往是环境污染的直接接触者和受害者，因此对环境污染有着更为深切的感受。所以调动公众真正参与环境保护事业对防治污染能够发挥不可低估的作用。

2. 建立绿色技术支撑体系

科学技术水平制约着循环经济"资源—产品—消费—再生资源"的物质循环过程中的每一个环节的资源利用效率和水平的提高。因此，后进型地区应加大科技研发投入，提高技术水平，加快开发和建立绿色技术体系。一是要研究开发废弃物利用技术，加大对垃圾、废水、废气变为再生资源的科学研究力度，实现废弃物和生活垃圾的资源化处理；二是要研究

和开发清洁生产技术和环境无害技术，通过这些技术实现生产过程的污染零排放或少排放及产品的绿色化；三是要积极研究新技术、新工艺、新设备和新材料，加强技术集成，逐步提高能源循环利用、资源回收利用的技术装备水平。在后进型地区研究开发支撑循环经济发展的绿色技术的过程中，由于大多数企业规模较小，单一的企业无法承担循环科技的研发风险，因此，应促进企业与外部科研机构或企业以合同的形式加强科研合作，提高企业研发的积极性。此外，后进型地区还应积极引进和吸收国内外先进的循环经济技术，采用符合国际贸易中资源和环境保护要求的技术法规与标准，突破国际"绿色壁垒"。

3. 建立和完善生态补偿机制

近年来，"谁受益、谁补偿"、"谁破坏、谁恢复"、"谁污染、谁治理"的生态补偿原则得到社会认可，因此，可以建立下游地区对上游地区、开发区域对保护区域、受益地区对受损地区、受益人群对受损人群的生态补偿机制，平衡各方利益。后进型地区已经开始启动诸如天然林资源保护、退耕还林还草、耕地占用补偿等生态补偿机制，但是区域之间的环境补偿机制还十分欠缺。后进型地区地处长江、黄河的上游地带，是我国的生态屏障所在。发展循环经济，将大大增强我国的可持续发展能力，增强对全国经济发展的支持力度，是一项具有外部经济效应的工程。因此，要尽快建立领先型、挑战型地区与后进型地区的生态补偿机制，本着"谁受益、谁补偿"的原则，加大领先型、挑战型地区对后进型地区的资金和技术等的支持力度，提高后进型地区的生态和环境质量。

4. 充分利用国家的支持政策

循环经济发展涉及各个产业，要成功推动循环经济发展，政府在起步阶段制定强有力的支持政策给予鼓励和引导是必不可少的。国家先后颁布并实施了《关于加快发展循环经济的若干意见》《中华人民共和国循环经济促进法》等法律法规，对制定激励措施、支持循环经济发展做出了明确规定，促进了我国循环经济的发展。后进型地区要因地制宜，充分利用国家关于促进循环经济发展的相关优惠政策，制定本区域的循环经济发展规划，确定发展循环经济的重点领域、重点工程和重大项目，积极投入资金规划创建循环经济示范企业、园区、基地以及城市。应按各地区产业特点，依据国家支持循环经济发展的投融资政策，不断优化产业结构，逐步建立并推广循环经济发展模式，逐步淘汰高污染、高能耗、高物耗企业，争取国家的税收优惠。

第三节　产业层面发展循环经济的政策体系

一　农业循环经济发展政策体系构成

我国自 20 世纪 80 年代开始实施生态农业工程，目前各种生态农业试点超过了 2000 个，并由村、乡向县域发展。1994 年由农业部组织的全国 50 个生态农业试点县建设，其中有 8 个试点获得联合国环境规划署授予的"全球500 佳"称号，生态农业发展成绩显著，既实现了粮食增产，又保护了环境，增强了农业发展的后劲，取得了经济效益和生态效益的双丰收。我国生态农业在取得阶段性成绩的同时，也存在着许多不足。目前的生态农业只是在低层次上实现了物质能量的循环，农业废弃物的利用率低，停留在低层次开发利用上，同时农村资源短缺、生态环境恶化以及农产品供求关系的变化迫切要求在农业领域发展循环经济。

（一）循环经济发展重点

1. 投入减量化

循环型农业不仅要求大幅度减少有毒、有害物质的投入量，更要研制开发新型无毒、高效优质替代品，而且要在达到既定的生产目的和消费目的的前提下，尽量削减和优化物质投入量。要积极倡导农业清洁生产，减少物质投入；改进施肥技术和方法，积极开展测土配方施肥试点，推广精准施肥新技术，提高肥料利用率，同时应积极研制高效低毒、低残留的农药，以生物农药取代化学农药，减少农药使用量；加大可降解地膜研究开发的力度，实现地膜的大面积回收；推广先进喷灌、滴灌、地膜下灌溉等节水技术，提高水的生态效率，在既定条件下，减少用水量，实现用水减量。

2. 农业废弃资源循环利用

农业废弃物再加工业不同于一般的工业，其加工生产中产生的废弃物绝大多数属于原来农产品的组成部分，仍然含有大量的有机质，相对开发价值高，开发成本低，开发技术容易掌握，而且效益较高。① 因此，除种植业、养殖业、农副产品加工业以外，还应建立以农副产品废弃物为主要原料的人工生态循环体系，实现农业的可持续发展。农业废弃资源循环利用主要有以下几个方面。

第一，沼气利用。随着社会经济的持续发展，沼气利用已从过去单纯用于生活领域的燃料和照明向生产领域发展。沼气工程可以把农业和农村产生的秸秆、人畜粪便等有机废弃物转变成有用的资源进行综合利用，主要模式有：沼气池—猪舍—鱼塘；沼气池—牛舍—果园；沼气池—禽舍—日光温室（或果园、鱼塘、大田种植）。应借助规模化养殖的优势，在适合区域内建立禽畜养殖场、规模化沼气池、农产品加工企业，通过沼气生产的规模化，向周边农户和养殖场输出沼气供做饭和照明使用，并且还可以利用沼液、沼渣发展绿色农产品——食用菌——种植和进行禽畜养殖，再利用沼渣、沼液养鱼。在此基础上使农业和工业融合，从而使沼气利用形成一定规模，即具有能源、生态、环保和其他社会效益，实现资源的价值创造。

第二，秸秆利用。秸秆是农作物收获后的副产品，含有大量的有机碳和各种营养物质，是重要的有机肥资源。目前，秸秆循环利用在我国还处于初级阶段，大多数秸秆未经过加工和利用，直接进行焚烧，不仅浪费了资源，而且造成了大气污染。因此在秸秆循环利用方面，应以丰富的秸秆资源为依托，依靠科技进步与创新，加大秸秆资源综合利用的开发投入，研究开发主导产品，提高附加值。目前秸秆利用可行的措施有：因地制宜，实现秸秆还田，有效提高土壤肥力，替代化肥；秸秆发电，它是生物质能发电的一种形态，秸秆发电的主要技术路线有三种，分别是秸秆直燃发电、煤与秸秆混燃发电、秸秆气化发电；发展沼气工程，实现秸秆的循环利用；进行秸秆的深加工，可以将秸秆饲料化，生产为秸秆饲料，同时秸秆也可以作为造纸、环保建材、环保餐具等行业的原料。

第三，生活垃圾、废弃物分类收集，实现资源化利用。农村经济的快速发展以及农村居民生活水平的提高，使农村生活垃圾和废弃物不断增加和积累，因为农村大多数没有垃圾收集处理装置，大量不可降解的生活垃圾堆积

---

① 叶堂林：《农业循环经济：模式与途径》，新华出版社 2006 年版。

在路边、田头及河道，造成了农村环境的面源污染。实行垃圾的分类收集，一方面可以有效提高资源的利用率，减少垃圾的填埋量和占地面积，降低有毒有害垃圾对环境的危害，确保人们的身体健康；另一方面也可以节省垃圾处理设施的投入和运营费用，同时销售部分可用废品又能增加居民收入。

3. 生态农业

循环经济在农业的运用有更广阔的领域，其实质就是循环经济四个原则在生态农业发展方面的运用，即循环型生态农业。循环型生态农业指对农村土地、水、种子、肥料、农药、电力、粮食等各种生产要素进行统筹考虑，整体谋划，系统节约，探索在农村建立节约型社会的道路。整个生态农业生产系统是良性循环的，资源可持续利用，这与循环经济所提倡的"资源—产品—再生资源"的思维是一致的。循环型生态农业要求以合理、精湛的农业工艺和农业生态工程技术，在有限的土地上生产出数量多且质量好的产品，通过物质循环利用与加工使产品增值，再通过提高系统的自身组织能力使自然资源增值，以维持系统生产的高效益，提升农业发展后劲，形成持续稳定高产的多元化、高效生态农业，因此生态农业是农业循环经济发展的重点。

循环经济型生态农业主要包括立体农业和观光农业。立体农业主要是利用不同生物共生互利的生态经济学原理，把两种或两种以上相互促进的物种组合在某个农业生态系统内，达到增产、改善生态环境、实现良性循环的目的；观光农业是一种以农村和农业为载体的新兴生态旅游业，它将农事活动、自然风光、科技示范、观光娱乐、环境保护等融为一体，展示了生态旅游农业之路，实现第一产业和第三产业优势互补，生态、生产、生活相结合，实现生态效益、经济效益、社会效益三统一的目的。

（二）典型案例分析：北京市蟹岛绿色生态度假村

1. 概况

北京市蟹岛绿色生态度假村位于朝阳区机场辅路，占地面积 2700 亩，其中，90% 用于种植养殖、10% 用于旅游度假，已成为集种植、养殖、旅游、休闲度假、农业观光、有机食品加工、销售于一体的农业产业化集团。该度假村建立以沼气技术为核心的固体废弃物处理和有机肥生产系统，开发以地热能、沼气能、太阳能等清洁、可再生能源为核心的生态能源利用系统，建立以污水处理技术为核心的水环境保护和水资源循环高效利用系统，最大限度地减少废弃物排放，实现资源再循环。

2. 资源循环利用

首先，水循环利用。地下温泉出水温度为 65 摄氏度，先用于冬季采暖，降温后供应客房；水温降到 20 摄氏度就引入鱼塘、蟹池，最后灌溉蔬菜瓜果以及稻田，直至进入水处理系统。度假村日平均产生生活污水量约为 800 立方米，旅游旺季时，日污水排放量在 1200 立方米左右。2002 年度假村投资 200 万元建设了一个日处理量 2000 立方米的污水处理厂，对园区内生活污水进行无害化处理并实现资源化循环利用，处理后的水可以达到一级标准。经过污水处理厂处理后的中水排放到 170 亩的氧化塘，通过水生植物和微生物的作用，进一步进行生物净化；从氧化塘出来的水经灌溉明渠引入长 80 米、宽 50 米的沙床再次进行过滤；沙滤后的水引到农业区，用于灌溉农田、菜地，为养殖鱼塘补水和饲养家畜家禽。另外，度假村在有限的土地上开辟了一片湿地，使生态更加多样化。水循环利用流程如图 9 - 2 所示。

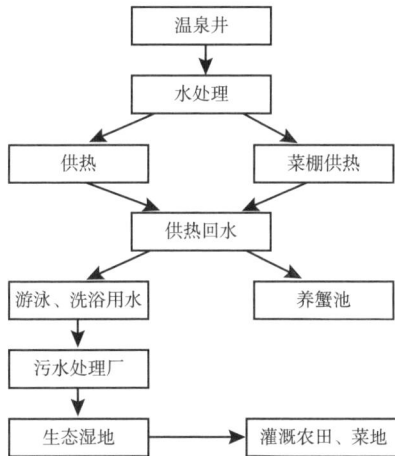

图 9 - 2　蟹岛水循环利用流程图

第二，物质利用的再循环。如图 9 - 3 所示，度假村的杂粮用来酿酒，酒糟用来饲养猪、牛、羊等家畜；然后再将畜类粪便排入化粪池，经过高温发酵、杀菌产生沼气，供做饭、炒菜和照明使用，沼气废液和残渣引入农田做基肥。种植园区内建有一座 300 立方米的沼气池，装有各种农家肥，如将人的粪尿，猪、羊、牛、鸡的粪便装入沼气罐，通过高温发酵，产生沼气、沼气液和沼气渣。该沼气池日产 300 立方米沼气，其中，200 立方米的沼气通过管道供应餐厅做燃料，100 立方米的沼气用来发电。沼气液、沼气渣引入大田做肥料，减少了农作物病虫害的发生，增加了土壤的肥力，保证了在种植过程中不使用一滴农药和化肥，产出食品为无公害食品，既变废为宝、节约能源，又保护了生态环境。

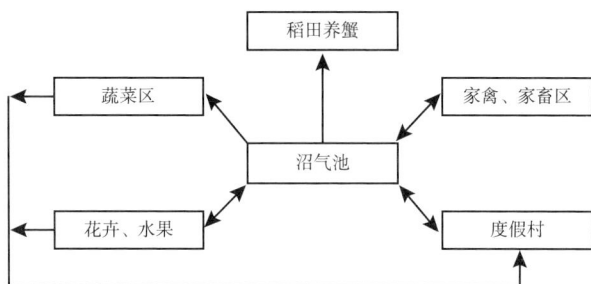

图 9 - 3　蟹岛物质循环利用流程图

最后，种养循环圈。每亩稻田投放 600 只螃蟹在田里驱除害虫、吃杂草、疏松土壤，代替人工作业，而水稻又为螃蟹提供了良好的生存环境。水稻收割后，稻草制成可以保温防冻的草帘，供蔬菜大棚冬季使用，稻谷加工成优质生态大米，稻壳、稻糠酿制成醇酒；酒糟喂猪，猪肉供饭店游客食用，猪粪运到沼气池，经高温发酵后成为无菌无毒的有机肥（见图 9 - 4）。

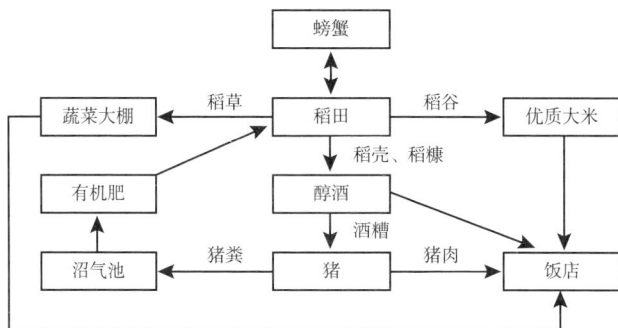

图 9 - 4　蟹岛种养循环示意图

3. 效益分析

在生态环境得到改善和保护的同时，生态型种植养殖业也取得了比传统农业高 5—10 倍的经济效益。度假村总收入年平均增长 53%，总利润年平均增长率也达到 38%；97% 的固体废弃物得到资源化利用，其中，生活垃圾资源化利用率达到 84%，为蟹岛发展有机农业提供了丰富的有机肥料；经过高温发酵产生的沼气用作燃料，一天可以节省 15 罐煤气。度假村内清洁能源占能源使用总量的 85%，可再生能源占能源使用总量的 60%，另外 15% 的常规能源主要是农机和交通工具使用的柴油、汽油以及职工生活使用的少量煤炭；水循环利用工程实现了废水零排放，而水资源的 100% 回用每年节水达 30 万立方米，同时又为农业生产提供了大量优质的水资源。

(三) 农业循环经济发展政策

大力发展农业循环经济对今后较长时间内缓解我国农业发展的资源约束、保障农产品有效供给和农民收入持续增长，都具有极其重要的现实意义，也有利于推动现代农业发展和新农村建设。政府应制定一系列有效的政策来引导和促进企业与消费者实施这项战略，需要认真地进行调查研究，落实价格、税收、财政、奖惩和信贷制度等方面的激励政策，推动循环经济的发展。具体包括以下几个方面。

1. 建立监管有序的农业环境管理体制

首先，加快农业生态环境保护和与之配套的立法工作，建立以《环保法》和相关法律法规为基础的，涉及农业生态环境保护全过程的行业管理总法。应包括农产品产地环境、农业生产投入品、农产品质量安全和相应的管理与检测体系建设等。其次，加快推动制定相应的农村环境保护法规和政策，包括制定《土壤污染防治法》《畜禽养殖污染防治条例》《农村环境保护条例》等。再次，推行农产品质量安全管理制度，逐步推行建设前环境影响评价、"环保三同时"和排污收费等环境管理制度，将制度贯穿于新农村建设、农村生活垃圾和污水收集处理系统建设等各个领域。最后，通过编制小城镇和新农村建设规划、工业园和畜牧园区规划，逐步实现人居环境和生产环境的分离。对集约化畜禽养殖业的发展进行合理规划，便于降低污染危害和发挥综合利用设施的规模效益。

2. 建立绿色农业补贴，全方位治理农业污染

控制农业污染必须要与农民合作，解决农民的实际困难，在农民收益不受损失的前提下，把控制农业污染的行动变成农户的一种自觉或半自觉的行为，只有兼顾生态环境效益和农民的实际利益，才能使农业污染控制政策和措施得以有效实施。改革现有的农业补贴方式，使农业补贴直接与环境保护挂钩，通过绿色农业补贴引导农民改变现有的农业生产方式，推广生态农业。补贴政策的使用集中在三个方面。

一是对生态环境技术和生产方式使用的补贴。技术采纳和生产方式变革是减轻农业环境污染的关键，可以通过补贴引导农户改变生产方式，采纳新技术。如目前我国大力推广循环经济，对采用循环方式的农户给予财政补贴，取得了非常好的效果。我国可以利用农业推广体系建构对农业绿色技术的补贴机制。

二是对绿色农产品的补贴。农产品补贴可以提高农户的收入水平，因此受到农户的喜爱。比如无公害农产品价格高，但需求不大，一个重要原因在于消费者消费能力不足。目前在农业环境保护的初级阶段，对无公害农产品进行价格补贴，一方面可降低农户的生产成本，增加农产品供给，另一方面可使消费者以较低的价格买到理想的产品，扩大需求，最终能够起到增加农民收入、引导消费方式、改变生产技术、减轻农业环境污染的多重作用。

三是对大型生态保护工程的补贴。实施诸如退耕还林、还草、构建人工湿地等具有极强正外部性的农业生态保护工程虽然可以提高环境质量，但是会给农户的经济带来较大的冲击，没有农户的支持，各项生态工程也不能持久，因此有必要采用补贴的手段，并保证补贴金额大于目前农户经营土地的边际收益。

3. 农业产业政策

发展农业循环经济要求农业各产业增加关联和互动，使物质、能量实现最大限度的循环利用。农业产业及农产品结构不合理是造成资源浪费大、能源消耗高、环境污染重的重要原因，因此，加快农业产业结构调整是发展农业循环经济的关键。国家财政、税务部门应当研究制定对使用再生资源进行生产的企业和产品给予税收和贷款的优惠政策，鼓励企业使用循环再生资源，将发展循环经济逐步从投资引导转向税收激励，将计划经济体制下的政府投资拉动变为市场经济体制下的市场选择。价格主管部门可通过调整资源

型产品与最终产品价格等手段，促进循环型农业不断发展壮大。

4. 土地承包政策

当前，农村土地产权制度致使农民对所承包经营的土地拥有不完全的产权，从而限制了农民对土地进行长期投资的积极性。地权的稳定性对农户长期投资有着显著的推动作用，由地权的不稳定性导致的长期投资的减少，必然使土地质量下降，影响中国农业的可持续发展。因而，在当今农村土地承包制度下赋予农民对永久性的土地承包经营权，可以消除农民对土地长期投资收益不确定性的预期，防止农民对土地进行掠夺性经营，有利于农业循环经济模式的推行。因而要继续稳定土地承包政策，依法保障农村土地承包关系的长期稳定，保护农民对承包土地的使用权。

二　工业循环经济发展政策体系构成

工业是资源能源消耗、废弃物产生和污染物排放的大户。工业是发展循环经济的重点环节，构建循环型工业体系是推进循环经济深入发展的迫切需要，这对于理清产业的物质流向、明确循环型产业发展方向具有重要作用。

（一）工业循环经济发展的阶段性特征

以工业生态学理论的研究者拉登·阿伦比提出的工业系统的三级生态系统进化理论为基础，运用动力学原理，可将工业发展循环经济分为前期准备、初期发展和逐渐成熟三个阶段。工业发展循环经济是从资源极大浪费和环境严重污染的一端向节约与集约利用资源、经济与环境协调发展的另一端前进的过程（见图9－5）。

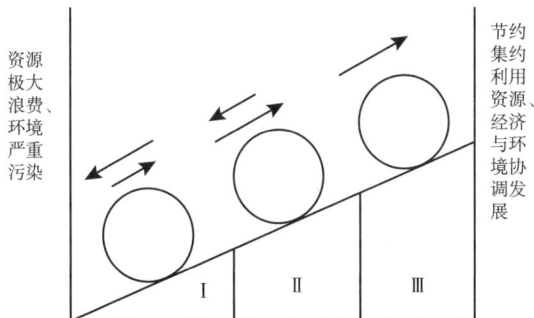

图9－5　工业发展循环经济的三个阶段

1. 前期准备阶段

在前期准备阶段，企业生产以单纯追求最大限度的经济利益为最终目的。一方面，工业生产的各个环节攫取大量资源，浪费极其严重；另一方面，生产过程中产生的大量废弃物或废旧物品等被直接排放到自然环境中，由此造成严重了资源浪费和环境污染。如图 9 - 5 所示，在这一阶段，工业发展循环经济的内在驱动力——经济利益最大化驱使球体向资源极大浪费、环境严重污染的方向运动。随后，资源和环境问题的严重性与紧迫性逐渐唤醒了人类可持续发展的意识。在这样的条件下，球体逐步具备了向上滚动的趋势。因此，在工业发展循环经济的前期准备阶段，球体具有朝着不同方向双向运动的基本特征。

2. 初期发展阶段

经历了大量生产、大量消费和废弃物大量排放的过程后，工业领域发展循环经济的理念逐步被人们所接受，政府政策、科技进步等动力因素逐渐形成。在这一阶段，工业发展循环经济大多依靠政府激励与规制政策的推动，而由于缺乏内在的市场驱动机制，各动力要素间的传递路径并不协调、推动模式尚不健全，导致工业发展循环经济的进程较为缓慢，甚至出现外在作用力不足而导致球体下滑的现象。因此，球体朝着不同方向运动是此阶段的主要特征。

3. 逐渐成熟阶段

随着人类循环经济意识的逐步增强，市场机制在工业发展循环经济中起主导作用，高新技术产业和循环经济产业在工业发展中占据主导地位。企业和工业园区通过大力发展循环经济，大幅度降低能耗与物耗，减少资源投入和处理的成本，且大部分废弃物经过工业生态系统实现了物质、能量的循环流动，仅向自然界排放少量经无害化系统处理且无法回收利用的废弃物。各种动力要素互为条件、相互作用、互为补充，组合成强有力的系统结构，推动着工业循环经济的良性发展，进而真正实现经济效益、社会效益和生态效益的有机协调统一。

工业发展循环经济的三个阶段各有其不同的特征，本研究从经济发展水平、科技创新力量、市场机制导向、政府机制与政策、非正式制度安排、发展趋势六个方面进行描述（见表 9 - 1）。

表 9 - 1　工业发展循环经济的阶段特征

	前期准备	初期发展	逐渐成熟
经济发展水平	经济发展水平低,以消耗大量资源、排放大量废弃物为代价	开始由传统型向循环型模式转变,节能环保、循环经济、新能源、新材料产业开始出现	循环经济发展模式全面推行,新能源产业和高新技术产业成为主导产业,工业园区耦合程度高、规模效益凸显
科技创新力量	作用微小,工业发展过程的科技含量低	部分循环经济相关技术开始应用,但相关技术不成熟、推广不全面,贡献率较小	大批成熟的减量化技术、清洁生产技术、资源回收利用技术、替代技术、零排放技术全面推广应用
市场机制导向	短期高额经济利益驱使多数企业耗费大量资源、排放大量废弃物	市场机制不健全,发展循环经济活动的成本较高、短期经济效益差	企业间耦合程度高,发展循环经济能有效降低成本、获取较高的经济效益和社会效益
政府机制与政策	片面追求经济增长速度,相关机制和政策体系尚未建立	起主要推动作用,开始建立和颁布激励性与规制性相结合的机制与政策,并形成一套健全的体系	大部分激励性的机制和政策逐步退出,转而承担着提供公共服务和有效监管的职责
非正式制度安排	企业家和公众循环经济意识薄弱,尚未建立起保护生态环境的社会责任制度	意识不断提高,相应的社会责任制度逐步建立,但仍不健全	循环经济发展的意识深入人心,相应的社会责任制度、奖惩制度逐步完善
发展趋势	双向运动	双向运动	良性循环发展

近年来,中央和地方各级政府加强对循环经济工作的引导,通过颁布一系列政策措施,加大对工业发展循环经济的支持力度;部分企业、工业园区和区域陆续实施循环经济示范项目或工程,并取得显著成效;部分科研机构和有条件的企业已研发出一批相关技术和设备,为大力发展循环经济提供了强有力的技术支撑。但目前地区之间、大型企业与中小企业之间循环经济发展水平不平衡问题仍然存在,以试点示范为主要形式、应用范围有限、技术支撑不强、发展成本较高等问题也较突出。可以说,目前我国工业发展循环经济已步入初期发展阶段,该阶段的主要特征正在逐步显现出来。

（二）工业循环经济发展的总体框架

工业发展循环经济以转变"高消耗、高污染、低效益"的传统经济增长方式为目标,各产业通过采用先进的管理方式、技术条件、设施设备,实现原材料开采、引进、生产、加工、运输、销售等全过程控制。一方面建立和完善各产业系统内部的资源节约体系、废弃物排放体系、循环利用体系；另一方面充分挖掘各产业间的耦合潜力，整合优化各产业间的废弃物排放和利用系统，提高产业的耦合程度，从而实现能源使用节约化、资源利用循环化、工业生产清洁化、垃圾排放无害化、废弃物再生高效化。

工业发展循环经济的总体框架包括三大模块：实施主体模块、结构系统模块和要素支撑模块。三大模块分别解决工业发展循环经济中存在的不同问题：实施主体模块解决推进循环经济发展的主体问题，结构系统模块解决怎样推进循环经济发展的问题，而要素支撑模块主要解决为推进循环经济发展需要提供哪些基础条件等问题（见图 9 - 6）。

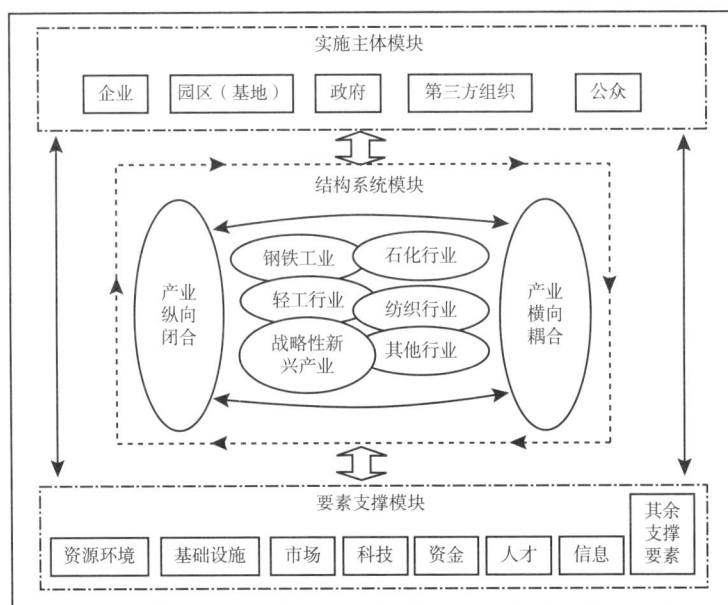

图 9 - 6　工业发展循环经济结构图

1. 实施主体模块

从实施主体模块来看，企业是工业发展循环经济的微观主体，承担循环经济技术引进、设施设备购买及运行、固体废弃物收集运输、污染物治理排放等职能。工业园区或产业基地是中观主体，承担园区（基地）内能源集中供给、污染物集中回收处理、固体废弃物集中收集回用、水资源集中回收利用、生态工业规划及实施等职能。政府是工业循环经济发展的宏观规划主体，承担资源循环利用产业项目或与本区域产业具有耦合性质项目的设计、引进以及政策制定、宏观管理、公共服务平台建设等职能。第三方组织，包括科研机构、高校、中介组织等，是外部协作主体，与企业、园区合作进行节能环保、资源再生利用、可再生能源利用技术的研发推广以及相关标准规范的制定工作。公众是推动工业循环经济发展的主体——通过购买节能环保产品和易回收利用产品，有效推动节能环保产业和资源循环利用产业的发展，通过对企业污染排放行为的监管促进企业生产行为的规范化、合法化。

2. 结构系统模块

结构系统模块是工业发展循环经济的主体框架，包括产业纵向闭合和产业横向耦合，涉及产业内部资源优化系统的运作方式和各产业物质循环流动系统的运行机理，涵盖各个行业。产业纵向闭合是指在产业系统内部形成上、中、下游协作有序的生态产业链和闭路型的运行方式，一方面注重从生产的各个环节提高资源和能源的利用效率，节约能源、水、土地和原材料等；另一方面注重废弃物的处置，部分废弃物资源能够重新回归到产业生产系统中，得以再造和循环利用。产业横向耦合是指各产业系统之间形成资源配置合理、能量高效使用、废弃物综合利用的生态网络，即某个产业产生的副产品或废弃物资源可以作为另外一个产业生产所需的能量或原材料，从而形成由多个产业构成的高效循环利用的共生网络。

3. 要素支撑模块

从要素支撑模块上看，自然资源、生态环境、科技、人才、资金、信息、市场、公共基础设施等要素为工业发展循环经济提供了强有力的支撑，分别承担着不同的角色，发挥着各自的功能，是工业循环经济向规模化、高端化、市场化方向发展必不可少的要素。

（三）典型案例分析：江苏省工业

2005 年江苏省已被确立为国家循环经济示范试点单位（第一批），是全国较早启动循环经济试点工作的省份之一。近年来，江苏省加大对工业循环经济的支持力度，先后分两批组织 20 个工业园区、155 家企业开展省级循环经济试点，积极推进苏州工业园、江苏春兴合金（集团）有限公司、柏科电机有限公司等 10 个国家级试点单位的试点工作，积极探索不同类型、不同层次、不同行业的循环经济有效实现形式，取得了明显成效。在政策制定上，江苏省按照国家发改委等 6 部委试点工作的要求，积极对接国家层面出台的政策文件，制定了一整套推动江苏省工业循环经济发展的政策体系。

1. 加强规划引导作用，落实目标责任制度

2005 年以来，江苏省政府先后印发了《江苏省循环经济发展规划》和《江苏省循环经济试点实施方案》，在此基础上组织编制了《江苏省工业循环经济发展规划》，将推进战略性新兴产业规模发展、推进主导产业高端发展、推进传统产业升级发展作为构建资源节约型、环境友好型工业体系的重点任务，并明确了资源减量化工程、废弃物资源化工程、清洁生产对标创先工程、产业园区循环化改造工程、循环利用技术示范工程等重点工程建设的重要性和任务，为系统推进工业循环经济发展奠定了坚实的基础。2005 年开始，江苏省政府建立了经贸、发改、农业、建设、水利、国土、交通、科技等多部门参加的发展循环经济工作部门协调机制，及时研究协调工业循环经济发展中的重大问题，并把发展循环经济作为年度工作重点，分解落实到各部门，并对落实情况进行半年一次的监督检查。

2. 加大资金支持力度，推进重点项目建设

设立了省级节能与工业循环经济专项引导资金，支持一大批节能和循环经济项目的实施，2009 年专项资金额度已达到 2 亿元。通过专项资金的支持和引导，推进了一批园区、企业开展重点项目建设工作。围绕工业锅炉（窑炉）节能改造、电机系统节能、工业余热余压利用等，重点推进了冶金、化工、建材、纺织、电力等行业节能改造项目的实施；制定实施《江苏省清洁生产"十一五"行动纲要》，围绕重点流域和化工、印染、酿造等重点行业，对 400 家污染较重的企业实施强制性审核，使上述企业共实施 6500 项改造，投资 58 亿元；加大力度引导企业实施资源综合利用，共有 2603 家企业被认定为资源综合利用企业，并按照国家相应规定免征增值税。

3. 依托价格政策，调整优化产业结构

大力推进产业结构调整，从源头上促进循环经济发展。严格产业准入，出台《江苏省工业结构调整指导目录》，在节能减排等方面制定严于国家要求的行业标准，将苏北地区化工项目准入门槛从3000万元提高至1.5亿元。实行有差别的价格政策，内化高耗能、高污染企业的生产成本，补贴清洁能源生产项目。首先，实施差别电价政策，并在钢铁、水泥、电解铝等高耗能行业中的限制类、淘汰类企业的基础上，扩大到建材、化工、有色金属冶炼等行业中的限制类、淘汰类企业；其次，加大差别水价政策的实施力度，对苏南地区工业污水处理费按高于生活污水处理费0.2元/吨征收，重污染行业污水处理费按高于一般工业、服务业1.5倍的标准征收；再次，提高排污费征收标准，废气排污费由每当量0.6元提高到1.2元，污水排污费由每当量0.7元提高到0.9元，逐步提高到1.4元；最后，对非特许权招标风力发电、垃圾发电、沼气发电、秸秆发电等可再生能源发电项目上网电价每千瓦时补贴0.25元，以鼓励风电、生物质能发电等清洁能源的发展。

4. 以科技支撑为抓手，推进循环经济技术的研发和应用

江苏省政府高度重视科技进步在推进循环经济发展中的重要性，于2007年制定了《江苏省节能减排科技支撑行动方案（2007—2010年）》，加大力度支持关键技术开发、应用推广和示范企业培育。一方面，将节能减排列为江苏省社会发展、高技术研究、科技攻关、科技基础设施计划以及科技成果转化专项资金支持的重点领域，积极引导企业及社会资金在节能减排技术开发与推广应用方面的投入；另一方面，实施节能减排产品的政府采购政策，优先安排节能减排领域的自主创新产品认定工作，优先落实技术开发费用抵扣等各类激励政策措施，并将节能减排列为省高新技术企业、高新技术产品、自主创新产品认定及各类科技计划评价的重要指标，实行一票否决制度。

（四）工业循环经济发展政策

从江苏省推进工业循环经济发展的政策中可知，江苏省基于新经济观、新消费观、生态观、可持续发展观等理念发展工业循环经济，构建由政策法规、科技支撑、价格政策、监督评估等组成的支撑保障系统，从而实现了资源最优化、环境损伤最小化、生态环境最优化、工业发展可持续化的目标。结合我国工业循环经济发展现状及发展趋势，应有效运用规制性和激励性政策，更多地采用市场激励的政策，调动工业主体发展循环经济的积极性。

1. 制定激励性的经济政策，提高工业主体的经济效益

制定促进工业循环经济发展的投资政策、税收政策、价格政策，充分利用市场作用引导工业主体的生产行为。完善经济政策，设置资源回收系统，建立废弃物处理设施，对进行循环利用的工业主体给予财政补贴和优惠贷款，实行减税、退税政策，加速设备折旧。通过以政策为主的制度创新构建起节约集约和循环利用的盈利模式，使工业主体在市场条件下发展循环经济有利可图，由此形成促进循环经济发展的自发机制，内生性地将循环经济的理念纳入企业产品开发、技术改造的实践当中，达到事半功倍的效果。

2. 优化规制性的经济政策，内化工业主体生产成本

按照国家产业结构调整的相关政策，制定有区别的水、电、土地等产品的价格政策和税收政策，内化污染工业主体的生产成本，逼迫其采用循环经济相关技术工艺等提高能源利用效率。明确区分重化工业的类别，根据所处行业、生产产品、工艺技术、设施设备等现实条件，分清鼓励类、限制类和淘汰类企业。对于限制类、淘汰类企业，应制定高于其他行业正常水平的水、电、气价格；对于落后产能，应严格执行产业政策，在电、水、土地等方面给予控制，确保全面淘汰落后产能，并加强督促检查，以免其死灰复燃。

3. 加快科技进步与创新步伐，提高工业循环经济技术的引领能力

随着国家实施土地宏观调控政策以及能源价格的上涨，资源必须做到减量投入，这已成为工业发展循环经济面临的关键问题。要从根本上解决问题，就要更加重视技术进步，加大科技投入，减少资源需求，减小能源资源瓶颈的限制，从而缓解能源资源压力对于工业发展的影响。因此，要加强科研经费投入，积极引导企业投入相应经费开展研发活动；加大政府资金投入，引导社会资金的投向，形成企业、政府、社会共同参与的科技开发和原始创新模式。协调发挥好高校、科研院所的研究实力，采用政产学研合作模式，强化各种力量与企业的合作，鼓励其参与节能、节水、节地、节材、无污染的产品以及再生产品的研发和生产；积极开展与国际组织的合作与交流，加大吸引海内外高层次创新人才的力度，充分利用国际先进技术，不断提升我国工业循环经济发展的水平和能力。

4. 以产业政策为引导，推进产业集群化、生态化发展

以实现工业集群化生产为目标，大力鼓励生态工业园区建设。要建立工业产业发展的物耗、能耗效率评价标准，严格控制高能耗、高水耗行业，鼓励消耗物质能量少的第三产业的发展。注重对从事废弃物回收、拆解和资源化处理的企业进行统一规划和集中建设，制定优惠政策支持发展静脉产业。按照循环经济理论，努力建立共生产业体系，促进开发区或产业集群区实现资源利用最大化、污染排放最小化。在企业内部，以清洁生产为主，积极推进企业的清洁生产改造，提升工业循环发展水平。

5. 加强政策创新研究，提供优越的政策环境

按照《中华人民共和国循环经济促进法》的要求，进一步创新价格、税收、金融等政策，完善资源环境价格政策、排污权交易政策、金融政策、风险共担政策、政府优先购买政策，有效推动工业循环经济发展。加强对不同地区的政策协调，采取有效政策促进优势地区利用先进技术和经验支援不发达的地区。加快绿色 GDP 指标体系建立，改变考核方式，在重视经济增长速度的同时，还要注重经济增长的质量，加强对资源循环使用水平、污染排放量等指标的考核。

三　第三产业循环经济发展政策体系构成

第三产业主要包括以下行业：农、林、牧、渔服务业，地质勘察业，水利管理业，交通运输、仓储及邮电通信业，批发和零售贸易业，餐饮业，金融保险业，房地产业，社会服务业，卫生、体育和社会福利业，教育、文艺及广播电影电视业，科学研究和综合技术服务业，国家机关、政党机关和社会团体以及其他行业等，行业的繁杂使得第三产业建立循环经济发展模式既要考虑共性，又要突出差异性。第三产业发展循环经济主要是指将循环经济基本原则贯穿于第三产业生产、发展的全过程，从服务产品和设施的设计与开发，到服务的生产与消费以及整个服务周期，都要考虑减少服务主体、服务对象和服务途径对环境的直接、间接影响，并创造有效途径促进服务主体、服务对象和服务途径之间的优化联系和作用，从而实现第三产业的可持续发展[1]。

（一） 第三产业循环经济发展重点

1. 循环型物流业

循环型物流是指从节省资源、保护环境的角度对物流体系进行改造，改变原来经济发展与物流、消费生活与物流的单项作用关系，在抑制物流对环境造成危害的同时，形成一种资源循环、环境共生、生态友好的物流系统，使得传统物流资源消耗减少并能被重复使用，末端的废旧物流资源能够回流到正常的物流过程中得以重新利用。[2] 影响循环型物流管理的因素主要有运输、保管、包装、流通加工、装卸搬运、配送、信息处理等，要发展循环型物流，政府首先要发挥引导作用，企业要形成自律机制，同时消费者要积极倡导绿色消费等。

2. 循环型旅游业

旅游业的发展必须以旅游资源的可持续、循环开发利用为前提，遵循循环经济的发展要求，从根本上消解长期以来环境与旅游业发展之间的矛盾冲突，为旅游业的可持续发展开辟新的道路。循环型旅游业涵盖了旅游开发活动、旅游活动等及旅游区的工业、农业等，是应用各种新型的技术作为支持，用法律法规作为保障，遵循减量化、再利用、资源化的循环经济"3R"原则，实现旅游业的可持续发展目标的旅游发展模式。循环型旅游业可促使旅游业从传统增长模式向循环经济模式转变，不但可以充分提高资源和能源的利用效率，最大限度地减少废弃物排放，保护生态环境，实现社会、经济和环境的共赢，而且可以在不同层面上将生产和消费纳入可持续发展的框架中，切实转变过度消耗资源、不断恶化环境的传统旅游方式，有利于旅游业科学健康的发展。同时，循环型旅游业还拉长了产业链，推动了环保产业和其他新型产业的发展，增加了就业机会，促进了社会发展。

3. 循环型餐饮业

循环型餐饮业是指在循环经济理念指导下，餐饮业的建筑、设施设备、原辅料、能源、菜食、服务、废弃物都应体现循环经济的要求，在做到餐饮

---

① 曹盈：《构建第三产业循环经济的发展模式》，《商业经济》2007 年第 9 期，第 94—95 页。

② 何光军、单胜道：《循环经济理论与实践》，科学出版社 2009 年版。

安全、健康、环保的同时，以尽可能少的资源消耗和尽可能小的环境污染，实现餐饮业的可持续发展。因此，循环型餐饮业要求食物原料本身符合天然与营养的要求；餐饮企业应保证食品生产与服务过程的资源节约与环境保护。近年来，随着我国人民生活水平的不断提高，餐饮业快速发展，但目前餐饮业总体上仍按照传统单向线性的模式运行，综合利用率低，资源浪费大，环保问题较为突出。将企业内部清洁生产、资源循环利用等理论运用于餐饮业，发展循环型餐饮业，不仅能有效解决餐饮业所面临的高污染、高能耗、运营成本递增等问题，也能促进餐饮业增长方式的转变，提升餐饮业的核心竞争力，并有利于企业实现社会价值、政府降低环境治理投入，从而最终实现社会、企业、政府等多方获利的"多赢"局面，促进餐饮业的快速、健康、持续发展。

（二）典型案例分析：上海一次性餐盒回收处置

1. 概况

上海地区一年消费使用一次性塑料饭盒约 3 亿只，平均每天消耗约 80 万只。以石油提炼出的聚苯乙烯为主要原料的塑料饭盒自然分解周期需要上百年，而生活废弃物填埋处理系统又难以处置这些塑料制品，故而形成了"白色污染"。2006 年 6 月，上海市政府 84 号令发布《上海市一次性塑料饭盒管理暂行办法》（以下简称《办法》），提出了"源头控制、回收利用、逐步禁止、鼓励替代"的治理原则，使治理塑料饭盒的方向由禁止使用向回收利用转变。

2. 一次性餐盒回收流程

《办法》的颁布，明确了一次性塑料饭盒生产厂家对塑料废弃物的回收处置责任，即生产厂家自己组织回收处置或缴纳回收处置费。《办法》规定，向塑料饭盒生产、销售商按上月生产、销售塑料饭盒总量，以每只 0.03 元计征回收处置费，并统一上缴财政，然后依据市容环卫管理部门编制的用款计划，由财政部门将这笔经费以补贴形式分别返回到回购、中转、运输、处置利用、宣传教育等各个环节。目前，回收处置费主要还是用于一次性塑料饭盒的回收和处置补贴。与上海市废弃物管理处签订回收处置责任的回收处置单位，可以根据经核准的一次性塑料饭盒的回收处置量获得适当的补贴，具体回收流程见图 9-7。

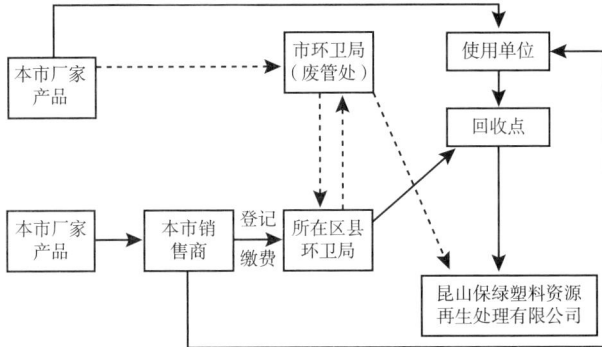

图 9-7 上海一次性餐盒的回收流程示意图

3. 效益分析

据统计，2006—2011 年来共回收一次性塑料饭盒 12.1566 亿只，合计 6854 吨。目前上海市的一次性饭盒回收率已超过 70%，不但解决了市容顽症，还开掘了新产业，大大缓解了上海市的"白色污染"问题。

全市一次性塑料饭盒从生产、回收到再利用已基本形成了产业链，回收来的饭盒被送到位于昆山和上海普陀区的两家再生利用工厂进行科技再加工。白色污染物变成了紧俏的资源，由废弃饭盒加工成的再生塑料粒子，可制成建材、塑料外壳、鞋跟、文具等产品，而且供不应求。

（三）第三产业循环经济发展政策

我国第三产业的迅猛发展，给环境带来了越来越大的压力，由此带来的环境问题也会日益严重，如不及时加以规划，未来环境问题将成为制约第三产业乃至整个国民经济可持续发展的重要因素。为加强旅游、宾馆、餐饮、娱乐、环卫、物管、物流、信息、金融、教育、文化等第三产业企业环境管理，保护和改善这些企业的生活环境和生态环境，保障人体健康，我国曾经在第三产业中推行了清洁生产，但如何加强循环经济的研究，如何建立良好的第三产业循环经济理论和有效的实施途径以及操作方式，对中长期经济的可持续发展具有重要作用。目前，第三产业循环经济理论研究相对滞后，为了实现在行业层次实行清洁生产，在行业群落层次建立良好的再生资源的输入和输出关系，在废弃物层次实现无害化、减量化和资源化，在服务对象参与层次鼓励广大公众参与等目标，需要将实践中的成功经验加以提炼，成为科学的理论来指导实践，并构建相应的政策支撑体系予以保障，积极推动第三产业循环经济的发展。

1. 法规支撑体系

由于第三产业行业繁杂，各行业有共同的特点，又有自己的属性和运行机制，同时由于各省的经济结构和实力存在差异，南北或东西区域的分布有所不同，规模和服务的对象有差距，所以制定第三产业循环经济的法律政策时应考虑各区域各行业的共性与差别，做到既涵盖全面又突出重点。因此，在法律政策方面，除了遵循《中华人民共和国循环经济促进法》外，各地应该根据实际发展情况制定与第三产业相关的法规政策，如《旅游循环经济促进法》《生态物流循环经济法》《现代信息服务法》《环境保护法》等，使循环经济发展有章可循、有法可依、有法保障、有法引导和有法督导。此外，须建立一个完善的推进第三产业循环经济发展的法规体系，包括宏观层面的第三产业循环经济促进法、中观层面的第三产业间的资源合理循环条例以及微观层面的企业资源利用与污染治理的具体规定，明确政府、第三产业企业和公众在发展循环经济中的权利和义务，制定各种处理技术和工艺的规范及标准，使相关企业和监督管理部门的行为都置于法规的规范之下。

2. 经济激励措施

在财政政策方面，可以给予开展循环经济的旅游企业、金融服务企业等一些补贴，例如物价补贴、企业亏损补贴、税前还贷等，从而提高服务型企业发展循环经济的积极性。在税收方面，可以给予污染排放少、循环利用高的企业减免税收的优惠，从而推广资源循环利用技术，同时给予跨地区进行循环经济发展合作的企业减免税收的优惠，从而共同推广第三产业循环经济的发展。在投融资政策方面，拓宽发展循环经济的融资渠道，鼓励不同经济成分和各类社会投资主体及民间资本采取适当方式参与循环经济，鼓励循环经济企业上市，优先发行循环经济板块的股票和彩票，为循环经济的发展提供良好的投资软环境，同时加强对循环经济重点项目资金的协调，集中各部门相关专项资金支持重点工程的建设，对清洁生产、节能节水和资源综合循环利用的改造和建设项目，要给予直接投资或资金补助、贷款贴息等支持。

3. 规划管理政策

现代意义上的第三产业已不再局限于传统的餐饮、零售领域，可以说，它已经成为一个范围最广的产业，并随着社会经济的不断发展呈快速发展趋势。第三产业分布和涉及面广，对环境的影响往往是潜在的、长远的，其对环境所造成的影响往往被人们所忽视。因此须依据循环经济发展的要求，重点规划影响较大的物流业、餐饮娱乐业、旅游业、信息服务业等行业，并在规划中注重通过第三产业引导第一产业、第二产业乃至社会领域循环经济的发展，从而促进环境友好型、生态友好型第三产业的发展。

4. 科技支撑政策

一是要研究制定第三产业不同层面、不同级次、不同行业发展循环经济的技术政策、技术导向目录，加强自主技术创新和对先进技术的引进、消化、吸收，加快技术的改造和创新；二是扶持具备条件的科研院所或企事业单位，成立第三产业循环经济研发中心，加强针对第三产业循环经济的共性技术和关键技术的研发，以此加快建立完整的循环生产技术体系，主要包括废弃物再生利用技术，安全化、无害化处理技术，资源替代技术，资源恢复技术，资源耗用减量化技术，生物技术，新材料、新能源技术等；三是加快第三产业循环经济领域的国际交流和合作，积极组织、协调、促进国内外先进科学技术的合作研究与交流，追踪并学习先进理念和科技，引进国外在循环经济发展方面比较成熟的新技术、新设备，组织力量消化、吸收和创新。

5. 评价考核体系

第三产业循环经济评价指标体系应是以循环经济和生态经济学理论为依据，综合运用统计、会计和数学方法，对一定时期内循环经济系统各层次、各环节的发展水平和发展趋势进行全面、系统的测定和计量，并进行综合评价的一系列指标的总称。第三产业循环经济发展的评价考核体系的设计应该遵循减量化、再利用和资源化的原则。既要注重系统性和科学性，同时也要注意可行性，并且要能够适时地反映第三产业循环经济的动态发展变化。具体可包括经济增长指数、科技进步指数、资源消耗指数、废弃物排放指数、资源利用率指数和资源循环利用指数等与第三产业相关的评价指数，计算出一个第三产业循环经济综合评价指标，以此来考核评价第三产业循环经济发展的总体状况。

四　培育和发展静脉产业的政策体系构成

静脉产业是与动脉产业相对应的，也称资源循环利用产业，国家环境保护总局在 2006 年 6 月 2 日发布实施的《静脉产业类生态工业园区标准》对静脉产业的定义是：静脉产业是以保障环境安全为前提，以节约资源、保护环境为目的，运用先进的技术，将生产和消费过程中产生的废弃物转化为可重新利用的资源和产品，实现各类废弃物的再利用和资源化的产业，包括废弃物转化为再生资源及将再生资源加工为产品的两个过程[①]。静脉产业既可以解决由动脉产业产生的废弃物对环境的污染问题，又可以把动脉产业产生的废弃物作为二次资源进行再利用。

（一）我国静脉产业发展现状

近年来，在国家大力号召发展循环经济的情况下，我国资源再生利用产业取得了长足的进步。目前，我国已有各类废旧物资回收企业 6000 多家，回收网点 18 万个，回收加工厂 4000 多家，从业人员 1000 多万人，全国回收利用再生资源总量达 15810 万吨，"三废"综合利用产品产值达 1000 多亿元。我国静脉产业的发展主要体现在以下几个方面：首先，在我国大力推进循环经济发展的政策鼓励下，部分企业已自主开展废弃物回收利用工作，工业固体废弃物回收利用率明显提高，获得资源综合利用企业认定的企业数量也大幅增长，为废旧物资回收利用工作的顺利开展奠定了基础；其次，再生资源回收利用网络不断健全，废旧玻璃、橡胶、纸张、钢铁、塑料、木材、家电等物资回收能力明显增强，从业人员增多，回收网点覆盖面广，为静脉产业发展提供了原材料；最后，以国家生态工业园区为示范的静脉产业园区不断发展，园区对各类废弃物的回收、拆解、生产、销售、废弃物再处理进行统一规划，积极推进了静脉行业向规模化、产业化、标准化方向发展。但相对于发达国家而言，我国静脉产业还处于初步发展阶段，仍存在一些问题。

1. 法律、法规尚未健全

近年来我国虽陆续出台了一系列法律，但还没有形成一整套全国性再生资源综合利用法规体系，回收、利用缺乏强制性、长期性的激励机制和约束

[①]　孟耀、於嘉：《静脉产业、循环经济与节能减排》，《东北财经大学学报》2008 年第 4 期，第 80 页。

机制。现有的法律法规供给远不能满足静脉产业快速发展的需要，尤其是在废旧电池、废旧家电、废旧轮胎、废旧汽车等数量大、涉及面广的领域，相关法律法规的制定与更新明显滞后。

2. 缺乏政策指导和扶持，民众发展循环经济的意识淡薄

目前，我国对废弃物的再生利用还停留在"捡破烂""收废品"的水平上。由于在城市发展和产业发展过程中，缺少对静脉产业的规划，静脉产业处于"拾荒大军"的"散兵游勇"状态，市场化的激励政策不多，规制性政策缺乏，离循环经济提出的市场化、规模化、产业化要求还有相当大的差距。我国虽提倡垃圾分类回收，但相应的宣传、教育没有全面展开。民众的资源再生利用意识薄弱，没有认识到垃圾中蕴涵的巨大经济利益。对于再生产品，社会的接受程度偏低，对静脉产业认识不够充分。

3. 静脉产业相关管理制度落后

目前，我国再生资源利用企业大部分是家庭作坊式生产，规模小且分散，缺乏统一的规划。同时从业人员的知识水平和环保意识不高，废旧物资随意堆放、废水废气未经处理就排放、回收利用企业风险承担能力较弱等问题较为严重，极易产生二次污染，违背静脉产业发展的原则和基本要求，制约了静脉产业的发展。

4. 社会化服务体系不健全

社会化、专业化程度低，全方位的服务体系尚未建立，信息咨询和技术服务都与发达国家相距甚远，静脉产业科技研发投入不足，相关研究课题和项目较少，各种咨询公司、中介机构、服务网络也远远不能满足静脉产业与动脉产业快速契合的发展需要。

（二）典型案例分析：日本静脉产业

受国内资源能源短缺的制约，日本政府历来就高度重视资源的高效循环利用，静脉产业发展较早，效益较好，是静脉产业发展良好的典型国家。

1. 健全的法律法规

日本发展静脉产业的法律法规非常健全，在产品的整个生命周期从生产、消费到回收利用以及废弃阶段，都制定了严密的法规体系。其主要特点可以归纳如下：一是覆盖面广。法律规定生活垃圾包括家电、汽车、食品、包装容器等；产业废弃物包括矿山、冶金、化工等行业的废弃物。二是可操

作性强。制定法律时采取先易后难的方法，即首先针对涉及相关利益较少的废弃物再利用进行立法。例如《家电再生利用法》只针对空调、冰箱、电视、洗衣机等；《汽车再生利用法》只针对车体、塑料、气囊等进行回收再生利用。三是责任明确。法律对政府、地方自治体、企业、公众的责任和义务进行了明确规定，如《家电再生利用法》规定了制造商、消费者、再生利用者需要承担的费用；《汽车再生利用法》设定了管理收费的中介机构及其责任等。

2. 先进的政策理念

静脉产业是一项既有公益性，又有营利性的产业。在一般的市场条件下，静脉产业所产生的效益不能完全转化为企业的经济效益，企业"利益最大化"的目标难以实现，会使产业的发展面临一些困难。为了促进静脉产业的发展，政府需要将其视为"受保护产业"，采取一定的措施予以扶持。日本制定静脉产业经济政策依据的基本原则有两个：一是废弃者的责任，是指扔掉废弃物的人应承担对废弃物进行适当处理的责任（例如分类废弃），这是制定废弃物、资源循环措施的基本原则之一；二是延伸的生产者责任，是指生产者对于其生产的产品废弃后要承担对该产品进行再利用、再商品化和处置的责任（物理的或财政的责任）。这样能激励生产者开发、生产使用寿命长或易于再利用和再商品化的产品，从而解决废弃物量大，且难于对其再利用和再商品化的问题。

3. 有效的经济政策

基于废弃者的责任和延伸的生产者责任的原则，日本制定了相应的经济政策。一是废旧物资商品化收费政策。日本在个别物品再生利用法中，规定了废弃者应当支付与旧家电、旧容器包装、旧汽车的收集及再商品化等有关的费用。如《家电再生利用法》明确规定了居民废弃一台家电应交的处理费，《汽车再生利用法》要求汽车所有者负担再循环利用费用等。二是征收垃圾（一般废弃物）处理手续费。征收垃圾处理手续费（收集、搬运及处置费）对于减少垃圾量有一定效果，从受益者付费的观点来看是公平的。三是实行保证金（押金）政策。岛屿、公园、观光地等集中的某个区域内，引入保证金制度，例如对于铝罐、钢罐、塑料瓶、纸包、纸杯、食品盘等实行保证金制度，可以减少散乱垃圾量，提高游客的环境意识，促进再资源化。四是税收优惠政策。鼓励企业建立循环经济生产系统。日本对废旧塑料制品类再生处理设备在使用年度内，除给予普遍退税的政策优惠外，还按取得价格的14%给予特别退税；对废纸脱墨、玻璃碎片杂物去除、空瓶洗净、铝再生制造等设备实行3年的退还固定资产税政策。

4. 强有力的技术研发

日本静脉产业进行技术研发的主要措施是在生态工业园区内开辟专门的实验研究区域，政产学研共同研究废弃物处理技术、再利用技术和污染物质的合理控制技术，为企业开展废弃物的再生、循环利用提供技术支持。日本研究部门以零排放为目标，对产品生命周期评价技术、废弃物减量化技术、资源循环利用技术、废弃物资源化的产业链技术等循环技术进行研究开发并取得进展，从而拥有了世界上最先进的节能降耗环保技术。

（三）培育和发展静脉产业的政策

促进静脉产业健康发展，需要多方面的努力，国家政策的大力扶持，是其中最为重要的一环。通过立法、运用各种政策工具来促进静脉产业发展，是不少发达国家的成功经验，值得我们借鉴。当前，我国应从以下几个方面对静脉产业给予政策支持。

1. 出台培育和发展的静脉产业各项专项法律法规

在法律法规层面，我国与德国、日本等发达国家相比差距较大。我国应加强发展与静脉产业相关的各专项法律法规的研究。加快出台废旧电池、纸张、橡胶、轮胎、玻璃、汽车、钢铁、塑料等废旧物品的回收利用法，进一步丰富和衔接《中华人民共和国循环经济促进法》，构建静脉产业发展的法律法规体系，逐步将静脉产业的发展纳入法制化轨道。

2. 严格科学地设立静脉产业的准入政策

按照环境友好的技术生产原则来规范静脉产业标准法规，严格准入的"门槛"，在对各类废弃物材料市场进行充分调研的基础上，尽快制定统一的行业标准来引导易耗废品回收产业的健康发展。对现有的回收加工企业进行整顿整合，提档升级，对符合标准的企业给予各项优惠政策；依法取缔挂静脉产业之名行环境污染之实的"冒牌企业"。与耐用消费品特别是与精密电子电器相关的静脉产业，要满足环境友好的回收利用条件和相应的技术条件，因此，政府相关部门必须对此类行业实行市场准入制度，来确保该类行业的发展不会对环境造成损害。

3. 建立健全鼓励静脉产业发展的税收政策

税收政策是政府对经济活动主体进行调节的最有力的工具，应进一步加强对税收政策的支持力度，不断拓宽政策的覆盖范围。一方面，对能够为环境友好做出贡献的静脉产业给予所得税、增值税、消费税减免以及加速折旧等政策优惠；另一方面，以污染排放量（包括直接污染和间接污染）为依据，对相关产业征收环境税。而在资源综合利用企业的资质认定上，只要经济主体的生产活动符合国家有关资源综合利用认定的相关规定，都应在认定程序上予以优先安排，并简化认定程序，同时出台再生资源回收公司管理办法，加强对再生资源回收公司的经营模式和管理制度的研究，适时将再生资源回收企业纳入资源综合利用认定范畴，享受税收优惠政策。

4. 建立健全废弃物分类回收与处理政策

发展静脉产业的关键环节是将分散在千家万户的废弃物有效地收集起来，并按材料种类分类处理，这样才有可能形成静脉产业市场化发展所需要的规模效应。日本、德国等普遍推行家庭废弃物分类回收制度，然后由政府指定的回收部门进行回收。实践证明，垃圾分类回收可以有效提高废弃物的再利用效率，例如，北京市政管理委员会投资几千万元在许多社区推广了分类垃圾箱，在废弃物收集环节运用了分类方法，为废弃物的再利用提供了极大便利。因此，可以通过政策引导，大力提高家庭进行垃圾分类的比例，从而提高废弃物收集与处理的效率，这样可以为静脉产业的发展提供更多的原料，促进其发展。如果进一步对目前的非正规回收系统进行整合，建立连接消费者和静脉产业的统一的废弃物回收网络，就可以最大限度地利用废弃物，推进静脉产业的发展[1]。

---

① 秦海旭、万玉秋、夏远芬：《德日静脉产业发展经验及对中国的借鉴》，《环境科学与管理》2007年第6期，第150—152页。

第 十 章
中观系统发展循环经济政策研究

中观系统是指多个微观主体为获取经济效益或实现长久居住等目标，人力、物力、财力集中在某一地域范围内，主要包括工业园区、产业集群地和城市社区等。中观系统承接宏观与微观层面循环经济的发展，不仅是宏观系统实现资源集约节约、物质循环利用等目标的有效保障，更为微观层面发展循环经济提供了良好的平台，创造了优质的外部环境，因此研究中观系统如何发展循环经济具有十分重要的意义。

第一节 循环型产业集群发展政策

改革开放以来，产业集群在我国沿海地区得到迅速发展，如浙江温州的服装产业集群、广东东莞的电子信息产业集群、福建晋江的制鞋产业集群等。但是，我国目前的产业集群仍处于初级阶段，仅仅是企业和相关机构的简单堆积，有些产业集群集而不群；同时，我国大部分产业集群在发展过程中过分注重经济效益而忽视生态效率，导致当地资源环境状况恶化。这些问题的产生，从本质上来看，在于我国产业集群的发展主要强调建立"原料—生产加工—流通—销售—消费及相关服务"的产业链，在生产加工、流通和消费过程中把废弃物大量地排放到环境中，这种"资源—产品—污染排放"的线性经济发展模式，忽视了企业生态网络的作用，使集群抗风险能力较弱，不仅不能有效地应对外界的变化，还给生态环境带来了巨大的压力。

一　循环型产业集群的内涵

（一）循环型产业集群的定义

循环型产业集群是指遵循循环经济理论和产业集群理论，通过合理的规划、改造，使产业集群成为一个类似于大自然的生态系统，在这一系统中产业集群的各构成要素成为各生物链的节点，生产者企业、消费者企业、分解者企业、中介服务机构和政府之间形成耦合、共生关系，变线性的"资源—产品—废弃物"的物质利用方式为循环型的"资源—产品—再生资源"的物质利用方式，以达到区域内各种社会经济因素和生态因素有机结合和人与自然和谐发展的目的。

（二）循环型产业集群与传统产业集群的比较

循环型产业集群与传统产业集群既有区别又有联系，与传统产业集群相比，循环型产业集群在追求目标、运行规律、资源利用、产业选择、功能结构、外部效应、集群景观、持续能力和指导思想等方面都有革命性的突破，从本质上改变了传统产业集群的物质利用模式，革新了传统产业集群的发展思路，提高了传统产业集群的生态效率，改善了传统产业集群的生态环境，达到了产业集群中人与环境和谐相处的最终目的，是顺应人类多层次需求和可持续发展的产业集群发展模式①。表 10－1 列出了循环型产业集群和传统产业集群的不同点。

表 10－1　循环型产业集群和传统产业集群的比较

类　别	循环型产业集群	传统产业集群
追求目标	集经济效益、社会效益和生态效益于一体	经济效益
运行规律	经济、社会和生态规律相统一	经济规律
资源利用	循环利用、非线性	一次性、线性
产业选择	以构建循环经济体系作为取舍标准	以产值和利润作为取舍标准
功能结构	注重经济、社会和生态功能的整合	注重经济功能

---

① 祝爱民、刘孝波、周美娜：《循环经济——产业集群发展新模式》，《物流科技》2005 年第 7 期，第 105 页。

续表

类　别	循环型产业集群	传统产业集群
外部效应	强化正外部效应的同时,不断弱化负外部效应	既有正外部效应,又有大量的负外部效应
集群景观	绿色、生态、人与自然的和谐发展	灰色、压抑、污染严重
持续能力	强	弱
指导思想	以循环经济理论为指导	以传统经济理论为指导

(三) 循环型产业集群的构成要素

1. 生产者企业

生产者企业,是利用大自然和人类社会提供的各种原材料并通过一系列转化过程生产产品的企业。生产者企业在生产过程中需要耗费大量的资源,这就涉及资源的减量化,生产者企业的重点是以尽可能少的投入获得最大的产出。生产者企业处于生态产业链的开端,决定着整个循环型产业集群的经济效益。但是生产者企业的大量集聚,会导致资源的大量消耗和废弃物的大量产生,大量的废弃物如果随意排放,就会对大自然造成严重的污染,从而威胁到人类的健康和社会的可持续发展。

2. 消费者企业

消费者企业,处于生态产业链的中端,它们将生产者企业产生的废弃物转化成自身的原料从而减少对环境的污染,这涉及消费者企业与生产者企业的配套问题。并不是所有的企业产生的废弃物都能被消费者企业所“消费”,两者之间需要相互衔接。比如在石材产业链中,石材加工生产企业在生产过程中会产生大量的碎石和石粉,如果不加以处理,向大自然无限制地排放,就会对自然环境造成极大的破坏。而在循环型石材产业链中,加入了消费者企业这一元素,就可将碎石和石粉利用起来制作水泥或其他建筑材料。这不仅降低了生产者企业对环境的污染,还能变废为宝,将生产过程产生的“垃圾”变成新的可再生资源,对资源的循环利用起到极大的推动作用。可以说,在循环型产业链中,消费者企业决定着整个循环型产业集群的生态效益。

3. 分解者企业

分解者企业的说法来自生态学。大自然生态系统中存在着生产者、消费者和分解者。生产者和消费者在自身死亡后并不能直接被大自然生态系统循环利用，因此分解者的作用就是将生产者和消费者的尸体或遗骸通过腐化、发酵等作用，转化为可供大自然生态系统循环利用的物质，从而促进生态循环的顺利进行。分解者企业处于生态产业链的末端，在循环型产业集群中，同样存在着大量的产品和废弃物不能被直接循环利用的现象，分解者企业把这些不能直接被消费者企业利用的物质进一步转化成可供循环利用的再生资源。分解者企业的参与，使循环型产业集群拥有对废弃物进行循环利用的基础和支撑。

4. 中介服务机构

循环型产业集群是在传统产业集群的基础上通过引入循环经济理念发展起来的资源节约型、环境友好型产业集群，循环型产业集群的发展离不开中介服务机构的网络连接和服务作用。中介服务机构的作用如下：法律援助机构，可通过其进行产品专利的申请和保护；人才服务机构，可通过其引进高新技术人才和提供培训服务；科技服务机构，可通过其构建科技创新体制和服务平台等；高校研究机构和科研院所，产学研结合可以提高循环型产业集群的技术创新能力。循环型产业集群为适应发展循环经济的需要，应当在这些传统中介服务机构的基础上建立废弃物回收利用的实体交易市场和虚拟网络交易平台，这在客观上要求政府加大投入，提高国有中介服务机构的科研和创新服务能力，同时加强引导和管理，充分发挥市场竞争机制的作用，提高民营中介服务机构的运营效率。

5. 政府

政府在产业集群的发展过程中起着至关重要的作用。我们认为，建立循环型产业集群要求政府发挥主导作用，舆论宣传、政策制定和执行、技术创新、中介服务机构的发展和产业链的构建等，都需要政府履行引导、调控、管理和服务职能。当前，循环经济在各地的大力发展离不开政府的作用，循环型产业集群的发展同样需要政府政策的支持和推动，因为一个学习型和服务型的政府是循环型产业集群发展的巨大推动力量，因此相关政府部门要认真研究产业的选择和生态产业链的构建，积极引导各方力量对现有园区或产业基地做出详细的发展规划，划分不同机构在构建循环型产业集群中的职能，明确各自的责任和义务。

二 循环型产业集群的独特效益

产业集群能够为发展循环经济提供优越的条件，有利于循环经济发展模式的构建；而发展循环经济也有利于产业集群向生态化、创新型、集约型的可持续方向发展。因此，二者相互补充、相互促进、相辅相成。循环型产业集群是将循环经济理念贯穿到产业集群中，是促进产业集群可持续发展的最佳选择，具有良好的经济效益、社会效益和生态效益。

（一）循环型产业集群的经济效益

首先，循环型产业集群的聚集性不仅可使集群内企业共享资源、节约成本、提高效率，而且同类或相近企业一般在排放污染物的种类、性质上具有同质性或相近性，这为污染的集中治理提供了便利，同时还可以降低废弃物的运输成本[①]。其次，可以通过贸易方式将一家企业的废弃物或副产品作为另一家企业的原料，建立工业衍生和代谢生态链关系，不仅会降低治理污染的费用，提高资源利用效率，而且也会使企业获得可观的经济效益。再次，集聚性和协同创新的性质可以将压力分散给集群内的各个组织承担。以上这些都可明显降低产品的生产成本。最后，循环型产业集群的"品牌效应"使得其生态产品有广阔的市场空间，这为集群的生态化提供了有效的发展平台，从而可以获得巨大的经济效益。

（二）循环型产业集群的社会效益

发展循环型产业集群有利于化解环境和产业发展之间的尖锐矛盾。环境的改善将有利于提高居民的生活质量和健康水平，促进小康社会的全面建设。同时集群内企业建立的相互信任、相互协作的关系，将有利于集群内企业以及企业与本地相关主体就提高资源利用效率、减少环境污染等达成共识，大量企业聚集在一起能有效地促进企业关于废料再生利用、清洁生产、循环经济发展等技术信息的交流，从而冲破发达国家的绿色贸易壁垒。循环型产业集群提倡绿色消费，注重资源节约和环境保护，将大大促进资源节约型和环境友好型社会的建设，有效地构建和谐社会。

[①] 祝爱民、刘孝波、周美娜：《循环经济——产业集群发展新模式》，《物流科技》2005 年第 7 期，第 105 页。

（三） 循环型产业集群的生态效益

循环型产业集群既有较高的经济效益和社会效益，又有较高的生态效益，能够保证产业经济效益在资源环境承载能力范围内得动稳步提高，能够实现自然生态系统的可持续发展。其内部存在着良好的创新环境，能够不断地为集群产业的升级提供技术支撑，并能够解决关键技术问题。它的多样性和动态演化特征也会增强其抵御风险和冲击的能力，维持集群系统的稳定性和可持续发展。以循环经济理念构建的循环型产业集群能够实现产业经济效益与资源环境效益的和谐统一，能够保证生态经济复合系统的可持续发展。以循环型产业集群为依托，能够解决可持续发展提出的资源、环境和经济效益统一的问题①。所以，循环型产业集群是符合可持续发展目标的一种经济发展模式，是解决产业集群和循环经济发展过程中存在问题的最佳途径，发展循环型产业集群是落实科学发展观、构建社会主义和谐社会的有效途径之一。

三 循环型产业集群的典型案例：湄州湾石化基地

石化产业是国民经济的基础产业和支柱产业，它为人们的生产生活提供基本的物质原料，同时也是能源消耗大户、污染排放大户和废弃物产生大户。湄洲湾石化基地位于福建省湄洲湾南北两岸，行政区域跨越泉州和莆田两市，主要包括泉港石化工业区、泉惠石化工业区和莆田东吴石化工业区（含仙游枫亭片），总占地面积为79.7平方公里。经过近几年的建设，湄洲湾石化基地循环经济发展取得一定成效：泉港石化工业区被列为国家级循环经济试点单位，集中供热模式和污水集中处理回用模式已初步形成。具体来说，湄洲湾石化基地的构建主要从以下几个方面入手。

（一） 优化产业布局，构建生态产业链

依托泉港石化、泉惠石化和东吴石化工业区三大板块，湄洲湾地区逐步淡化行政区域界限，明确各自的产业分工，充分发挥了区域内要素资源配置的综合优势，逐步形成了以上游带动中下游、以中下游促进上游的良性发展态势。各园区依托自身优势，以循环经济理念优化产业布局，并明确了各自

---

① 穆书涛、任巍：《浅谈产业集群在发展循环经济中的作用》，《煤炭经济研究》2005年第5期，第25页。

的发展重点。以福建炼化一体化一、二期项目为重点,逐步形成了泉港油化产业一区;泉惠石化工业区以重油深加工、中化 1200 万吨/年炼化工程和石化中下游产品为主,建成油化产业二区;东吴石化工业区东埔片建成以重油催化热裂解项目和石化中下游产品为主的油化产业三区;以承接泉港、泉惠石化区的产品原料为重点,仙游枫亭片区重点发展节水、轻污染和高附加值的精细化工及纺织鞋革原料等石化下游产业。湄洲湾石化基地生态产业链见图 10 – 1 所示。

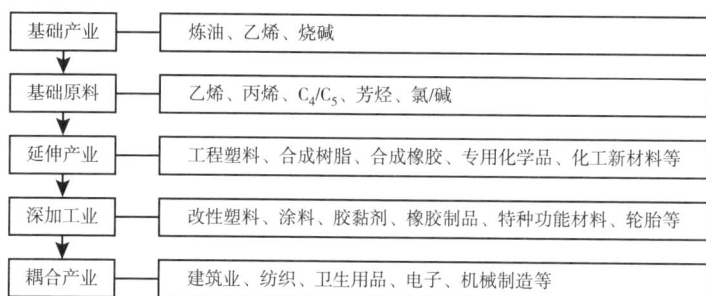

基础产业	炼油、乙烯、烧碱
基础原料	乙烯、丙烯、C_4/C_5、芳烃、氯/碱
延伸产业	工程塑料、合成树脂、合成橡胶、专用化学品、化工新材料等
深加工业	改性塑料、涂料、胶黏剂、橡胶制品、特种功能材料、轮胎等
耦合产业	建筑业、纺织、卫生用品、电子、机械制造等

图 10 – 1 湄洲湾石化基地生态产业链示意图

同时,充分发挥湄洲湾深水港口和区位优势,按照先进、高效、清洁的石化产品树的发展方式,积极构建起生态产业链条。以进口原油(含重油)为原料,采用油化一体化模式,配套建设大型乙烯装置;综合利用乙烯、丙烯、碳四、碳五、芳烃等基本有机化工原料,发展有机原料产业,为石化下游产业提供丰富的原材料;积极延伸产业链条,发展合成树脂、合成橡胶、工程塑料、化工新材料,并进行深加工,推进改性塑料、涂料、纺织助剂、造纸化学品等产业发展;积极强化石化产业与其他产业的耦合,不断支持建筑、纺织、卫生用品、机械制造、电子等耦合产业的发展。

(二)强化基础设施建设,健全资源能源高效循环利用系统

1. 公共管廊建设

湄洲湾石化基地自建设以来,一直按照"高度集中、一体化公用工程岛"的建设思路和集约化经营模式,充分考虑基地现状和未来发展空间,合理规划和设计公共管廊。目前,已投产的企业均已建成物料、电网、供热管网、燃料管网等公共管廊网络体系，同时公共管廊也延伸至正在建设的项目中。公共管廊的建设，能够有效连接基地内各化工（仓储）企业、配套企业与港口码头，避免因运输引发的不安全问题，实现运输过程清洁化、能源高度节约和资源高效整合。

2. 水循环利用系统

三个工业园区均规划建设了污水处理厂，采用循环用水、串联用水和回用水系统，已基本形成产业集群内部水循环利用系统，如图 10 - 2 所示。

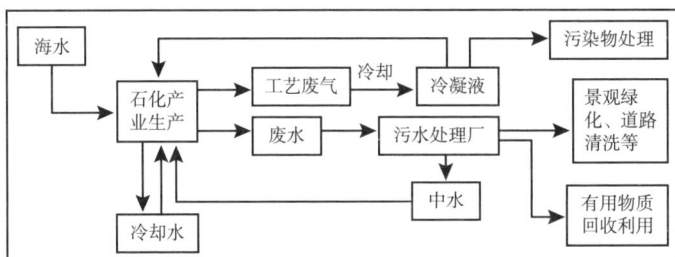

图 10 - 2　湄洲湾石化基地水循环利用系统示意图

3. 能量梯级利用系统

湄洲湾石化基地以炼油厂副产高硫石油焦和燃料煤为原料，分别建设了热电厂和热电联供装置，一批热电联产项目和基地内余热余压工程建设稳步推进，通过基地内热电联供、余热利用、废弃物焚烧装置热能利用等项目的实施，建立起了基地内能量梯级利用系统，如图 10 - 3 所示。

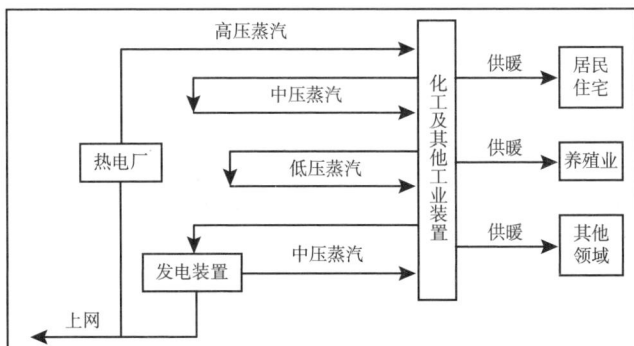

图 10 - 3　湄洲湾石化基地能量梯级利用系统示意图

4. 废弃物资源综合利用系统

石化产业所产生的废弃物资源种类多、数量大，开展废弃物资源综合利用具有良好的经济效益。目前，湄洲湾石化基地基本形成了以炼油、化工企业为核心的多种废弃物资源综合利用系统，如图 10-4 所示。

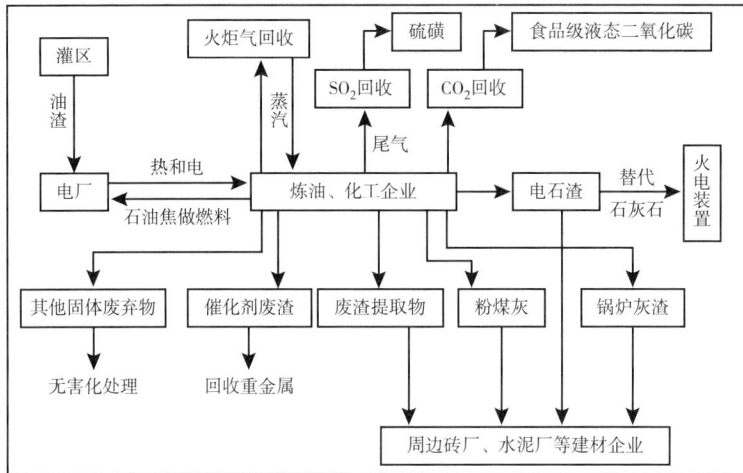

图 10-4　湄洲湾石化基地废弃弃物资源利用系统示意图

四　循环型产业集群的政策安排

(一) 以产业政策为重点加快集群地产业的转移升级

发挥政府协调引导作用，以循环经济理念为指导制定产业集群地的发展战略和规划。在明确循环型产业集群构建存在的问题的基础上，对群内企业的组织结构、发展模式、资源利用等进行战略性重组和调整，注重集群内优势产业和相关配套产业的协调发展和优势互补，提高产业的集约化程度和经济要素资源配置效率，逐步形成资源共享、产业互补、生态共建、共生耦合的产业集群发展体系。针对不同类型的产业集群，例如传统的产业集群和新兴的产业集群、资源依赖型的产业集群和高新技术产业集群，根据其具体情况来优化调整产业结构和布局，选择性地进行招商补链，坚决迁移和拒绝不符合生态产业链群要求的企业。

注重从资源整合和可持续发展的角度来制定有利于产业升级和产业转移

的政策。对于具有不同属性和市场空间的产业集群,应采取差异化战略,向有承接能力、经济发展欠发达、土地和劳动力价格具有比较优势的中西部地区转移劳动密集型产业;以有限的资源来发展高新技术产业,保持当地产业集群的持续发展能力,加快高新技术改造传统产业的步伐,实现自身持续竞争力和产业集群的持续发展能力的增强,为循环型产业集群构建奠定基础。

(二) 以技术标准为核心规范循环型产业集群地构建

政府在制定适合产业集群发展循环经济政策的过程中,应更多地注重技术标准的制定,充分发挥行业协会等机构在技术标准制定方面的优势,经协调讨论后以政策文件等形式规定最终产品的指标含量,以及在生产过程中的"三废"指标含量,而不是硬性规定企业必须使用某种具体技术。产业集群地的产业链上下游技术标准的完善要以贴近终端用户(消费者)为标准,这样才能使企业在产品设计、生产和销售上有较大的创新空间,从而有利于实现对各种中间废弃物的循环利用。

研究制定产业集群地发展循环经济的评价指标体系,帮助产业集群地的管理部门和企业了解自身在发展循环经济方面取得的成效以及存在的问题,为产业集群地发展循环经济提供指导。评价指标体系要考虑产业集群本身的竞争能力、循环经济的发展状况以及创新能力。首先,以集群规模、成本费用效益率、工业增加值率、市场占有率等指标来综合评价集群的整体竞争力;其次,以资源利用效率、资源消耗率、资源回收与循环利用率、废弃物排放与处置等循环经济指标来评价产业集群的循环经济发展状况;最后,利用循环型产业的创新能力等指标评价产业集群地循环经济相关技术的发展水平。

(三) 以制度建设为保障引导循环型产业集群发展

强化产业集群地环境监管制度建设,强化环境影响评价,严格执行环境准入制度,同时加强生产全过程的排污控制,依法强制对污染物排放超标的企业实施清洁生产审核,坚决处罚违法行为。加快促进循环经济发展的制度创新,建立生产、流通、消费等环节的绿色保障制度,包括绿色资源制度、绿色产权制度、绿色市场制度、绿色生产制度、绿色排放制度、绿色消费制度等,逐步建立生产者责任延伸、行政执行、环境准入等制度,变"谁污染、谁治理、谁付费"为"谁污染、谁付费"。根据产业集群地发展现状,制定解决产业集群内各利益相关者的权责问题、利益分配问题、效率与公平问题的相关制度。

第二节　循环型工业园区发展政策

工业园区是指建立在一块固定地域上的由制造企业和服务企业形成的企业社区。在该社区内，各成员单位通过共同管理环境事宜和经济事宜来获取更大的环境效益、经济效益和社会效益。整个企业社区能获得比单个企业通过个体行为的优化所能获得的效益之和更大的效益。目前研究工业园区发展循环经济的学者，普遍将其称为循环型工业园区或生态园区。

一　循环型工业园区的定义、特征及重点

（一）循环型工业园区的定义

循环型工业园区，指的是用循环经济的理念来指导工业园区的发展、规范园区的经济运行和生产过程。与传统工业园区不同，循环型工业园区由生态环境、循环型产业链、园区服务机构和公用设施等构成，以物质循环和生态共生原理，形成完整的循环型产业链和共生网络系统，具有实现生态环境与经济双重优化和协调发展的作用。

（二）循环型工业园区的特征

1．横向耦合性

横向耦合性是指循环型工业园区内不同企业通过资源共享和废弃物的交换构成互惠共生的循环型产业链。这是循环型工业园区的本质特征，能够解决传统园区由于各企业生产过程相互独立造成的资源高投入、废弃物高排放等问题。横向耦合可以使园区企业形成共生网络，实现资源共享和能量的多级利用①。

2．纵向闭合性

纵向闭合性是指循环型工业园区通过构建循环型产业链，整个生产过程形成"资源—废弃物—再生资源"的物质和能量的闭路循环流动，实现工

---

① 李科林等：《长株潭经济一体化进程中的生态工业园建设》，《中南林学院学报》2005年第2期，第30页。

业废弃物的集中处理，甚至"零排放"。这是构建循环型工业园区的直接动因。

3. 系统稳定性

系统稳定性是指循环型工业园区作为一个整体能够有效地抵御市场风险，在面临资源供应、市场需求以及外界环境波动时具有较大的弹性。成熟的循环型工业园区是生态效益和经济效益并重的空间组织形式。

4. 区域协调性

区域协调性是指循环型工业园区通过与周边生态环境以及居民生产、生活的融合，充分依托其所在区域的资源支撑力和环境承载力，从区域可持续发展的角度改善环境质量，带动周边区域经济、社会的全面、协调和可持续发展。

(三) 循环型工业园区建设重点

循环型工业园区内各企业利用上下环节的主副产品和原料的衔接关系构成若干生态产业链。某条链上某个企业所产生的废弃物，经过必要的处理，回用于原来的生产过程，构成了纵向闭合的链条。不同链上的消费者企业之间利用主、副产品和原料之间的横向耦合、协同共生关系，组成一个纵横交错的生态网络。循环型工业园区的建设重点主要包括以下两个方面。

1. 构筑工业园区的生态网络

根据循环型工业园区的特点，必须在园区内利用副产品及优化使用资源、能源、水等构筑生态链网。第一，能源最优化使用。在尽可能使用无污染能源的前提下，通过建设相应的连接网络，区分不同层次的电能、热能，集中供热、供电，使能源共享。第二，水的梯级使用。不同的生产目的需要不同质量的水。如非离子化水可以用于生物医药，二级水可以用于工业生产、设备清洗等，最后污水经过过滤达标后仍可以用于农田灌溉。循环型工业园区通过构筑水循环利用生态产业链，循环利用、分级使用水资源，既可以节约水资源，又可以提高水的利用率。第三，固体废弃物的处理。循环型工业园区内的固体废弃物经过收集，可以采取焚烧供热、资源化或无害化填埋等方法进行处理。第四，副产品交换。循环型工业园区内不同行业的上下游企业根据生产所需的原材料和在生产过程中产生的副产品，努力寻找合作伙伴，或者进行招商，把一个企业的副产品或固废等作为另一个企业的原材料。循环型工业园区见图 10-5 所示。

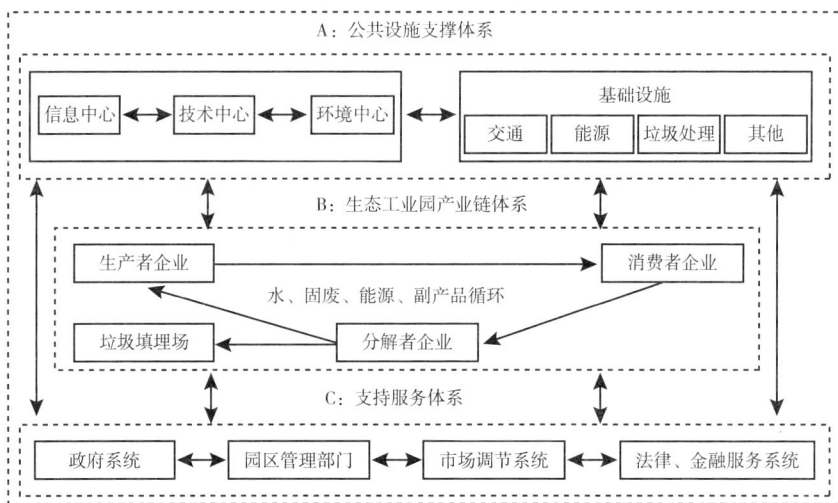

图 10-5　循环型工业园区示意图

2. 建设相关基础设施

每一个循环型工业园区产业链的可持续运转，都离不开物流、能流、信息流和水流的有效流动，而这种有效流动是建立在完善的基础设施上的，即合理的基础设施规划建设是保证循环型工业园区有效运转的前提条件。物流需要道路等基础设施、能流和水流需要有管道等。信息流则需要在园区内建设信息服务平台，并借助互联网支持企业间的交流和联系，为各企业间实现副产品交换、废弃物的资源化和进行园区生态管理提供保证。

二　循环型工业园区典型案例：天津经济技术开发区

天津经济技术开发区位于天津滨海新区，面积约 33 平方公里，目前已形成了以电子通信、机械制造、医药化工、食品饮料为支柱产业的先进制造业基地，地区工业生产总值突破千亿元。2005 年，国家发改委等 6 部委将天津开发区列为国家循环经济产业园区试点，并批准了《天津经济技术开发区循环经济试点工作实施方案》。经过几年的发展，开发区已逐步找到了适合自身的循环经济发展路径，获取了显著的经济效益、社会效益和生态效益。

（一）建立循环经济产业链网

开发区是一个综合型园区，区内有一万多家企业，行业和规模都有差别。开发区先后编制了《天津经济技术开发区循环经济试点工作实施方案》和《天津开发区循环经济发展规划（2010—2020年）》，统一指导循环经济产业链的建立。开发区采取"线面结合"的方式构建和完善循环经济产业链网。

"线"，即在生产链上，采取产业共生、动静脉产业互补和绿色供应链管理等方式。首先，引进欧盟的工业共生管理模式及技术，鼓励大企业发动产业链上的中小企业开展工业共生项目，积极发展产品关联紧密、资源高效利用的生态工业，目前已形成了电子信息、生物医药、汽车制造和食品饮料四大循环经济产业链；其次，围绕主导动脉行业发展静脉产业，积极引进电子废弃物、废铝酸蓄电池、汽车拆解和废钢综合利用等补链项目，促进园区资源闭合流动和利用效率的提高；最后，以三星、丰田、诺维信等大企业为核心实施绿色供应链管理，要求其供应商做好废弃包装材料和废弃电子产品的回收处置工作，并对供应链上的中小企业进行环境管理培训。

"面"，即在产业体系上，以"集团化、基地化、链条化"为手段，引进和培育产业关联度高、资源能源利用率高的核心企业，逐步构建生态产业链网。完善环境保护与资源能源消耗准入指标体系，从源头上杜绝技术落后、耗能大、污染重的项目入区；通过制定产业规划和激励政策提高现有产业集聚水平，并以当前的主导产业、核心企业和主要产品为基础，延长产业链，形成关联产业链网。

（二）节约能源与新能源开发并重

通过制定《"十一五"天津开发区节能降耗规划》《天津经济开发区促进节能降耗、环境保护的暂行规定》《天津开发区促进节能降耗、环境保护重点鼓励目录（第一、二批）》等政策文件，大力推进一批节能改造项目和重点工程的实施。一是实行区域集中供热、供气，通过能源共享和余热余能梯级利用提高能源利用效率。二是加强对企业能耗的监测考核，组织大型公共建筑安装能耗监测系统，重点对耗能1000吨标煤以上的企业进行节能统计和指导。三是实施节能技改项目，推进锅炉脱硫改造、非电空调等节能环保工程的实施。同时，不断引进新能源项目，实施了地源热泵项目，采用高效、环保、节能、安全的地源热泵技术供热和制冷，并不断引进维斯塔斯、东汽风电、京瓷太阳能等新能源巨头企业入驻园区。

（三）构建水资源节约集约利用系统

天津经济技术开发区以外调淡水为主要水源，水资源极为短缺，因此循环利用水资源是开发区发展循环经济的重点。近年来，开发区以区域集中污水处理再利用为支撑，海水淡化为必要补充，构建了区域一体化的水资源优化配置利用系统，形成了较为完善的水资源"处理—再生—利用"的循环模式。在园区层面，实施了大规模污水再生循环利用示范工程、万吨级海水淡化示范工程、新水源一厂示范工程和水环境生态系统示范工程四个国家级示范工程。在企业层面，制定了《天津经济技术开发区使用新型水源暂行办法》，鼓励企业开展污水回用和使用再生水。

（四）推进固体废弃物循环利用与污染防治

开发区遵循"再利用、资源化"原则，积极推进固体废弃物循环利用。一方面，实施废弃物生命周期管理，开展年度工业废弃物生态管理标志活动，并开通了"绿色再生资源网"，为废弃物持有企业和处理回收再利用企业提供一个配对平台，解决了信息不对称的问题；另一方面，开展产业共性废弃物资源化项目，引进了年处理能力为3万吨的泰鼎环保公司废弃物资源化项目、东邦废铝资源化利用项目、丰通汽车拆解和废钢资源综合利用项目等。在污染防治上，开发区制定了《天津开发区实施蓝天广场、改善环境空气质量工作方案》，通过控制大气污染，倒逼企业进行脱硫和硫元素的循环利用。

三　循环型工业园区的政策安排

（一）明确工业园区管理机构的职责

目前，我国工业园区数量众多，规模、级别相差较大，在循环经济管理体制上往往出现由于园区级别高、当地政府无权管辖或者园区管委会与当地政府职能部门双重管辖的现象，循环经济工作较难开展。因此必须明确工业园区管理机构的职责，理清循环经济管理体制。根据工业园区的规模和级别，可将管理机构分为两个层次：第一个层次是负责整个园区行政管理的机构，第二个层次是具体负责园区循环经济和生态建设的经贸、环保部门。在第一个层次上，所属园区往往是国家级经济技术开发区或高新技术产业开发区，园区规模较大，有相应的经贸、环保部门，所以有关综合类园区的循环经济相关政策和工作开展由相应部门负责管理。在第二个层次上，所属园区规模较小，园区管委会大多承担社会服务职能，循环经济工作往往由当地政府的经贸、环保部门负责管理。对于这种类型的园区，必须充分考虑当地政府的管理方式和需求，采用相应的管理模式。一是直接设立环境保护局，作为当地环保局的直属局；二是成立直接对园区管理机构或园区其他部门负责的环境保护办公室；三是当地环保局派员进驻循环型工业园区作为环保信息员。无论采取哪种模式，都必须明确相应机构的职责，将循环经济工作落实到具体部门和个人。

（二）强化政府规划引导作用

政府是循环型工业园区构建的主体，应该充分发挥其主导作用，科学合理地制定规划、出台制度、制定优惠政策等，在宏观上注重工业园区的产业形态、企业地域布局、产业链网络与循环型工业园区的发展要求相一致。重视循环型工业园区形成的内在规律，需要从专业化分工、产业链延伸和市场细分中发现机遇，强化和引导专业化分工与升级，建立行动协调系统，促进园区内部分工网络链的延伸和扩展。各工业园区应根据自身实际，借鉴国内外先进经验，制定循环型工业园区建设规划，对资源消耗、废弃物排放和环境状况做出分析，提出产业链构建、重点方向、重点项目、重点企业、重点目标以及近期和中长期的发展目标。针对园区内的产业形成和发展的各个环节的特性和实际需要，重点在清洁生产、节能减排、资源综合利用等方面进行通盘考虑，详细规划循环型工业园区的发展方向以及主要突破口。

（三）制定调整、优化园区内存量企业和增量企业的政策

工业园区内企业众多，在企业规模、行业性质、技术先进水平等各方面都有所不同，应出台相关政策加以引导。首先，按照国家相关产业政策，明确园区内各企业的类型，根据企业的产品质量、能耗水平、技术先进性等指标，将各企业分为鼓励类、限制类和淘汰类三种。对于淘汰类企业，按照相关产业政策坚决予以淘汰；对于限制类企业，鼓励其运用先进节能环保技术工艺对生产流程进行改造，实现企业转型升级；对于鼓励类企业，应在政策上给予倾斜。而对于新入驻园区的企业，必须严格开展环境影响评价和节能环保评估，其能耗情况和污染排放情况位于同行业领先水平的，才予以引进；同时，根据园区内产业链情况和物质、能量、信息流动状况，大力引进有利于完善循环经济产业链网络的补链项目，提高物质的流动效率和利用水平，发展壮大循环经济产业体系。

（四）引导资金投入公共平台建设

公共服务平台主要包括信息交流平台、技术研发转让平台、咨询服务平台和工业固体废弃物集中处理交易平台等，是循环型工业园区正常运转的有效保障。政府应出台引导企业资金、民间资本投入公共平台建设的相关规定，以提升公共服务平台的保障能力。要加大政府资金投入，建立循环经济网络平台，完善循环经济信息发布制度，及时发布循环经济技术、管理、政策及能耗、水耗等信息，开展信息查询、技术推广、宣传培训等工作，为园区各企业提供全方位的咨询服务。对于民间资本、企业资金投入园区污水处理、垃圾处理设施设备建设，政府应更多地履行服务职能，充分发挥市场机制，提供平台让物业公司与各企业自行谈判，商讨污水处理、垃圾运输等的具体费用。

第三节　循环型社区发展政策

作为城市可持续发展的基本载体，城市社区大力发展循环经济能有效促进社区建设和环境保护的和谐统一。建设循环型社区，是将循环经济理念延伸到消费领域即居民生活之中，有别于之前循环经济在生产领域强调的资源化、减量化以及流通领域的再循环利用等，对循环经济理论是一种突破和完善，更具有十分重要的实践价值。

一　循环型社区建设的要求

城市社区发展循环经济是以城市社区的可持续发展为目标和出发点，通过制定并落实城市社区发展循环经济的政策制度，构建生态建筑和循环型生产生活体系，倡导社区居民绿色消费，使社区的物流、能流、信息流遵循"减量化、再利用、资源化"原则，得以高效循环利用，从而促进城市社区内部人与自然、人与人之间的和谐共处。循环型社区建设如图10－6 所示。

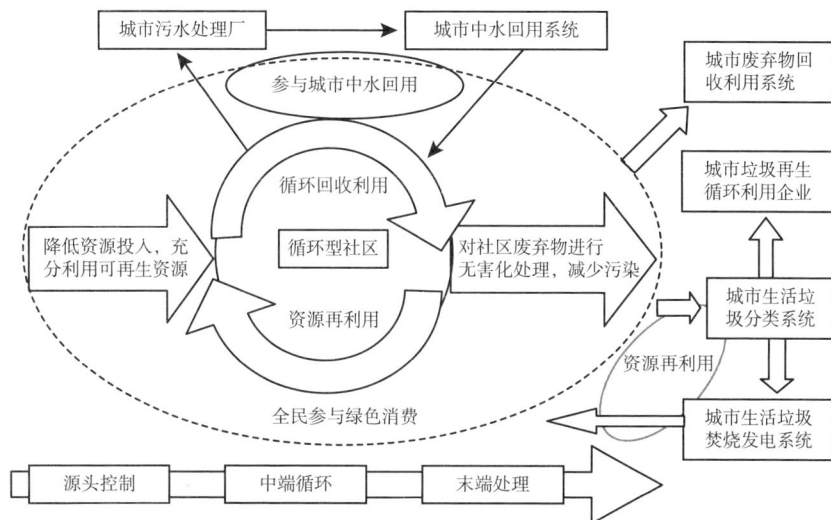

图 10 - 6　循环型社区建设示意图

二　我国循环型社区建设现状

我国城市社区进行生态建设已有十余年的历程，有关生态社区理论的研究相对比较成熟，实践中也涌现出一批生态、绿色社区，它们在垃圾分类回收处理、中水回用、太阳能使用等方面积累了许多成功经验，这些都为城市社区进一步发展循环经济奠定了基础。城市社区发展循环经济不仅需要政府支持、市场推动，还需要社区居民主动参与，自觉在日常生活中选择绿色生活方式，形成社区主导、政策引导、市场推动和居民主动参与的运行机制，共同促进循环型社区的建设。从这个层面来看，我国循环型社区的建设尚存在一些亟待解决的问题。

（一）政策法规不健全、执法不严，造成循环型社区缺乏制度法规保障

相对于传统社区而言，循环型社区所倡导的生产方式和生活方式完全不同,需要政府相关部门制定有关循环型社区建设的政策法规,以激励、引导和约束社区主体的行为。目前,针对社区发展循环经济的相关激励、约束政策法规体系仍有待进一步完善。同时,相关部门执法不严,有关政策法规在实施中效力较弱,未能收到预期的效果,大大影响了循环型社区的健康发展。

(二)循环型社区管理主体不明确,资金来源渠道较单一

我国长期形成的大政府小社会的治理模式,导致了社区管理者的主体地位不明确。目前,创建循环型社区的大部分工作由环保宣传部门来完成,未形成统一的管理机构和完善的社区资源环境管理体系,职能分工不明确,在财力、物力、人力等方面缺乏必要保障,尤其是用于构建循环型社区的专项资金来源单一,难以调动各方的积极性,社区基础设施难以得到有效改善。这是当前循环型社区建设中存在的主要问题。

(三)社区居民对循环型社区的认识不全面,宣传引导方式有待创新

我国长期推行的粗放型经济增长模式,使得部分居民对循环型社区的理念认识不全面,他们普遍将社区发展循环经济等同于绿色花园社区的建设,单纯强调改善居住环境,而忽视社区资源节约、废弃物循环利用、绿色消费等,同时宣传引导方式较为单一,缺乏有效的利益挂钩机制,使得社区居民参与循环经济的热情普遍较低。

三 循环型社区的典型案例:厦门瑞景公园社区

(一)社区概况

瑞景公园社区位于厦门市莲前大道南侧,隶属思明区莲前街道,是"全国花园式小区"和福建省优质小区,先后被授予全国和省、市级"绿色社区",省、市级"社区建设示范社区""科普示范社区",区级"文明安全社区""创建第二届文明城市先进单位"等荣誉称号。辖区总面积0.56平方公里,由13幢高层住宅、2幢多层公共建筑组成,建筑为板式结构,住宅总户数为984户,容积率为1.69,绿化率高达60.6%。周边配套设施齐全,地理位置及人文环境优越。小区利用自身优势,将城市形态、公园景观、人文气息元素加以融合,营造出"人—建筑—自然"的和谐居住氛围。

（二）循环型社区建设的具体做法

1. 节能降耗

瑞景公园社区是我国第一个通过验收的可再生能源建筑应用示范工程，实现了高层住宅 24 小时热水入户。它所依托的是三个系统：太阳能集中供热、热泵加热、电加热。瑞景公园的 13 幢高层住宅均由太阳能集中供热，实施面积超过 15 万平方米。该社区负责人表示，该系统全年常规能源替代量为 282.88 吨标准煤，按照近年来我国火电平均标准煤耗量计算，每年可以节约 71 万度电。此外，该系统的二氧化碳减排量为 698.71 吨/年，二氧化硫减排量为 5.66 吨/年，粉尘减排量为 2.86 吨/年。同时，在其他节能方面，地下车库采用采光天井，屋顶采用新型保温材料硬质聚氨酯发泡保温层，外墙铝合金窗采用镀膜玻璃，剪力墙增设挤塑板保温层，建立太阳能集中供热系统，屋顶设置太阳能集热板，此外还利用太阳能灯具照明，采用渗水路面材料等，满足了节能超过 50% 的要求。

2. 水资源综合利用

瑞景公园社区自建一座日处理量达 1500 吨的污水及中水处理站，生活污水经过处理后可达到排放标准，该处理站可以把小区每天产生的近 1000 立方米的生活污水处理成中水，用于绿化灌溉、社区道路保洁、业主冲厕和车库冲洗等，做到污水的零排放，每年可节约水资源 20 余万吨。同时，瑞景公园社区大力倡导居民日常生活节水，取得明显的节水效果，比如通过选用节水器具，在社区建筑内最大限度地提高用水效率，从而减少市政给排水的负荷。

3. 垃圾分类处理及再利用

垃圾分类是瑞景公园社区发展循环经济的主要内容之一，需要社区居民的全面参与，如设置分类垃圾桶、生物垃圾处理机等。瑞景公园社区在垃圾分类处理方面充分发挥社区联席会的桥梁作用，及时传达政府的垃圾分类政策，设置了垃圾分类箱和果皮箱，实行垃圾分类投放，做到生活垃圾和装修垃圾袋装化、分类回收，定点存放并日产日清，从而避免了二次污染。

（三）厦门瑞景公园社区创建循环型社区的实践总结

瑞景公园社区坚持以宣传发动、思想教育为指导，以贴近社区、面向公众的方式来设计和创建循环型社区，积极引导社区居民自觉参与，力求提高社区公众的绿色生活理念，取得了良好的成效。该社区的做法为我国城市社区发展循环经济提供了宝贵的借鉴经验。

1. 逐步完善社区绿色生态基础设施，夯实构建循环型社区的基础

瑞景公园社区绿化面积占建筑面积的42%，种植的花草树木种类达1000多种，绿化覆盖率达60.6%，经过对100名社区居民的问卷调查，居民对社区环境的满意率为100%，对社区卫生环境的满意率为95%，社区空气质量常年达到国家二级标准。通过完善垃圾分类回收制度和设备，维护了社区优美的环境；社区生活污水全部纳入市政管网集中处理，实现雨污分流；采取节电节水措施，节约能源；车辆规范停放，管理有序；家装施工严格控制工作时间，实现文明施工的要求。除基础建设外，社区配备太阳能系统专业人员、保安人员和保洁人员，共同为构建循环型社区而努力工作。

2. 创建工作新平台，完善管理和监督机制

瑞景公园社区创建工作的成功之处在于领导重视、居民参与、志愿者共建。第一，以社区党总支为依托，成立由居委会、物业公司、辖内单位、共建部队和志愿者组成的社区联席会，建立健全联席会制度，定期召开会议，研究讨论相关工作，并规范组织制度，做到制订计划、合理分工、层层落实，实现了社区资源共享、优势互补、共驻共建的协调机制。第二，志愿者行动对创建"循环型社区"发挥了重要的作用。社区共有各种环保志愿者360多人，他们在社区服务、环境保护、环境管理以及环境教育中发挥着模范带头作用。社区以联席会为纽带，创立了"绿色社区"共建工作新平台，完善了环境管理和监督机制。

3. 创新宣传教育形式，提高公众参与意识

瑞景公园社区着力推进"三个结合"，即创建循环型社区与社区宣传相结合、与"争创文明城市、构建和谐社会"活动相结合、与社区教育相结合，创新宣传教育形式，提高社区居民参与意识。首先，通过市民文明学校、50米长大型不锈钢宣传长廊、环保科普图书专柜、大型宣传广告画、环保科普园地等宣传教育阵地，开展"环保警示教育图片展"等系列活动，丰富社区居民的文化生活，提高了创建"绿色社区"的整体水平。其次，开展以"绿色社区"为主题的法律法规宣传教育活动，宣传节约能源、绿色消费、健康生活等理念，让群众在活动中了解更多的环保法律和绿色生活知识。最后，从娃娃抓起，用孩子的言行来带动、影响家长加入环保行列。瑞景公园社区充分利用学校资源，从学生入手开展"绿色社区"宣传教育活动。同时，社区还开展了针对餐饮服务业的白色污染、油烟污染和噪音污染等专项整治活动。

四　循环型社区的政策安排

（一）成立管理机构，形成合理高效的环境管理体制

建立健全和完善循环型社区环境管理体制是城市社区发展循环经济的关键。城市社区应建立以社区居委会和居民代表为主体的社区环境管理机构，组织和开展日常环境管理活动；建立健全社区环境保护的监督管理制度，加强对社区企事业单位和商业网点、饮食服务业的环境管理，定期检查社区居民对社区环境管理的满意度，形成创建循环型社区扎实的组织基础，从而建立起社区发展循环经济的长效管理机制。

（二）制订实施方案，建立社区网络体系

创建循环型社区是一项复杂的系统工程，需要制订相应的实施方案或工作计划，明确建设目标和任务。方案内容涵盖年度社区将开展的一系列主题活动，为建设循环型社区提供指导。城市社区应以可持续发展为目标，立足社区发展现状制订相应的实施方案，明确社区的生态环境、资源利用、经济发展等目标和任务，建立相应的考核指标体系，制订具体行动计划，安排开展活动的时序，并提出相应的保障措施，逐步形成符合本社区实际情况的循环型社区创建模式。同时，出台相关政策鼓励循环型社区网络体系的建立，形成社区内外资源共享、交流与互动平台，创建社区论坛，进一步激发社区居民参与循环型社区建设的热情，及时解决发展中存在的问题，从而促进社区内居民之间、社区和居民之间、社区之间的信息沟通。

（三）重视社区基础设施建设，保证创建工作的顺利开展

城市社区发展循环经济不仅需要统一的管理机构、社区规划、文化氛围等软条件，还需要一定的硬件基础设施，以保证循环型社区构建工作的顺利进行。针对我国现有城市社区基础设施不完备的实际情况，应采取政府主导、群众参与、多方筹资等方式，对诸如给排水、供热、垃圾分拣等设施进行改造；新建社区在规划初期就应将社区各种要素融合起来，注重与社会大

循环之间的联动，诸如水循环、能源循环、垃圾处理和信息沟通等，在一个便捷、经济和可持续发展的框架内将社区基础设施与社会大循环系统衔接起来。

（四）强化社区建筑节能，从源头上推进循环经济发展

进一步理清现有建筑节能相关政策体系，以大力推广新型墙材为抓手，以推进建筑节能示范工程为依托，广泛推广建筑节能技术，为循环型社区建设提供优质的平台。首先，加强对现有社区建筑节能改造的力度，推进既有建筑的空调、照明、电梯等高耗能设备系统的节能改造，鼓励采用节能环保空调、蓄冷蓄热空调机冷热电联供等技术，降低现有建筑的能源消耗。其次，加强"禁实"力度，全面推广新型建筑墙材，推动对民用建筑"禁实"的宣传与监管，从源头上禁止、杜绝毁田烧砖行为。最后，推进建筑与可再生能源一体化进程，加快太阳能光热光电技术在住房和城乡建设领域的应用，推动和加速太阳能"能源建筑一体化"产业、屋顶绿化及中水利用的发展。

（五）鼓励公众全面参与，倡导公众绿色消费

在创建循环型社区的过程中，应构建相应的利益挂钩制度，调动社区居民参与和监督循环型社区构建的积极性。同时，创新宣传教育方式，采取多种方式广泛宣传循环经济理念，倡导绿色环保消费，引导社区居民在日常生活中自觉节电、节水，回收利用废弃物，优先采购各种环境标识产品和绿色产品，减少使用一次性物品，逐步形成有利于循环型社区构建的节约、健康、文明的生活方式和消费模式。充分重视志愿者的作用，逐步建立起社区志愿者队伍，通过主动参与社区的环境管理，增强居民对循环型社区的整体认同感，开辟社区居民全面参与构建循环型社区的有效途径。其中，志愿者队伍中的青年学生是不可忽视的后备力量。为了使循环经济与绿色环保理念成为社区居民自觉行动的准则，应组织社区里的学生参与创建活动，从小对他们进行相关的教育和培训，通过他们的行动来带动家庭和影响社区。

第十一章

微观系统发展循环经济政策研究

微观系统是促进循环经济发展的主要力量和最基本单元，在构建资源节约型、环境友好型社会中起着至关重要的作用。因此，应坚持"政府推动、企业主导、公众参与、中介协调"的原则，充分发挥政府、企业、公众和中介的积极性，针对政府内部、企业、公众和中介各单元制定和颁布强有力的支持政策，以建设"小循环"为载体，推动"中循环"和"大循环"的构建。

第一节　政府表率引领循环经济发展的政策

在发展循环经济的过程中，政府主要扮演推动者和表率者两个角色。一方面，通过完善资源环境管理制度、制定鼓励性和规范性政策来推动企业、公众等行为主体积极参与到循环经济发展实践中，为宏观、中观、微观系统发展循环经济提供动力要素，这主要体现了政府管理和为循环经济发展服务的职能，即"推动者"角色；另一方面，从政府自身角度出发，政府在运作中也将消耗一定的资源，在资源紧缺和环境压力加大的形势下，作为经济社会管理主体的政府更应强化循环经济理念，为发展循环经济做出表率。由于前文已对政府管理循环经济活动进行了详细阐述，因此本章主要从政府自身发展循环经济的角度进行阐述。

一　节约型政府与发展循环经济的关系

节约型政府是在目前资源环境形势严峻以及构建节约型社会的大背景下产生的。2005 年 6 月 30 日，温家宝在全国建设节约型社会电视电话会议上，以《高度重视，加强领导，加快建设节约型社会》为题，强调："政府带头节约资源，既是建设节约型社会的任务，又是加强政府自身建设的重要内容。要加大建设节约型政府的工作力度。"节约型政府是指以相同或相对较少的自然资源消耗或自然成本投入，取得相对较高或较优的经济效益、社会效益与生态效益，最终能够有利于促进人与自然和谐的政府。[①]

（一）发展循环经济内在要求的体现

从本质上来说，建设节约型政府要求各级政府机关和各职能部门在履行政府职能的过程中最大限度地节约集约利用政府公共资源，如节省公务用车、节约用水、降低公共机构能耗等，这些都与发展循环经济的"减量化、再利用、资源化"原则相一致，能够从根本上降低资源能源消耗，提高资源利用效率。因此，建设节约型政府与发展循环经济都以节约资源、保护生态环境为最终目标，二者的出发点和落脚点是一致的。

（二）外在延伸循环经济的范畴

同时，建设节约型政府有更为广泛的含义，与适度政府、高效政府、廉洁政府等概念有着密切的联系。构建节约型政府要求政府在保证正常履行职能的前提下，加快转变职能，将更多的注意力放在社会管理和公共服务上，加大放权力度，降低政府运行成本；要求政府进一步精简管理机构，改变现有管理机构庞杂和工作人员过多的现状，逐步探索大部制、扁平化的管理体制；要求政府公务人员提高办事效率，节省工作人员和社会公众的时间成本；要求政府提高决策的科学性和正确性，避免因基础设施的重复建设和不合理拆除而造成巨大的公共资源和社会成本浪费；要求政府公开廉洁，防止贪污腐败分子滥用权力，造成公共财产的流失和资源浪费。这些要求从外延上丰富了循环经济的范畴，同时也与发展循环经济的最终目标相一致。

（三）利于充分发挥表率作用

政府作为发展循环经济的管理者和推动者，一言一行都将受到社会的广泛关注和监督。要加快推进循环经济发展，必须增强政府发展循环经济的能力，不断增强自身意识，为发展循环经济做出表率。节约型政府的建设，一

---

① 黄爱宝：《"节约型政府"与"服务型政府"的内涵定位与范式契合》，《社会科学研究》2007年第5期，第55页。

方面，能够不断完善政府自身管理和运行制度，真正做到节约资源、保护环境；另一方面，当政府开展循环经济的行动被广大公众所接受时，所制定的循环经济相关法律法规和政策制度将更能够深入民心，被社会所接纳，将为法律政策的切实贯彻执行扫除相应的障碍。

二　节约型政府面临的困境

（一）办公消耗浪费严重

政府机关及工作人员在日常公共服务和行政办公的过程中，往往未形成节约用电、用水、减少办公资源消耗等意识。国家有关管理部门对 2002 年我国政府机构能耗情况的统计表明，能源费用超过 800 亿元，电力消耗总量占全国总消耗量的 5%，接近全国 8 亿农村人口生活用电水平。北京市对全市 48 家市、区政府机构 2004 年的能源消费进行了问卷调查。结果显示，48 家政府机关的人均耗能量、人均年用水量和人均用电量分别是北京居民的 4 倍、3 倍和 7 倍。其中政府机构人均年用电量最高值达到 9402 千瓦时，相当于北京居民 488 千瓦时的 19 倍。也就是说，一名政府公务人员 1 天的最高耗电量，够一个普通老百姓用 19 天[①]。

（二）职务性消费耗资巨大

目前，我国领导干部职务消费的项目主要包括公务招待、用车、通信、差旅等。我国的职务消费一直采取财政大包大揽的方式，造成管理上缺乏刚性约束，随意性大，许多支出公私不分，不规范的职务消费成为我国目前行政成本高居不下的一个重要原因。据不完全统计，2006 年全国公款吃喝、公费出国、公车开支已达 9000 亿元，相当于全年财政支出的 30%。高额的职务性消费严重损害了我国政府的形象，同时也造成了资源的巨大浪费。

（三）体制性浪费较为严重

体制性浪费是指由于政府机构本身的组织机构以及组织体制不健全、不合理，或者不按规章办事，导致行政效率低下，提高了行政成本，造成资源浪费。这种体制性浪费主要表现在决策失误和政府效率低下两方面。时任全国人大常委会委员长的吴邦国同志曾指出："我们国家最大的浪费莫过于战

[①]　樊勇明、杜莉：《公共经济学》，复旦大学出版社 2001 年版。

略决策的失误。"政府在现代化建设过程中决策的正确与否直接关系到社会资源和公共财富的利用合理与否。决策的失误不仅会给人民群众带来巨大的损失，也会降低政府在人民群众心目中的地位。而在政府效率方面，目前政府的职能交叉问题没有得到根本解决，条块关系尚未完全理顺，导致工作不协调、衔接不紧密、多头检查、设备重复配置等现象时有发生。一方面造成了人力、物力的浪费和行政效能的下降；另一方面部门过多、人员过多造成的推诿扯皮、人浮于事等现象直接导致了政府行政效率的低下。

三　政府表率引领循环经济发展的政策构建

（一）政府机关绿色采购政策

进一步完善政府机关绿色采购政策，确保购买的产品均符合节能环保要求，从源头上发展循环经济。紧密结合绿色环保标识和节能产品标识的认证情况，完善《政府绿色采购目录》，强制政府机关购买具有认证标识的空调、打印机、灯具等办公用品。出台政府公车采购的相关管理办法，明确各级别领导干部用车等级，实行公务用车配额管理，在保证政府工作正常开展的前提下尽可能地压缩部门车辆，充分将低能耗、小排量、节能型的汽车纳入采购范围，并积极推广新能源汽车。

（二）政府机关厉行节约政策

在发展循环经济的过程中，政府机关应起模范带头作用，制定厉行节约的政策，以身作则，在机关内部广泛开展节能、节水、节地和资源综合利用等实践活动，以树立政府可持续发展的良好形象，鼓舞全社会开展节约实践活动。

在节能减排方面，制定相关政策措施在政府机关内部和公共道路上广泛使用 LED 节能照明产品，节约电力资源；安装和更换节能型空调、电梯等用能设备，推动政府机构节能工作的开展；电脑、灯具等办公物品长时期不用时，应及时关闭，减少电量消耗；出台政府机关能源管理条例，定期将各级政府、各职能部门的能耗情况予以公示和进行评比，将能耗情况纳入主要部门领导年度考核体系。

在节水方面，通过开展广泛宣传和教育，提高政府工作人员对节约水源的认识；在办公场所提倡使用节水器具；切实开展水资源回收循环利用，鼓励再生水资源的利用，按照再生水回用系统，将再生水用于景观用水、冲洗厕所、城市道路清洗等。

在节地方面，制定政府机关办公场所的相关政策，控制政府机关办公用楼的面积以及位置，遏制政府办公用楼面积随意扩大、办公区域随意更换等现象，将政府机关建盖办公楼纳入制度化、法制化的轨道。

在资源循环利用方面，鼓励办公用纸的节约使用、回收利用；规范电器和电子产品如空调、电脑、复印打印机等的回收与利用，规范报废程序；制定废旧汽车报废的审批、核准制度，防止未到报废期的汽车提前报废。

（三）加强政府机关成本管理

成本管理是适应政府机构改革发展趋势的必然产物，也是构建节约型政府的重要支撑条件。必须将政府机关的产品采购、运作成本、人力成本、决策成本等都纳入成本管理中，强化政府机关成本管理意识，提高节约成本的观念。科学合理地确定财政支出范围和顺序，深化预算管理改革，编制年度综合预算和多年滚动预算，规范财政支付操作程序。进一步加强财政收支管理，全面推行"收支两条线"管理工作[①]。

第二节　企业主导推进循环经济发展的政策

企业是微观系统中促进循环经济发展的核心力量，是构建资源节约型、环境友好型社会的主导因素。随着我国循环经济发展逐渐步入全面推进阶段，产业结构优化升级步伐加快，对于企业节能减排、清洁生产等方面的要求逐步加强，循环型企业将成为今后企业发展的主要趋势，也将是发展循环经济的实施主体。

一　循环型企业的内涵

循环型企业的建设主要体现在"三链"融合上，即技术链、产业链和价值链的融合。"三链"融合的循环型企业是指以减量化、再利用、资源化

---

① 李林池、苏明：《建设节约型政府的财政政策研究》，《预算管理与会计》2008年第10期，第45页。

为原则，融合了技术链、产业链和价值链的企业形态，"三链"的有效融合将快速推进企业发展循环经济。在发展循环经济的过程中，技术链、产业链和价值链缺一不可，相互作用、互为补充。技术链是核心力量，产业链是有效保障，而价值链是企业发展循环经济的目标所在。

（一）循环经济技术链

循环经济技术链是指为最大限度地节约、集约利用资源和循环利用废弃物，企业内部以及企业之间在原材料开发、生产、加工、回收利用等方面的相关技术存在着相互依存、相互链接的一种技术"链条"[①]。科学技术是推动循环经济发展的核心动力，从本质上说，循环经济也是一种技术链的循环闭合，循环经济技术链具有循环性和系统性的特点。一方面，循环经济技术链是以实现物质、能量的闭路循环利用为目标，循环经济技术的开发应用为企业清洁生产、节能减排、循环利用等工作以及"资源—废弃物—再生资源"系统的运行提供途径。另一方面，单项循环经济技术从技术的不成熟到成熟有其内在延续性，构成生态产业链的每个循环经济技术也有高度耦合性，是一个复杂的网络体系。循环经济技术链的形成，将从源头上提高企业节能减排、资源综合利用的能力，有利于企业向技术密集型、知识密集型方向转变，同时也为循环经济产业链和价值链的形成提供重要条件。

（二）循环经济产业链

循环经济产业链是指依据工业生态学的原理，以企业为主体，以恢复和扩大自然资源存量为宗旨，对两种以上产业的链接进行设计（或改造），并开创为一种新型的产业体系的系统创新活动，主要通过产品体系规划、元素集成以及数学优化方法，构建材料、产品、副产品及废弃物利用的共生网络，实现物质的最优循环利用。[②] 对于企业而言，构建循环经济产业链主要从以下两个方面入手。在纵向上，根据企业特性不断延伸内部产业链条，弥补产业链中的断链项目，不断挖掘企业内部节能、节水、节材潜力和废弃物利用途径，提高企业资源利用效率；在横向上，积极与其他耦合企业合作，开展副产品和废弃物的互换，实现副产品和废弃物的综合利用。在构建循环

---

① 王晰巍、林明兴、刘恋：《低碳经济下产业技术链演进中知识创新螺旋及路径研究》，《情报科学》2011 年第 7 期，第 1011 页。

② 尹琦、肖正扬：《生态产业链的概念与应用》，《环境科学》2002 年第 6 期，第 114 页。

经济产业链的过程中，培育和发展资源综合利用企业尤为重要。这些企业回收利用各种产业产生的废弃物，如废旧塑料、玻璃、橡胶、粉煤灰及煤矸石等，通过将废弃物作为生产的原料或辅助材料，为废弃物利用开辟了新的渠道，也从根本上延长并拓展了循环经济产业链。

（三）循环经济价值链

价值链的概念是波特在《竞争优势》一书中提出的，他认为可以将企业创造价值的过程分解为一系列互不相同但又相互关联的经济活动，其总和构成企业的"价值链"。显然，这里的价值主要是经济效益[①]。循环经济模式是一种不同于传统经济增长的发展模式，它以经济效益、社会效益、生态效益的协调发展为最终目标。因此，也赋予了循环经济价值链内涵一种全新阐释。循环经济价值链是指通过价值生产活动将资源循环利用，形成"资源—价值—再生资源—派生价值"的反馈式流程，以实现资源利用率和资源价值增值的最大化的动态长链过程[②]，涵盖了经济价值、社会价值和生态价值等多方面要素。构建循环经济价值链要求企业转变传统"经济利益至上"的价值观念，用循环经济理念重新审视和调整企业的原材料引进、生产、加工、销售、服务、物流等全过程，确保企业生产经营的各个环节形成价值链条，实现价值凝聚。

二 循环型企业建设的典型案例：福建晋江东风橡胶有限公司

晋江东风橡胶有限公司位于福建省晋江市安东工业园区，是一家生产各种规格翻新轮胎、橡胶制品、橡胶精细粉及再生胶的大型股份制民营企业。目前，公司拥有员工300人、固定资产1亿多元、标准厂房建设占地7万平方米，主要生产各种规格的冷热翻新轮胎和预硫化胎面胶、再生胶精细粉、再生胶、中垫胶、补垫、胶绳以及轮胎垫带、骨架油封、胶管、橡胶板、胶辊、胶轮、减震产品等橡胶制品。作为一家年产值上亿元的橡胶生产企业，公司一直以发展循环经济为重点，持续开展废旧轮胎回收利用工作，已获得《国家鼓励的资源综合利用认定证书》，同时被确立为福建省省级循环经济

---

① 李赶顺、王文中：《循环经济运行机理的数理分析》，中国环境科学出版社2008年版。
② 赵春雨：《循环经济价值链的运行机制研究》，《学术交流》2009年第1期，第67页。

试点示范企业。在企业发展过程中，公司领导高度重视将发展循环经济与构建技术链、产业链、价值链结合起来，轮胎翻新的技术水平不断提高，产业链逐步完善，所取得的经济效益和生态效益显著。公司的"三链"融合情况如图 11 - 1 所示。

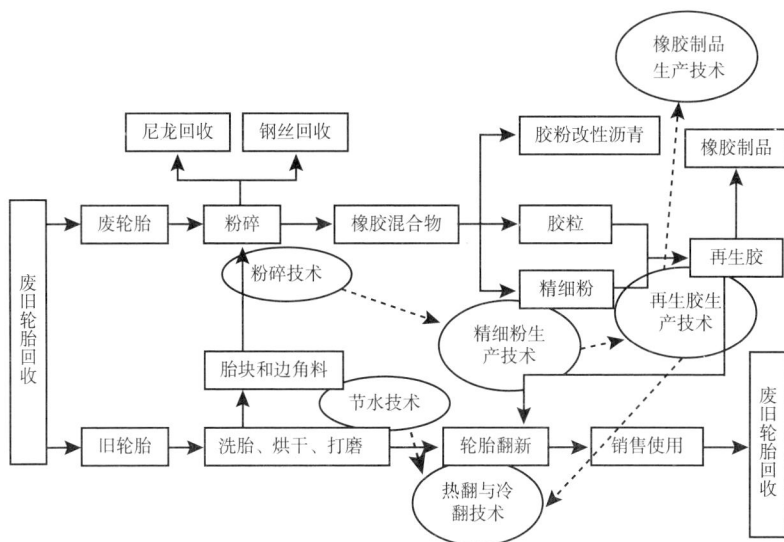

图 11 - 1　福建晋江东风橡胶公司"三链"融合图

（一）加大技术引进开发力度，推进循环经济技术链形成

2002 年之前，公司主要以轮胎热翻技术为核心开展废旧轮胎翻新工作，所翻新的轮胎质量不高，寿命不长，而且在翻新过程中会耗费大量电力资源。2003 年，公司积极加强与同行业先进企业的合作与交流，引进了轮胎冷翻新技术，该技术的应用更好地保护了胎体质量，不仅延长了轮胎的使用寿命，而且达到节地、节电、节水、节气的良好效果，易进行规模生产。同时，公司先后对精细粉生产技术、再生胶生产技术、橡胶制品生产技术进行了优化和改良，提高了技术的稳定性和产品质量，为公司的扩大再生产奠定了技术基础。目前，公司已形成"旧轮胎粉碎技术—精细粉生产技术—再生胶生产技术—节水技术—冷翻胎技术—橡胶制品生产技术"的循环经济技术链条。企业的轮胎冷翻技术、精细粉生产技术和再生胶生产技术也已处

于同行业领先水平，已被中国轮胎翻修与循环利用协会确立为预硫化胎面胶和预硫化黏合缓冲胶两种产品质量标准的起草单位。

（二）全过程综合利用废弃物，推进循环经济产业链形成

公司坚持"吃干榨尽"理念，不断挖掘废旧轮胎和边角废料的利用途径。能够进行翻新的废旧轮胎按照固定程序进行翻新；不能够翻新的废旧轮胎经粉碎后制成精细粉成为生产再生胶的原材料或用于沥青、塑胶跑道和建筑等领域，粉碎后的尼龙和钢丝出售给相应的回收企业，作为生产的原材料。同时，公司不断挖掘和拓宽再生胶的利用范围，将其用于生产冷翻新轮胎、热翻新轮胎、预硫化胎面胶、轮胎垫带、骨架油封、胶管、橡胶板、胶辊、胶轮、减震产品及其他特种用途的橡胶制品，不断延伸循环经济产业链条。

（三）扩大生产规模、推行集约型生产方式，推进循环经济价值链形成

公司是资源综合利用企业，每一个生产环节以及产业链上的节点无时无刻不在产生价值。近年来，公司通过扩大生产规模，大幅提高了废旧轮胎翻新能力，提升了废旧轮胎资源综合利用水平。2009 年，公司生产总值已达9910 万元，利润达 400 多万元，纳税 218 万元，取得了较好的经济效益，也为当地经济发展做出了一定贡献。公司年可翻新轮胎 30 万条，生产精细粉6000 吨、再生胶 6000 吨，利用废旧橡胶下脚料 1 万多吨，直接节约了橡胶资源近 2 万吨，大大节约了石油资源使用量；固体废弃物综合利用率达85%，回收利用废旧轮胎的钢圈 3000 吨、钢丝 2400 吨。水是公司生产过程中消耗较大的资源，公司通过建立分散式与集中式处理相结合、工业废水与生活污水相配合的废水处理系统，基本实现了水资源的"零排放"，每年节约水资源近 40 万吨。通过扩大生产规模，推行集约型生产方式，不断提升循环经济发展能力，公司目前已形成了包含经济价值、社会价值和生态价值在内的循环经济价值链。

三　循环型企业主导推进循环经济发展的政策构建

必须坚持"以政策激励为主，激励与约束相结合"的原则，制定激励性的政策提高循环型企业的积极性、刺激其开展循环经济活动，制定规制性政策以规范企业生产行为、维护生态环境，使企业自主开展循环经济实践活动，实现生态效益和经济效益的协调与统一。

（一）激励性政策

1. 循环经济技术引进、研发的优惠政策

制定税收、财政、金融等优惠政策，鼓励科研机构和企业开发和应用减量化、再利用、资源化、资源替代、共生链接和系统集成等方面的实用技术。重点加强对节能环保技术、节水和中水回用技术、新能源的研究和开发，促进技术进步和科技成果转化。加大政府资金投入，积极培养、引进循环经济发展关键领域的高层次技术人才，组建专门从事资源节约的科技研究和开发机构，对资源节约技术进行革新和升级。切实加大循环经济发展的财政性科技投入，进一步完善多渠道科技投入体系，用于重点行业共性循环经济技术的研究和开发。进一步加强与外国政府、科研机构及其他产业界的交流与合作，对于积极引进国外循环经济发展的替代技术、减量技术、再利用技术、资源化技术以及系统化技术的企业，给予一定的政策支持和资金奖励。

2. 设备购置补贴政策

循环经济的发展离不开配套设施设备的研发、推广和应用，但因节能、节水、清洁生产和资源综合利用的配套设施设备价格昂贵，大部分中小企业无力承担高昂的购置费用。而现阶段，我国政府对循环经济相关配套设施、设备的补贴较少，补贴政策尚未全面推广。大量中小企业设备老化、陈旧是制约循环经济发展的主要障碍。中央政府和地方政府应尽快制定循环经济相关设施设备补贴目录，设立专项资金，给予企业购置设施设备一定数额的补助，不断拓宽设备补助范围；培养设施设备的使用、维护技术人员并定期或不定期检查设施设备的使用情况；积极引导节能环保设备的研发和生产，培育一批生产节能环保、资源综合利用的设备生产商。

（二）规制性政策

1. 生产者责任延伸政策

明确企业具有开展循环经济活动的职责是推动企业循环经济发展的主要因素。一方面，用法律的形式明确规定"所有企业都具有开展节能、节水、节地、节材、清洁生产和资源综合利用等循环经济活动"这一职责，并明确规定违反这一职责所应承担的处罚；另一方面，针对不同性质、类别的企

业制定相应的专项职责政策，尤其是因不恰当、不合理的处置会对生态环境造成极大破坏的产品或者无害、无毒处理技术处理难度大的产品，如电子产品、电器，应明确规定生产这类产品的企业具有回收利用废旧电子产品、废旧电器的义务等。

2. 清洁生产政策

企业是清洁生产的主体，企业开展清洁生产活动是落实从源头上保护生态环境的最有效措施。我国于 2003 年实施《中华人民共和国清洁生产促进法》，此后还制定了行业内部的清洁生产评价指标体系及清洁生产标准，部分省市也根据《清洁生产促进法》制定了相关的实施条例或出台了相关的意见，但从目前大多数企业的生产过程和生产的产品来看，实现清洁生产的目标任重道远。地方各级政府应根据《清洁生产促进法》的原则精神、清洁生产指标体系和标准，制定更加切合实际的、易于考核评价的、能在大多数企业间推行的可行性政策，同时制定相应的配套政策措施，重点加大对高资源投入、高耗能、高污染、高排放企业的监管，坚决兼并或取缔不符合清洁生产要求的"四高"企业。

3. 规范使用土地政策

土地是企业生存发展的基础，在现有土地资源严重紧张的背景下，规范企业生产用地范围尤其重要。首先，各级地方政府应切实贯彻执行最严格的农村耕地保护政策，严防现有耕地资源转为他用而导致耕地资源的大量流失；其次，规范企业土地使用面积，严厉禁止企业生产用地的大范围和无限制扩张，尤其是高耗能、高污染企业，鼓励企业建造占地面积小、又能满足生产需求的建筑用房；最后，对生产节能环保产品的企业、资源综合利用企业、开发使用可再生能源和新能源的企业，可适度放宽土地资源使用限制，鼓励这类企业不断发展。

第三节　公众参与促进循环经济发展的政策

公众参与推进循环经济发展，是指在发展循环经济的过程中，社会公众有权利参与循环经济相关法律政策的制定、资源环境问题决策研究以及政府部门、园区、企业行为活动的监督和管理，同时有责任在自身生产、生活中自觉开展循环经济相关活动，为生态环境保护和资源持续利用做出贡献。《中华人民共和国循环经济促进法》已明确将公众参与列为发展循环经济的方针之一，并对公众参与的权利和义务做出相应规定，提出"公民有权举报浪费资源、破坏环境的行为，有权了解政府发展循环经济的信息并提出意见和建议"，"公民应当增强节约资源和保护环境意识，合理消费，节约资源"①。但在实际操作的过程中，受我国行政管理制度和公众循环经济意识淡薄等因素的制约，公众参与循环经济发展的积极性不高，贡献有限。

一　公众参与循环经济的形式

公众是推进循环经济发展的主体之一，具有投资少、效果好的优势。进一步丰富公众参与循环经济的形式与内容，强化公众参与循环经济发展的权利和义务，是循环经济全面发展的必备条件。

（一）观念参与

树立循环经济理念是公众参与的先决条件。循环经济不同于传统经济发展方式，更多地要求公众了解目前全球及我国资源环境承载力状况和生态环境恶劣、资源紧缺的形势，明确发展循环经济的紧迫性和重要性，理解生态环境破坏和资源浪费对当代人和后代人生存、生活、发展的影响，切实将发展循环经济与自身利益联系起来，不断提高公众参与循环经济的观念和意识，使不同年龄段的人都能够从根本上树立保护环境、节约资源的思想观念。

（二）实践参与

加强对循环经济相关法律政策、技术方法等的学习，不断丰富生活、消费等细节中发展循环经济的基本常识和技巧，从根本上改变人们的生活和消费方式，逐步提高公众开展循环经济的实践能力。在生活实践上，从"节约一度电、一滴水"出发，养成出门关灯、随手关水龙头等节约资源的生活方式，并加强对生活垃圾的分类处理，如废旧电池、电子产品等易产生有害物质的物品应放置于规定的回收处理场所。在消费环节上，提倡节约型的

---

① 《中华人民共和国循环经济促进法》，2008年版。

消费方式，杜绝过度消费和奢侈消费，鼓励民众尽量购买节能型、节水型的家用器具和环保型的装修材料等。

（三）决策参与

参与循环经济相关法律法规、政策决议的制定，是公众行使参与权的主要表现形式。目前，公众决策参与大多停留在表面上，部分法律法规和政府决策不能体现民情、民意。国家立法部门、政府管理部门在制定循环经济相关法律法规和政策决议时，要广泛听取社会公众的意见和建议，并将有建设性的意见纳入决策内容中。公众的广泛参与将有利于提升法律法规和政策规定的权威性和科学性，也为决策的执行扫除了障碍。

（四）监管参与

加强公众的监督管理是推进我国政治民主进程的重要环节。循环经济过程中的公众监管主要包括对政府的监管和对企业的监管。对政府的监管，既包括公众参与监管政府相关部门在执行法律法规和政策制定过程中是否有缺位、不作为等行为，也包括监督政府在处置重大环境污染事件中是否有处置不及时或处置不当等情况；对企业的监管，主要涉及企业是否按照资源环境相关管理规定开展循环经济工作，以及是否有偷排污染物等情况。但因我国公众参与监管的制度尚不健全，公众监管力量有限，曝光的一些违法事件还未能真正被相关管理部门所重视，这也在一定程度上使部分企业多排、偷排污染物。

二　公众参与的路径选择

拓宽公众参与的路径是提高公众积极性的有效保障，也是确保政府政策体现民意的前提条件。借鉴国外发达国家的经验，我们总结出公众参与循环经济发展的路径主要有以下四个：一是向政府有关部门提出利益诉求。自然生态环境的破坏极大地损害了公众的环境利益，向政府提出利益诉求是最直接的渠道。二是参加环保组织。在国外，环境保护组织在循环经济发展中发挥着不可忽视的作用，他们自发地组成具有公益性质的团体，广泛宣传环保观念和知识，在信息传达、利益诉求、参与决策等方面具有以个体为单位的公民无法比拟的优越性。因此，公众参与到环保组织当中，是一种便捷、有效的路径。三是运用网络媒体。随着现代信息技术的快速发展，网络媒体已成为公众获取信息、传播信息的有效渠道。一方面，公众可以通过网络媒体学习循环经济的理念和相关操作知识，了解发展循环经济的先进做法，提升发展循环经济能力和素养；另一方面，当公众的利益诉求得不到政府有效、快速的回应时，充分利用网络媒体的优势将环保问题曝光，也是一种有效途径。四是环境公益诉讼。环境公益诉讼是指由于自然人、法人或其他组织有违法行为或不作为，使环境公共利益遭受侵害或即将遭受侵害时，法律允许其他的法人、自然人或者社会团体为维护公共利益而向人民法院提起诉讼的制度。[①] 环境公益诉讼制度的建立，是我国循环经济管理和法制进步的表现，也为公众参与循环经济管理提供了一个新的渠道。

三 公众参与促进循环经济发展的政策构建

（一）完善政府信息公开制度

进一步完善《政府信息公开条例》，主动公开循环经济相关政策制定的依据、形成过程、主要目标、预期效果、阻碍因素等，让公众充分了解循环经济政策制定的全过程以及政策内容，便于公众明确目前循环经济发展的形势和困境，增强保护环境的紧迫感，也迫使政府制定政策时更多地吸取公众的意见，使政策真正地反映资源环境现状和民众意愿。将各省市能源消耗、生态环境建设、污染物排放等数据纳入政府信息主动公开范围，并详细列出数据的计算依据；将企业污染排放情况、循环经济情况等信息纳入政府信息公开范围，以落实企业环保责任，便于民众监督和检查。

（二）出台公众参与政策制定的管理办法

公众直接参与政策制定或对政策内容提出意见是提高公众参与积极性的有效措施，也是确保政策能有效贯彻执行的保障。政府应出台《公众参与政策制定的管理办法》，明确公众参与的重要性，并对公众参与的人数比例、选拔条件、人选确定过程、权利责任做出明确规定。同时，将公众参与的范围从现有的环境影响评价拓宽至循环经济立法、决策制定、重大环境污染事件处置、企业与园区环境评估等。充分发挥环保组织的作用，将环保组织中的权威专家、技术人才纳入政策制定的过程中，提高政策的权威性和科学性。

---

① 别涛：《环境公益诉讼》，法律出版社 2007 年版。

（三）完善绿色消费政策

公众消费是促进企业生产的最直接动力，培育公众绿色的消费模式有利于推动企业绿色生产模式的建立。一方面，加大绿色消费模式的宣传教育力度，倡导公民树立正确的消费观，出台税收政策，提高奢侈品的价格，防止过度消费、奢侈消费、购买有毒有害产品等现象；另一方面，制定绿色产品的标准和目录，加大对绿色产品购买的补贴力度，提高公众购买绿色产品的积极性和主动性，促进绿色消费模式的形成。

（四）制定押金政策

大量废旧电池、废旧电子产品和电器的随意丢放，已对我国的生态环境造成恶劣影响，也严重损害了公众的身体健康。我国大多数公众对报废的电子产品和电器不合理处置的危害、回收利用的认识不足，根据一些循环经济发展程度高的国家的经验，在公众对资源回收利用的意识较低的时期内，押金政策有利于提高公众的资源回收利用意识，促进废旧物品的回收利用。押金政策是指政府通过制定政策，使公众在购买部分电子、电器等产品时交付一定金额作为押金，当电子产品或电器报废时返回给销售商或生产商，以换回押金。政府机构应尽快制定购买商品时需押付资金的产品目录和资金比例，建立相应的配套政策措施，规范押金的使用方式和返还方式，促进资源的综合利用。

（五）实施垃圾分类政策

虽然我国宣传垃圾分类的活动已进行了好几年，但公众进行垃圾分类的意识还不高、实践活动还未全面推广。加快出台生活垃圾分类目录和种类，加大宣传力度，使公众充分了解生活垃圾的分类知识；鼓励有资质的企业开展生活垃圾分类回收试点工作，在财政、税收等方面给予适当优惠，逐步建立起垃圾分类回收体系，对取得明显效果的试点单位给予资金奖励，并总结经验广泛推广；加大资金投入力度，以便利性、耐用性、安全性为前提，进一步完善垃圾分类的配套设施设备，探索与企业、环保组织合作共建推进垃圾分类回收。

第四节　中介协调服务加快循环经济发展的政策

中介组织是连接政府和企业、政府和公民、公民和企业的桥梁，发挥着传递政府信息、市场信息、公众和企业需求等作用。发展循环经济的中介组织，承担着政府职能转移、市场服务和为公众利益诉求寻求渠道等多项职责，其协调与服务功能的发挥是促进循环经济向市场化、产业化、规模化方向发展的重要手段。

一　循环经济发展中的中介组织

日益加深的全球生态环境危机是人类社会共同面对的史无前例的挑战，除政府外，中介组织作为一支独特的环保力量，凭借自身的特点和灵活性，逐渐登上世界环境保护的舞台，并逐渐确立了其相对独立与自治的地位。它们在提高公民环保意识、整治生态、防治污染、发展循环经济、倡导绿色生活模式等方面发挥了重要作用。改革开放以来，我国参与环保工作的中介组织无论在数量上还是在规模上均呈现出逐渐扩大的趋势，组织本身所具有的特性日益凸显，角色功能愈加完备，成为我国环保事业不可或缺的中坚力量之一。循环经济发展中的中介组织的总体目标就是保护环境，积极发展循环经济。通过对我国中介保护组织兴起和发展历程的研究，可以发现我国的中介组织目前正处于扩张阶段，其目标具有多层次性和多样性，它们不单纯以呼吁公众保护自然环境为目标，而是以对自然资源合理的保护、开发和利用为自身宗旨，提倡循环经济理念，倡导节能循环型工业生产。

目前，我国发展循环经济中介组织主要包括以下几种类型。一是节能环保评估机构，其以资源能源消耗情况为依据对城市、园区和企业的节能环保情况做出正确的评估，评价其节能环保的实施情况和所处水平，审核其是否符合国家节能环保的相关要求；二是废旧资源回收机构，以公益性为目的开展废旧资源的回收，倡导"无害化处理和循环化利用"的理念，为废旧资源利用提供平台；三是技术服务机构，积极开展循环经济相关技术的研究开发，向园区、企业和公众推广循环经济技术和设备；四是信息咨询机构，利用信息网络平台的便捷、快速、高效等优势，提供发展循环经济信息，如法规政策、国内外先进经验介绍、废旧资源供需信息等；五是培训教育机构，广泛宣传循环经济理念和知识，对公众、企业员工、政府工作人员等群体开展集中式的培训，提高其循环经济知识水平。

但是，目前中介组织主要集中在环境保护方面，直接与循环经济密切相关的中介组织数量少、规模小，所履行的职能十分有限，不能满足目前循环经济市场快速发展的需要，同时中介组织在"政府—企业—中介组织"三元治理结构中仍旧存在角色定位的越位、缺位以及错位的问题，其在获取和运用资源、协调关系、发挥作用等方面也显得不够成熟。究其原因，主要是政府对中介组织的支持政策不尽完善，而其内部管理体制和监管制度还不健全，中介组织发展的外部环境不够充分等，这些都阻碍了中介组织在循环经济发展中的作用发挥。

二　中介组织的作用分析

（一）宣传教育

首先，开展保护生态环境、发展循环经济的各项活动，举行关于循环经济的集会、演讲、报告、展览、演出、信息交流、学术研究、义务活动、反污染抗议等各种保护生态环境、发展循环经济的群众性活动，包括自然生态保护、节约用水、土地的集约利用、大气污染治理、社区环境保护、垃圾分类、资源综合利用等。其次，开展循环经济技术的推广工作，向社会提供最新的技术研究成果，为政策制定部门提供决策依据。最后，还可通过发布目录、组织现场会、举办展览、技术交流、搭建循环经济技术开发和应用合作平台等多种形式，支持具有重大推广意义的资源节约和替代技术、循环经济发展中产业链延伸及相关产业链接技术、"零排放"技术、绿色再制造技术等循环经济共性和关键技术的研究开发，加快先进成熟技术的推广和应用。

（二）社会利益救助

在发生具体的环境污染事件或其他环境问题时，中介组织可以通过热线电话、代理诉讼等方式向环境污染受害者提供法律帮助和司法救济，帮助受害者向法院起诉或者通过其他行政途径加以解决。在法律不能完全保护受害者的利益时，中介组织还可以组织受害者开展各种形式的活动，对污染者和破坏者形成压力，以此支持受害者进行环境维权。在对重大环境污染事件处理上，中介组织能够利用舆论压力或环境公益诉讼等方式加以解决，在这方面具有公众和政府无可比拟的优势。

（三）政府与社会的桥梁

中介组织基于其群众基础、专业知识和沟通渠道，能够掌握一些与社会密切相关的微观的、具体层面的信息，能够在一定程度上监督与促进国家环境政策的实施。通过编撰科学的研究报告、提出专业化的政策建议以及运用媒体网络、讲座论坛的宣传等形式引起社会的广泛关注，可对政府的环境决策产生影响，推动政府政策的调整，使环境权益和社会公益资源得到更为合理的配置。同时，通过有效的信息反馈系统，将民众对政府的要求、建议、意见集中起来，传达给政府，既为政府决策提供参考、增进互助协作，又对政府行为构成一定的外部制约。

（四）协助企业发展循环经济

中介组织致力于环境资源与经济社会的协调发展，对企业的外部不经济行为起着监督作用，引导企业自觉地在生产经营的各个环节采用先进的设备、技术和管理手段，开展循环经济技术创新。规模化的废旧资源回收机构的建立，将有利于培育和拓宽废品回收与污染处理市场，协同处理不同行业的固废资源，为企业发展循环经济提供条件。此外，中介组织还将组织相关技术人员开展循环型产品、循环经济技术等相关标准的制定研究，为深入发展循环经济提供依据。

（五）增进国际交流合作

通过组织外出考察与参观，举办各种论坛、专业讲座与培训活动，围绕生态环境建设与保护、清洁生产技术与工艺、资源综合利用等，在资金、技术、人才、管理等方面，积极参与国际交流与合作，有利于吸收国外发达国家发展循环经济的先进经验和技术，为我国循环经济发展提供先进理念、技术水平和资金人才支持。

三　中介协调服务加快循环经济发展的政策构建

（一）明确中介组织职责与地位的法律法规

中介组织与政府、市场良好互动关系的形成，以及发挥其在促进循环经济发展中的功能都离不开相关法律法规的支持[1]，应从以下几个方面入手完善相关法律法规。第一，完善有关中介组织的设立资格和程序的法律规定，明确规定中介公共组织成立的必备条件、登记管理的机关及成立登记、变更登记、注销登记的条件和必经程序，通过登记注册赋予中介组织法人地位，

---

[1]　戴明忠、杨莉、陆根法：《循环经济与中介组织的发展》，《生态经济》2006 年第 5 期，第 99 页。

使其独立享有民事权利、承担民事责任；第二，制定有关中介组织税收优惠的政策，对合法的中介组织或者在发展循环经济中成效突出的中介组织给予财政税收优惠；第三，出台有关中介组织内部管理运行机制的法律规定，授权相应的国家行政机关或社会团体对中介公共组织的日常活动进行监督和管理；第四，强化有关中介组织运行范围的法律规定，对中介公共组织在循环经济事业中的职能和权限进行确认委托，分清哪些职能和权限宜由中介公共组织行使，使中介组织的行为不至于偏离方向；第五，制定有关中介组织在发展循环经济过程中与政府组织、市场组织的角色定位和功能整合问题的法律规定，在立法中不仅要规范对中介组织的管理和监督，还应更多地体现对中介组织社会自治能力的培育。

（二）资金支持政策

目前，运行资金和收入的缺乏是制约中介组织健康、快速发展的主要因素。政府应重点加大对自主参与或承担废弃物资源回收利用、提供废品回收信息、提供节能和清洁生产等技术服务、组织垃圾分类和减量化等相关教育活动的中介组织的资金支持力度，可通过直接的财政资助、间接的税收优惠方式或资金招募等方式对积极从事循环经济的中介组织进行资助，为中介组织提供必要的经费支持。同时，政府的财政资助必须做到公开透明、公平竞争、公正和诚实信用。

（三）技术标准和标识认证管理办法

虽然目前我国中央政府和地方政府制定了促进循环经济发展的相关法律法规、规章政策，但在行业标准、标识认证的管理上还较欠缺。政府应加快职能转变力度，尽快出台循环经济发展的标准制定、标识认证的管理办法，切实将制定相关标准、标识认证的工作转移给中介组织。一方面，能充分发挥中介组织协调企业和市场、企业和政府间的关系的作用，发挥其了解市场动态、行业发展状况、公众需求等信息的优势；另一方面，有助于制定更加切合企业、产业、市场实际的循环经济标准和标识，同时中介组织通过制定标准、标识能更好地掌握循环经济市场的发展现状和发展趋势，切实为完善循环经济市场体系提供服务。

参考文献

[1] Spatari, S., Bertram, M. and Fuse, K.. "The Contemporary European Copper Cycle: 1 Year Stocks and Flowers", *Ecological Economics*, 2002, 42 (1 −2): 27 −41.

[2] Ross, Stuart, Evans, David. "The Environmental Effect of Reusing and Recycling a Plastic-based Packaging System", *Journal of Cleaner Production*, 2003, 11 (5): 561 −571.

[3] Yong, R. "The Circular Economy in China", *Journal of Material Cycles and Waste Management*, 2007, 9 (2): 121 −129.

[4] Biwei Su, Almas Heshmati, Yong Geng, Xiaoman Yu. "Review of the Circular Economy in China: Moving from Rhetoric to Implementation", *Journal of Cleaner Production*, 2013, (42): 215 −227.

[5] Mathews, John A., Tang Yiming and Tan Hao. "China's Move to a Circular Economy as a Development Strategy", *Asian Business & Management*. 2011, 10 (4): 153 −165.

[6] Jacob Park, Joseph Sarkis and Zhaohui Wu. "Creating Integrated Business and Environmental Value within the Context of China's Circular Economy and Ecological Modernization", *Journal of Cleaner Production*, 2011, 18 (15): 1494 −1501.

[7] Nabil Gindy. "Sustainable Manufacturing, Life Cycle Thinking and the Circular Economy", *Journal of Mechanical & Electrical Engineering*. 2010, 27 (6): 1 −6.

［8］ Alvaro Gallardo, Cristian Mardones. "Environmentally Extended Social Accounting Matrix for Chile", *Environment Development and Sustainability*, 2013, (4): 1099 −1127.

［9］ Ulla Mörtberg, Jan Haas, Andreas Zetterberg, Joel P. Franklin, Daniel Jonsson, Brian Deal. "Urban Ecosystems and Sustainable Urban Development—Analysing and Assessing Interacting Systems in the Stockholm Region", *Urban Ecosystems*. 2013, 16 (4): 763 −782.

［10］ Fei Li. *Comprehensive Evaluation Research on Cyclic Economy Based on Entropy Value Method*. IEEE Computer Society. 2012, (03): 301 −304.

［11］ Robert U. Ayres. "On the Life Cycle Metaphor: Where Ecology and Economics Diverge", *Ecological Economics*, 2004, (48): 425 −438.

［12］ Campbell, Elliott and Brown, Mark, "Environmental Accounting of Natural Capital and Ecosystem Services for the US National Forest System", *Environment, Development & Sustainability*. 2012, 14 (5): 691 −724.

［13］ Kondo, Yasuo, Hirai, Ko-suke and Kawamoto, Ryota. "A Discussion on the Resource Circulation Strategy of the Refrigerator", *Resource Conservation and Recycling*, 2001, 33 (3): 153 −165.

［14］《中华人民共和国循环经济促进法》2008 年版。

［15］ 解振华主编《中国循环经济年鉴2008》，中国财政经济出版社 2008 年版。

［16］ 马凯：《贯彻和落实科学发展观　大力推进循环经济发展》，《中国能源》2005 年第 5 期。

［17］ 解振华：《大力发展循环经济》，《求是》2003 年第 13 期。

［18］ 齐建国：《关于循环经济理论与政策的思考》，《经济纵横》2004 年第 2 期。

［19］ 杨雪锋：《循环经济运行机制研究》，商务印书馆 2008 年版。

［20］ 吴季松等：《循环经济综论》，新华出版社 2006 年版。

［21］ 黄贤金主编《循环经济：产业模式与政策体系》，南京大学出版社 2004 年版。

［22］ 齐建国、尤完、杨涛：《现代循环经济理论与运行机制》，新华出版社 2006 年版。

［23］〔美〕约瑟夫·熊彼特：《经济发展理论》，何畏、易家详等译，商务印书馆 1991 年版。

［24］董骁、冯肃伟：《论循环经济》，上海人民出版社 2009 年版。

［25］李云燕：《循环经济运行机制——市场机制与政府行为》，科学出版社 2008 年版。

［26］谢海燕：《中国循环经济政策体系研究报告》，知识产权出版社 2010 年版。

［27］任勇、周国梅等：《中国循环经济发展的模式与政策》，中国环境科学出版社 2009 年版。

［28］齐建国主编《中国循环经济发展报告（2009—2010）》，社会科学文献出版社 2010 年版。

［29］孟赤兵：《产业循环经济》，冶金工业出版社 2007 年版。

［30］赵涛、徐凤军编著《循环经济概论》，天津大学出版社 2008 年版。

［31］肖华茂：《基于循环经济的区域生态化发展模式研究》，电子科技大学出版社 2009 年版。

［32］张小冲、张学军主编《循环经济发展之路》，人民出版社 2006 年版。

［33］曹凑贵主编《生态学概论》（第 2 版），高等教育出版社 2002 年版。

［34］戈峰主编《现代生态学》，科学出版社 2002 年版。

［35］邓圣南、吴峰主编《工业生态学——理论与应用》，化学工业出版社 2002 年版。

［36］李素芹、苍大强、李宏编著《工业生态学》，冶金出版社 2007 年版。

［37］马中：《环境与自然资源经济学概论（第二版）》，高等教育出版社 2010 年版。

［38］高鸿业主编《西方经济学（微观部分）》第四版，中国人民大学出版社 2007 年版。

［39］闫敏：《循环经济国际比较研究》，新华出版社 2006 年版。

［40］王其藩：《高级系统动力学》，清华大学出版社 1995 年版。

［41］张思峰：《循环经济：建设模式与推进机制》，人民出版社 2007 年版。

［42］邓蓉等编著《现代农业与循环经济——管理篇》，中国轻工业出版社 2010 年版。

［43］李赶顺、王文中：《循环经济运行机理的数理分析》，中国环境科学出版社 2008 年版。

［44］何光军、单胜道：《循环经济理论与实践》，科学出版社 2009 年版。

［45］叶堂林：《农业循环经济：模式与途径》，新华出版社 2006 年版。

［46］王少平、凌岚：《产业共生网络的结构特征研究》，同济大学出版社 2012 年版。

［47］钟芸香：《循环经济与湖南经济发展方式转变研究》，湖南大学出版社 2008 年版。

［48］曲向荣、李辉、王俭编著《循环经济》，机械工业出版社 2012 年版。

［49］杨晓明：《农业循环经济发展模式理论与实证研究》，浙江大学出版社 2011 年版。

［50］黄新建、甘永辉：《工业园区循环经济发展研究》，中国社会科学出版社 2009 年版。

［51］张令玉：《创新污染资源化治理的循环经济模式》，中国经济出版社 2012 年版。

［52］刘长灏、马春元、张凯：《循环经济输入输出问题研究》，科学出版社 2012 年版。

［53］王旭科：《城市旅游发展动力机制的理论与实证研究》，博士学位论文，天津大学，2008。

［54］黄敬华：《我国循环经济发展模式研究》，硕士学位论文，东北师范大学，2006。

［55］初丽霞：《循环经济发展模式及其政策措施研究》，硕士学位论文，山东师范大学，2003。

［56］吴春梅：《循环经济发展模式研究及评价体系探讨》，硕士学位论文，山东科技大学，2005。

［57］陈德敏：《资源循环利用论》，博士学位论文，重庆大学，2004。

［58］武烨：《论我国循环经济法律制度的完善》，硕士学位论文，东北财经大学，2010。

［59］张国宴：《我国静脉产业发展存在的问题及对策》，硕士学位论文，河北大学，2009。

［60］胡斌：《两型社会视角下工业园区建设评价研究》，博士学位论文，中南大学，2012。

［61］刘旌：《循环经济发展研究》，博士学位论文，天津大学，2012。

［62］沙之杰：《低碳经济背景下的中国节能减排发展研究》，博士学位论文，西南财经大学，2011。

［63］袁兰静：《循环经济综合评价体系研究》，硕士学位论文，天津大学，2007。

［64］黄方伟：《循环经济模式在生态农业建设中的应用研究》，硕士学位论文，同济大学，2006。

［65］孙西坡：《基于循环经济的工业模式构建》，硕士学位论文，华中师范大学，2012。

［66］鲁波：《种群生态学理论视角下的汨罗市"城市矿产"产业集群发展》，硕士学位论文，湖南师范大学，2012。

［67］赵愈：《循环经济模式的生态工业园区建设与评价研究》，博士学位论文，重庆大学，2011。

［68］刘长灏：《循环经济输入输出问题研究》，博士学位论文，山东大学，2011。

［69］赵玮：《循环经济模式下的供应链管理》，《科研管理》2005年第2期。

［70］丁维亮、郗永勤：《马坑矿业发展循环经济的模式探究》，《能源与环境》2009年第4期。

［71］高丽峰、李丹：《生态工业园区的国内外比较研究》，《经济与管理研究》2004年第5期。

［72］张小兰：《对产业集群与循环经济关系的研究》，《改革与战略》2007年第7期。

［73］赵相忠：《论循环经济对产业集群的优化效应》，《生产力研究》2007年第23期。

［74］曹盈：《构建第三产业循环经济的发展模式》，《商业经济》2007年第9期。

［75］孟耀、於嘉：《静脉产业、循环经济与节能减排》，《东北财经大学学

报》2008 年第 4 期。

[76] 穆书涛、任巍：《浅谈产业集群在发展循环经济中的作用》，《煤炭经济研究》2005 年第 5 期。

[77] 尹琦、肖正扬：《生态产业链的概念与应用》，《环境科学》2002 年第 6 期。

[78] 李冰强：《循环经济发展中的公众参与：问题与思考》，《中国行政管理》2008 年第 12 期。

[79] 何东：《论区域循环经济》，四川大学出版社 2007 年版。

[80] 王兆华、尹建华：《工业生态学与循环经济理论：一个研究综述》，《科学管理研究》2007 年第 1 期。

[81] 单晓娅、涂妍：《关于生态文明建设的理论基础研究》，《中国人口·资源与环境》2009 年第 19 期。

[82] 任杰、钱发军、宋立生：《河南省循环型工业体系的构建》，《环境保护与循环经济》2011 年第 1 期。

[83] 王保乾：《循环经济发展模式及实现途径的理论研究综述》，《中国人口·资源与环境》2011 年第 S2 期。

[84] 吴飞美：《福建循环经济发展中产业结构存在的问题与调整思路》，《福建论坛》（人文社会科学版）2009 年第 4 期。

[85] 李云燕、张彪：《改革环境资源价格政策　推动循环经济发展》，《环境保护》2013 年第 1 期。

[86] 严炜：《中小企业发展循环经济的技术创新战略研究：以武汉市为例》，《科技进步与对策》2013 年第 8 期。

[87] 陈曦、张清正：《后危机时代我国循环经济发展研究》，《经济问题探索》2012 年第 9 期。

[88] 尹小平、王洪会：《日本循环经济的产业发展模式》，《生产力研究》2008 年第 6 期。

[89] 崔军：《循环经济理论指导下的现代农业规划理论探讨与案例分析》，《农业工程学报》2011 年第 11 期。

[90] 徐建中、赵斯亮：《基于知识价值链的循环经济企业集群共生研究》，《科技进步与对策》2011 年第 19 期。

［91］王仁祺、戴铁军：《包装废弃物物质流分析框架及指标的建立》，《包装工程》2016年第11期。

［92］高昂、张道宏、韩海燕：《循环经济视角下的微观层面物质流特征研究》，《生产力研究》2010年第1期。

［93］周永生、张俊：《我国"城市矿产"发展的实证研究》，《生态经济》2013年第6期。

［94］李赋屏：《循环经济大背景下城市矿产开发模式探讨》，《资源再生》2013年第7期。

［95］武春友、刘岩、王恩旭：《基于哈肯模型的城市再生资源系统演化机制研究》，《中国软科学》2009年第11期。

附　录　一
主要变量列表

类型	变量代码	变量名称	类型	变量代码	变量名称
L	RKZL	人口总量	A	SZLYL	水资源可利用量
L	KJSP	科技发展	A	SCYS	生产用水总量
R	ZCYZ	计划生育调控政策因子	A	SHYS	生活用水总量
R	CSL	人口出生率	A	TDXHL	土地消耗量
R	SWL	人口死亡率	A	TDZL	土地总量
R	JXZL	年人口机械增长	A	JSYD	建设用地
A	CSRK	年出生人口	A	SHYD	生活用地
A	SWRK	年死亡人口	L	GDMJ	耕地面积
A	JXRK	年人口机械增长	A	GDKF	年耕地开发量
R	KJTZBL	科技投资比例	A	GDZY	年耕地占用量
L	GDP	国内生产总值	A	YJZS	拥挤指数
L	GYCZ	工业总产值	L	WRZL	污染总量
L	NYCZ	农业总产值	R	HBTZR	环保投资比例
R	NYTZBL	农业投资比例	A	WRCL	污染治理
R	GYTZBL	工业投资比例	R	WRZLR	污染治理率
R	DSCTZBL	第三产业投资比例	A	SWR	水污染总量
C	TZR	投资率	A	FQWR	废气污染总量
L	SHTZ	社会总投资	A	GFWR	固废污染总量
C	ZYDQYZ	资源短缺因子	A	WSJH	水污染净化量
A	WRZS	环境污染指数	A	FQJH	废气污染净化量
L	SGXC	水资源供需差额	A	FQPF	废气污染排放量
L	TDGXC	土地供需差额	A	GFCS	固废污染产生量
A	SXL	水资源消耗量	A	GFLY	固废污染综合利用量
A	SGL	水资源供给量	C	DRCM	拥挤指数死亡影响因子
R	ZYXHR	资源消耗率	C	BWRM	污染指数出生影响因子
A	SKCL	水资源开采量	C	DWRM	污染指数死亡影响因子

附　录　二
主要方程

L　$RKZL(t) = RKZL(t - \Delta t) + \Delta t \left[CSRK(t - \Delta t) + JXRK(t - \Delta t) - SWRK(t - \Delta t) \right]$

N　$RKZL(2000) = 126743$

C　$JXRK(t) = RKZL(t - \Delta t) \times JXZL$

N　$JXZL = 0.00758$

R　$CSRK(t) = RKZL(t) \times JXZL \times CSL(t) \times BWRM(t) \times ZCYZ$

C　$CSL(2000) = 0.014$

C　$ZCYZ = IF\ THEN\ ELSE(t < Y_1, ZCYZ_1, ZCYZ)$

C　$ZCYZ_1 = 1.03$

C　$ZCYZ = 1.06$

C　$Y_1 = 2000$

表函数　　$DRCM(t) = f_{4[YJZS(t)]}$

YJZS(t)	1	1.005	1.01	1.015	1.02	1.025	1.03	1.035
DRCM(t)	1	1.005	1.01	1.015	1.02	1.025	1.03	1.035

R　$SWRK(t) = RKZL(t) \times SWL(t) \times DRCM(t) \times DWRM(t)$

C　$SWL(2000) = 0.00645$

A　$YJZS(2000) = 1$

A　$WRZS(t) = WRZL(t) / WRZL(2000)$

C　$WRZS(2000) = 1$

N　$WRZL(2000) = 3984391$

表函数   **BWRM** (t) $=f_{7[\text{WRZS}(t)]}$

WRZS(t)	1	1.02	1.035	1.05	1.06	1.075	1.09	1.1
BWRM(t)	1	0.995	0.99	0.985	0.98	0.975	0.97	0.965

表函数   **DRPM** (t) $=f_{8[\text{WRZS}(t)]}$

WRZS(t)	1	1.02	1.035	1.05	1.06	1.075	1.09	1.1
DWRM(t)	1	1.02	1.05	1.08	1.09	1.1	1.12	1.15

L   SHTZ (t) = GDP $(t - \Delta t)$ × [TZR (t) − HBTZR (t) − KJTZBL (t)]

A   GDP (t) = GDP $(t - \Delta t)$ × (1 + GYTZBL) × (1 + NYTZBL) × (1 + DSCTZBL)

C   TZR = 0.46

R   GYTZ (t) = SHTZ (t) × GYTZBL

C   GYTZBL = 0.37

R   NYTZ (t) = SHTZ (t) × NYTZBL

C   NYTZBL = 0.04

R   DSCTZ (t) = SHTZ (t) × DSCTZBL

C   DSCTZBL = 0.59

N   SHTZ (2000) = 32917.73

R   HBTZ (t) = SHTZ (t) × HBTZR

C   HBTZR = 0.01

L   GDMJ (t) = GDMJ $(t - \Delta t)$ + Δt × [GDKF $(t - \Delta t)$ − GDZY $(t - \Delta t)$] /YJZS (t)

A   GDKF (t) = GDMJ $(t - \Delta t)$ × [IF THEN ELSE $(t > Y_2,$ GDKFR$_1$, GDKFR)]

C   GDMJ (2000) = 130039

C   GDKFR$_1$ = 0.048

C   GDKFR = 0.055

C $Y_2 = 2000$

A GDZY (t) = GDZY $(t - \Delta t)$ × [IF THEN ELSE $(t > Y3,$ GDYLR$_1$, GDYLR)]

C GDZYR$_1$ = 0.022

C GDZYR = 0.026

C $Y_3 = 2009$

L SGXC (t) = SGXC $(t - \Delta t)$ + Δt × [SGL $(t - \Delta t)$ - SWR $(t - \Delta t)$ - SXL $(t - \Delta t)$] /WRZS (t)

A SXL (t) = SHYS (t) + SCYS (t)

A SGL (t) = SGL $(t - \Delta t)$ + Δt × [SZLYL (t) + SKCL (t)]

N SGL (2000) = 28124

L WRZL (t) = WRZL $(t - \Delta t)$ + Δt × [WRCS $(t - \Delta t)$ - WRCL $(t - \Delta t)$]

A WRZL (t) = FQWR (t) + GFWR (t) + SWR (t)

A WRCL (t) = WRZL $(t - \Delta t)$ × $(1 + HBTZR)$ × [IF THEN ELSE $(t < Y_3,$ WRZLR$_1$, WRZLR)]

N WRZLR = 0.95

N WRZLR$_1$ = 0.88

N FQWR (2000) = 138145

N GFWR (2000) = 81608

N SWR (2000) = 1942405

N INITIALTIME = 2000   Units: Year   The initial time for the simulation.

N FINALTIME = 2030   Units: Year   The final time for the simulation.

N TIME STEP = 1   Units: Year   The final time for the simulation.

附 录 三

1985—2012 年国家出台的循环经济政策清单

序号	年份	文件名	主要内容	政策类型
1	1985	《国务院批转国家经委〈关于开展资源综合利用若干问题的暂行规定〉的通知》（国发〔1985〕117 号）	要求社会各个领域积极开展资源综合利用，出台了《资源综合利用目录》，对国家鼓励的回收利用活动制定了详细的目录	综合性政策
2	1989	《中华人民共和国环境保护法》	建设项目必须执行"三同时"制度，排放污染物超标的企事业单位依照国家规定缴纳排污费，并负责治理	法律法规
3	1990	《国务院办公厅转发国务院环境保护委员会〈关于积极发展环境保护产业若干意见〉的通知》（国办发〔1990〕64 号）	出台《当前环境保护产业发展目录》，对环保的主要技术方向，如监测仪器、污染治理及综合利用装置、环境工程及新技术等领域进行了详细罗列	产业政策
4	1991	《国务院关于批准国家高新技术产业开发区和有关政策规定的通知》（国发〔1991〕12 号）	把能源科学和新能源、高新节能技术、生态科学和环境保护技术划定为高新技术，可享受相关优惠政策	经济政策
5	1991	《国务院关于开发"绿色食品"有关问题的批复》	要求各管理部门在经费、税收减免等方面给予"绿色食品"研发支持	经济政策
6	1992	《国务院环境保护委员会印发〈关于促进环境保护产业发展若干措施〉的通知》（国环〔1992〕024 号）	指出中国环保产业基础薄弱，要求各计委、经委等综合部门及财政、金融等部门对环保产业的原材料供应、产品开发、税收、价格等予以优先考虑和优惠	产业政策
7	1993	《中华人民共和国资源税暂行条例》（国务院令第 139 号）	规定矿产资源税的征收范围为原油、天然气、煤炭、黑色金属原矿、有色金属原矿和其他非金属原矿等	经济政策
8	1994	《财政部 国家税务总局关于企业所得税若干优惠政策的通知》（财税字〔1994〕001 号）	企业利用废水、废气、废渣等废弃物为主要原料进行生产的，可在 5 年内减征或者免征所得税	经济政策

序号	年份	文件名	主要内容	政策类型
9	1994	《矿产资源补偿费征收管理规定》(国务院令第 150 号)	规定采矿权人开采不可再生矿产资源需要向国家提供资源补偿费用,费率为 0.5%—4%	经济政策
10	1995	《关于开展全国生态示范区建设试点工作的通知》(环然〔1995〕444 号)	批准北京朝阳区等 44 个市、县(市、区)为第九批全国生态示范区建设试点地区	综合性政策
11	1995	《中国人民银行关于贯彻信贷政策与加强环境保护工作有关问题的通知》(银发〔1995〕24 号)	对环境保护和污染预防贷款给予优惠	经济政策
12	1996	《国务院批转国家经贸委等部门〈关于进一步开展资源综合利用意见〉的通知》(国发〔1996〕36 号)	对 1986 年修订的《资源综合利用目录》进行了增补,扩大资源综合利用的范围和领域,对固体废弃物、废水、废气等废弃物中更多物资提出了综合利用的要求	综合性政策
13	1996	《财政部 国家税务总局关于继续对部分资源综合利用产品等实行增值税优惠政策的通知》(财税字〔1996〕20 号)	继续执行《财政部 国家税务总局关于对部分资源综合利用产品免征增值税的通知》规定的增值税优惠政策	经济政策
14	1996	《煤炭工业部关于发布〈煤炭工业粉煤灰综合利用管理办法实施细则〉的通知》(煤经字〔1996〕461 号)	加强了工业粉煤灰的处置和综合利用管理,并指出了其综合利用所享受的经济优惠政策	经济政策
15	1997	《中华人民共和国节约能源法》(中华人民共和国主席令第 77 号)	对节约能源的管理办法、法律责任做出了规定	法律法规
16	1997	国家环保局《关于推行清洁生产的若干意见》(环控〔1997〕232 号)	在要求各级环保部门加强宣传、调整管理制度、制定经济政策等方面提出了指导性的建议	综合性政策
17	1998	《城市供水价格管理办法》(计价格〔1998〕1810 号)	确定了污水处理价格和供水定价方式的管理办法	经济政策
18	1999	《关于实施清洁生产示范试点计划的通知》(国经贸资源〔1999〕402 号)	选择 10 个城市和 5 个行业作为清洁生产实施的试点,并对示范试点的原则、要求和步骤做出规定	综合性政策
19	1999	《淘汰落后生产能力、工艺和产品的目录(第一批)》(国家经贸委令第 6 号)	公布了第一批涉及 10 个行业,共 114 个项目,淘汰的是违反国家法律法规、落后生产方式、产品质量低劣、环境污染严重、原料和能源消耗高的落后生产能力、工艺和产品	产业政策

续表

序号	年份	文件名	主要内容	政策类型
20	1999	《国家计委、科技部关于进一步支持可再生能源发展有关问题的通知》（计基础〔1999〕44 号）	规定可再生能源发电项目由银行优先安排基本建设贷款,并给予 2% 的财政贴息	经济政策
21	1999	《草浆造纸工业废水污染防治技术政策》（环发〔1999〕273号）	造纸企业在技术改造及污染治理过程中,应采用能耗小污染负荷排放量小的清洁生产工艺	科技政策
22	2000	《财政部 国家税务总局关于香皂和汽车轮胎消费税政策的通知》（财税〔2000〕145号）	自 2000 年 1 月 1 日起,对"汽车轮胎"税目中的子午线轮胎免征消费税,对翻新轮胎停止征收消费税	经济政策
23	2000	《国务院关于加强城市供水节水和水污染防治工作的通知》（国发〔2000〕36 号）	提出要逐步建立激励节约用水的科学、完善的水价机制,提高地下水资源费征收标准,对超计划和超定额用水要实行累进加价收费制度	经济政策
24	2000	《城市生活垃圾处理及污染防治技术政策》（建城〔2000〕120号）	对垃圾减量、垃圾综合利用、垃圾收集和运输、卫生填埋处理、焚烧处理、堆肥处理做了规定	科技政策
25	2000	《国家经济贸易委员会关于公布〈国家重点行业清洁生产技术导向目录〉（第一批）的通知》（国经贸资源〔2000〕137 号）	目录涉及冶金、石化、化工、轻工和纺织 5 个重点行业,共 57 项清洁生产技术,并详细说明每种技术的适用范围和投资效益分析	科技政策
26	2001	《财政部 国家税务总局关于以三剩物和次小薪材为原料生产加工的综合利用产品增值税优惠政策的通知》（财税〔2001〕72号）	对"三剩物"和"次小薪材"范围做出界定,并对企业以"三剩物"和"次小薪材"为原料生产加工的综合利用产品,在 2005 年 12 月 31 日前由税务部门实行增值税即征退办法	经济政策
27	2001	《财政部 国家税务总局关于废旧物资回收经营业务有关增值税政策的通知》（财税〔2001〕78号）	对废旧物资回收经营单位销售其收购的废旧物资免征增值税,利用废旧物资加工生产的产品不享受该待遇	经济政策
28	2001	《财政部 国家税务总局关于部分资源综合利用及其他产品增值税政策问题的通知》（财税〔2001〕198 号）	对利用煤炭开采过程中伴生的舍弃物油母页岩生产加工的页岩油及其他产品、掺有不少于 30% 的废旧沥青混凝土生产的再生沥青混凝土、利用生活垃圾生产的电力、掺有不少于 30% 的煤矸石等废渣生产的水泥实行增值税即征即退的政策;对利用煤矸石、煤泥、油母页岩生产的电力和部分新型墙体材料产品实行按增值税应纳税额减半征收的政策	经济政策

序号	年份	文件名	主要内容	政策类型
29	2001	《危险废弃物污染防治技术政策》(环发〔2001〕199号)	对危险固废的减量化、收集和运输、转移、资源化做了规定	科技政策
30	2001	《印染行业废水水污染防治技术政策》(环发〔2001〕118号)	鼓励印染企业采用清洁生产工艺和技术,提出了节约用水工艺、减少污染物排放工艺、回收回用工艺	科技政策
31	2002	《中华人民共和国清洁生产促进法》(中华人民共和国主席令第72号)	对清洁生产进行了定义,提出相应的鼓励和管理政策	法律法规
32	2002	国家计委、建设部、国家环保总局《关于推进城市污水、垃圾处理产业化发展的意见》(计投资〔2002〕1591号)	要求各级地方政府给予城市污水、垃圾投资、运营企业以用地、用电、融资等配套优惠政策,并要求强化污水、垃圾处理费征收、使用的管理和监督	产业政策
33	2002	《无公害农产品管理办法》(国家农业部、国家质检总局〔2002〕12号)	以食品安全和环境保护为目标,支持无公害产品生产	产业政策
34	2002	关于印发《农业部关于加快绿色食品发展的意见》的通知(农市发〔2002〕4号)	制定了"十五"期间绿色食品发展的主要目标和加快绿色食品发展的主要措施	产业政策
35	2002	关于印发《全面推进"无公害食品行动计划"的实施意见》的通知(农市发〔2002〕12号)	提出了"无公害食品行动计划"实施目标、工作重点、推进措施和组织实施的意见	产业政策
36	2003	《国务院办公厅转发国家发展改革委等部门关于加快推行清洁生产意见的通知》(国办发〔2003〕100号)	从宏观层面上要求在重点行业推行清洁生产,完善法规和政策体系,加强监督管理	综合性政策
37	2003	国家环境保护总局《关于开展创建国家环境友好企业活动的通知》(环发〔2003〕92号)	目的是促进企业开展清洁生产,深化工业污染防治工作	综合性政策
38	2003	《排污费征收管理使用条例》(国务院令第369号)	将排污收费由原来的超标收费改为排污即收费和超标收费并行	经济政策
39	2003	《国家重点行业清洁生产技术导向目录(第二批)》(国家经贸委、国家环保总局〔2003〕第21号)	目录涉及冶金、机械、有色金属、石油和建材5个重点行业,共56项清洁生产技术,增加了清洁生产技术的信息供给	科技政策
40	2003	《废电池污染防治技术政策》(环发〔2003〕163号)	对废电池的分类、收集、运输、综合利用、储存和处理处置等全过程污染防治的技术选择做了相关规定	科技政策

续表

序号	年份	文件名	主要内容	政策类型
41	2004	国家发改委、财政部、国家税务总局关于印发《资源综合利用目录（2003 年修订）》的通知（发改环资〔2004〕73 号）	对《资源综合利用目录》进行了修订	综合性政策
42	2004	《财政部关于印发〈中央补助地方清洁生产专项资金使用管理办法〉的通知》（财建〔2004〕343 号）	对中央补助地方清洁生产专项资金的使用管理做了明确规定	经济政策
43	2004	《关于进一步落实差别电价及自备电厂收费政策有关问题的通知》（发改电〔2004〕159 号）	对电解铝、铁合金、电石、烧碱、水泥、钢铁等 6 个高耗能行业区分淘汰类、限制类、允许类和鼓励类企业试行差别电价	经济政策
44	2004	《国务院办公厅关于推进水价改革促进节约用水保护水资源的通知》（国办发〔2004〕36 号）	要求各级政府合理调整供水价格，改革水价计价方式，加强水资源综合规划	经济政策
45	2004	《节能产品政府采购实施意见》（财库〔2004〕185 号）	要求政府机构用财政性资金进行采购的，优先选购节能产品	经济政策
46	2005	《中华人民共和国可再生能源法》（中华人民共和国主席令第 33 号）	对可再生能源的利用提出了管理办法、法律责任和制度安排	法律法规
47	2005	《国务院关于做好建设节约型社会近期重点工作的通知》（国发〔2005〕21 号）	从节能、节水、节材、节地和资源综合利用等方面提出了建设节约型社会的重点工作	综合性政策
48	2005	《国务院关于加快发展循环经济的若干意见》（国发〔2005〕22 号）	是发展循环经济的指导性文件	综合性政策
49	2005	《关于组织开展循环经济试点（第一批）工作的通知》（发改环资〔2005〕2199 号）	提出要在钢铁、有色、化工、建材等重点行业探索循环经济发展模式，树立一批循环经济的典型企业；在重点领域完善再生资源回收利用体系；形成一批循环经济产业示范园区和若干发展循环经济的示范城市	综合性政策
50	2005	关于印发《国家环保总局关于推进循环经济发展的指导意见》的通知（环发〔2005〕114 号）	对发展循环经济的具体办法以及环保总局应发挥的作用做出具体说明	综合性政策
51	2005	国务院办公厅转发发展改革委等部门《关于加快推进木材节约和代用工作的意见》的通知（国办发〔2005〕58 号）	就加快推进木材节约和代用工作提出实施办法	综合性政策

序号	年份	文件名	主要内容	政策类型
52	2005	《国务院办公厅关于进一步推进墙体材料革新和推广节能建筑的通知》(国办发〔2005〕33号)	要求进一步推进墙体材料革新和推广节能建筑,并对2006年和2010年提出发展目标	综合性政策
53	2005	《国务院关于发布实施〈促进产业结构调整暂行规定〉的决定》(国发〔2005〕40号)	明确了《产业结构调整指导目录》中鼓励、限制和淘汰三类目录的分类原则和配套政策	产业政策
54	2005	《关于加快火电厂烟气脱硫产业化发展的若干意见》(发改环资〔2005〕757号)	对火电厂烟气脱硫产业化发展提出实施办法	产业政策
55	2005	国家发改委、财政部、商务部、国土资源部、海关总署、国家税务总局、国家环保总局《关于做好控制高耗能、高污染、资源性产品出口有关配套措施的通知》(发改经贸〔2005〕1482号)	控制部分高耗能、高污染和资源性产品出口,停止部分高耗能产品出口退税	经济政策
56	2005	《国家鼓励发展的资源节约综合利用和环境保护技术目录》(国家发改委、科技部、国家环保总局2005年第65号)	公布了260项资源节约综合利用和环境保护技术	科技政策
57	2005	《矿山生态环境保护与污染防治技术政策》(环发〔2005〕109号)	矿产资源的开发应积极发展绿色开采技术、干法或节水的工艺技术、无废或少废的工艺技术,废弃物应按照先提取有价金属、组分或利用能源,再选择用于建材或其他用途,最后进行无害化处理	科技政策
58	2005	《中国节水技术政策大纲》(国家发改委、科技部、水利部、建设部、农业部〔2005〕第17号)	阐述了节水技术发展的方向,重点介绍了节水量大、应用面广的关键节水技术	科技政策
59	2005	《关于建立GDP能耗指标公报制度的通知》(发改环资〔2005〕2584号)	从2006年开始实施GDP能耗指标公报制度	配套政策
60	2006	循环经济作为专章列入《国民经济和社会发展第十一个五年规划纲要》	明确要求到2010年单位国内生产总值能耗消耗比"十五"期末降低20%,阐述了节能、节水、节地、资源综合利用和强化促进节约的政策措施等6部分内容	综合性政策
61	2006	《国务院关于加强节能工作的决定》(国发〔2006〕28号)	包括加快构建节能型产业体系、着力抓好重点领域节能、大力推进节能技术进步、加大节能监督管理力度和建立健全节能保障机制等内容	综合性政策

续表

序号	年份	文件名	主要内容	政策类型
62	2006	《关于加强政府机构节约资源工作的通知》(发改环资〔2006〕284 号)	要求各级政府机构充分认识节约能源工作的主要意义,优化政府机构资源配置,降低行政开支,带动全社会做好节约工作	综合性政策
63	2006	《关于印发"十一五"资源综合利用指导意见的通知》(发改环资〔2006〕2913 号)	提出了 2010 年资源综合利用目标、重点领域、重点工程和保障措施,是"十一五"期间资源综合利用工作的指导性文件	综合性政策
64	2006	《关于发布实施〈限制用地项目目录(2006 年本)〉和〈禁止用地项目目录(2006 年本)〉的通知》(正国土资发〔2006〕296 号)	进一步加强宏观调控,促进节约集约利用土地和产业结构调整	综合性政策
65	2006	《关于环境标志产品政府采购实施的意见》(财库〔2006〕90 号)	提出了环境标志产品实施绿色采购的办法和时间表	经济政策
66	2006	《关于调整部分商品出口退税率和增补加工贸易禁止类商品目录的通知》(财税〔2006〕139 号)	取消煤炭、天然气、石蜡、沥青、硅、石料材、有色金属及废料等产品的出口退税;降低部分耗能产品的出口退税率	经济政策
67	2006	《国家重点行业清洁生产技术导向目录(第三批)》(国家发改委、环保总局〔2006〕86 号)	涉及钢铁、有色金属、电力、煤炭、化工、建材、纺织等行业,共 28 项清洁生产技术	科技政策
68	2006	《中国节能技术政策大纲(2006 年修订)》(发改环资〔2007〕199 号)	提出重点研究、开发、示范和推广的重大节能技术,限制和淘汰的高耗能工艺、技术和设备	科技政策
69	2006	《制革、毛皮工业污染防治技术政策》(环发〔2006〕38 号)	鼓励采用清洁生产工艺,使用无污染、少污染原料,采用节水工艺,逐步淘汰严重污染环境的落后工艺	科技政策
70	2006	《国务院关于同意建立发展循环经济工作部际联席会议制度的批复》(国函〔2006〕5 号)	建立由发改委牵头的发展循环经济工作部际联席会议制度,协调解决发展循环经济中的重大问题	管理政策
71	2006	《国家鼓励的资源综合利用认定管理办法》(发改环资〔2006〕1864 号)	共 6 章 34 条,包括总则、申报条件和认定内容、申报及认定程序、监督管理、罚则和附则	配套政策

续表

序号	年份	文件名	主要内容	政策类型
72	2006	《关于加强固定资产投资项目节能评估和审查工作的通知》（发改投资〔2006〕2787号）	可行性研究报告或项目申请报告必须包括节能分析篇，咨询评估单位的报告必须包括对节能分析篇的评估意见，发改委的批复文件或报国务院的请示文件必须包括节能分析篇章的批复或请示内容	配套政策
73	2007	《国务院关于印发节能减排综合性工作方案的通知》（国发〔2007〕15号）	要求各地区和各职能部门充分认识节能减排工作的重要性，狠抓节能减排责任落实和执法监管，成立节能减排工作领导小组解决重大问题，提出节能减排的具体措施	综合性政策
74	2007	《关于印发节能减排全民行动实施方案的通知》（正发改环资〔2007〕2132号）	包括节能减排家庭社区行动、青少年行动、企业行动、学校行动、军营行动、政府机构行为、科技行动、科普行动和媒体行动九大内容	综合性政策
75	2007	《再生资源回收管理办法》（商务部令〔2007〕第8号）	明确了统一管理、分工负责的行业监管原则，明确了回收网点规划的制定原则，建立了再生资源回收经营主体的备案制度，完善了回收性废旧金属的登记制度	综合性政策
76	2007	《国务院批转发改委、能源办关于加快关停小火电机组若干意见的通知》（国发〔2007〕2号）	以《产业结构调整指导目录（2005年本）》为主要依据，结合节能和环保要求，提出小火电机组的关停范围	产业政策
77	2007	《财政部 国家发改委关于印发〈节能技术改造财政奖励资金管理暂行办法〉的通知》（财建〔2007〕371号）	对十大重点节能工程范围内的企业节能技术改造项目，实行"以奖代补"新机制，按改造后实行取得的节能量给予奖励	经济政策
78	2007	《关于改进和加强节能环保领域金融服务工作的指导意见》（银发〔2007〕215号）	对鼓励类投资项目，要简化贷款手续，积极给予信贷支持；对淘汰类项目，停止各种形式的授信，并积极采取措施收回和保护已发放的贷款	经济政策
79	2007	国务院办公厅《关于建立政府强制采购节能产品制度的通知》（国办发〔2007〕51号）	要求建立政府强制采购节能产品制度，选择部分节能效果显著、性能成熟的产品，予以强制采购	经济政策
80	2007	《国家发展改革委办公厅关于请组织实施循环经济高技术产业重大专项的通知》（发改办高技〔2007〕2289号）	决定在钢铁、有色、化工、建材、轻工等五个行业组织实施循环经济高技术产业化专项	科技政策

续表

序号	年份	文件名	主要内容	政策类型
81	2007	《关于印发循环经济评价指标体系的通知》(发改环资〔2007〕1815 号)	包括宏观层面和工业园区两套指标体系	配套政策
82	2008	《中华人民共和国循环经济促进法》(主席令第四号)	首部综合性的循环经济法,分别对循环经济基本管理制度、减量化、再利用和资源化、激励措施、法律责任等方面做出规定	法律法规
83	2008	《民用建筑节能条例》(国务院令第 530 号)	对民用建筑节能的基本原则、监督管理、新建和既有建筑节能、节能系统运行及相关法律责任予以明确规定	法律法规
84	2008	《公共机构节能条例》(国务院令第 531 号)	对公共机构节能的基本原则、节能规划、节能管理、节能措施及监督保障等予以明确规定	法律法规
85	2008	《关于贯彻实施〈中华人民共和国节约能源法〉的通知》(发改环资〔2008〕2306 号)	对贯彻落实《节约能源法》、完成"十一五"节能指标、加强政府节能管理工作提供政策性指导	综合性政策
86	2008	《国务院办公厅关于深入开展全民节能行动的通知》(国办发〔2008〕106 号)	提出全民节能行动的主要内容,包括开展能源紧缺体验、每周少开一天车、控制室内空调温度、减少电梯使用、普及节能产品、减少使用一次性用品等十大方案	综合性政策
87	2008	《国家发展改革委办公厅关于组织开展汽车零部件再制造试点工作的通知》(发改办环资〔2008〕523 号)	选取 3 家汽车整车生产企业和 11 家零部件再制造试点企业开展试点工作,探索推进汽车零部件再制造产业开展的政策、管理制度和监管体系,为建立再制造相关技术标准、市场准入条件、流通监管体系等积累经验,并颁布汽车零部件再制造试点管理办法	产业政策
88	2008	《财政部关于印发〈秸秆能源化利用补助资金管理暂行办法〉的通知》(财建〔2008〕735 号)	对申请补助资金的企业需满足的条件、补助标准、资金申报流程、监督管理做出规定	经济政策

序号	年份	文件名	主要内容	政策类型
89	2008	《财政部、国家税务总局关于资源综合利用及其他产品增值税政策的通知》（财税〔2008〕156号）	对销售再生水、以废旧轮胎为生产原料生产的胶粉、翻新轮胎、特定建材产品实行免征增值税政策，对污水处理劳务免征增值税，对销售规定范围内的高纯度二氧化碳产品、电力或热力、页岩油等货物实现增值税即征即退政策，并对规定产品的增值税实行即征即退50%的政策	经济政策
90	2008	《国家发改委办公厅关于进一步做好贯彻落实〈国务院办公厅关于限制生产销售使用塑料购物袋的通知〉有关工作的通知》（发改办环资〔2008〕1554号）	在全国范围内禁止生产、销售、使用厚度小于0.025毫米的塑料购物袋，要求认真落实禁止生产销售使用超薄塑料购物袋政策，落实塑料购物袋有偿使用政策	消费政策
91	2008	《关于进一步加强重点企业清洁生产审核工作的通知》（环发〔2008〕60号）	明确列出需重点审核的有毒有害物质名录，重点企业清洁生产审核评估、验收流程	配套政策
92	2009	《国务院办公厅关于治理商品过度包装工作的通知》（国办发〔2009〕5号）	提出要抓紧制定完善标准、法规和政策，禁止生产、销售过度包装商品，加大宣传力度动员全社会抵制过度包装	综合性政策
93	2009	《国务院办公厅关于印发2009年节能减排工作安排的通知》（国办发〔2009〕48号）	对完成"十一五"节能指标提出具体对策措施	综合性政策
94	2009	《关于加快推进再生资源回收体系建设的通知》（商商贸发〔2009〕142号）	提出要建立和规范再生资源回收体系，提高废纸、废塑料、废金属等主要再生资源回收品种的综合分拣加工能力，提出试点城市再生资源回收体系建设规范	综合性政策
95	2009	《关于印发半导体照明节能产业发展意见的通知》（发改环资〔2009〕2441号）	对半导体照明节能产业的发展目标和政策措施提出要求	产业政策
96	2009	《关于抑制产能过剩和重复建设引导水泥产业健康发展的意见》（工信部原〔2009〕575号）	提出要继续加大淘汰落后产能工作力度，以省为单位做好地区水泥产需总量平衡，推动优势企业兼并重组	产业政策
97	2009	《废弃电器电子产品回收处理管理条例》（国务院令第551号）	对废弃电器电子产品回收处理相关方责任、监督管理和法律责任提出要求	产业政策

序号	年份	文件名	主要内容	政策类型
98	2009	《关于以农林剩余物为原料的综合利用产品增值税政策的通知》(财税〔2009〕148 号)	对纳税人销售的以三剩物、次小薪材、农作物秸秆、蔗渣等 4 类农林三剩物为原料自产的综合利用产品实行增值税即征即退办法	经济政策
99	2009	《关于印发钢铁企业烧结余热发电技术推广实施方案的通知》(工信部节〔2009〕719 号)	要积极推广烧结余热发电技术,提高钢铁企业能源利用效率,并提出技术推广的范围和条件	科技政策
100	2009	《城镇污水处理厂污泥处理处置及污染防治技术政策(试行)》(建城〔2009〕23 号)	提出污泥处理处置的技术路线、运输、存储等要求	科技政策
101	2009	《国务院办公厅关于转发发改委等部门促进扩大内需,鼓励汽车家电以旧换新实施方案的通知》(国办发〔2009〕44 号)	明确汽车"以旧换新"的补贴范围、补贴标准和资金补贴流程,提出家电"以旧换新"的试点范围、补贴范围、补贴对象和补贴标准	消费政策
102	2009	《财政部、国家发展改革委关于开展"节能产品惠民工程"的通知》(财建〔2009〕213 号)	安排专项资金,支持高效节能产品的推广使用,提出补助条件、资金使用范围、补助标准和资金申报流程	消费政策
103	2010	《国务院办公厅转发发展改革委等部门关于加快推行合同能源管理促进节能服务产业发展意见的通知》(国办发〔2010〕25 号)	将合同能源管理项目纳入中央预算内投资和中央财政节能减排专项资金支持范围;对节能服务产业采取适当的税收扶持政策;完善相关会计制度,进一步改善金融服务	产业政策
104	2010	《关于支持循环经济发展的投融资政策措施意见的通知》(发改环资〔2010〕801 号)	对发展循环经济的重大项目和技术示范产业化项目,要采用直接投资或资金补助、贷款贴息等方式加大支持力度;明确信贷支持重点,积极创新金融产品和服务方式;多渠道拓展直接融资途径	经济政策
105	2010	《关于组织开展城市餐厨废弃物资源化利用和无害化处理试点工作的通知》(发改办环资〔2010〕1020 号)	选择部分具备开展餐厨废弃物资源化利用和无害化处理条件的设区的城市或直辖市市辖区进行试点	管理政策
106	2010	《关于推进再制造产业发展的意见》(发改环资〔2010〕991 号)	深化汽车零部件再制造试点,推动工程机械、机床等再制造;加快再制造重点技术研发与应用,加强再制造技术研发能力建设	产业政策

序号	年份	文件名	主要内容	政策类型
107	2010	财政部 国家发展改革委关于印发《合同能源管理项目财政奖励资金管理暂行办法》的通知(财建〔2010〕249号)	对于资金奖励的支持对象和范围、支持条件、支持方式和奖励标准、资金申请和拨付、监督管理及处罚给予了规定	经济政策
108	2011	财政部 国家发展改革委《关于调整公布第九期节能产品政府采购清单的通知》(财库〔2011〕20号)	节能清单中的空调机、照明产品、电视机、电热水器、计算机、打印机、显示器、便器、水嘴九类产品为政府强制采购节能产品	消费政策
109	2011	国务院批转住房城建部等部门《关于进一步加强城市生活垃圾处理工作意见的通知》(国发〔2011〕9号)	到2015年,全国城市生活垃圾无害化处理率达到80%以上;推进垃圾分类,加强资源利用;强化规划引导,完善收运网络,选择适用技术,加快设施建设,提高运行水平	综合性指导文件
110	2011	财政部 国家发改委关于印发《节能技术改造财政奖励资金管理办法》的通知(财建〔2011〕367号)	对奖励对象和条件、奖励标准、奖励资金的申报和下达、审核机构管理、监督管理等做出规定	经济政策
111	2011	国务院关于印发《"十二五"节能减排综合性工作方案的通知》(国发〔2011〕26号)	提出到2015年节能减排的主要目标;强调要强化节能减排目标责任,调整优化产业结构,实施节能减排重点工程,加强节能减排管理,大力发展循环经济,加快节能减排技术开发和推广应用,完善经济政策,强化节能减排监督管理,推广市场化机制,加强节能减排基础工作和能力建设,动员全社会参与	综合性指导文件
112	2011	国家发展改革委办公厅《关于深化再制造试点工作的通知》(发改办环资〔2011〕2170号)	适当扩大再制造试点范围,加大支持力度,落实支持政策;提出再制造试点单位申报条件	管理政策
113	2011	国家发展改革委关于印发《"十二五"墙体材料革新指导意见的通知》(发改环资〔2011〕2437号)	到2015年,全国30%以上的城市实现"限粘"、50%以上的县城实现"禁实";深入推进禁实工作,加快新型墙体材料发展步伐,推动新型墙体材料产业升级,组织新型墙体材料示范	产业政策
114	2011	国家发展改革委、农业部、财政部关于印发《"十二五"农作物秸秆综合利用实施方案的通知》(发改环资〔2011〕2615号)	到2015年力争秸秆综合利用率超过80%;强化秸秆肥料化、饲料化、基料化、原料化、燃料化利用;实施秸秆循环型农业示范工程、原料化示范工程、能源化利用示范工程、综合利用专项工程、收储运体系工程、产学研技术体系工程	产业政策

序号	年份	文件名	主要内容	政策类型
115	2011	国家发展改革委关于印发《"十二五"资源综合利用指导意见和大宗固体废弃物综合利用实施方案的通知》(发改环资〔2011〕2919 号)	提出"十二五"资源综合利用和大宗固体废弃物综合利用的目标;强调要强化矿产资源的综合开发利用、产业"三废"综合利用、再生资源回收利用	产业政策
116	2012	《关于印发节能减排全民行动实施方案的通知》(发改环资〔2012〕194 号)	提出要开展节能减排家庭社区行动、青少年行动、企业行动、学校行动、军营行动、农村行动、政府机构行动、科技行动、科普行动、媒体行动十大行动	综合性指导文件
117	2012	《国务院办公厅关于加快发展海水淡化产业的意见》(国办发〔2010〕13 号)	要加强关键技术和装备研发,提高工程技术水平,培育海水淡化产业基地,组建海水淡化产业联盟,实施海水淡化示范工程,建设海水淡化示范城市,推动使用海水淡化水	产业政策
118	2012	《国家发展改革委办公厅关于开展资源综合利用"双百"工程建设的通知》(发改办环资〔2012〕726 号)	建设领域涉及矿产资源综合利用、产业废弃物综合利用和废旧资源综合利用,提出建设条件和实施方案	管理政策
119	2012	《国家发改委、财政部关于推进园区循环化改造的意见》(发改环资〔2012〕765 号)	到2015 年,50% 以上的国家级园区和30% 以上的省级园区实施循环化改造;提出要从空间布局优化、产业结构调整、企业清洁生产、公共基础设施建设、环境保护、组织管理创新等方面,推进现有各类园区进行循环化改造	管理政策
120	2012	国务院办公厅关于印发《"十二五"全国城镇生活垃圾无害化处理设施建设规划的通知》(国办发〔2012〕23 号)	提出"十二五"期间的发展目标;强调要加快处理设施建设,完善收转运体系,加大存量治理力度,推进餐厨垃圾分类处理,推行生活垃圾分类,加强监管能力建设	发展规划
121	2012	国务院办公厅关于印发《"十二五"全国城镇污水处理及再生利用设施建设规划的通知》(国办发〔2012〕24 号)	提出"十二五"期间的发展目标;强调要加大城镇污水配套管网建设力度,全面提升污水处理能力,加快污水处理厂升级改造,加强污泥处理处置设施建设,积极推动再生水利用,强化设施运营监管能力	发展规划

续表

序号	年份	文件名	主要内容	政策类型
122	2012	国务院关于印发《"十二五"节能环保产业发展规划》的通知（国发〔2012〕19号）	明确"十二五"节能环保产业发展的重点领域：节能产业涉及节能技术和装备、节能产品、节能服务业；资源循环利用产业涉及矿产资源综合利用、固体废弃物综合利用、再制造、再生资源利用、餐厨废弃物资源化利用、农林废弃物资源化利用、水资源节约与利用；环保产业涉及环保技术和装备、环保产品、环保服务	发展规划
123	2012	《关于印发国家循环经济教育示范基地有关申报管理规定的通知》（发改办环资〔2012〕1762号）	发布《国家循环经济教育示范基地管理规定（暂行）》，提出了国家循环经济教育示范基地实施方案的编制指南和评选标准、标识	教育政策
124	2012	《国务院关于印发节能减排"十二五"规划的通知》（国发〔2012〕40号）	提出"十二五"期间节能减排的主要目标；强调要调整优化产业结构，推动能效水平提高，强化主要污染物减排；实施十大建设工程	发展规划
125	2012	财政部　国家发展改革委关于印发《循环经济发展专项资金管理暂行办法》的通知（财建〔2012〕616号）	提出循环经济发展专项资金使用安排的原则、支持范围、支持方式和监督管理	经济政策

索　引

后　记

2004 年，在冯之浚老先生的指引和启发下，我对"循环经济"这一新鲜词汇产生了浓厚兴趣，并开始了循环经济的研究。2005 年，在福建省经贸委环境和资源综合利用处的大力支持下，我承担了《福建省"十一五"循环经济发展专项规划》的编制工作，随后成立了福州大学循环经济研究所。通过规划的编制，我对"什么是循环经济"、"为什么要发展循环经济"以及"如何发展循环经济"有了全新的认识，这为我今后的研究工作提供了强有力的支撑。

2009 年，我有幸承担了国家社科基金项目"支持发展循环经济的机制与政策研究"（项目编号：09BJY042），并于 2013 年初通过结项验收，评价等级为优秀，这为本书的出版奠定了坚实的基础。在研究过程中，编写组先后参加了在北京、南京、厦门等地召开的有关循环经济发展的专题研讨会，到北京、广东、江苏、山西、甘肃等地以及福建省各地市开展了实际调研工作。同时，在完成本书的过程中，我先后承担了《福建省"十二五"节能和循环经济发展专项规划》以及福州、泉州、宁德、莆田等市循环经济发展规划和福建邵武金塘工业园、永春生物医药产业园区、晋江东风橡胶有限公司、龙岩马坑矿业等园区和企业的循环经济实施方案的编制，这些都为本书的编写和出版提供了大量翔实的案例、资料和数据等基础性素材。

本书是课题组全体成员潜心研究、共同努力的成果。三年来，曾先后参与课题研究的主要人员有丁刚、张其春、艾良友、张良强、吴飞美、祖薇、赵宏伟、丁维亮、陈丽蓉、洪娜、林昕、蒋波、沈佳丽、杨欣、陈代奎、丁宗银、高磊、王俊琰、忻海然、张小玲、陈耀辉、郭璐洁、李双荣、赵宏宇、王守龙等，在此对他们的努力和付出表示衷心的感谢！

本书得以出版，凝聚着众人的心血，包含着多方的支持。感谢福建省经贸委环境和资源综合利用处黄幼林处长、郑高春副处长和福建省节能监察（监测）中心林邦初高级工程师的长期帮助！感谢福州大学社科处和公共管理学院长期以来对我工作的大力支持！感谢社会科学文献出版社对本书出版的大力协助！

福建省福州市经贸委、泉州市经贸委、莆田市经贸委、宁德市经贸委、晋江市经发局、南安市经贸局、永春县发改局和经贸局、安溪县经贸局、洛江区环保局和经贸局、泉州经济技术开发区管委会、邵武市经贸局、福安市经贸局、仙游县经贸局、明溪县经贸局、邵武市金塘工业园、永春生物医药产业园区、晋江东风橡胶有限公司、马坑矿业股份有限公司、宏发集团有限公司、大科集团有限公司、厦门瑞景公园社区等政府和企业的领导，均为本书提供了丰富的案例材料和数据资料，并对我们的实地调研工作给予了大力支持。在此，对上述有关政府部门和企业表示衷心的感谢！

发展循环经济是一项复杂的系统工程。本书虽然对支持发展循环经济的机制和政策进行了较为系统、深入的研究，但由于资料的有限性和认识的局限性，所做的研究仅是探索性的，下个阶段仍需要进一步探讨和研究的一些问题是：

（1）我国循环经济发展的历程还不太长，随着资源、环境的复杂性和不确定性的日益增强，循环经济发展实践将出现一系列新的问题，解决这些问题仍需要新的理论与方法进行指导。因此，我们应当时刻关注相关学科的研究进展情况并借鉴最新的研究成果，构建更为完善的循环经济理论体系。

（2）我国不同区域在资源禀赋及经济、社会、环境等方面存在明显的差异，由于经费、时间等条件的限制，未能对各地都进行全面系统的调研。因此，构建的机制和政策还比较笼统，有待进一步地进行有区别、有重点的更为深入、更加细致的研究。

（3）本书仅仅对省域循环经济发展水平进行评价，还需开展对不同行业、园区、企业层面的评价，以弥补认识上的偏差。

本书的研究工作虽然已经告一段落，但我们将继续关注这一领域的发展动态，尤其是在党和国家将生态文明建设放在更加突出地位的关键时期，我们将及时跟踪研究循环经济理论与实践中出现的新动向、新问题。

郗永勤

2013 年 11 月

图书在版编目（CIP）数据

循环经济发展的机制与政策研究/郗永勤等著. —北京：社会
科学文献出版社，2014.4
（国家哲学社会科学成果文库）
ISBN 978 - 7 - 5097 - 5683 - 6

Ⅰ.①循…　Ⅱ.①郗…　Ⅲ.①自然资源 - 资源利用 - 研究 -
中国　Ⅳ.①F124.5

中国版本图书馆 CIP 数据核字（2014）第 035249 号

·国家哲学社会科学成果文库·

循环经济发展的机制与政策研究

著　　者／郗永勤 等

出 版 人／谢寿光
出 版 者／社会科学文献出版社
地　　址／北京市西城区北三环中路甲 29 号院 3 号楼华龙大厦
邮政编码／100029

责任部门／经济与管理出版中心（010）59367226　　责任编辑／高　雁
电子信箱／caijingbu@ ssap. cn　　　　　　　　　　责任校对／黄　利
项目统筹／高　雁　　　　　　　　　　　　　　　　责任印制／岳　阳
经　　销／社会科学文献出版社市场营销中心（010）59367081　59367089
读者服务／读者服务中心（010）59367028

印　　装／北京盛通印刷股份有限公司
开　　本／787mm×1092mm　1/16　　　　　　　印　张／25.5
版　　次／2014 年 4 月第 1 版　　　　　　　　　彩插印张／0.375
印　　次／2014 年 4 月第 1 次印刷　　　　　　　字　数／429 千字
书　　号／ISBN 978 - 7 - 5097 - 5683 - 6
定　　价／138.00 元

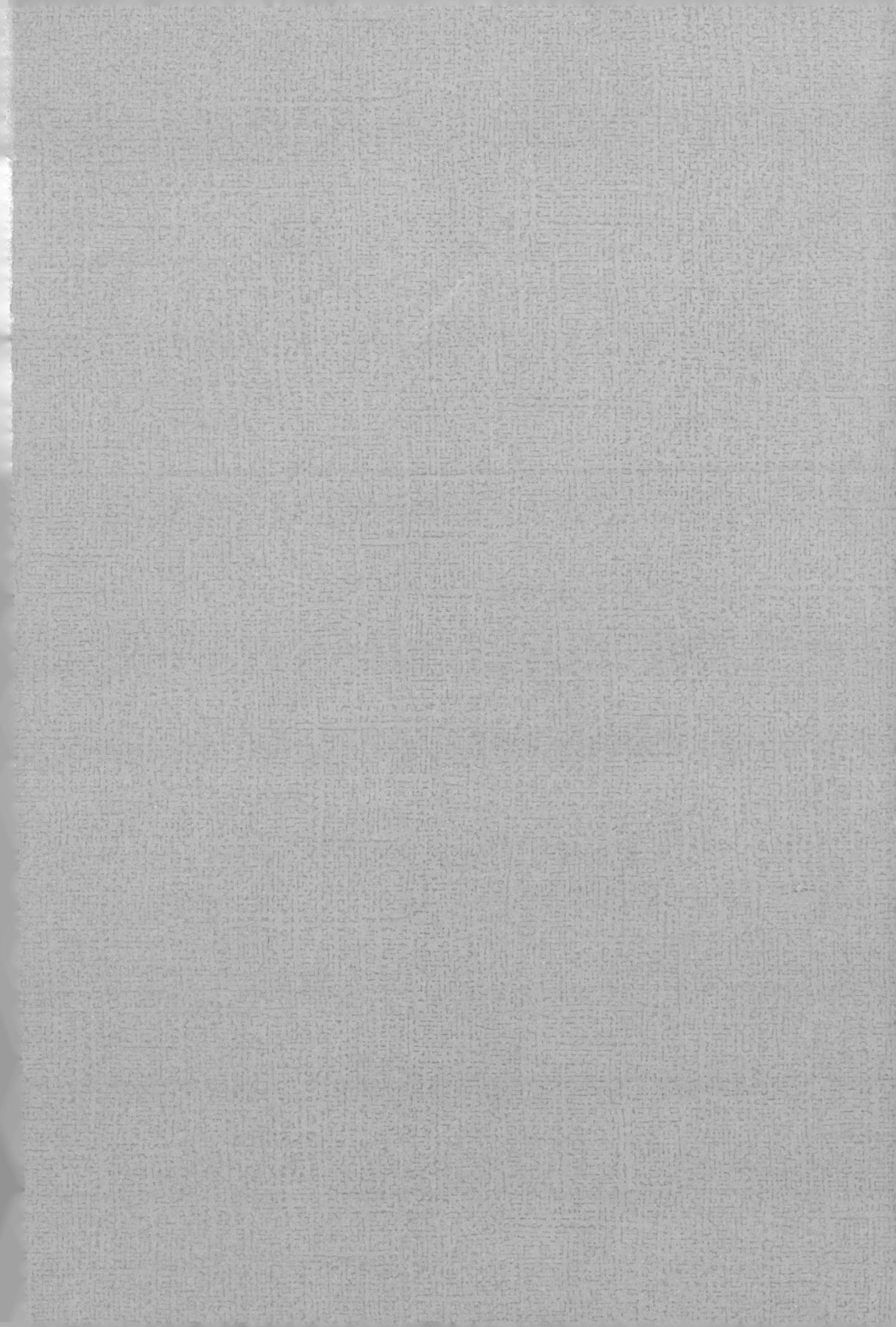